Wüstenrot Stiftung (Hrsg.)

WOHNOPTIONEN
gemeinschaftsorientiert · produktiv · adaptiv

Susanne Dürr und Gerd Kuhn

Inhalt

Vorwort

Das Wohnen ist in seinen Ausprägungen und in den Präferenzen der Menschen stets ein Spiegelbild der gesellschaftlichen Rahmenbedingungen. Dies gilt für die Übergänge von der Agrargesellschaft über die frühen Industriegesellschaften bis zu den heutigen modernen, postindustriellen Gesellschaften. In den vergangenen Jahrzehnten hat insbesondere der demografische und gesellschaftliche Wandel unsere Bevölkerungsstruktur langfristig verändert und wirkt sich damit auch auf unsere Lebensstile, Wohnpräferenzen und -bedarfe aus. Parallel dazu erhöht die wachsende Verstädterung den Anteil der urbanen Wohnformen und -stile. Mit den Wahlfreiheiten unserer hochmobilen und digitalisierten Gesellschaft und den damit verknüpften Individualisierungsbestrebungen der Menschen scheint sich aktuell eine besondere Dynamik zu entwickeln, die an Tempo und Reichweite die früheren Phasen deutlich übertrifft.

Wie aber spiegelt sich dieser Wandel in unseren Wohnwünschen wider? Mit dem abnehmenden Anteil der im 20. Jahrhundert noch vorherrschenden Lebens- und Wohnform der Kleinfamilie verliert zunächst die funktional an dieser Lebensweise ausgerichtete (Klein-)Wohnung an Bedeutung. Auch die Einfamilienhäuser im Umland der Städte erweisen sich als zu unflexibel und nach dem Auszug der Kinder als zu groß. Gleichzeitig werden lineare, lebenslang stabile Lebensentwürfe seltener und es wachsen die Anforderungen an die Flexibilisierung der Arbeitsverhältnisse. Diese Entwicklungen tragen ebenso wie eine verlängerte und intensivere Ausbildung zu einem häufigeren Wechsel der Lebens- und Arbeitsorte und zu multilokalen Wohnformen bei. Die im Zuge der Digitalisierung veränderte Arbeitswelt unterstützt zudem eine neue Verbindung von Arbeiten und Wohnen.

Menschen im Erwerbsalter richten ihre Lebenswelt verstärkt an den wechselnden Abhängigkeiten aus, denen sie sich für ihre Lebensplanung in einer urbanisierten Gesellschaft stellen müssen: wahrscheinliche Ortswechsel, temporäre oder nicht ortsgebundene Sozialbeziehungen, ein verändertes Mobilitätsverhalten, in dessen Mittelpunkt nicht mehr zwingend das Auto

steht. Die Grenzen zwischen Arbeiten und Wohnen werden (wieder) fließender und die eigene Wohnbiographie erscheint fast selbstverständlich als diskontinuierlich. Ältere Menschen hingegen suchen häufig Wohnformen, die ihnen möglichst lange Selbstbestimmung und Autonomie ermöglichen, ein soziales und nachbarschaftlich aktives Umfeld bieten und gleichzeitig Barrierefreiheit, Bequemlichkeit und Sicherheit gewährleisten können. Auch für diese Bevölkerungsgruppe ist die Flexibilität und Bedürfnisorientierung der Angebote essenziell, ebenso wie Raum für Gemeinschaft und Kommunikation.

Wohnen wird demnach beständig individueller, differenzierter und anspruchsvoller. Eine von diesen Bedarfen ableitbare Vielfalt an Entwürfen für einzelne Lebensphasen mit je eigenen Wohn- und Ortspräferenzen bildet sich bisher jedoch nur unzureichend in den Wohnangeboten ab. Mit diesem Defizit verbinden sich aus sozialer, architektonischer und gesellschaftlicher Perspektive folgende Risiken, Chancen und Anforderungen:

Spezifische Wohnwünsche werden aktuell in erster Linie dadurch erfüllt, dass verfügbare Standardangebote durch die Bewohner:innen selbst angepasst werden. Individuelle Adaptionen werden sogar durch den Markt forciert; denn das Angebot bietet kaum Freiheiten zur Erfüllung besonderer Wohnvorstellungen. Diese Praxis ist jedoch kostenintensiv, aufwendig und nimmt häufig mehr (Raum-)Ressourcen in Anspruch als erforderlich. Dadurch wirkt sie auf zweifache Weise sozial selektiv: Diese Individualisierungspraxis verknappt aufgrund des überdimensionierten Flächenkonsums das Wohnungsangebot, und die Umsetzung der mit der Individualisierung einhergehenden Bedarfe bleibt den Bevölkerungsgruppen vorbehalten, die über entsprechende finanzielle Mittel verfügen. Damit ist sie letztlich Treiber sozialer Ungerechtigkeit und ein Faktor, der die Wohnungsfrage als Triebkraft struktureller Armut verstärkt.

Aus architektonischer Perspektive erscheint wichtig, dass sich die zentralen Funktionen des Wohnens in den vergangenen Jahrzehnten kaum verändert haben. Jedoch ist zu beobachten, dass sich die lange Zeit dominierende, feste Zuweisung einzelner Funktionen zu definierten Orten (Zimmern) in der Wohnung zunehmend auflöst. Diese Veränderung bezieht sich vor allem auf das Zusammenspiel der einzelnen Funktionen, und zwar räumlich, sozial und zeitlich. Im Kern geht es mit Blick auf zukünftige Wohnoptionen deshalb nicht um neue oder weitere standardisierte Angebote festgefügter Funktionen, sondern um ein Mehr an räumlicher, sozialer und zeitlicher Flexibilität. Individualisierung bedeutet, dass diese Flexibilität selbst und gemeinsam mit anderen gestaltet werden kann, und zwar auf der Basis einer diese Flexibilität erlaubenden oder unterstützenden Architektur. Im Fokus der architektonischen Gestaltung sollte daher das offene und individuelle Kombinieren der einzelnen Funktionselemente stehen.

Nicht zuletzt sind zentrale gesellschaftliche Aspekte relevant; denn Individualisierung bedeutet nicht, dass die Menschen nur noch als Einzelpersonen in einer Umgebung ohne jegliche soziale oder räumliche Bindung leben. Individualisierung bedeutet stattdessen, dass sich Bedürfnisse und Wünsche einerseits ausdifferenzieren, die Menschen andererseits aber auch für die daraus für ihre eigene Lebenswelt resultierenden Merkmale verantwortlich sind. Damit sie diese Merkmale in ihren sozialen und räumlichen Netzwerken erleben und realisieren können, benötigen sie Handlungsspielräume, und zwar nicht nur mit Blick auf die inneren Funktionen ihrer Wohnung, sondern auch mit Blick auf die unmittelbare Nachbarschaft (Gemeinschaft) und das umliegende Quartier. Erkennbar wird dies an den neuen Formen des Zusammenspiels von Privatheit, Gemeinschaft und Öffentlichkeit, die viele der in diesem Buch vorgestellten Projekte exemplarisch – als Pioniere – aufweisen.

Wir benötigen die Impulse aus den in dieser wissenschaftlichen Studie untersuchten Pionierprojekten für zukunftsweisende Antworten auf die neuen Anforderungen und die gegenwärtigen sowohl quantitativen wie qualitativen Restriktionen in der Wohnraumversorgung. Ausgangspunkt dieses Forschungsprojektes der Wüstenrot Stiftung sind somit die aktuellen und zukünftigen Lebenssituationen und die Frage, welche Wohn- und Raumoptionen ihnen entsprechen können. Wie kann die Diskrepanz zwischen Wohnbedürfnissen und -wünschen und dem Angebot des Wohnungsmarktes überwunden werden?

Im Fokus der Studie stehen das gemeinschaftsorientierte, das produktive und das adaptive Wohnen. Damit werden drei wesentliche Trends („Handlungsstränge") eines neuen sozialen Raumgefüges aufgegriffen, die auf die Bedarfe nach mehr Gemeinschaft, einer klugen Verbindung von Wohnen und Arbeiten sowie Flexibilität und Anpassbarkeit des Wohnraumes reagieren. Die Bandbreite der damit verknüpften Fragen erfordert ein offenes Forschungsdesign, um die Komplexität der Veränderungen aus mehr als nur einer sektoralen Perspektive heraus abbilden zu können. Die Studie umfasst daher eine sorgfältige empirische Untersuchung anhand von zwölf impulsgebenden Projekten („Handlungsorte") in Form einer übergreifende Erkenntnisse erzeugenden Analyse, die beständig reflektiert („seziert") wird. Die Ergebnisse werden zurück auf die konkreten Projekte sowie deren praktische Umsetzung wesentlicher Aspekte individueller Lebens- und Wohnformen gespiegelt.

Anstelle des nicht adäquaten Versuchs, neue standardisierte Wohnformen lediglich zu beschreiben, wird der mit der Flexibilisierung der unterschiedlichen Funktionen des Wohnens verbundene Paradigmenwechsel ausgehend von der historischen Entwicklung dargestellt. Auf diese Weise wird der Einfluss veränderter gesellschaftlicher Rahmenbedingungen deutlich und es wird erkennbar, welche Optionen für das Wohnen aus den untersuchten Projekten abgeleitet werden können. Die drei betrachteten Maßstabsebenen Wohnung, Haus und Quartier erlauben zugleich eine präzise Untersuchung der Lösungsansätze. Elf Interviews mit Expert:innen aus Wissenschaft und Praxis öffnen und ergänzen die Analyse um weitere Perspektiven.

Prof. Dr. Susanne Dürr und Dr. Gerd Kuhn ist es gelungen, wichtige und analytisch fundierte Erkenntnisse zu gewinnen, die weit über eine deskriptive Beschreibung neuer Wohnformen hinausgehen. Sie liefern bedeutsame Impulse und Antworten auf die Wohnoptionen, ihre vielfältigen Anforderungen, Herausforderungen und ihre Umsetzung. Die Wüstenrot Stiftung dankt beiden Autor:innen der Studie herzlich für ihre engagierte und kompetente Forschung. Ein Dankeschön gilt auch allen Beteiligten aus den Kommunen, Projekten und Initiativen für ihre Bereitschaft, diese Untersuchung zu unterstützen und ihre Erfahrungen und Erkenntnisse zu teilen.

Mit der vorliegenden Veröffentlichung stellt die Wüstenrot Stiftung die Ergebnisse aus ihrem Forschungsprojekt der Öffentlichkeit zur Verfügung. Damit verbindet sich zugleich die Hoffnung, dass daraus viele neue Impulse für eine gemeinschaftsorientierte, adaptive und produktive Wohnraumversorgung mit einer Fülle an zukunftsorientierten Optionen entstehen mögen, die der Diversität unserer Lebensformen gerecht werden.

Dr. Stefan Krämer und **PD Dr. Anja Reichert-Schick**,
Wüstenrot Stiftung

1 EINFÜHRUNG

1.01 Das neue soziale Raumgefüge

Widersprüchlichkeit zwischen vielfältigen Lebensformen und den Wohnangeboten prägt die letzten Jahrzehnte. Während sich die Lebensentwürfe und Haushaltsformen in der Lebensphase einer Generation grundlegend änderten, blieb die Ausrichtung des Wohnangebots, die der Markt bereitstellte, nahezu unverändert. Überwiegend wurden in den letzten beiden Jahrzehnten freistehende Ein- und Zweifamilienhäuser oder größere Wohnungen im Geschosswohnungsbau gebaut.[1] Gleichzeitig hat sich die Vorstellung, was gutes Wohnen sein könnte, enorm ausdifferenziert. Das Spezifikum der Wohnarchitektur sei deshalb zu Beginn des 21. Jahrhunderts vor allem durch die „Diskrepanz zwischen heterogenen Lebensformen und homogenen Wohnformen"[2] geprägt, so Ernst Hubeli. Auf der Architekturbiennale Venedig 2021, die unter dem Motto „How will we live together?" stand, forderte der Kurator Hashim Sarkis einen umfassenden „new spatial contract": „In the context of widening political divides and growing economic inequalities, we call on architects to imagine spaces in which we can generously live together […]."[3] Sarkis proklamiert eine neue Kultur der Zusammenarbeit, die Menschen trotz zunehmender Individualisierung digital und real verbindet. Neue Haushalte sollen eingebunden werden, und es soll durch Zusammenarbeit vielfältiger und angemessener Wohnraum entstehen. Weiterhin soll Zusammenarbeit zu mehr Gerechtigkeit führen und Inklusion und Identität gefördert werden. Sarkis fordert letztlich zum globalen Handeln über politische Grenzen hinweg auf, damit Krisen überwunden und bewältigt werden.

Diese Forderungen nach Zusammenarbeit münden in eine neue Verantwortlichkeit und in eine Kultur der Kooperation. Neue soziale und gesellschaftliche Herausforderungen erfordern neue Organisationen und Architekturen.

Auch in der Publikation zu den neuen Wiener Wohntypologien „geplant – gebaut – genutzt", die als Band 15 von der IBA_Wien 2021 herausgegeben wurde, stellten die Autor:innen eine erhebliche Diskrepanz zwischen den vorhandenen Bedürfnissen und Wünschen der (zukünftigen) Bewohner:innen mit den Angeboten des Marktes fest. „Das Wohnen muss in Zukunft", so die Autor:innen, „sowohl den wachsenden Individualisierungstrends, als auch den immer deutlicher erkennbaren Gemeinschaftsdefiziten gerecht werden. Gebraucht werden ‚Möglichkeitsräume' im Sinne nutzungsoffener, vielschichtiger Raumgefüge. ‚Dem Unterschiedlichen mehr Raum geben' lautet das Fazit der Studie!"[4]

Bei der Betrachtung der in diesem Buch vorgestellten Wohnprojekte ist auffällig, dass sie explizit Wohnexperimente zulassen und partizipative Mitentscheidungen fördern. Dennoch dominiert auch hier das abgeschlossene (Familien-)Wohnen. Daraus zu schließen, dass es keine neuen Wohnbedarfe geben würde, wäre in Anbetracht der Ergebnisse dieser Forschungsarbeit grundlegend falsch. Es findet vielmehr nicht nur hinsichtlich der soziografischen Veränderungen, sondern auch hinsichtlich des Wohnens selbst eine „stille Revolution" (Hubeli) statt. Diese betrifft besonders die soziale und räumliche Figuration des privaten Wohnens. Wohnen findet immer weniger abgeschlossen im Privaten statt. Die Ebenen Privatheit und Öffentlichkeit überlagern sich oder verschmelzen gerade in gemeinschaftsorientierten Wohnprojekten. Es sind nicht länger die Kriterien des Funktionalismus mit der Hierarchisierung und funktionalen Zuschreibung der Räume bedeutsam, sondern die Räume, die sich durch soziale Praktiken herausbilden. Ein Kernbereich der Wohnung bleibt der geschützte intime Bereich, der der Regeneration, Körperpflege und Intimität vorbehalten ist. In einem anderen Bereich der Wohnung wird der Alltag gelebt: Es wird gekocht und gegessen, entspannt und es wird kommuniziert. Die Räume dieses Bereichs werden durchlässig. Sie können den Charakter einer semipermeablen Membran erhalten. Die mögliche Diffusion zwischen innen und außen wird durch die Wohnarchitektur vorbereitet, die Wohnnutzung bestimmen die Bewohner:innen selbst. Da sich die Praxis des Wohnens öffnet, wird in der vorgelegten Forschungsarbeit von einem erweiterten Wohnbegriff ausgegangen. Wohnen endet nicht an der Wohnungstür! War das

Wohnen in der funktionalen Moderne bis in die 1970er-/80er-Jahre durch eine Enthäuslichung wichtiger „Wohn"-Funktionen wie Kindererziehung, Krankheit oder Arbeit geprägt, so findet heute eine Reintegration bzw. Überlagerung statt. Der Wohn-Ort ist dadurch nicht mehr nur die Wohnung als baulich und sozial isolierte Einheit, sondern auch überschaubare Lebenswelt des Wohnprojekts und des Quartiers.[5]

Das Quartier wird hier aber nicht als rechtlich definierter Raum mit präzisen Gebietsgrenzen verstanden, sondern als sozialer Raum mit unscharfen Grenzen (‚fuzzy place')[6]. Durch die soziale Konstruktion unterschiedlicher Orte des Wohnens, der Begegnung und des sozialen Austauschs bildet sich – neben dem Wohn- und Arbeitsort, die heute oftmals wieder räumlich vernetzt sind – ein für das Gemeinwesen bedeutsamer „Thirdspace"[7] heraus.

In der hier vorgelegten Forschung wird deshalb der Blick auf die Wohnung, das Haus und das Quartier gerichtet. Wichtig ist dabei, dass diese Ebenen der Betrachtung nicht im Sinne einer klaren Trennung, sondern im Sinne der Durchdringung, Überlagerung und Vernetzung verstanden werden. Die Potenziale heutigen Wohnens liegen nicht mehr in verallgemeinerungsfähigen Standardtypen, sondern in der Schaffung räumlicher Vielfalt, die auf die sich wandelnden Anforderungen des Wohnens reagieren kann. Es wird in diesem Buch also nach Wohnoptionen gefragt, die heutigen sozialen und räumlichen Anforderungen entsprechen.

1   Statistisches Bundesamt (Destatis): Baugenehmigungen für Wohnungen im Juni 2021: saison- und kalenderbereinigt −7,5 % zum Vormonat. Pressemitteilung Nr. 386 vom 16. August 2021. Abzurufen unter: https://www.destatis.de/DE/Presse/Pressemitteilungen/2021/08/PD21_386_31111.html (besucht am 22.11.2021)

2   Hubeli, Ernst: Die neue Krise der Städte. Zur Wohnungsfrage im 21. Jahrhundert. Zürich 2020, S. 37

3   Sarkis, Hashim: How will we live together? Theme of the Biennale Architettura 2021. Hg. v. La Biennale di Venezia. Abzurufen unter: https://universes.art/fileadmin/user_upload/Biennials/Venice/2021/2021-04-12-Hashim-Sarkis-Statement.pdf (besucht am 01.11.2021)

4   Huber, Margarete/Gruber, Ernst/Gutmann, Raimund: „Geplant – gebaut – genutzt". Neue Wiener Wohntypologien. Hg. v. wohnbund:consult eG. Wien 2019 (Beiträge zur IBA_Wien 2022, Band 15). Abzurufen unter: https://www.iba-wien.at/fileadmin/user_upload/documents/001_Downloads_Allgemein/IBA-Beitraege/15_GeplantGebautGenutzt_web.pdf (besucht am 29.10.2021), S. 6

5   Vgl. Dürr, Susanne/Kuhn, Gerd: Wohnvielfalt. Gemeinschaftlich wohnen – im Quartier vernetzt und sozial orientiert. Ludwigsburg 2017

6   Vgl. Schnur, Olaf/Krüger, Kirsten/Drilling, Matthias/Niermann, Oliver: Quartier und Demokratie – eine Einführung. In: Olaf Schnur, Matthias Drilling und Oliver Niermann (Hg.): Quartier und Demokratie. Theorie und Praxis lokaler Partizipation zwischen Fremdbestimmung und Grasroots. Wiesbaden 2019, S. 1–25

7   Vgl. Soja, Edward W.: Thirdspace. Journeys to Los Angeles and other real-and-imagined places. Cambridge (MA) 1996; Oldenburg, Ray: The great good place. Cafés, coffee shops, bookstores, bars, hair salons, and other hangouts at the heart of a community. New York 1999

1.02 Methode „Sezieren"

Die Betrachtung einer Vielzahl von mehr oder auch weniger impulsgebenden Wohnungsbauten und Quartiersentwicklungen, einer großen Bandbreite kommunaler Strategien und politischer Positionen war Ausgang des hier vorgelegten Forschungsprojekts. In einem ersten Schritt galt es, diese Informationen auf Grundlage einer Recherche zu bewerten und vor allem die Vielfalt der Aspekte zu gliedern, um Relevantes hervorheben und damit Entwicklungen deutlich machen zu können. Handlungsorte als Fallbeispiele und Interviews, die zu fachlichen Positionen verdichtet werden, bilden die Grundlage. Mit der Methodik des Sezierens werden die dort erkennbaren Impulse und Strategien unterschiedlichen Handlungssträngen zugewiesen, drei räumliche Maßstäbe bilden eine Untergliederung. Dieser Aufbau wird nachfolgend erläutert:

Sezieren in drei Handlungsstränge

Um die Signifikanz und Relevanz verschiedener Entwicklungen deutlich herausarbeiten zu können, wird die Diskussion zu Tendenzen des Wohnens zunächst in drei inhaltlich voneinander weitgehend abgegrenzten Handlungssträngen dargestellt. In den drei Kapiteln Gemeinschaftsorientiertes Wohnen (2), Produktives Wohnen (3) und Adaptives Wohnen (4) sind die vielfältigen Anforderungen des modernen Wohnens jeweils bezogen auf eine wesentliche übergeordnete Tendenz hin dargestellt – die Praxis des privaten Wohnens und die Integration gemeinschaftlichen Handelns in den Wohnalltag im Haus und Quartier, die Einbeziehung des Arbeitens in das direkte und erweiterte Wohnumfeld und die bauliche Offenheit von Wohnbauten und Quartiersentwicklungen für lebensbiografische und andere zukünftige Entwicklungen. Die Betrachtungen der drei Handlungsstränge sind parallel gegliedert. Sie bilden den Rahmen für relevante Veränderungen und Impulse, deren übergeordnete

Zielsetzungen in der Einleitung benannt wurden. Wenngleich die Analyse von drei Handlungssträngen die spezifische thematische Betrachtung erleichtert, so ist es dennoch charakteristisch, dass thematische Überschneidungen gegeben sind.

Thematische Einführungen

Den drei Handlungssträngen – gemeinschaftsorientiertes Wohnen, produktives Wohnen und adaptives Wohnen – werden jeweils thematische Einführungen vorangestellt. In diesen wird die Herausbildung der Determinanten modernen Wohnens aus ihrem historischen Kontext abgeleitet, sodass der Paradigmenwechsel, der sich heute abzeichnet, deutlich sichtbar wird. Somit wird auch der Idealtypus modernen Wohnens nachhaltig infrage gestellt. Heutige Wohnprojekte reagieren auf die gesellschaftliche Entwicklung und zeigen zukunftsweisende Wohnoptionen auf.

Externe Positionen

In einem zweiten Schritt vertiefen Interviews die jeweiligen Handlungsfelder. Die Interviews verdeutlichen externe Positionen von Spezialist:innen aus verschiedenen beruflichen Feldern. Diese persönlichen Stellungnahmen erweitern und unterstützen die argumentative Linie. Die elf Interviews wurden umfassend und nicht auf die Handlungsfelder reduziert geführt, dennoch werden sie schwerpunktmäßig den drei Hauptkapiteln zugeordnet. Die thematische Überlappung zwischen den Handlungsfeldern wird vor allem bei den Interviews deutlich. Sie wurden leitfadengestützt durchgeführt, aufgenommen und transkribiert. Die Positionen der Interviewten werden auf ihre zentralen Aussagen gekürzt wiedergegeben, ein tragendes Zitat wird zur Einleitung angeführt.

Wohnung, Haus, Quartier

Anschließend werden unter Bezugnahme auf innovative Wohn- und Quartiersprojekte Thesen aufgestellt und ausgeführt, die alternative Herangehensweisen zum Wohnen benennen. Vorzugsweise herangezogen werden dazu die in Kapitel fünf ausgeführten Fallstudien. Ergänzend werden weitere Projekte, die singulär auf einer bestimmten Maßstabsebene innovative Aspekte aufzeigen, punktuell in die Argumentation eingebunden.

Um die Lösungsansätze aus unterschiedlichen Feldern zu ordnen, werden sie zusätzlich zu den drei Handlungssträngen verschiedenen Maßstabsebenen zugeordnet: Impulse und Tendenzen in Bezug auf die Wohnung, das Haus und das Quartier werden jeweils in einem Unterkapitel genauer betrachtet; spezifische Grundrisse und Fotografien helfen, die Beobachtungen zu präzisieren. In Zeichnungen werden die Raumzonen grafisch hervorgehoben, die im jeweiligen Kapitel im Fokus stehen – d. h., im Bereich des gemeinschaftlichen Wohnens werden gemeinschaftlich genutzte Bereiche orange eingefärbt, im Bereich des produktiven Wohnens sind Arbeitszonen mit dieser Signalfarbe belegt.

Piktogramme zur Einordnung

Im Rahmen dieser drei Handlungsstränge und der zugehörigen drei Maßstabsebenen werden jeweils Piktogramme eingeführt; sie kennzeichnen visuell die Kategorisierung in gemeinschaftsorientiertes, produktives und adaptives Wohnen sowie in Wohnung, Haus und Quartier.

Gemeinschaftsorientiertes Wohnen

Die **gemeinschaftsorientierte Wohnung** überwindet Strukturen des abgeschlossenen Familienwohnens. In der Wohnung wird das soziale Leben gemeinschaftlich organisiert. Es bilden sich kollektive Wohntypologien heraus, beispielsweise Clusterwohnungen, Wohngemeinschaften/Großhaushalte oder Hallenwohnungen. Die Adressat:innen dieser Wohnungen sind vielfältig: Alleinerziehende in Wolle+, Studierende und Auszubildende in der StadtErle in Basel oder allgemein Menschen auf der Suche nach anderen Wohn- und Lebensformen wie in der Hallenwohnung im Zollhaus Zürich.

Das Piktogramm für das **gemeinschaftsorientierte Haus** wird aktiviert, wenn im Haus gemeinschaftsorientierte Funktionen untergebracht sind, die an die Hausbewohnerschaft adressiert sind. Starre Grenzen zwischen drinnen und draußen, zwischen Wohnung und Haus lösen sich tendenziell auf. Berücksichtigt sind Nutzungen wie eine gemeinschaftlich genutzte Dachterrasse sowie diverse Gemeinschaftsbereiche im Erdgeschoss wie Waschsalons, Gemeinschaftsküchen, Bibliotheken oder Werkstätten. Die Räume der Gemeinschaft können sich auf einer Etage befinden oder vertikal mäandern.

Das **gemeinschaftsorientierte Quartier** definiert sich über gemeinschaftliche Nutzungen, die auch in das Quartier oder in die erweiterte Nachbarschaft greifen. Darunter fallen etwa Quartiersgemeinschaträume oder extern vermietbare Spiel- und Gemeinschaftsräume. Gemeinschaftsräume im Quartier sind sehr unterschiedlich (Theater im Gleis 21, Wien, oder das Brettspiel-Café „DuBischDra", FOGO, Zürich). Die Kultur der Zusammenarbeit und des Teilens reicht von der kooperativen Bewerbung bis hin zu projektübergreifenden Raumangeboten. Im Erdgeschoss findet in der Regel kein Wohnen mehr statt.

Produktives Wohnen

Die **produktive Wohnung** vereint Arbeiten und Wohnen innerhalb der Raumeinheit einer Wohnung – sowohl im Bereich der Standardwohnungen als auch bei alternativen Wohnkonzepten. Alternative Lösungsansätze werden hervorgehoben: Fragen der Raumdimension und -organisation, des Ausbaus und der Erschließung der beiden Bereiche werden unterschiedlich beantwortet, ebenso spielen Flexibilität und Selbstbau eine wesentliche Rolle.

Mit dem **produktiven Haus** werden alternative Angebote zur Zusammenführung von Wohnen und Arbeiten im Haus hervorgehoben. Die horizontale Schichtung – Gewerbeeinheiten sind im Erdgeschoss platziert, Wohnen in den Geschossen darüber – entwickelt sich zu vertikaler Vielfalt. Arbeitsbereiche stehen als Co-Working-Space oder Gemeinschaftsbüro der Hausbewohnerschaft zur Verfügung oder sie existieren als individuell anmietbare Räume für spezifische Bedarfe im Haus. Nicht nur Räume zur Reintegration digitaler Arbeit stehen in diesem Kontext im Fokus, auch Werkstätten oder optional nutzbare Räume können Teil dieses Angebots sein. Neben räumlichen und funktionalen Aspekten werden auch Bedingungen der Entstehung dieser Nutzungsmischung thematisiert.

Das Piktogramm für das **produktive Quartier** kennzeichnet Quartiersentwicklungen, die sich dem Thema Wohnen und Arbeiten verschrieben haben bzw. Projekte, die dazu einen relevanten Beitrag leisten. Die gewerbliche Nutzung des Erdgeschosses, die explizit einen Mehrwert für das Quartier bringt (SAN RIEMO: Kinder- und Jugendhilfe), unterstützt zum Beispiel die Quartiersvernetzung und vermindert den Arbeitsverkehr. Aber auch Räume, die an anderen und spezifischen Stellen eines Hauses im Quartier gut erreichbar für externe Nutzer:innen sind, können das Angebot aufweiten. Das Piktogramm wird auch aktiviert, wenn ein Gebäude an einer hervorgehobenen Stelle – an einem zentralen Platz, an der Schnittstelle wesentlicher Verkehrswege, an einem Grünzug – gewerbliche Funktionen beinhaltet, die sich zum Quartier öffnen. Als Beispiel hierfür gilt das Koch-Quartier mit einem reinen Gewerbehaus auf dem Baufeld A.

Adaptives Wohnen

Die **adaptive Wohnung** ist innerhalb der räumlichen Hülle veränderbar, die Lösungsansätze dazu unterscheiden sich bezogen auf verschiedene zeitliche Planungshorizonte. Dafür ausgelegte Bauweisen und Tragwerksstrukturen sowie alternative Positionierung und Konzepte der Infrastruktur können diese Flexibilität ermöglichen. Leichtbauwände und temporär wandelbare Raumabschlüsse bieten eine individuelle Einteilung der Wohnungsinnenwände. Zusätzlich ist die Wohnung durch das Zuschalten oder Ablösen angrenzender Bereiche wandelbar – dies bedingt aber die Einbeziehung der Raumkapazitäten des Hauses.

Auf die Frage, wie ein **adaptives Haus** entstehen kann, gibt es vielfältige Antworten – durch die Koppelung verschiedener Herangehensweisen kann ein breiter Handlungsspielraum entstehen. Die Planung der Tragstruktur oder der Versorgungssysteme kann Grundlage für Flexibilität schaffen oder die Positionierung von Optionsräumen, die mit jeweils unterschiedlichen räumlichen Begabungen dreidimensional über das Haus verteilt liegen können. Raumeinheiten können in ihrer Größe und Zuordnung verändert werden. Auch juristische, organisatorische oder technische Lösungen sind Bausteine dieser adaptiven Strategie. Ebenso können das adaptive Haus oder bestimmte Raumbereiche im Haus funktional flexibel sein oder temporäre Ansprüche erfüllen.

Das **adaptive Quartier** hat zum Ziel, seinen Bewohner:innen ein lebenslanges Wohnen im Quartier zu ermöglichen. Dies kann geschehen durch ein bereits in der Projektentwicklung gesteuertes breites Wohnungsangebot für verschiedene Lebensphasen und -formen und durch den das Quartier und die Trägerschaften übergreifenden Tausch von Wohnungen. Eine breite Vielfalt von Arbeitsräumen ist ebenso wie das infrastrukturelle Angebot in Bezug auf soziale Dienstleistungen, Nahversorgung und Mobilität relevant. Das adaptive Quartier bietet kurzzeitige Übernachtungsangebote, aber auch temporär anmietbare Gewerbeeinheiten und erweitert durch verschiedene Zeitzyklen die Wahlmöglichkeiten. Die Barrierefreiheit vor allem im Quartier und nicht nur in der Wohnung oder dem Haus erweist sich als grundlegende Voraussetzung.

Handlungsorte

Im fünften Kapitel werden zwölf Handlungsorte im deutschsprachigen Raum auf jeweils drei bis vier Doppelseiten komprimiert vorgestellt – dies sind Quartiersbeispiele, aber auch Wohnprojekte. Alle Projekte liefern starke Innovationsimpulse zum Thema auf verschiedenen Ebenen. Die oben erläuterten Piktogramme werden jeweils einleitend als Stempel zusammengeführt; er ermöglicht es, die inhaltlichen Schwerpunkte des jeweiligen Projekts auf einen Blick einzuordnen.

Durchdringung und Vernetzung

In diesem Kapitel sechs werden die Argumentationsfäden zusammengeführt. Es zeigt sich, dass die drei Handlungsfelder zentrale Themen heutiger Wohnoptionen kennzeichnen. Der Wohnwandel ist augenfällig: statt Normen dominieren Experimente, statt dem Wohnen in der Kleinfamilie nun die Pluralität der Lebensformen, statt Wohnstandards die räumliche Vielfalt. Die Kultur der Divergenz, die sich also sozial wie auch räumlich darstellt, führt zu Überblendungen, Durchdringungen und Vernetzungen heutiger Wohnoptionen.

Querverweise

Die Zusammenführung der Argumentationsfäden spiegelt sich ebenfalls in den Fallbeispielen. In dieser Forschung wurden die drei Handlungsstränge gemeinschaftsorientiertes, produktives und adaptives Wohnen zunächst getrennt analysiert. Charakteristisch ist aber die thematische Durchdringung und Vernetzung. Um den Leser:innen einen Überblick zu geben, werden – ausgehend von diesen Handlungsorten – die jeweiligen Querverweise zu den Positionen unserer Interviewpartner:innen und den drei Handlungsfeldern gegeben.

Planfigur		Projekt	Handlungsorte	Positionen	Gemeinschafts-orientiertes Wohnen	Produktives Wohnen	Adaptives Wohnen
■ M 1: 5.000							
■ M 1: 20.000							
5.01		Karthago Zürich, CH	174–181	24–25	18, 37, 44, 46, 49–50	98	
5.02		Teamhaus Hotel Löwen Schruns, A	182–189	136–137			123, 160, 163
5.03		Wohnregal Berlin, D	190–197			96, 97	
5.04		Wolle+ Tübingen, D	198–205		33, 34, 50–51, 57	116	145–146, 166–167
5.05		SAN RIEMO München, D	206–213	132–133	38, 43–44, 47, 54	98–99, 116, 117	153–157, 159
5.08		Gleis 21 Sonnwendviertel Ost, Wien, A	223, 225, 226–231	26–27	42–44, 46–49, 56–58		153–155
5.10		StadtErle Erlenmatt Ost, Basel, CH	235, 237–243		30–35, 40–42, 44, 47		
5.11		Coopérative d'ateliers Erlenmatt Ost, Basel, CH	235, 244–249	134–135	37	82–94, 105	140–145, 149, 153
5.06		FOGO Zürich, CH	214–219			108–109	162
5.07		Sonnwendviertel Ost Wien, A	220–225, 228	26, 28–29	56	100, 102, 107, 110–111, 115–116	156
5.09		Erlenmatt Ost Basel, CH	232–237, 240–241, 246–247	135, 138–139	55	113	164–165
5.12		Koch-Quartier Zürich, CH	250–255		31, 52, 56	102, 105, 112–113	146, 152, 165–166

2 GEMEINSCHAFTSORIENTIERTES WOHNEN

2.01 Thematische Einführung

In den letzten Jahren sind erstaunlich viele Forschungsarbeiten zum gemeinschaftlichen Wohnen erschienen.[1] Diese aufblühende Forschungslandschaft erklärt sich vor allem durch die neue Bedeutung, die das gemeinschaftsorientierte Wohnen in einer sich weiter polarisierenden und im Umbruch befindenden Gesellschaft erhält. Grundlegende Determinanten wie das Verhältnis von Individuum und Gesellschaft oder von Privatheit und Öffentlichkeit müssen neu bestimmt bzw. austariert werden. Neue Debatten fragen nach dem heutigen Stellenwert von Gemeinwohl und Gemeinbesitz. Die Pluralisierung der Haushalts- und Lebensformen erfordert ein breites Angebot unterschiedlicher Wohnungsgrundrisse. Eine neue gesellschaftliche Relevanz erhält das gemeinschaftsorientierte Wohnen durch den Wandel und die Öffnung von inszenierten homogenen Hausprojekten zu heterogenen Wohnprojekten mit Quartiersorientierung.

Die Herausgeber:innen der Publikation „Eine Geschichte des gemeinschaftlichen Wohnens"[2], Susanne Schmid, Dietmar Eberle und Margrit Hugentobler, gliederten die Themen des gemeinschaftlichen Zusammenlebens in vier Handlungsebenen, die wiederum auf Gegensatzpaaren beruhen:

- Einflussnahme: marktbestimmt versus mitbestimmt
- Überlagerung: temporär versus permanent
- Zusammenleben: heterogen versus homogen
- Flexibilität: teilen versus besitzen

Für sie liegt das größte Potenzial des gemeinschaftlichen Wohnens „in seiner möglichen Vielfalt. Wohnräume mit unterschiedlichen Funktionen und attraktiven Ausstattungen, breit gefächerte Wohneinheiten und eine Vielzahl an unterschiedlichen Menschen prägen und beleben das gemeinschaftliche urbane Wohnen. Dies führt zu einer Diversität an Wohnqualitäten."[3]

Geschichtlicher Perspektivwechsel

Gemeinschaftliches Wohnen kann auf eine über hundertjährige Erfolgsgeschichte zurückblicken. Bei ähnlicher rechtlicher Struktur unterscheiden sich heute viele Wohngenossenschaften allerdings von ihren historischen Vorbildern.

Als Folge von Industrialisierung, Verstädterung und der sich verschärfenden Wohnungsnot bildeten sich damals Selbsthilfestrukturen heraus, die zur Gründung der ersten Wohnungsbaugenossenschaften führten. Die allgemeinen Werte – Selbstbestimmung, Selbstverwaltung und Selbstverantwortung – prägen bis heute die gemeinschaftlichen Wohnprojekte. Genossenschaftliche Wohnprojekte beruhten häufig auf einer gleichen Interessenslage. Die Gründungen erfolgten in der Regel durch homogene Gruppen – beispielsweise durch Personen der gleichen Berufsgruppe (Schiffsbauer, Bühnenarbeiter etc.) oder der gleichen sozialen Schicht (Arbeiter, Angestellte oder Beamte). Charakteristisch für die Genossenschaftsbewegung der frühen Phase ist, dass neben der Schaffung von preiswertem Wohnraum stets auch die Verbesserung der Wohnkultur intendiert war. Es entstanden in den genossenschaftlichen Quartieren immer auch gemeinschaftliche Einrichtungen wie gemeinsame Leseräume, Waschküchen und Kindergärten. In der Nachkriegszeit sicherten Genossenschaften bezahlbaren Wohnraum, doch die Genossenschaftskultur verarmte. Dadurch verloren die traditionellen Genossenschaften ihre Bedeutung als Schrittmacher der Wohnreform, da nicht nur die Experimentierfreude, sondern auch das soziale und kulturelle Leben in den Wohnprojekten nach und nach verkümmerte.

Einen Aufbruch erfuhr die Genossenschaftsbewegung in den 1970er- und 1980er-Jahren, als überwiegend junge Menschen Alternativen zum standardisierten Wohnen suchten. Die Gegenbewegung, die sich entschieden von den Traditionsgenossenschaften abgrenzte, schuf mit ihren Wohnprojekten sozial homogene Enklaven gemeinschaftlichen Lebens. Durch eine Organisation sozialer Netze wurden bestimmte Haushaltsfunktionen gemeinschaftlich erledigt, wie Kinderbetreuung, Kochen oder die Beschaffung ökologisch unbedenklicher Lebensmittel. Diese „neuen selbstgewählten Nachbarschaften funktionieren auf der Basis ähnlicher Lebensauffassungen und weitergehender sozialer Homogenität, d. h. sie beruhen auf einer feinkörnigen, sozialen Segregation".[4] Ihre Fortsetzung finden diese sozial homogenen Enklaven gemeinschaftlichen Lebens in den Landkommunen und ökologischen Siedlungsprojekten wie in der Gemeinschaft Tempelhof in Baden-Württemberg. Diese gemeinschaftlichen Wohnprojekte können als intentionale Gemeinschaften bezeichnet werden, da ihnen der Prozess der Vergemeinschaftung zentrales Anliegen ist. Das Individuum soll sich tendenziell mit seinen Bedürfnissen einer intensionalen, der Gemeinschaft verpflichtenden Zielsetzung unterordnen. In der historischen Herleitung wird auf eine lange Tradition dieser kommunitären Gemeinschaften verwiesen, u. a. auf religiöse Gemeinschaften wie die Shaker oder Hutterer.[5]

Von diesen intensionalen Gemeinschaften sind die neuen, oftmals urbanen Wohnprojekte zu unterscheiden. Diese wollen nicht länger homogene Inseln einer Alternativbewegung sein, sondern sie streben – besonders in Wien, München und in den Städten der Deutschschweiz – danach, das Wohnen und den Alltag in einer sozial heterogenen Metropolregion mitzugestalten. Es findet dort ein grundlegender Perspektivwechsel von den homogenen Gemeinschaften der Ökologiebewegung hin zu urbanen gemeinschaftlichen Wohnprojekten in diversen, heterogenen Quartieren statt.

Waren die Soziologen Häußermann und Siebel Mitte der 1990er-Jahre noch sehr skeptisch über die Möglichkeit der Vergemeinschaftung von Einrichtungen, die zur Führung eines selbstständigen Haushalts notwendig sind, so zielen neuere Wohnprojekte nicht nur auf die gemeinschaftliche Transformation individueller Wohnweisen (z. B. in Clusterwohnungen, Hallenwohnungen), sondern sie entflechten einzelne Funktionen aus den Häusern bzw. Wohnprojekten und verlagern sie ins Quartier. Die Frage, die sich in den 1990er-Jahren stellte und sich auch heute noch stellt, ist, ob neue Formen gemeinschaftlichen Wohnens und Lebens weiter nur auf „der Basis der gesicherten Privatsphäre"[6] entwickelt werden können.

Familienwohnen im gemeinschaftlichen Wohnprojekt, Laher Wiesen, Hannover (1983–1985)

Unscharfe Grenzen und „freie" Räume

Die Kultur der gesicherten Privatsphäre erlangte in den 1960er- bis 1970er-Jahren ihre strengste Ausprägung. Besonders in den frei stehenden Einfamilienhäusern erfolgte eine Abkapselung der Privatsphäre vom öffentlichen Leben. Das Territorium wurde durch Hecken, Vorgärten und Zäune augenfällig begrenzt. Zudem fand eine geschlechtsspezifische und funktionale Zuordnung der Räume nach hierarchischen Prinzipien (Wohnzimmer, Elternschlafzimmer, Kinderzimmer, funktionale Küche, Bad, Toilette, Verteilungsflur) statt. Die architektonische Entwurfsarbeit sollte also in dieser Phase der Nachkriegsmoderne nicht mehr mit der Ordnung variabler Räume beginnen – wie in den Jahren vor dem Ersten Weltkrieg in den städtischen Mietshäusern –, sondern mit der Ermittlung des künftigen Wohnbedarfs und des Wohnvorgangs selbst. Die Orientierung des funktionalen Wohnens erfolgte an den Bedürfnissen der modernen Kleinfamilien.[7]

Seit Ende der 1960er-Jahre begehrten zumeist jüngere Menschen gegen diese hierarchische und geschlechtsspezifisch geordnete Alltagskultur auf und stellten dabei auch das wohnkulturelle Leitbild der Privatheit infrage. Sie bildeten Wohngemeinschaften, die sich bevorzugt in Altbauwohnungen der Gründerzeithäuser mit ihren nutzungsneutralen Räumen befanden. Gemeinschaftliches Wohnen stellt also eine Lebensform dar, die nicht auf eine gesonderte bauliche Struktur angewiesen war.[8] Es erlangten in dieser Phase auch die Fabriketagen als Orte des befreiten Wohnens und Arbeitens an Faszination. Träger war die kulturelle Boheme, die sich zunächst in den Lofts New Yorks entfaltete.

Gemeinschaftliche Wohnprojekte wurden im Neubau erst langsam in den Umbruchsjahren der 1970er-Jahre realisiert. Beispielgebend für Deutschland waren besonders die Wohnkooperationen in den Niederlanden und in Skandinavien.[9] In diesen Wohnkooperativen wurde zwar am gesicherten Privatbereich der Individualwohnung festgehalten, mit den Gemeinschaftsräumen oder Gemeinschaftshäusern wurde jedoch mit der Kultur der abgekapselten Privatheit gebrochen. Die Akteure der neuen Gemeinschaftsprojekte setzten sich überwiegend aus einer homogenen Gruppe oftmals akademisch geprägter Menschen zusammen. Wichtig erschien ihnen der Prozess des gemeinsamen Planens, Bauens und Zusammenlebens.[10] Wenngleich die Kernfamilie noch nicht infrage gestellt war, öffneten sich die Familien hin zur Gemeinschaft.

Erst jene gemeinschaftlichen Wohnprojekte, die aus der Hausbesetzungsbewegung hervorgingen, brachen die Abkapselung in private Wohneinheiten auf. In Zürich beispielsweise wurde im Umbauprojekt Karthago die Kultur der Privatheit durch die Strukturierung des Gebäudes in Wohngruppen und in eine Großküche durchbrochen (siehe Handlungsorte, Interviews).

Mit der Infragestellung der funktionalen Ordnung und Hierarchie der Räume in den Wohnungen, und damit des Konzepts der abgegrenzten Privatsphäre, wurde die private Wohnung zunehmend durchdringbar. Eine Anpassungsfähigkeit an gewandelte soziale Bedürfnisse konnte durch Abtrennung oder Hinzufügung nutzungsoffener (Wohn-)Räume erreicht werden. Indem das Wohnen neu gedacht und geplant wurde, verlor die Wohnung ihren statischen und nach spezifischen Funktionen ausgerichteten Charakter. Erst durch die Befreiung der Wohnarchitektur von der Abkapselung des Privaten traf die Aussage von Ernst Hubeli zu: „Die Kernfrage des Wohnens dreht sich um unvorhersehbare Freiheiten."[11]

Innere Sphären der Wohnung im sozialen Wandel

Indem die Funktionalisierung der Räume aufgelöst wird, ändern sich jeweils ihre Zuschreibungen. Die funktionale Küche, der Essraum und das Wohnzimmer gehen im Alltagsraum auf. Die Toilette und das Bad, vorher der verschämte Ort, werden mit dem Schlafzimmer, das in der Moderne der „privateste' und ‚intimste' Bezirk des menschlichen Lebens geworden"[12] ist, zum Wellness- und Regenerationsraum. Wie in den traditionellen orientalischen Haus- und Wohnungsgrundrissen, die immer zwischen einem öffentlichen und einem privaten Bereich unterscheiden, lassen sich auch im gemeinschaftsorientierten Wohnen die Sphären des Öffentlichen und des Privaten deutlicher unterscheiden.

In den gemeinschaftlichen Wohnprojekten, die häufig über Außengänge erschlossen sind, werden heute die Wohnungen dementsprechend zoniert. Küchen- und Essbereiche sind zum Laubengang orientiert, die privaten Schlaf- und Regenerationsbereiche verlagern sich „mehr und mehr hinter die Kulissen des gesellschaftlichen Verkehrs"[13].

Das Schlafzimmer erfährt historisch-wohnkulturell den größten Bedeutungswandel. Peter Reinhart Gleichmann, der in der Tradition des Soziologen Norbert Elias stehend die Domestizierung des Wohnens untersuchte, stellte hinsichtlich des Schlafraums Folgendes fest: „Jahrhundertelang teilen alle Menschen ihre Schlafplätze und -räume mit vielen anderen zur gleichen Zeit. Schlafräume sind zugänglich für die meisten anderen und besonders dann für jene, wenn sie einen Sterbenden beherbergen."[14] Das Aufstehen und Zubettgehen war im Absolutismus eine öffentliche Selbstdarstellung und in hohem Maße ritualisiert, wie etwa bei Ludwig XIV. Mit der Synchronisierung des Nacht-Schlaf-Rhythmus und der Durchsetzung von bürgerlichen Peinlichkeits- und Schamvorstellungen wurde der Schlafraum immer weiter abgeschlossen. In einem

Familienwohnen in der Baugemeinschaft B 44, Karlsruhe

„Galerie" im Wohnprojekt WohnreWIR. Arch. postwelters | partner

Schlafraum sollten nur noch gleichgeschlechtliche Kinder oder verheiratete Paare schlafen.

Wenngleich die neuen Wohnprojekte die Abkapselung des Privaten durchbrechen und Orten der Gemeinschaft mehr Raum geben, bleibt die Domestizierung des Wohnens mit der Auslagerung wichtiger Lebensbereiche wie Geburt, Erziehung und Bildung der Kinder und Jugendlichen oder Krankheit bestehen. Dies wird besonders bei Sterbenden ersichtlich. Jahrhundertelang konnten Kranke in ihrem eigenen Bett sterben. Die Toten wurden aufgebahrt und von ihnen konnten die Familienangehörigen, Freunde und Nachbarn im privaten Schlafzimmer Abschied nehmen. Heute findet hingegen das Sterben oftmals anonym in Altenheimen oder Krankenhäuser statt.

Die soziale Verarmung durch Verlagerung in anonyme Anstalten wird heute auch in den neuen gemeinschaftlichen Wohnprojekten – zumindest partiell – aufgehoben. Gemeinschaftliches Wohnen hat teilweise die Reintegration wichtiger Lebensphasen in die vertraute Wohnumgebung zur Folge. In Clusterwohnungen beispielsweise werden viele Funktionen in den Gemeinschaftsbereich verlagert, zum Beispiel die Nahrungszubereitung, das Essen, die Kommunikation oder zum Teil die Körperreinigung; jedoch bleibt auch dort der abgeschlossene Schlafraum mit integrierter Sanitärzelle als letztes Refugium bürgerlicher Privatheit erhalten.

Der oszillierende Charakter der „Vergesellschaftung von Gemeinschaften"

Die Benennung von Gegensatzpaaren zur Charakterisierung der Handlungsebenen gemeinschaftlichen Wohnens, wie sie eingangs dieses Artikels zitiert und in der „Geschichte des gemeinschaftlichen Wohnens" angewandt wird, ist zunächst nachvollziehbar, auch wenn die beiden zentralen Begriffe Gemeinschaft und Gesellschaft als Gegensatz verwendet werden. Eine vermeintliche Trennschärfe verliert sich allerdings, wenn die Janusköpfigkeit bzw. die Überlappung beider Ebenen, festgestellt wird.

Bereits vor einem Jahrhundert wies Max Weber auf den oszillierenden Charakter hin, der beiden Sphären – Gemeinschaft und Gesellschaft – innewohnt. „Die große Mehrheit sozialer Beziehungen aber hat teils den Charakter der Vergemeinschaftung, teils den der Vergesellschaftung. Jede noch so zweckrationale und nüchterne geschaffene und abgezweckte soziale Beziehung […] kann Gefühlswerte stiften, welche über den gewillkürten Zweck hinausgreifen. […] Ebenso kann umgekehrt eine soziale Beziehung, deren normaler Sinn Vergesellschaftung ist, von allen oder einigen Beteiligten ganz oder teilweise zweckrational orientiert werden."[15]

Gerade in den größeren und ambitionierten neuen genossenschaftlichen Wohnprojekten überlagern sich die Ebenen, die durch die soziale Empathie in der Gemeinschaft der Bauenden und Wohnenden charakterisiert wird, mit zweckrationalen Absichten der Vergesellschaftung, die eine soziale Einbettung der freigesetzten Individuen und eine Identifizierung im Quartier beabsichtigen.

Abgeschlossene Wohnungen und zuschaltbare Räume

Eine Wohnung stellt im rechtlichen Sinne eine baulich getrennte, in sich abgeschlossene Wohneinheit dar, die über einen eigenen Zugang verfügt. „Um als Wohnung im Sinne des Gesetzes zu gelten, müssen fernerhin Toilette, Dusche oder

Das Quartier als gelebter Sozialraum, Französisches Viertel, Tübingen

Bad und eine Toilette vorhanden sein. Eine letzte Anforderung ist, dass die Wohnfläche größer als 23 Quadratmeter ist."[16] Hingegen werden dann auch mehrere Zimmer als unselbstständige Wohneinheiten bezeichnet, wenn die Einheit eindeutig baulich getrennt und vom übrigen Bereich abgeschlossen ist. Für die Frage, inwieweit beispielsweise Clusterwohnungen selbstständige Wohnungen sind, ist folgende Definition wichtig: „Um eine selbstständige Wohneinheit annehmen zu können, ist mindestens ein Aufenthaltsraum (zum Schlafen und Wohnen) erforderlich sowie Küche (Kochecke), Toilette und eine besondere Waschgelegenheit. Die Räume müssen eine Einheit bilden, jedoch ist kein eigener Zugang erforderlich."[17] Räume, die eine Infragestellung der abgekapselten Privatheit der Wohnungen implizierten, sollten den sich wandelnden Bedürfnissen entsprechen und durch Adaption das Raumangebot erweitern. So entstanden Zuschalträume, die flexibel auf veränderte Wohnbedürfnisse reagierten. Diese neuen, unterschiedlich benannten Räume – Optionsräume, Satellitenzimmer, Jokerräume etc. – können für Wohnzwecke, aber auch für andere Nutzungen (Gewerberäume, Sozialräume etc.) genutzt werden (vgl. Kapitel 4.04 „Adaptives Wohnen").

Bereits im frühen Reformwohnungsbau wurden Schaltzimmer realisiert, um eine Anpassungsfähigkeit zu erreichen. Die Schaltzimmer konnten der einen oder der anderen angrenzenden Wohnung zugeordnet werden. Schaltzimmer im engeren Sinne sind nicht von den halb öffentlichen Erschließungszonen aus zugänglich. Für die Gesamtzimmerzahl müssen die Schaltzimmer einer Wohnung zugeordnet werden. Da Schaltzimmer weniger flexibel sind, werden in vielen Wohnprojekten deshalb „autonome" Räume (Jokerräume), Optionsräume oder Mikroapartments mit eigenem Eingang und Nasszelle bevorzugt.

Soziokulturelle Valorisierung

Wohnen wird stets mit kulturellen Werten aufgeladen und bezieht sich nicht mehr nur auf die Wohnung selbst. Eine kulturelle Valorisierung, die die bloße Funktionalisierung des Wohnens hinter sich lässt, will sozialen Prestige generieren. „Wohnviertel und Wohnung sind", so Andreas Reckwitz, längst „zu Gegenständen der kulturellen Valorisierung geworden […]."[18] Wohnorte, die soziales Prestige symbolisieren, verändern sich mit dem gesellschaftlichen Wandel. Dies ist bei der kulturellen Entwertung bzw. Neubewertung von Einfamilienhausgebieten augenfällig. Wohnungen mit ihren Gegenständen

(Design), aber auch Wohnquartiere sind verflochtene Orte der kulturellen Praxis. „In der spätmodernen Akademikerklasse geht die Valorisierung der Subjekte und ihres Lebensstils mit der Valorisierung ihrer Räumlichkeiten Hand in Hand."[19]

Es erscheint deshalb aus sozialen, aber auch aus kulturellen Gründen nur konsequent zu sein, dass eine Vergesellschaftung der Gemeinschaften im urbanen Kontext neu gedacht werden muss, zumal sich die räumliche Begrenztheit innerhalb des Wohnprojekts tendenziell auflöst und eine räumliche und soziale Öffnung im gesellschaftlichen Nahbereich, dem Quartier, erfolgt.

Quartier als disperse, subjektive Sozialräume

In den letzten Jahren gewannen Nachbarschaften und Quartiere als „Mittelpunkt-Ort"[20] alltäglichen Lebens und individueller sozialer Sphären stark an Bedeutung. Mit der stetigen Auflösung traditioneller Bindungen, beispielsweise in Gewerkschaften, Kirchen oder lebensweltlichen Organisationen, suchen die Menschen der fragmentierten Moderne Orte der Identifikation und des Zusammenhalts.[21]

Für die Orte der Gemeinschaft bietet sich erneut das Konzept der Nachbarschaft an. Jedoch ist statt von einem bestimmten Territorium mit einer abgegrenzten „Nachbarschaft", von unterschiedlichen Beziehungsnetzwerken auszugehen, die sich teilweise oder vollständig überlagern können. Analog zur fragmentierenden „Bastelbiografie"[22] die Anthony Giddens und Ulrich Beck für die Bezeichnung der freigesetzten Individuen prägten, wird der Begriff der „Bastelnachbarschaften"[23] verwendet. Nicht die homogene und statische Nachbarschaft (man ist Nachbar:in, ob man will oder nicht), sondern die vergesellschaftete Gemeinschaft der Vielen in Quartieren wird deshalb zur neuen Normalität. Quartiere werden wieder zu Orten der räumlichen Nähe, die durch fließende Übergänge von Wohnen, Arbeiten und Leben gekennzeichnet sind.

Das Quartier wird durch die besondere Sozialität und die vielen Kommunikationsmöglichkeiten inzwischen auch für die Gesamtstadt bedeutsam. „Für die vielen gravierenden Probleme, mit denen der Körper der Stadt jetzt und in Zukunft zu kämpfen hat, könnte die Körnungsgröße des überschaubaren Stadtteils einen intensiven Kompetenzaufbau und Erfahrungsaustausch der Bürger ermöglichen, der für

„Lunchtime" – gemeinsames Essen im Quartier

die Ausbildung der Quartiere als soziale, ökologische und demokratische Ressource nötig ist."[24] Quartiere bieten als subjektiv abgegrenzte Sozialräume die Möglichkeit, sich in der Großstadt emotional zu verankern und intensive Formen der Bindung aufzubauen.

Bei der Verwendung des Begriffs „Quartier" dominieren häufig städtebauliche oder verwaltungsstatistische Kriterien.[25] Allerdings sind Planungsräume keineswegs immer identisch mit den wahrgenommenen und gelebten Sozialräumen.[26] Olaf Schnur definiert das Quartier als einen Mittelpunkt-Ort, der kontextuell eingebettet und durch externe und interne Handlungen sozial konstruiert ist. Ihn kennzeichnen unscharf konturierte alltägliche Lebenswelten und individuelle soziale Sphären, „deren Schnittmengen sich im räumlich-identifikatorischen Zusammenhang eines überschaubaren Wohnumfelds abbilden"[27]. Oehler und Drilling schließen sich dieser Definition an und heben vier wesentliche Eigenschaften von Quartieren hervor: Sie sind sozial konstruierbar (und nicht unbedingt administrativ eingegrenzt), überschaubar, auf alltägliche Lebenswelten und soziale Sphären bezogen und bieten identifikatorisches Potenzial.[28]

Die überschaubaren Lebenswelten des Wohnprojekts und des Quartiers sind nicht abgeschlossen, sondern müssen immer in einem erweiterten räumlichen Kontext gesehen werden. „Während die amtliche Statistik mit präzisen Gebietsgrenzen arbeitet, ist ein Quartier nach dieser Definition ein ‚fuzzy place', der je nach Betrachtung immer wieder neu und unterschiedlich bestimmt wird. Diese Definition bildet eine sozialgeographische Perspektive ab, die anders als andere Quartiersbegriffsbestimmungen auch neuere sozial- und raumtheoretische Konzepte beinhaltet."[29]

Durch die soziale Konstruktion unterschiedlicher Orte der Begegnung und des sozialen Austauschs bilden sich – neben dem Wohn- und Arbeitsort – für das Gemeinwesen bedeutsame „Thirdspaces"[30] heraus. Als individuell konstruierte Lebens- und Handlungsräume sind Quartiere, so Markus Menzl, „zu einer ‚emanzipatorischen Leitidee' geworden"[31]. Die Entsprechung zum Quartier ist im dörflichen Kontext die Gemeinde als erfahrbarer Wohn- und Lebensbereich. Die Trias aus Selbsthilfe, Bürgerengagement und Profileistung ermöglicht individuelle ‚Passungen' zwischen den Angeboten und den Bedarfslagen im sozialen Nahbereich.

1 Bundesinstitut für Bau-, Stadt- und Raumforschung (BBSR) im Bundesamt für Bauwesen und Raumordnung (BBR) (Hg.): Neues Wohnen – Gemeinschaftliche Wohnformen bei Genossenschaften. Bonn 2014. Abzurufen unter: https://www.bbsr.bund.de/BBSR/DE/veroeffentlichungen/sonderveroeffentlichungen/2014/NeuesWohnen.html (besucht am 09.11.2021); Becker, Annette/Kienbaum, Laura/Ring, Kristien/Cachola Schmal, Peter (Hg.): Bauen und wohnen in Gemeinschaft. Ideen, Prozesse, Architektur. Unter Mitarbeit von Tobias Behrens. Basel 2015; Kleefisch-Jobst, Ursula/Köddermann, Peter/Jung, Karen (Hg.): Alle wollen wohnen. Gerecht, sozial, bezahlbar. Berlin 2017; Dürr, Susanne/Kuhn, Gerd: Wohnvielfalt. Gemeinschaftlich wohnen – im Quartier vernetzt und sozial orientiert. Hg. v. Wüstenrot Stiftung. Ludwigsburg 2017; Marboe, Isabella (Hg.): Bauen für die Gemeinschaft in Wien. Neue gemeinschaftliche Formen des Zusammenlebens. München 2021

2 Schmid, Susanne/Eberle, Dietmar/Hugentobler, Margrit (Hg.): Eine Geschichte des gemeinschaftlichen Wohnens. Modelle des Zusammenlebens. Birkhäuser. Basel 2019, S. 302–308

3 Ebenda, S. 306

4 Häußermann, Hartmut/Siebel, Walter: Soziologie des Wohnens. Eine Einführung in Wandel und Ausdifferenzierung des Wohnens. Weinheim, München 1996, S. 321

5 Grundmann, Matthias/Dierschke, Thomas/Drucks, Stephan/Kunze, Iris (Hg.): Soziale Gemeinschaften. Experimentierfelder für kollektive Lebensformen. Berlin 2006

6 Ebenda, S. 322

7 Simon-Philipp, Christina/Korbel, Josefine: Einfamilienhäuser 50/60/70. Stadtentwicklung und Revitalisierung. Ludwigsburg 2016

8 Göschel, Albrecht: Gemeinschaftliches Wohnen: (K)ein neuer Wohnungsmarkt? In: Forum Wohnen und Stadtentwicklung (FWS) 5/2010, S. 247–251, hier: S. 247

9 Bohning, Ingo: „Autonome Architektur" und „partizipatorisches Bauen". Zwei Architekturkonzepte. Basel 1981, S. 122

10 Hartmann, Monika/Koblin, Wolfram/Näbauer, Roswitha: Selber & gemeinsam planen, bauen und wohnen. München 1978, S. 44–47

11 Hubeli, Ernst: Die neue Krise der Städte. Zur Wohnungsfrage im 21. Jahrhundert. Zürich 2020, S. 161

12 Elias, Norbert: Über den Prozess der Zivilisation. Soziogenetische und psychogenetische Untersuchungen. 7. Aufl. 2 Bände. Frankfurt am Main 1980 (Wandlungen des Verhaltens in den weltlichen Oberschichten des Abendlandes, Erster Band), S. 310

13 Ebenda, S. 315; vgl. Gleichmann, Peter R.: Die Verhäuslichung körperlicher Verrichtungen. In: Peter R. Gleichmann, Johan Goudsblom und Hermann Korte (Hg.): Materialien zu Norbert Elias' Zivilisationstheorie. Frankfurt am Main 1979, S. 254–278

14 Gleichmann, Peter R.: Einige soziale Wandlungen des Schlafens. In: Zeitschrift für Soziologie 5/1980, S. 236–250, hier: S. 236

15 Weber, Max: Wirtschaft und Gesellschaft. 5., rev. Aufl. Tübingen 1976, S. 22

16 Juraforum: Wohnung / Wohnungsrecht. Definition und Rechtsgrundlagen einfach erklärt. Abzurufen unter: https://www.juraforum.de/lexikon/wohnung, zuletzt aktualisiert am 27.03.2021 (besucht am 01.11.2021)

17 Mietrecht Lexikon: Die mietrechtliche Definition der Begriffe Wohneinheit und Wohnung. Abzurufen unter: https://www.mietrechtslexikon.de/a1lexikon2/w1/wohneinheit.htm (besucht am 21.05.2020); vgl. BFH 2. Senat, Urteil vom 22. Mai 2002, Az: II R 43/00

18 Reckwitz, Andreas: Die Gesellschaft der Singularitäten. Zum Strukturwandel der Moderne. Berlin 2019, S. 319

19 Ebenda, S. 320

20 Zur Beschreibung des Quartiers als Mittelpunkt-Ort vgl.: Schnur, Olaf/Krüger, Kirsten/Drilling, Matthias/Niermann, Oliver: Quartier und Demokratie – eine Einführung. In: Olaf Schnur, Matthias Drilling und

Oliver Niermann (Hg.): Quartier und Demokratie. Theorie und Praxis lokaler Partizipation zwischen Fremdbestimmung und Grasroots. Wiesbaden 2019, S. 1–25, hier: S. 6

21 Hitzler, Ronald/Honer, Anne/Pfadenhauer, Michaela (Hg.): Post-traditionale Gemeinschaften. Theoretische und ethnografische Erkundungen. Wiesbaden 2008

22 Vgl. Beck, Ulrich/Beck-Gernsheim, Elisabeth: Nicht Autonomie, sondern Bastelbiographie. Anmerkungen zur Individualisierungsdiskussion am Beispiel des Aufsatzes von Günter Burkart. In: Zeitschrift für Soziologie 3/1993, S. 178–187, hier: S. 179

23 Rohr-Zänker, Ruth/Müller, Wolfgang: Die Rolle von Nachbarschaften für die zukünftige Entwicklung von Stadtquartieren. Expertise im Auftrag der Bundesforschungsanstalt für Landeskunde und Raumordnung. Oldenburg 1998

24 Denk, Andreas: Bausteine der Stadtgesellschaft. Soziale, ökologische und politische Aspekte des Quartiers (der architekt 1/2020). Abzurufen unter: http://derarchitektbda.de/bausteine-der-stadtgesellschaft/ (besucht am 25.11.2021)

25 In der Schweiz wird zwischen drei unterschiedlichen Raumeinheiten (Agglomerationen, Kernstädte und Stadtquartiere) unterschieden. In Deutschland wird „Quartier" als soziales Bezugssystem verstanden, dem keine klaren territorialen Grenzen zugrunde liegen.

26 Vgl. Dissertation zu Basel: Schlumpf, Esther: Quartiere zwischen Objektivität und Subjektivität, Dissertation, Basel 2016

27 Schnur, Olaf: Quartiersforschung im Überblick: Konzepte, Definitionen und aktuelle Perspektiven. In: Olaf Schnur (Hg.): Quartiersforschung. Wiesbaden 2014, S. 21–56, hier: S. 43

28 Oehler, Patrick/Drilling, Matthias: Quartier. In: Christian Reutlinger, Caroline Fritsche und Eva Lingg (Hg.): Raumwissenschaftliche Basics. Wiesbaden 2011, S. 201–209, hier: S. 206

29 Schnur, Olaf/Krüger, Kirsten/Drilling, Matthias/Niermann, Oliver: Quartier und Demokratie – eine Einführung. In: Olaf Schnur, Matthias Drilling und Oliver Niermann (Hg.): Quartier und Demokratie. Theorie und Praxis lokaler Partizipation zwischen Fremdbestimmung und Grasroots. Wiesbaden 2019, S. 1–25, hier: S. 8

30 Soja, Edward W.: Thirdspace. Journeys to Los Angeles and other real-and-imagined places. Cambridge (MA) 1996; Oldenburg, Ray: The great good place. Cafés, coffee shops, bookstores, bars, hair salons, and other hangouts at the heart of a community. New York 1999

31 Menzl, Marcus: Nachbarschaft und Quartier in der Stadtentwicklung. In: Ingrid Breckner, Albrecht Göschel und Ulf Matthiesen (Hg.): Stadtsoziologie und Stadtentwicklung. Handbuch für Wissenschaft und Praxis. Baden-Baden 2020, S. 245–256, hier: S. 251; Menzl, Marcus/González, Toralf/Breckner, Ingrid/Vogelsang, Sybille: Wohnen in der HafenCity. Zuzug, Alltag, Nachbarschaft. Hamburg 2011

Professionelles Kochen und gemeinschaftliches Essen

„Das Herz des Hauses ist der Speisesaal und die Großküche im Erdgeschoss."

Gudrun Hoppe

Gemeinschaft um den städtischen Großhaushalt

Ein gewerbliches Gebäude, inmitten von Zürich in der Zentralstrasse 150 liegend, wurde im Jahre 1995 von der neu gegründeten Genossenschaft Karthago erworben und zu einem Wohnprojekt umgebaut. Das Herz des innerstädtischen Wohnprojekts ist der große Speisesaal im Erdgeschoss mit der integrierten Großküche. Seit über 20 Jahren wird in Karthago professionell gekocht und gemeinsam gegessen.

Köche und Köchinnen, Küchenkommission und Professionalisierung

Bereits zu Projektbeginn war klar – nachdem die Kerngruppe andere „Kommunen" besucht hatte, und die bescheidenen Kochkünste dort erlebte –, dass professionelle Köchinnen in dem alternativen Wohnprojekt angestellt werden mussten („Das haben wir bewusst gemacht."*). Da uns gutes Essen in einer ansprechenden Atmosphäre wichtig ist und das Restaurantangebot im Umfeld des urbanen Quartiers reich war und ist, musste eine Konkurrenzfähigkeit hergestellt und von der Großküche ein qualitätsvolles Essen angeboten werden. Dies wurde als Grundlage gesehen, damit das Konzept langfristig tragfähig bleibt.

Die Großküche im Wohnprojekt Karthago kann inzwischen auf reiche Erfahrung zurückblicken. Der Grund für diese erstaunliche Kontinuität liegt sicherlich auch in der klar geregelten Arbeitsteilung und Organisation der Großküche. Während die Köchinnen für die Nahrungszubereitung zuständig sind, übernimmt die Küchenkommission, die aus dem Kreis der Hausbewohner:innen gebildet wird und mindestens aus einem Vorstandsmitglied und zwei weiteren Mitgliedern besteht, organisatorische Aufgaben und den Bezug zu den Bedürfnissen und Ansprüchen der Bewohnerschaft. Die Unterscheidung dieser beiden Ebenen ist wichtig: „Eigentlich hat jedes Restaurant einen Koch oder eine Köchin und eine Gerantin. Der Koch oder die Köchin sind fürs Kochen

zuständig. Aber wie ein Restaurant funktioniert und läuft und wie es lebt, das ist nicht unbedingt Aufgabe vom Kochpersonal. Wir merken auch bei uns, ohne die Küchenkommission würden die Köchinnen teilweise von den unterschiedlichen Meinungen, Stimmungslagen und so weiter vom Haus zerfetzt werden, das ist unmöglich und geht gar nicht. Da kommt beispielsweise jemand mit schlechter Laune von der Arbeit und lässt diese an den Köchinnen aus, indem er oder sie übers Menü meckert. Eine Art Puffer und Korrigendum ist nötig. Man kann nicht einer angestellten Person auferlegen, sich auch um die ganze Stimmung im Haus kümmern zu müssen, das geht einfach nicht."* Die Küchenkommission ist eine vermittelnde Instanz zwischen den angestellten Köchen und Köchinnen und den Hausbewohner:innen und muss natürlich auch im Blick behalten, dass die Finanzen stimmen. Ein Teil der Küchenkommission übernimmt dabei Geschäftsführungsaufgaben. Sie erstellt ein Pflichtenheft für die Angestellten (Köchinnen) und überwacht die Zielerreichung. Auch mindestens jährliche Mitarbeiter:innengespräche sind wichtig. Die Küchenkommission stellt neues Personal ein und fungiert als Mittlerin zwischen Bewohner:innen und Köchinnen. Es erfolgt eine Budgetplanung und Controlling mit dem Gesamtvorstand (vgl. auch Organisationsreglement[1]). Die Bedeutung der Küchenkommission wird als wichtig für das ganze Haus eingeschätzt: „Es ist einfach wichtig, dass so eine Küche eine Gruppe hat, die sich kümmert, das macht einen Teil der Seele vom Haus aus."**

Normaler Alltag in der Großküche und die Kosten

Der normale Ablauf ist folgender: Am Wochenende wird ein Menüplan für die kommende Woche vor dem Essraum aufgehängt. Wer in der Großküche essen möchte, trägt sich in einer Liste ein. Die Hausbewohner:innen können auch Gäste einladen. Die Kosten für die Küche und Räume werden über die Miete verrechnet. Für jedes Essen wird ein Grundbetrag (derzeit ca. 9 Franken) erhoben und quartalsweise abgerechnet. Diejenigen, die regelmäßig im Karthago essen möchten, können auch einen Pauschalbetrag von

380 Franken pro Quartal bezahlen. Die Kosten für die Infrastruktur und Entlohnung des Kochpersonals erfolgt ausnahmslos über die Miete. „Das zahlt jede Person mit, die im Haus wohnt, unabhängig davon, ob sie hier je einmal das Angebot nutzt oder nicht."*

Die Köchinnen bereiten werktags ein Abendessen vor. Es kann dann von 18.30 bis 20.30 gegessen werden. Häufig essen zunächst die Personen mit kleineren Kindern, laufend kommen dann weitere hinzu. Diejenigen, „die später kommen, machen einen Kringel und kriegen etwas auf die Seite".**

Die Hausbewohner:innen räumen nach dem Essen das Geschirr ab und übernehmen im wechselnden Turnus die Reinigungsarbeiten.**

Am Wochenende können die Hausbewohner:innen – auch mit Gästen – selbst kochen. Benutzt werden kann die Großküche oder die Küche der eigenen Wohnung. Die erforderlichen Nahrungsmittel sind aber dann selbst mitzubringen.

Esserfahrungen und Vorlieben

An allen Werktagen werden abends durch qualifizierte Köchinnen in der gut ausgestatteten Profiküche in der Regel zwei Speisen (vegetarisch/vegan und zweimal pro Woche mit Fleisch/Fisch) gekocht. Während es eine große Kontinuität in der Organisation gibt, hat sich die Vorliebe fürs Essen im Laufe der Jahre geändert. „Vor 20 Jahren gab es Leute, die waren immer ganz sauer, wenn es kein Fleisch gab. Sie kamen dann ganz einfach nicht zum Essen. Der Menüplan war noch einfacher, es gab immer vegetarisch und maximal dreimal in der Woche Fleisch. Inzwischen ist es komplizierter; neben Fleisch und vegetarisch haben wir neue Ansprüche wie vegan und glutenfrei, Personen mit Nussallergie und so weiter. Das ist für die Köchinnen nicht immer ganz einfach …"*

Robustheit und Freiheit

Da die Bewohner:innen soziale Kontakte schätzen und suchen, ist es möglich, auch werktags Gäste einzuladen. Das gemeinschaftliche Essen ist wichtig, aber es gibt keine Verpflichtung. „Man hat nicht immer Lust auf die ganze Gemeinschaft, und das war uns auch wichtig. Wir wollten kein System wie im Kloster, wo zusammen gegessen wird. Es gibt auch keine festen Essplätze: Wenn man sich an einen langen Tisch setzen will, dann setzt man sich an einen langen Tisch. Und wenn man Gäste einlädt und mit denen in Ruhe reden möchte, setzt man sich irgendwo anders hin."**

Die Kultur der Toleranz ermöglicht auch, dass in der Großküche auf einem kleinen Herd gekocht, oder das Essen der Köchinnen in die Wohnung mitgenommen werden kann. „Wir haben eine Person, die kocht gerne für sich selbst. Gegenüber von den Köchinnen, wenn die auch grade am Kochen sind. Ich denke, sie ist gerne ein bisschen unter Leuten mit ihrem eigenen Essen."**

„Karthago kocht noch immer"[2]

So lautet der Titel des Buches, das anlässlich des 20-jährigen Bestehens der Wohnungsbaugenossenschaft herausgegeben wurde. Dieses Buch ist Ausdruck des Stolzes und der Kontinuität des Großhaushalts. Das Konzept, das bisher kaum zu Nachfolgeprojekten führte[3], zeigt eine beachtliche Stabilität auf. Aufgrund der unkonventionellen Struktur dieses Wohnprojekts, die durch das gemeinschaftliche Wohnen in Wohngruppen und das gemeinsame Essen geprägt ist, zählt Karthago zu den europäischen Pionierprojekten neuen Wohnens.

Gudrun Hoppe, Zürich, CH
Gründungsmitglied der Genossenschaft und Mitglied der Küchenkommission mit Geschäftsführungsaufgaben in der Großküche. Bewohnerin Karthagos

Martin Lassner, Zürich, CH
Ehemaliger langjähriger Vorstand der Genossenschaft. Bewohner Karthagos

Interview am 18.11.2019 in Zürich

* Martin Lassner im Interview
** Gudrun Hoppe im Interview
1 Genossenschaft Karthago: Organisationsreglement der Genossenschaft Karthago. Abzurufen unter: https://www.karthago.ch/wp-content/uploads/2019/05/Organisationsreglement-2018-1.pdf, S. 5 (besucht am 30.11.2020)
2 Genossenschaft Karthago (Hg.): Karthago kocht noch immer. Rezepte für 20 Personen von Köchinnen und Köchen des Grosshaushaltes. Konzept und Idee Kathia Rota und Gudrun Hoppe. Zürich 2017. Das Kochbuch kann noch bei der Genossenschaft bestellt werden.
3 Ein Versuch der Fortführung wurde in der Kalkbreite unternommen.

Baugemeinschaft als Quartierskatalysator

"Wir haben den Anspruch, dass das eine Form des Zusammenlebens ist und nicht nur eine des Unter-einem-Dach-gemeinsam-Wohnens."

Michael Kerbler

Wie findet die Baugemeinschaft zusammen?

Für Doris und Michael Kerbler entstand das Interesse an einem Baugruppenprojekt im Quartier Sonnwendviertel Ost über ihre beruflichen Netzwerke in den Bereichen Gemeinnützigkeit und Architektur. Im Spätherbst 2014 ließen sie sich in die Interessiertenliste an einem der Grundstücke eintragen. Es gibt einen Dachverband für gemeinschaftliches Bauen und Wohnen in Wien, und „alle Leute, die sich für so eine Lebensform interessieren, die schauen da immer mal wieder rein: Gibt es Interessententreffen und wo und um welches Projekt handelt es sich?"*

Das erste Treffen für das konkrete Bauprojekt fand im Januar 2015 statt, nach und nach bildete sich eine Kerngruppe von 20 bis 22 Leuten. Der Zeitrahmen für eine Bewerbung war durch die Auslobung des Wettbewerbs im Mai 2015 definiert, eine rasche Formierung der Gruppe damit essenziell. Die Kerngruppe erarbeitete das Konzept in einem Visionsworkshop an einem verlängerten Wochenende.

Von der Idee zur Umsetzung

Auf dieser Basis und unter Anleitung des Architekturbüros einszueins reichte die Baugruppe zu einem der vier Grundstücke, die im Sonnwendviertel Ost an Baugemeinschaften vergeben wurden, einen Wettbewerbsbeitrag ein. Der Beitrag der Baugemeinschaft Gleis 21 erhielt in diesem Auswahlverfahren unter den fünf eingereichten Projekten den Zuschlag.

Arbeitsgruppen wurden zu verschiedenen Themen, zum Beispiel zu Architektur oder zur Konzeption der Gemeinschaftsflächen, gebildet. Gleichzeitig begann die Suche nach einem Bauträger, der mit der gewählten partizipativen Konsentkultur der Soziokratie vertraut war und wusste, dass „Entscheidungen nicht von heute auf morgen erfolgen, sondern, dass man um schwierige Entscheidungen eine Schleife ziehen muss."** Mit

dem baugruppenerfahrenen Unternehmen SCHWARZATAL war dieser Bauträger gefunden.

Für die Baugemeinschaft war von großer Bedeutung, ein ökologisches und nachhaltiges Gebäude mit dem erneuerbaren Material Holz zu bauen. „Wir sind in die Phase gekommen, wo die Baupreise in Wien explodiert sind. Ein paar Wochen mussten wir uns verabschieden vom Holzriegelbau, weil wir nicht wussten, wie wir das finanzieren sollten."** Nach deutlichen Einsparungen konnte der Holz-Hybrid-Bau doch umgesetzt werden.

Heimförderung – auch für Gemeinschaftsflächen

Wie in dem Wiener Modell der Heimförderung üblich, erwarb zunächst der Bauträger das Grundstück für die Baugemeinschaft. Die Gruppe wurde dann erst im Zuge des Hauskaufes Eigentümerin des Grundstücks. Für mit Förderung errichtete Gebäude musste nur der halbe Grundstückspreis – im Vergleich zu frei finanzierten Projekten – entrichtet werden. Die Objektförderung für das Heim betrug 510 Euro pro Quadratmeter Wohnfläche. Zu diesem Betrag gab es einen Zuschlag von 25 Prozent für die Errichtung der Gemeinschaftsflächen. Auch die Mitsprache über die zukünftige Bewohnerschaft bleibt bei dieser Förderung in den Händen der Baugemeinschaft: „Wenn wir nicht als Heim gefördert worden wären, hätten wir ein Drittel der Wohnungen als Angebotswohnungen der Stadt errichten müssen. Das heißt, wir hätten keinen Einfluss darauf gehabt, wer reinkommt. Dass man da die Gemeinschaft zusammenhält, das geht fast nicht, da teilweise Leute einziehen, die kein Interesse an Gemeinschaft haben."*

Gemeinschaftliches Dachleben

Ideen zu Gemeinschaftsräumen und deren Flächenbedarf wurden in einem Workshop formuliert: „Gemeinschaft braucht einen Raum"* in bester Lage, der sowohl für Erwachsene als auch für Kinder nutzbar ist. Das Dach dient als Kommunikationszone für die Hausgemeinschaft – vielfältige Kuben bilden eine Dachlandschaft mit geschlossenen Räumen und bespielbaren Freibereichen.

In der offenen Gemeinschaftsküche mit einer großzügigen Tafel wird „der gemeinsame Akt des Kochens, des gemeinsamen Essens"** wertgeschätzt. Hier wohnen Menschen aus unterschiedlichen Nationalitäten, das Kochen und Essen wird zu einer Art „Kulturvermittlung"**. Etwa einmal die Woche wird gemeinsam gekocht. „Es gibt meistens am Mittwoch jemanden, der sagt, ich mache heute das und das – wer hilft mir und wer kommt dazu?"*

Ein Kinderspielraum und eine Bibliothek für Erwachsene und Kinder, eine Sauna mit Ruheraum, den die Kinder „schon längst als Kinderdisco okkupiert" haben, sind ebenfalls im Dachgeschoss untergebracht.

Treffpunkt im Grätzel

Im Wohnprojekt wird zwischen Räumen für die Hausgemeinschaft und Begegnungsräumen für das Quartier unterschieden. Das Erdgeschoss öffnet sich mit einem Multifunktionsraum, einer Medienwerkstatt und zukünftig einem Bistro zum Quartier, das Haus wird damit zum Treffpunkt im Grätzel, aber auch darüber hinaus. „Das stand am Anfang sehr im Vordergrund, auch wegen des Wettbewerbs. Das war essenziell."* Der eigens gegründete Kunst- und Kulturverein Gleis 21 organisiert Veranstaltungen und Theater. Eine professionelle Webpage und Flyer berichten über das Programm: „Sie werden Erinnerungskultur im Sinne der Aufbereitung der Themen des NS-Regimes und der Verantwortung Österreichs finden. Sie werden Unterhaltungsmusik finden. Sie werden Kindertheater finden, was wir gemeinsam mit dem Burgtheater machen."** Zentrales Anliegen ist die Kommunikation. „Wir nehmen sehr viel Zeit und Netzwerkarbeit in die Öffentlichkeitsarbeit hinein. Wir wollen wirklich versuchen, die Leute untereinander ins Gespräch zu bringen."**

Engagement und Risiko

Da das ganze Haus dem Verein gehört, muss dieser die öffentlich nutzbaren Räume im Erdgeschoss auf eigenes Risiko betreiben. „Wir wissen, was uns das im Monat kostet. Und wir wissen auch, was passiert, wenn wir das nicht bewirtschaften."* Der Verein hat daher einen doppelten Charakter, er ist „auf der einen Seite Unternehmer und auf der anderen Seite Vermieter".* Die Auswirkungen der Pandemie stellen die Baugemeinschaft als Kulturunternehmen vor eine große Herausforderung. Daneben gibt es eine gewisse Erwartungshaltung, „Leistung für die Gruppe zu erbringen, etwa 10 bis 15 Stunden pro Monat – gleichzeitig aber auch zu akzeptieren, dass es in einer Gruppe Menschen gibt, die sich nicht so engagieren".*

Kommunikationsnetzwerke

Der wichtigste Kanal des internen Kommunikationsnetzwerkes heißt: „Wer kann helfen?" „Ich glaube, innerhalb von fünf Minuten wird meistens das Problem gelöst."** „Es ist egal, ob es ein Liter Milch ist oder ob jemand ein Auto oder eine Bohrmaschine braucht."* Inzwischen übernimmt aber auch vermehrt der Laubengang als realer Raum diese Funktion. „Man klopft und sagt, was man braucht."**

Doris Kerbler, Wien, A
Projektentwicklerin und ausgebildete Lebensmittel- und Biotechnologin. Vorstand der VinziRast und Geschäftsführerin des Unternehmens Kombinat3. Bewohnerin Gleis 21

Michael Kerbler, Wien, A
Journalist, unter anderem für die Neue Kronen Zeitung, Die Presse und Radio Österreich International. Chefredakteur beim ORF und Sendungsverantwortlicher der Ö1-Sendereihe „Im Gespräch". Leiter des Unternehmens Kombinat3. Studium der Publizistik und Psychologie. Bewohner Gleis 21

*   Doris Kerbler im Interview
**   Michael Kerbler im Interview

Interview am 30.01.2020 in Wien

Vielfalt planen in Kooperation

„Ich bin grundsätzlich ein Fan kooperativer Planungsverfahren."

Robert Temel

Quartier als vernetztes Geflecht

Das Sonnwendviertel Ost wurde als ein neues Stück Stadt betrachtet, das aus einem dichten Netz an qualitätsvollen und ins Quartier strahlenden Gebäuden besteht. Baugemeinschaftsprojekte sollen, anders als in der Seestadt Aspern, im Quartier verteilt sein und mit ihrer Wirkung das Quartier durchdringen. Insofern ist es in der Seestadt „weniger ein Netz als ein Zentrum mit Armen nach draußen". Dadurch, dass die Baugemeinschaftsprojekte und Quartiershäuser im Sonnwendviertel Ost über das komplette Areal verteilt waren, können sie leichter in die Nachbarschaft und ins Quartier einwirken. Während die Baugemeinschaften überwiegend soziale Quartiersbausteine integrieren, übernehmen die Quartiershäuser als Tor zum Quartier oder als Übergang zum anschließenden Viertel städtebauliche Aufgaben und tragen durch eine kleinteilige Erdgeschossnutzung zur Quartiersbelebung bei.

Das neue Quartier soll ein Modell für eine soziale und strukturelle Vernetzung werden. Es sind vielfältige soziale und kulturelle Angebote vorgesehen wie Schule, Tanz und Theater oder ein Tageszentrum für Menschen mit schwerer Mehrfachbehinderung.

Kooperatives Planungsverfahren

Der experimentelle Charakter zeigt sich nicht nur in der neuen Struktur, sondern auch in einem neuen Planungsverfahren. Die Stadt Wien und die ÖBB beschlossen die Überarbeitung des bereits im Jahr 2004 erstellten städtebaulichen Masterplans für den Bereich Sonnwendviertel Ost. Jetzt wurde das Planungsverfahren kooperativ organisiert. Sechs Architekturbüros wurden aus 49 Bewerbungen ausgewählt, sie erarbeiteten innerhalb von vier Monaten im Rahmen von vier Workshops die Anpassungen der bestehenden Planungen an neue Zielsetzungen – nicht in Konkurrenz zueinander, sondern im Austausch aller relevanter Expert:innen miteinander. In Fachkreisen wurde in Bezug auf diese Herangehensweise kontrovers diskutiert, ob die Festlegung

grundsätzlicher Parameter einer städtebaulichen Entwicklung wie Dichte oder Gebäudehöhen nicht stärker bei den Planer:innen liegen sollte. Im kooperativen Verfahren sind auch die Eigentümer:innen in den Prozess eingebunden, ihre Einflussmöglichkeiten, die Ausnutzung der Grundstücke zu erhöhen, steigen damit. „Das kann in so einem Verfahren natürlich passieren – das kommt stark auf die Personen an, die dabei sind, und auch, wie das Verfahren aufgesetzt ist. Es gibt Fälle, wo das gut gelungen ist, und es gibt Fälle, wo das nicht gelungen ist. Ich glaube, es ist eine Illusion, dass man im städtebaulichen Wettbewerb sehr viel Spielraum hat, weil einige dieser Themen schon vorher festgelegt werden." Die meisten Areale, allen voran kleinere, werden gewöhnlich nicht in einem städtebaulichen Wettbewerb entwickelt, so Temel, sondern von Bauträgern präsentierte Konzepte werden zur Ausgangslage der städtischen Planung. „Das ist sicher nicht besser, als ein kooperatives Planungsverfahren zu machen."

Werkzeug Konzeptverfahren

Zu Beginn der Planung definierten die Stadt Wien und die ÖBB das Verhältnis von gefördertem zu frei finanziertem Wohnungsbau: Eine Hälfte der Grundstücke – verteilt im ganzen Quartier – wurde konventionell nach Höchstpreisgebot und ohne Auflagen verkauft. Die Quartiershäuser sind grundsätzlich kein geförderter Wohnbau. Baugemeinschaften hingegen konnten sich aussuchen, mit Wohnbauförderung und der definierten „Kostengrenze" zu bauen. Von vier Projekten nahmen drei diese Mittel in Anspruch. Als Förderung kann allerdings die Vergabe zu „subventionierten" Grundstückspreisen angesehen werden.

Die Ausschreibungen zu den Konzeptverfahren beinhalteten neben bestimmten Rahmenbedingungen – die Nutzung von Sammelgaragen oder die Kostenbeteiligung an der Erstellung des öffentlichen Raumes – nur wenige Vorschriften oder zu erfüllende Kriterien. Das Quartiersentwicklungsgremium wählte im Rahmen dieser relativ offenen Verfahren die Konzepte nach gestalterischer Qualität und hochwertiger Nutzungsmischung aus. Das Baugemeinschaftsverfahren war vergleichbar dem Quartiershäuserverfahren, aber anspruchsvoller als bei den sonst üblichen Baugemeinschaftsverfahren in Wien, wo kein Architekturprojekt verlangt wird. „Normalerweise sind solche Verfahren viel niederschwelliger, ein Gruppen- und Nutzungskonzept reicht da aus." Die Begründung dafür war, dass hier der Grundstückspreis wesentlich niedriger war als für die anderen Grundstücke, dafür wollte man mehr verlangen. Die üblichen Baugemeinschaftsverfahren finden parallel zu einem Bauträgerwettbewerb statt, da werden alle Grundstücke zum gleichen (niedrigen) Preis verkauft. Es wurde sowohl ein architektonisches Konzept als auch ein Nutzungskonzept verlangt. Das zog Kritik nach sich. „Die Begründung war damals, dass hier kein normales, gefördertes Neubauquartier entsteht, wo alle gleich viel zahlen, sondern es gibt teure und billige Grundstücke. Wenn man ein billiges will, muss man auch etwas anbieten." Das Verfahren der Quartiershäuser gleicht – bei anderen Zielsetzungen – dem Verfahren der Baugemeinschaften.

Fehlende Qualitätssicherung

Nach den Wettbewerbsentscheiden war jedoch keine weitere Verfahrensbegleitung zur Förderung von Synergien, zur Abstimmung zwischen den Projekten oder als eine Form der Qualitätskontrolle vorgesehen.

Bei der Erdgeschossnutzung etwa hat sich zwischen Konzept und Bezug vieles geändert. „Das liegt zu einem großen Teil daran, dass im Gewerbe die Realisierungszeiträume ganz anders sind. Gewerbetreibende, die sich heute festlegen, können nicht sagen, ich zieh in vier Jahren tatsächlich ein." Veränderungen in der Belegung stellten allerdings nicht in jedem Fall einen Nachteil dar. „Manchmal konnte eine gleichbleibende Qualität sichergestellt werden, manchmal sogar höher, manchmal kam es aber auch zu Verschlechterungen."

Eine Integration der Konzepte und Vorschläge der Wettbewerbe in die Kaufverträge sollte zukünftig stärker im Fokus stehen. Die ÖBB hatte das in wenigen Ausnahmen geregelt: Zur Absicherung der günstigen Miete wurden Bankgarantien verlangt. Die erhöhte Raumhöhe im Erdgeschoss entlang der Promenade hingegen wurde durch den Bebauungsplan gesichert. Nach zwei Jahren wird die Einhaltung des Mietsatzes kontrolliert, die Bankgarantie kann dann wieder zurückgenommen werden. „Das war eigentlich das Einzige, was sehr strikt vorgegeben wurde, alles andere war Sache im Wettbewerb."

Vielfalt der Akteur:innen

Durch die Fächerung an Vergabestrategien entsteht – anders als bei den üblichen großen, gemeinnützigen Bauträgern, die sonst die Neubauquartiere in Wien prägen – eine sehr breite Eigentümer- und Bauträgerstruktur. „Es gibt Baugemeinschaften; es gibt Architekturbüros, die sich zusammengetan haben und ihr Bürohaus gebaut haben. Es gibt gemeinnützige oder gewerbliche Bauträger. Die Unterschiedlichkeit ist ganz wesentlich – es gibt keine identischen Akteure."

Qualität durch Kleinteiligkeit

Die Planungskultur in Wien ist stark geprägt vom geförderten Wohnbau. Überwiegend bauen große gemeinnützige Bauträger entsprechend Projekte: „Ein Projekt soll zumindest hundert Wohnungen haben, im Idealfall auch mehr." Dies war im Quartier Sonnwendviertel West nicht der Fall und stellt eine große Ausnahme dar. Eine Vielzahl von Häusern bietet jeweils kleine, unterschiedliche Mehrwerte an.

Identitätsstiftende Freiraumgestaltung

Eine hohe Qualität erreichten die öffentlichen Freiräume. Auf dem eigenen Grundstück wurden die Freiräume von den Eigentümer:innen hergestellt, außerdem leisteten sie einen „Infrastrukturbeitrag" für die öffentlichen Freiräume, die von den ÖBB hergestellt wurden. Angenehm erlebbar ist, dass die Qualitätsunterschiede keine großen Unterschiede aufweisen.

Robert Temel, Wien, A
Selbstständiger Architektur- und Stadtforscher mit Schwerpunkten im Bereich Wohnungsbau, Stadtplanung und öffentlicher Raum. Verfahrensorganisator Sonnwendviertel Ost, Mitbegründer der Wohngenossenschaft Die WoGen und der Initiative für gemeinschaftliches Bauen und Wohnen in Wien

Interview am 01.02.2020 in Wien

2.03 Die gemeinschaftsorientierte Wohnung

Heute, so ein Ergebnis unserer Forschung, muss, um die neuen Qualitäten gemeinschaftlicher Lebens- und Wohnformen zu erfassen, zumindest in den gemeinschaftsorientierten Wohnprojekten ein erweiterter Wohnbegriff zugrunde gelegt werden. Erweitertes Wohnen bedeutet die Durchdringung und Ausdehnung der sozialen und räumlichen Sphären des Wohnens. Sie schließt neben der Nutzung des individuellen Wohnraums auch gemeinschaftlich genutzte Räume ein, die zwischen dem privaten Wohnraum und der öffentlichen Erschließungsfläche vermitteln. Diese Erweiterung der privaten mit der öffentlichen Sphäre und der Reichtum an Experimenten gemeinschaftlicher Wohnformen kommt auf allen Maßstabsebenen – auf der Wohnungsebene, und besonders ausgeprägt auf der Haus- und Quartiersebene – zur Entfaltung.

Die abgeschlossene „Familien"-Wohnung mit ergänzenden gemeinschaftlichen Räumen ist in gemeinschaftlichen Wohnprojekten weiterhin verbreitet. Ergänzend haben sich jedoch eine Reihe von kollektiven Wohnformen neu- bzw. weiterentwickelt, die Potenziale zukunftsorientierten Wohnens aufscheinen lassen. Besonders Genossenschaften wählen diese als ihre kreativen Experimentierfelder aus.

Zonen des privaten Wohnens

Das Wohnen in einer „abgeschlossenen" Familien- bzw. Kleinwohnung dominiert weiterhin, auch in gemeinschaftlichen Wohnprojekten.[1] Dennoch fanden einige wesentliche Veränderungen statt. So ist seit den letzten Jahrzehnten eine Renaissance der Laubengangerschließung festzustellen. Der Lauben- oder auch Außengang wird nicht nur als kostengünstige Erschließungsform gewählt, sondern vor allem als attraktiver Kommunikationsort bzw. Spielraum. Differenzierte Grundrissbildungen führten insbesondere bei dieser Erschließungsform zu einer konsequenten Zonierung des Wohnens. Es wird dabei zwischen der Zone der Kommunikation

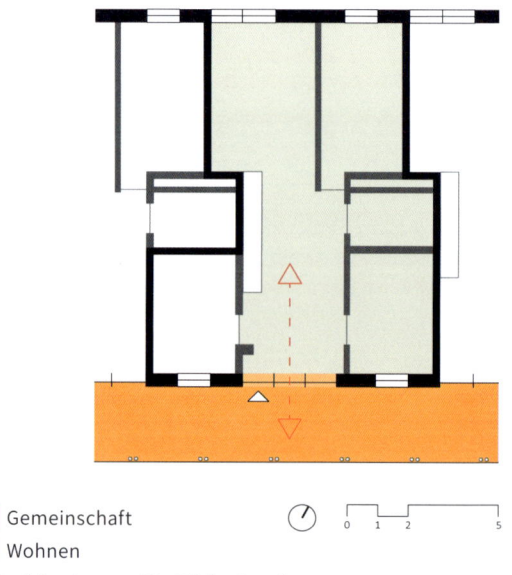

Gemeinschaft
Wohnen

0 1 2 5

Beispielwohnung, StadtErle, Basel

und der gemeinsamen Aktivitäten und zwischen der Zone des Rückzugs und der Privatheit unterschieden. Diese Zonierung führt zu einer neuen Organisation der Wohnräume. Intime Individualräume des privaten Lebens wie Schlafräume oder Sanitärräume liegen in Laubengangwohnungen oftmals nach außen orientiert, während sich die privaten Kommunikationsräume, zum Beispiel Küche, zu den wichtigen Räumen zwischen privater Wohnung und Gemeinschaft öffnen.

Private Freibereiche

Das Bedürfnis nach privatem Rückzugsraum als Gegengewicht zu gemeinschaftlichen Angeboten zeigt sich auch in aktuellen Planungsprozessen: Private Balkone waren nicht Teil des Wettbewerb-Raumprogramms zu dem gemeinschaftsorientierten

Wohnungsbau der Genossenschaft Kraftwerk1 im Koch-Quartier. Das Siegerprojekt SALE CON FRITAS von Studio Trachsler Hoffmann sah – da es mit Dachterrasse und Lauben-gängen auch ein breites Angebot an anderen Freibereichen gab – keine Balkone vor. In der folgenden Partizipation aber hat ein Teil der Genossenschaftsmitglieder ein sehr starkes Bedürfnis nach privaten Freibereichen artikuliert. Die Planung hat diesen Wunsch nach privatem Rückzugsbereich auch be-rücksichtigt, die notwendige Größe wurde in Modellen im Maßstab 1:1 getestet.[2]

Filter – Zwischen Begegnung und Privatheit

Im gemeinschaftlichen Wohnen ist besonders die Schnitt-stelle zwischen Wohnung und Erschließungsraum wichtig. In der StadtErle in Basel weist die Jury in der Beurteilung des Wettbewerbsprojektes auf Folgendes hin: „Dieser Übergang von Gemeinschaftlichkeit zu Privatheit bedarf einer sorgfältig ausgewogenen Gestaltung."[3] Dies bezieht sich auch auf die Ge-staltung der Wohnung. Die Struktur der Wohnungen reagiert auf die Schnittstelle zwischen gemeinschaftlicher Erschlie-ßung und dem Bedürfnis nach Privatheit. Mit dem Grundriss schichtet sich das Leben vom aktiven Leben zur Gemeinschaft

Private Räume, StadtErle, Basel

auf der Laube zum intimen Wohnen zum Park. Ein intelligentes Grundrisssystem, ermöglicht durch den Versatz von zwei Raumzonen, schafft in der vom Laubengang abgewandten Raumzone mehr Privatheit. Vorhänge wirken wie permeable Filter, die Privatheit schützen können.

Genügsamkeit – reduzierte Individualflächen und großzügige Gemeinschaftsflächen

Die grundsätzliche Zielsetzung vieler Genossenschaften, die Größe der Wohnungen zu reduzieren und die Gemeinschaftsflächen großzügig und vielfältig auszubauen, unterstützt das Miteinander in der Gemeinschaft. Die Wohnungen in der StadtErle bieten Spielraum für verschiedene Bedürfnisse durch den zentralen Bereich. Auch raumhohe Türen schaffen Offenheit in der Kompaktheit.

Gemeinschaftsorientierte Wohnformen

In den von uns untersuchten Wohnprojekten werden Wohntypologien realisiert, die sich vom „Idealtypus"[4] des modernen Wohnens verabschieden. Besondere Aufmerksamkeit wurde in den letzten Jahren den Clusterwohnungen zuteil.[5] Diese sind letztlich ein Verbund von Mikroapartments mit einem Raum der Gemeinschaft und manchmal auch einem gemeinsamen Sanitärbereich. Auch erfährt das Konzept der Großwohngemeinschaft wieder eine neue Wertschätzung. In einzelnen Neubauprojekten wird das Loftwohnen – heute in Formen von Hallenwohnungen – neu interpretiert. Gemeinschaftliches Wohnen wird vermehrt als ein Prozess verstanden, in dem neue Raumbildungen mit sozialen Prozessen korrespondieren.

Clusterwohnen

Typologisch neue Wege gingen gemeinschaftsorientierte Wohnprojekte, als sie einen Typus entwickelten, der zwischen der abgeschlossenen Wohnung in Mikroapartments und dem Wohnen in Wohngemeinschaften changiert. Gerade im Wohnungsbau mit Clusterwohnungen hat sich eine große Experimentierfreude und typologische Vielfalt entwickelt.[6] Um diese Innovationen zu prüfen, wurden Clusterwohnungen inzwischen schon mehrfach evaluiert.[7] Der anfänglichen Euphorie folgen mittlerweile realistische Einschätzungen.

Blick durch die Wohnung, StadtErle, Basel

Blick in die Küche der Clusterwohnung, StadtErle, Basel

Clusterwohnungen können aufgrund des hohen Standards – alle Mikroapartments haben jeweils eine eigene Nasszelle und sollten eine hohe Schalldämmung aufweisen –, im Vergleich mit Wohngemeinschaften nicht kostengünstig gebaut werden. Jedoch waren in der StadtErle die Kleinwohnungen pro Kopf teurer als je pro Kopf in der Clusterwohnung.[8] Durchgängig wird inzwischen von einem hohen Verwaltungsaufwand berichtet, da für die Belegung der Clusterwohnungen keine traditionellen Vermarktungswege beschritten werden können.

Die neue Genossenschaft Zimmerfrei in Basel hat in der StadtErle eine Clusterwohnung realisiert. Die Erfahrungen wurden in einer Begleitdokumentation der Age-Stiftung hinsichtlich der Qualitäten auch für das Wohnen im Alter wie folgt zusammengefasst: „Zimmerfrei hat viel Zeit und Arbeit in zwei Dinge investiert, die heute bei der Planung von Alters- oder Mehrgenerationen-Wohnprojekten oft in Erwägung gezogen werden: in partizipative Planung und in die Clusterwohnung. Lohnt sich der Aufwand im Hinblick auf eine hohe Lebensqualität im Alter? Im ersten Fall ist die Antwort eindeutig: ja. Bei der Clusterwohnung eher: nein."[9]

Clusterwohnungen werden oftmals durch einen Verein angemietet. Die Bildung der Gruppe für die Clusterwohnung verlief in der StadtErle unproblematisch. Allerdings waren der Betreuungsaufwand und der Abstimmungsprozess innerhalb der generativ durchmischten Gruppe sehr hoch („Eine ist 27 Jahre alt, vier zwischen 40 und 50, drei zwischen 50 und 60 und zwei zwischen 60 und 70."[10]). Das Clusterleben absorbierte sie stark, sodass sie kaum Zeit und Energie finden, am Sozialleben des Hauses teilzunehmen. Dennoch ist die Gemeinschaft stabil. Störend erwies sich der unzulängliche Schallschutz, sodass Nachbesserungen (Türen, Vorhänge, Raumwechsel) durchgeführt werden mussten.

Die Wohnerfahrungen in der Clusterwohnung für Alleinerziehende ist im Baugemeinschaftsprojekt Wolle+ in Tübingen ebenfalls zwiespältig. Das Konzept sieht vier Kleinapartments mit Nasszelle (Toilette und Dusche) für eine Alleinerziehende oder einen Alleinerziehenden mit Kind vor. In der Mittelzone befinden sich die Gemeinschaftsbereiche mit gemeinsamem Badezimmer, Gemeinschaftsküche und Spielraum für Kinder. Die Planung beruhte auf der Annahme, dass eine erwachsene Person mit einem (Klein-)Kind je ein Mikroapartment nutzt. Theoretisch können zwar mehrere Einheiten zusammengeschaltet werden, aber dann sind mehrere Nasszellen je Mikroapartment bei der minimierten Grundfläche verfügbar. Der erforderliche erhöhte Schallschutz erschwert zudem Nutzungsänderungen. Förderkriterien für Sozialwohnungen hemmen zudem eine angemessene Umsetzung.

Aus sozialen Gründen wurde die Clusterwohnung an zwei alleinerziehende Frauen mit einem bzw. drei Kindern vermietet. Der Grundriss erwies sich für diese soziale Konstellation als nicht zweckmäßig.

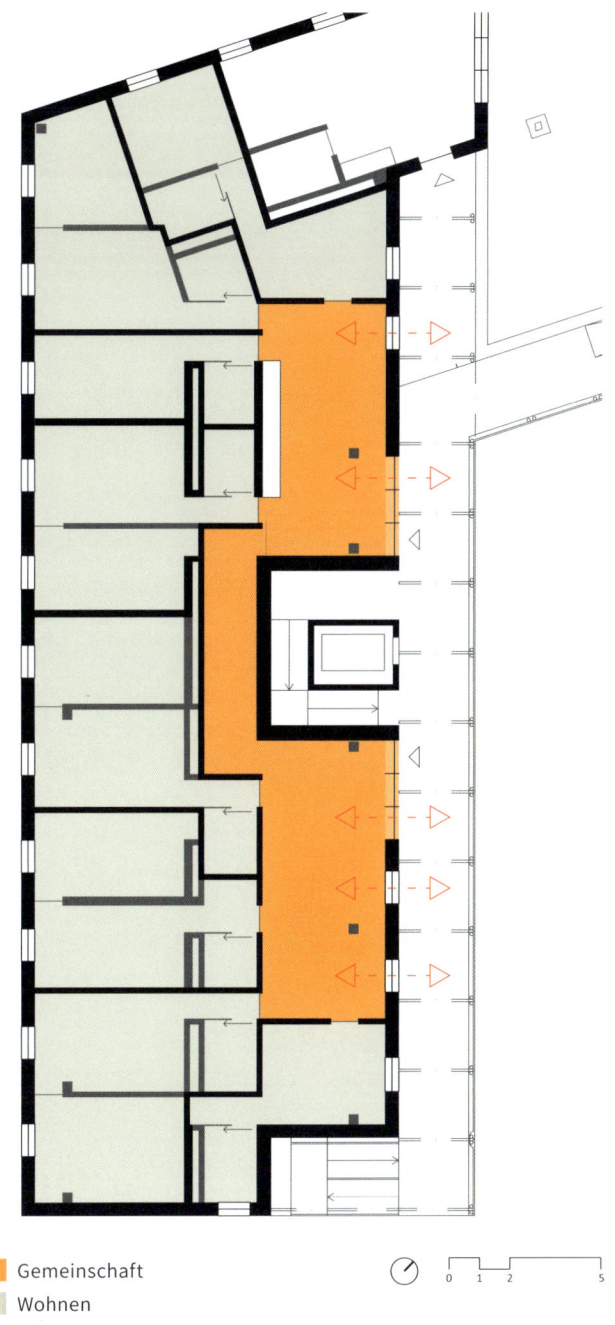

■ Gemeinschaft
■ Wohnen

Grundriss Clusterwohnung, StadtErle, Basel

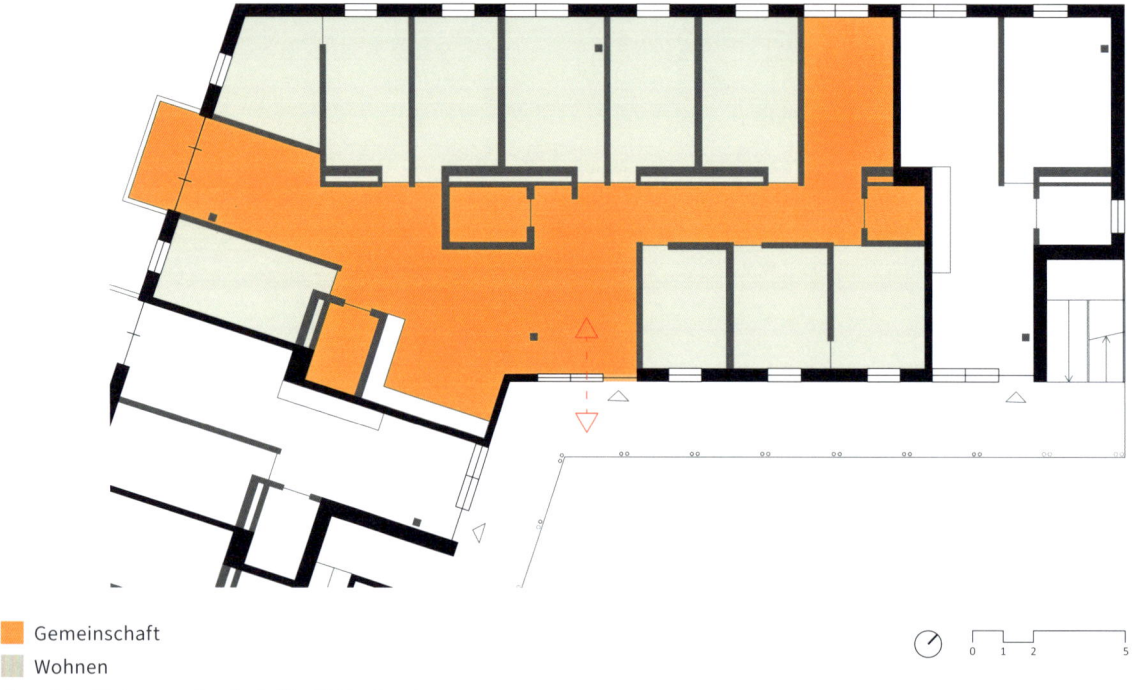

■ Gemeinschaft
■ Wohnen

Grundriss Wohngemeinschaft, StadtErle, Basel

Gemeinschaftliche Großwohnformen

Besonders Familien suchen in gemeinschaftlichen Wohnprojekten traditionelle, abgeschlossene „Familienwohnungen". Dies zeigte sich auch in der StadtErle in Basel. Dort war eine 14,5-Zimmer-Wohnung zuerst als Mehrfamilieneinheit (Wohnung mit zwei oder drei Familien mit mehreren Nasszellen) geplant. Da sich aber zum Zeitpunkt der Vermietung keine Familien fanden, die eine verbindliche Zusage treffen konnten, musste das Konzept modifiziert werden. Aus der Familien-WG entstand stattdessen eine Berufseinsteiger- und Studierenden-WG oder eine WG für Personen in Ausbildung.

Diese Umplanung wurde letztlich begrüßt, da die Altersgruppe der Auszubildenden bisher unterrepräsentiert war. Die Bewohner:innen dieser Wohnung teilen sich drei Bäder. Sie sind im Haus gut integriert. Auch die Selbstorganisation verläuft inzwischen unproblematisch. Die Gruppe brauchte beim Einzug eine längere Zeit, um zusammenzuwachsen und sich selbst zu organisieren. Aufgrund ihrer Lebenssituation findet aber in der Wohngemeinschaft eine hohe Fluktuation statt. Studierende sind nicht Teil der Genossenschaft, zahlen keinen Anteilsschein, sind selbst verantwortlich für Nachmieter. Das zunächst zeitlich befristete Experiment wurde um drei Jahre verlängert.

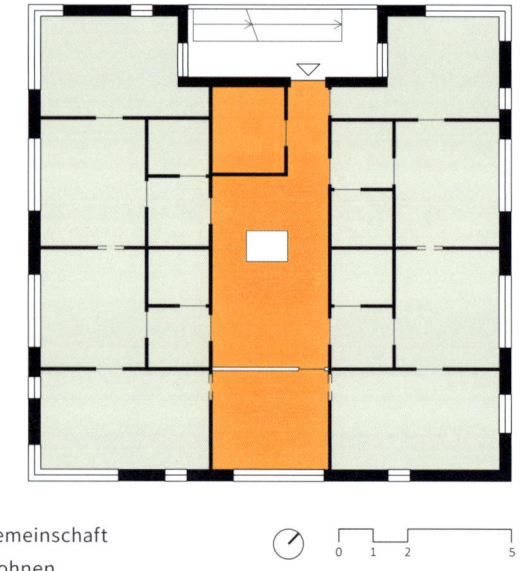

■ Gemeinschaft
■ Wohnen

Grundriss Clusterwohnung, Wolle+, Tübingen

rechts: Blick in den Gemeinschaftsbereich der Wohngemeinschaft, StadtErle, Basel

WGs mit Varianz

Eines der wenigen Wohnprojekte in Europa der letzten Jahrzehnte, in denen konsequent auf private Wohneinheiten verzichtet wurde, ist die Genossenschaft Karthago in Zürich. Durch den Umbau eines Gewerbehauses in Wohnungen entstanden ausschließlich Wohngemeinschaftseinheiten. In den einzelnen WGs wurden nur bescheidene gemeinsame Kochmöglichkeiten eingerichtet. Die Zimmergrößen innerhalb der Wohngemeinschaften variieren deutlich von 11,6 bis 49,5 Quadratmeter – die größten Raumeinheiten bestehen aus drei Achsen à 16,5 Quadratmeter. Zwei nebeneinanderliegende Zimmer können durch Schiebetüren zusammengefügt werden – damit sind sie auch für Familien mit Kindern innerhalb der WG zu nutzen oder dort kann Wohnen und Arbeiten wieder zusammengeführt werden. Große Wohngruppen im ersten, dritten und vierten Obergeschoss haben rollstuhlgerechte Bäder und einen 5,6 Quadratmeter großen Abstellraum. Der Ausstattungsstandard kleiner Wohngruppen ist niedriger. Ein breiter Mittelflur bildet den Kern der Wohngemeinschaften. Erstaunlich ist, dass in der langjährigen Nutzungsgeschichte

● Gemeinschaft
● Wohnen

Grundriss viertes Obergeschoss, Karthago, Zürich
links: Ausbau einer Hallenwohnung im Zollhaus, Zürich

von Karthago wesentliche Teile des Konzepts – die Organisation des Wohnens in WGs und das gemeinschaftliche Essen mit Köchin – konsequent beibehalten wurden.

Vom Loft zur Halle – Selbstbau und Raumfreiheit

In gemeinschaftlichen Wohnprojekten hatten die Selbsthilfe und der Selbstbau gerade in Zeiten wirtschaftlicher Not immer eine große Bedeutung. Erst in den letzten Jahrzehnten verlor die Tradition des Selbstbauens („Muskelhypothek") an Bedeutung.[11] Einige Projekte – etwa das Projekt „Grundbau und Siedler" auf der Internationalen Bauausstellung in Hamburg oder das „Urbane Regal" in Tübingen –, die konzeptionell auf das Prinzip der Selbsthilfe und des Selbstbaus setzten, konnten in ihrer ursprünglichen Planung nicht umgesetzt werden und gelten damit als gescheitert. Weder legten die späteren Bewohner selbst Hand an und errichten ihre Wohnungen selbst noch erwies sich der Selbstausbau als einfach und kostengünstig umsetzbar.[12] Trotzdem finden sich in den letzten Jahren neue Initiativen, die das gemeinsame Bauen und die Suche nach neuen Raumoptionen fantasievoll verschränken. Dabei knüpfen neue architektonische Formen des gemeinschaftlichen Wohnens häufig an historische Vorbilder an und modifizieren diese entsprechend den heutigen Anforderungen. Ein Experimentierfeld neuer Wohn- und Lebensformen fand in leeren Fabriketagen seit den 1970er-Jahren statt. Der raue Charme dieser offenen Räume wurde als ungewöhnlicher Wohn- und Arbeitsort (z. B. Galerie; Fabrik Warhol) genutzt. In Bern soll – anknüpfend an diese Tradition – ein altes Lagerhaus von der Genossenschaft Warmbächli für das Hallenwohnen umgebaut werden.

Trotz dieser bekannten Schwierigkeiten bei der Umsetzung partizipativer Ausbauprojekte, ermöglichen Genossenschaften insbesondere in der Deutschschweiz Wohnexperimente mit Ausbauwohnungen, gerade auch im Neubau. Es wird nicht mehr wie früher gemeinsam das Haus in Selbsthilfe errichtet, sondern die heutigen Projekte konzentrieren sich auf den Ausbau des veredelten Rohbaus, wie etwa in den Optionsräumen der Genossenschaft Spreefeld in Berlin oder in Räumen der Coopérative d'ateliers in Basel bzw. der Hallenwohnungen im Zollhaus in Zürich.

Besonders im Zollhaus waren die Ambitionen der Genossenschaft Kalkbreite hoch. Trotz des Willens zum Experiment gestaltete sich die Umsetzung als schwierig. Nach einer „Neujustierung" leben inzwischen verschiedene Gruppen in den „unterschiedlichen Hallen ihrer Selbstbauwelten".[13] In einem Zeitungsinterview fasste einer der Aktivisten des Zürcher Hallenwohnens, Mätti Wüthrich, den wesentlichen Gehalt des Hallenwohnens zusammen: „Wir versuchen, unsere Privatsphäre aufs Minimum zu reduzieren, damit wir möglichst viel kollektiven, gemeinsamen Raum haben.“[14]

Neue Wohnexperimente: drei Grundrisstypen

In der Messestadt Riem in München suchte die KOOPERATIVE GROSSSTADT eG in ihrem ersten „forschenden Bauprojekt“ gezielt nach neuen Grundrisstypen. In der Wettbewerbsausschreibung wurden deshalb zentrale Fragen heutigen Wohnens formuliert. Unter anderem: „[...] wie verlaufen die Grenzen zwischen Privatem und Gemeinschaftlichem? Was ist die spezifische Atmosphäre des Wohnens? Wie wird dem Bedürfnis nach Rückzugsmöglichkeiten in einem gemeinschaftlich orientierten Wohnhaus Rechnung getragen“[15]. Da die Genossenschaft eine gesellschaftliche Offenheit proklamiert, werden für die Bewohner:innen im Wohnprojekt SAN RIEMO drei Grundtypen angeboten: zunächst die sogenannte „Basis“-Wohnung, die sich durch klar abgegrenzte private Bereiche auszeichnet. Dann der Wohnungsgrundrisstypus „Filialwohnen“, der eine Umverteilung der privaten Bereiche hin zu den Dazwischenräumen, die von der Genossenschaft KOOPERATIVE GROSSSTADT „Subgemeinschaftsflächen“ genannt werden, vorsieht. Gegenüber der Basiswohnung ist dieser Wohnungstyp um circa 10 bis 20 Prozent kleiner, da zur Wohnung noch ergänzende gemeinschaftliche Wohnzusatzräume gehören, die durch die Gemeinschaft frei programmiert werden können. Der dritte Grundrisstypus wird als Nukleuswohnung bezeichnet.

Die Grundrissexperimente der KOOPERATIVE GROSSSTADT zeigen exemplarisch, dass die Abgeschlossenheit der Wohnung in vielen gemeinschaftsorientierten Wohnprojekten sowie die hinsichtlich ihrer Funktionalität und auch in Bezug auf die Hierarchie der Räume kritisch hinterfragt wird.

Die Beispiele verdeutlichen, dass die stärksten Reformimpulse im Wohnungsbau von gemeinschaftsorientierten Wohnkonzepten ausgehen. Es wird insbesondere danach gefragt, wie der private Wohnsinn berücksichtigt werden kann, und daneben, wie dem Bedürfnis nach Gemeinschaft in der „Gesellschaft der Singularitäten“[16] entsprochen werden kann. Soziale und räumliche Zielsetzungen wirken dabei untrennbar zusammen.

Hallenwohnung im Zollhaus, Zürich

1 Dürr, Susanne/Kuhn, Gerd/Abraham, Nanni/Heitkötter, Martina/Lien, Shihcheng: Familien in gemeinschaftlichen Wohnformen. Hg. v. Bundesinstitut für Bau-, Stadt- und Raumforschung (BBSR) im Bundesamt für Bauwesen und Raumordnung (BBR). Bonn 2021 (BBSR-Online-Publikation, 05/2021). Abzurufen unter: https://www.h-ka.de/fileadmin/Hochschule_Karlsruhe_HKA/Bilder_WE-IAF/Projekte/Abgeschlossene_Projekte_IAF/HKA_WEIAF_Projekt-Fagewo_0016_Abschlussbericht.pdf (besucht am 02.11.2021), S. 381

2 Hoffmann, Daniel/Slooters, Dimphie: Koch Areal in Zürich (Wie wir leben wollen – Eine Veranstaltungsreihe zum genossenschaftlichen Wohnen, Teil 4). Abzurufen unter: https://www.youtube.com/watch?v=6Mw1HqJU3cc; (besucht am 04.09.2021)

3 Wohngenossenschaft Zimmerfrei: Wettbewerb Mehrfamilienhaus StadtErle. Jurybericht. September 2014. Abzurufen unter: https://www.zimmerfreibasel.ch/wp-content/uploads/2017/10/Jurybericht_140906-1.pdf (besucht am 26.11.2021), S. 12

4 Häußermann/Siebel nannten einige Kriterien des Idealtypus modernen Wohnens: Zweigenerationsfamilie als soziale Einheit, Trennung von Wohnen und beruflicher Arbeit, die Polarisierung von Privatheit und Öffentlichkeit und die individuelle Aneignung durch Kauf oder Miete […]. Vgl. Häußermann, Hartmut/Siebel, Walter: Soziologie des Wohnens. Eine Einführung in Wandel und Ausdifferenzierung des Wohnens. Weinheim, München 1996, S. 19

5 Herdt, Tanja/Krayer, Isabella: Mikro-Wohnen / Cluster-Wohnen. Evaluation gemeinschaftlicher Wohnformen für Kleinsthaushalte. Hg. v. Bundesamt für Wohnungswesen (BWO). Grenchen 2019; Prytula, Michael/Lutz, Manuel/Rexroth, Susanne/May, Friedrich: Cluster-Wohnungen. Eine neue Wohnungstypologie für eine anpassungsfähige Stadtentwicklung. Hg. v. Bundesinstitut für Bau-, Stadt- und Raumforschung (BBSR) im Bundesamt für Bauwesen und Raumordnung (BBR). Bonn 2020

6 Rumpfhuber, Andreas: Wohnen in Gemeinschaft. Potenzialbestimmung von Gemeinschafts- und Cluster-Wohntypologien für den geförderten Wohnungsbau in Wien. Hg. v. IBA_Wien 2022. Wien 2019. Abzurufen unter: https://www.iba-wien.at/fileadmin/user_upload/documents/001_Downloads_Allgemein/IBA-Beitraege/20_WohnenInGemeinschaft_web.pdf (besucht am 26.11.2021)

7 Prytula, Michael/Lutz, Manuel/Rexroth, Susanne/May, Friedrich: Cluster-Wohnungen. Eine neue Wohnungstypologie für eine anpassungsfähige Stadtentwicklung. Hg. v. Bundesinstitut für Bau-, Stadt- und Raumforschung (BBSR) im Bundesamt für Bauwesen und Raumordnung (BBR). Bonn 2020; STATTBAU Stadtentwicklungsgesellschaft mbH/Netzwerkagentur Generationen-Wohnen (Hg.): Gemeinschaftliches Wohnen im Cluster. Ein praktischer Leitfaden zum Planen, Bauen und Wohnen 2019

8 Weidmann, Ruedi: Haus StadtErle, Basel. Begleitdokumentation. Hg. v. Age-Stiftung. Zürich 2020, S. 49

9 Ebenda, S. 43

10 Ebenda, S. 48

11 Eines der letzten größeren Selbstbauprojekte fand Anfang der 1990er-Jahre während der IBA Emscher Park statt. Innerhalb der Projektreihe „Einfach und selberbauen" wurden zwischen 1994 und 2000 sieben Siedlungen im Ruhrgebiet als Beitrag für eine soziale Wohnungsversorgung in organisierter Gruppenselbsthilfe errichtet. Szypulski, Anja: Gemeinsam bauen – gemeinsam wohnen. Wohneigentumsbildung durch Selbsthilfe. Wiesbaden 2008

12 In Tübingen wollte Max Schwitalla das „urbane Regal" als partizipatives Bauprojekt realisieren. Es sollten die „Partizipationspotenzial der Flüchtlinge" aktiviert werden und diese sollten den Ausbau selbst vornehmen. Das Vorgehen war etwas naiv, sodass das Gebäude zwar fertiggestellt wurde, aber ohne Einbezug von Geflüchteten.

13 Simon, Axel: Die Mischmaschine. In: Hochparterre 3/2021, S. 28–37, hier: S. 32

14 O. A.: „Privatsphäre aufs Minimum reduziert". Hier entsteht eine Wohnhalle für bis zu 30 Bewohner. In: Aargauer Zeitung, 10.02.2021. Abzurufen unter: https://www.aargauerzeitung.ch/leben/privatsphaere-aufs-minimum-reduziert-hier-entsteht-eine-wohnhalle-fuer-an-die-30-bewohner-ld.2100648 (besucht am 15.11.2021). Mätti Wüthrich und die Mehrheit der Gruppe „zurwolke" hatten bereits langjährige Erfahrungen in einer Hallenwohnung am Labitzke-Areal. Vgl. Simon, Axel: Gezähmte Wohnträume. In: Hochparterre 6–7/2019, S. 34–39

15 KOOPERATIVE GROSSSTADT eG (Hg.): SAN RIEMO. Offener einphasiger Realisierungswettbewerb 2017. Abzurufen unter: https://www.competitionline.com/upload/downloads/283xx/28344_170310_Vorankuendigung_San_Riemo_xs.pdf (besucht am 02.11.2021), S. 3

16 Reckwitz, Andreas: Die Gesellschaft der Singularitäten. Zum Strukturwandel der Moderne. Berlin 2019

2.04 Das gemeinschaftsorientierte Haus

Gemeinschaftsorientiertes Wohnen benötigt gemeinschaftlich nutzbare Räume der Aneignung und der Kooperation. Während in traditionellen gemeinschaftlichen Wohnprojekten die Trennung zwischen privaten Räumen und Räumen der Gemeinschaft scharf eindeutig war, sind heute fließende Räume charakteristisch. Häufig befinden sich im Erdgeschossbereich jene Räume, die nicht für Wohnzwecke bestimmt sind. Hausbewohner:innen und Personen aus dem Quartier können diese Räume im Erdgeschoss als Gewerberäume oder als Räume für soziale Begegnung nutzen. Räume in den oberen Stockwerken dienen dem Wohnen oder sind Gemeinschaftsräume der Hausgemeinschaft. Diese klare Schichtung des Hauses nach Funktionen wird mittlerweile von einigen Wohnprojekten infrage gestellt. Dort soll das soziale Leben zwischen den einzelnen Hausebenen changieren. Das Haus wird nicht länger nur horizontal, sondern vermehrt durchlässig und vertikal gedacht und bewohnt.

Von trennenden zu „durchlässigen" Räumen

Hans Paul Bahrdt setzt sich in seinem Buch „Die moderne Großstadt" in den 1960er-Jahren intensiv mit der Trennung von öffentlichen und privaten Räumen auseinander. Er beschreibt die Sphären von öffentlichem und privatem Raum vor einem Jahrhundert als zwei getrennte Welten. Diese sind „zwar innig aufeinander bezogen", gleichzeitig können diese „deutlich voneinander getrennt existieren".[1] Dem öffentlichen Raum mit Plätzen und repräsentativen Gebäuden stand die Welt der privaten Wohnbauten und ihrer belebten Höfe und Gärten gegenüber. Die städtebauliche Figur des geschlossenen Blockes verlor in der Moderne ihre Bedeutung und an ihre Stelle trat das Mietshaus mit vielen Parteien. Dies hätte zur Folge gehabt, dass die Grenze zwischen der öffentlichen und privaten Sphäre sich an die Etagentür verlagerte. Das Spiel zwischen Aufteilung und Verschränkung wird heute in den gemeinschaftsorientierten Wohnhäusern neu ausgetragen, sodass neue Durchlässigkeiten entstehen. Die Etagentür begrenzt den sozialen Ort. Es bilden sich vielmehr Übergangsräume heraus, die private und gemeinschaftsorientierte Nutzungen zulassen. Diese transitorischen Räume sollen Bühnen des Sozialen werden und Trennungen überwinden.

Erschließung als Gemeinschaftsraum: Kollektive Projektentwicklung

Die Anforderung, dass bereits der Erschließungsraum als Gemeinschaftsraum anzusehen ist, wird bei der StadtErle in Basel aus dem Partizipationsprozess an die Planung weitergegeben. Die Frage „Was kann welche Erschließung leisten?" ist Gegenstand des ersten Workshops zu Beginn des Projekts im Herbst 2013. Das Grundstück ist zu diesem Zeitpunkt noch nicht konkret benannt.[2] Die daraus resultierende Anforderung

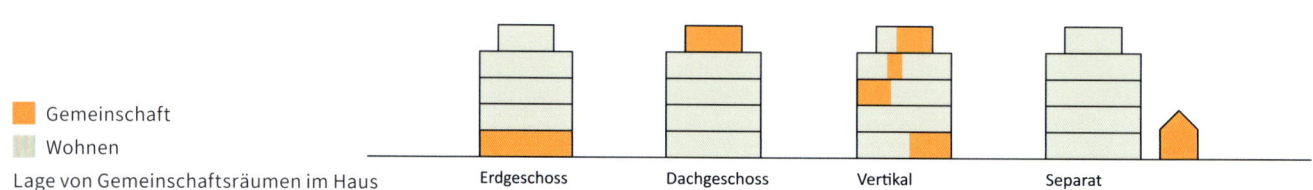

■ Gemeinschaft
■ Wohnen
Lage von Gemeinschaftsräumen im Haus

Erdgeschoss Dachgeschoss Vertikal Separat

wird zu einem wesentlichen Entscheidungskriterium in der Beurteilung der fünf Projekte des Studienauftrags und bei der Wahl des auszuführenden Projekts der Buchner Bründler Architekten: Erschließungsraum soll auch Gemeinschaftsraum sein. Der Entwurf mit dem Namen „Morgen, auf der Laube" bietet mit Lauben neben der barrierefreien Erschließung aller Wohnungen die Chance zur Kontaktaufnahme und die Möglichkeit, den Wohnraum zu erweitern. Die Architekten haben das Haus nach ihren Worten im Erläuterungstext entwickelt: „Ein Wohnhaus, welches alle Bewohner gemeinsam über die vorgelagerte Veranda in Verbindung bringt, ein Wohnhaus, wo alle von den begrünten Aussenraumqualitäten in gleichem Masse profitieren."[3] Der Erschließungsraum wird jetzt nicht auf die Bewegungsflächen reduziert, sondern als sozialer Aktionsraum. „Die Laubentypologie begreifen wir in einer differenziert gestalteten Ausformulierung als Chance, einen qualitativ hochwertigen Lebensraum zu formen, welcher nicht nur im Sommer, sondern zu allen Jahreszeiten einen deutlichen Mehrwert für die Bewohner haben kann."[4]

Erschließungsschema mit Laube: Vernetzung für alle

Nach dem Wettbewerbsentscheid wurde der Entwurf der StadtErle an gesetzliche Rahmenbedingungen angepasst, auch der direkte Diskurs mit der Genossenschaft Zimmerfrei führte zu Veränderungen. In dieser Überarbeitungsphase

wurde die Erschließung als Teil der prägenden Grundstruktur des Hauses neu justiert.

Der Wettbewerbsentwurf sah zwei offene Treppenhäuser vor: ein um den Aufzug zurückgesetztes zentrales Treppenhaus und ein an der Stirnwand des Hauses gelegenes zum Hof orientiertes Treppenhaus im Osten. Der Laubengang im südlichen Gebäudewinkel wurde damit als Sackgasse zur Vorzone für die dort gelegenen zwei oder drei Wohnungen; der Anspruch auf eine private Zuordnung konnte entstehen.

Auf der Grundlage der Empfehlungen des Preisgerichts wurde eine dritte vertikale Erschließung eingeführt. Dieses Fluchttreppenhaus ermöglicht die Möblierung der Laube, hebt die Privatisierung des südlichen Teilbereiches auf und reduziert damit mögliche Konflikte zwischen gemeinschaftlicher Erschließung und privatem Wohnraum. Da die Bewohner:innen in der Regel den kürzesten Weg nutzen, passieren sie nun nur ein oder zwei Wohnungen. Damit gilt für alle: „Der Laubenraum dient der Vernetzung von Wohnungen und Gemeinschaftsnutzungen und kann als halb privater wettergeschützter Außenraum für informelle und spontane Begegnungen mit der direkten Nachbarschaft genutzt werden."[5]

Laubenveranda – Möblierung und Brandschutz

Eine zweite Veränderung betraf die Ausgestaltung der Laube: Im Wettbewerbsentwurf boten Einschnitte als Lufträume

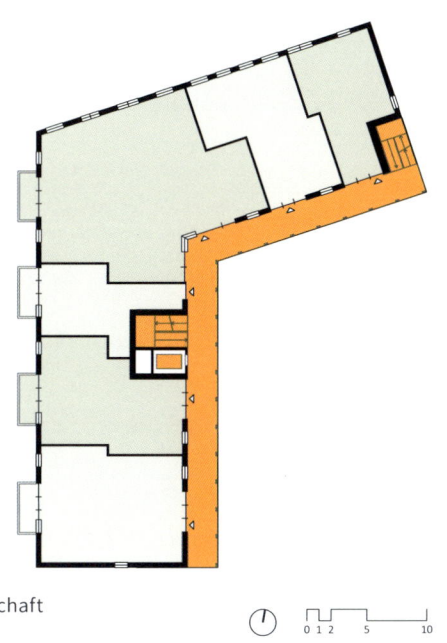

■ Gemeinschaft
■ Wohnen

Wettbewerbsentwurf mit zwei Treppenhäusern, StadtErle, Basel

■ Gemeinschaft
■ Wohnen

Realisierter Entwurf mit drei Treppenhäusern, StadtErle, Basel

vertikale Bezüge, Belichtung und Distanz vor zur Laube orientierten Privaträumen. Realisiert wurde dann eine mit 2,50 Meter breite, damit großzügig dimensionierte Laube ohne Lufträume, die in einer Breite von 1,20 Meter als Fluchtweg freizuhalten ist. Auf dem Boden durch Sandstrahlung des Betons markierte Flächen – abwechselnd der Fassade vorgelagert und an der Brüstung angelehnt – dürfen möbliert werden. Pflanzen, Gartenmöbel, Sonnenschirme oder auch abgestellte Spielgeräte bilden hier individuelle und lebendige Filter vor den Wohnungen, beeinflussen die Außenwirkung des Gebäudes zum Hof und schaffen eine einladende, wohnliche Atmosphäre. Erst die Möglichkeit, die Laubenveranda zu möblieren, macht sie neben ihrer Rolle als Erschließungs- und Bewegungsraum auch zu einem gemeinschaftsorientierten Aufenthaltsraum.

Erschließung und Partizipation: Die Laubenversammlung

In der StadtErle wird der Erschließungsraum zum Namensgeber für ein partizipatives Format, der Charakter und die Atmosphäre des Laubengangs wird zur Metapher für Gemeinschaft: Eine Laubenversammlung zur Organisation des Alltags findet viermal im Jahr statt. Durch die Partizipation waren schon 60 bis 70 Prozent der Bewohnerschaft zwei Jahre zuvor dabei; damit ist eine Kultur entstanden, die es ermöglicht, auf Konflikte relativ einfach zu reagieren. Das Konzept dieser radikalen Architektur war auch durch Baustellenbegehungen bekannt und mitgetragen. Seit drei Jahren gibt es kaum Fluktuation, außer im Bereich der studentischen WG. Die Akzeptanz der rohen Architektur wurde durch Workshops mit den Architekten erhöht. Verstärkt wurde dieser Prozess durch die Visualisierung mittels 1:1-Modellen, durch Debatten in „Echoräumen", in denen Zustimmung oder Bedenken formuliert werden konnten.

Die StadtErle ist durch eine horizontale Bänderung – Laubengang zum Innenhof und Balkonbänderung zum Park – umhüllt. Die ursprünglich gewünschte Transparenz der grünen Schwellenplatten wurde überschätzt, aber dieser leichte Schutz vor Einblicken erweist sich inzwischen als Vorteil.[6]

Den Kindern gehört der Laubengang – Erschließungsraum als Spielraum

Der Laubengang wird in vielen Wohnprojekten als wohnungsnaher Spielort gewürdigt. „Für Kinder sind die Lauben ein Paradies", so eine Aussage in der Begleitdokumentation der Age-Stiftung zur StadtErle, Basel. „Die Kleinsten spielen vor der Wohnungstür, später erkunden sie die ganze Laube und anliegende Wohnungen, grössere Kinder bilden Spielgemeinschaften und wagen sich auf andere Etagen, wo sie neue Bekanntschaften machen. Beim Einzug gab es eine grosse Gruppe Vierjähriger, mittlerweile sind sie sechs, sie ziehen durchs Haus und nutzen mehr und mehr auch die Dachterrasse und den Hof."[7] Eine vergleichbare Erfahrung macht Doris Kerbler, Bewohnerin von Gleis 21 in Wien: „Den Kindern gehört der Laubengang. Im Sommer ist das ein Eldorado."[8] Im Gleis 21 ist der Laubengang auch ein geschützter Raum, da eine Tür im Erdgeschoss die offene Laubengangerschließung vom öffentlichen Raum abgrenzt. Dadurch werden hausinterne Mikronachbarschaften gefördert.

Laube mit Markierung auf dem Boden und Möblierung, StadtErle, Basel

Tür begrenzt geschützte Mikrogemeinschaft, Gleis 21, Wien

Laubengang – Aufweitung und Ausrichtung

Es finden in den Wohnprojekten vermehrt kommunikative Erschließungssysteme Anwendung, die sich von früheren Laubengangerschließungen qualitativ unterscheiden. Eine effiziente Erschließung bei Einhaltung feuerpolizeilicher Anforderungen ist nur ein Aspekt. Wichtig wird diese zumeist erweiterte Erschließungsfläche als informelle Begegnungszone. Grundsätzlich sind die heutigen Laubengänge keine schmalen Erschließungsflure mehr, sondern verfügen – da sie soziale Funktionen übernehmen – über eine angemessene Breite (min. 1,6 m). Bereits im ersten Wohnprojekt der Genossenschaft wagnis in München waren die Laubengänge aufgeweitet und individuell den Wohnungen zugeordnet. Im Gleis 21 in Wien sind die Aufweitungen des Laubengangs zu balkonartigen Ausstülpungen jedoch nicht personalisiert. Wohnräume zum Laubengang haben einen hybriden Charakter bekommen: Sie sind teilweise intime Privaträume und teilweise Küchen. Wohnungsgrundrisse werden in partizipativen Wohnprojekten nach den Bedürfnissen der Bewohner:innen entwickelt. Ein Beispiel hierfür ist das Wohnprojekt Gleis 21 in Wien. Um eine gute Belichtung zu erreichen, befinden sich zum Laubengang überwiegend bodentiefe Fenster mit außen liegendem Sonnenschutz bzw. Rollläden; einige haben auch Brüstungsfenster mit teilweise innen liegendem Sichtschutz. Die Wohnungstür ist verschlossen, nicht verglast. Die Anordnungen der Küchen unterscheiden sich. Jede Wohnung ist individuell geplant. Einige Bewohner:innen orientieren den Küchenbereich zum Laubengang – im Kontrast zur gängigen „Lehrmeinung" –, bei anderen ist der Wohnraum zum Laubengang orientiert.

Unterschiedliche Prioritäten führen zu mannigfaltigen Detaillösungen. Individuelle Lösungen sind nicht nur in Baugemeinschaftsprojekten (Gleis 21), sondern auch in genossenschaftlichen Wohnprojekten wie Forstenried/WOGENO anzutreffen. Andere Genossenschaften beharren aber auf einer einheitlichen Lösung (Genossenschaft Zimmerfrei, Basel).

Diese Bedeutungsausweitung des Laubengangs als Erschließungs- und Sozialraum kann aber auch zur Konsequenz haben, dass Lauben- bzw. Außengänge nicht mehr zwangsläufig an der Lärmseite bzw. Nordseite angeordnet werden. Neue Prioritätensetzungen führen also auch zu alternativen städtebaulichen Figuren.

Kontroverse Erschließung des Laubengangs

Wenngleich von einer Renaissance des Laubengangs gesprochen werden kann, bleibt die Debatte dennoch vielstimmig. Manche Architekten betonen nachdrücklich, dass genaustens auf die Ausrichtung der Wohnräume in eine private und eine gesellschaftliche Seite zu achten ist. „Private Zimmer dürfen nicht an den Laubengang grenzen", so kategorisch der Architekt und Wohnforscher Thomas Jocher. „Die Ausrichtung des Laubengangs ist für den Erfolg sehr wichtig."[9] Dies betonen ebenfalls die Experten des gemeinschaftlichen Wohnens Dirk Becker und Norbert Post: Die Sicherung der Privatheit ist Voraussetzung dafür, dass „der Raum dazwischen" zum wichtigsten Raum in gemeinschaftlichen Wohnprojekten wird.[10]

Wettbewerbsergebnisse des Wohnprojekts SAN RIEMO der Genossenschaft KOOPERATIVE GROSSSTADT zeigen die Chancen, aber auch Grenzen dieser Erschließung. Die Einreichung des Projekts „Gemeinschaft all over", der ARGE Tim Schäfer und Pablo Donet Garcia | Tanja Reimer, das zunächst mit dem ersten Preis ausgezeichnet wurde, beruhte auf einer Laubengangerschließung und hatte „überhaupt keine wirkliche Rückzugsmöglichkeit, nicht mal in dem Teil zur Straße, wo die Individualräume größtenteils angeordnet waren, weil da auch voll aufgeglast ist. Wir hatten den Eindruck, es ist ein Stück weit zu viel Gemeinschaft. Interessanterweise kam das dann auch von den Bewohnern selbst, dass sie kritischer wurden und sich nicht mehr sicher waren, ob es toll ist, wenn man immer den Kontakt hat und praktisch niemals sagen kann: ‚Ich ziehe mich

■ Gemeinschaft
■ Wohnen

Unterschiedliche Orientierungen der Wohnungen zum Laubengang, Gleis 21, Wien heute zurück und trete wieder in die Gemeinschaft aus einem positiven Wunsch heraus.'"[11] Soziopsychologische Erwägungen, aber auch Kostengründe (an allen Seiten raumhohe Verglasungen, mit biophysikalischen Komplikationen) zeigten, dass diese Erschließungsform keineswegs für die junge und kapitalschwache Genossenschaft kostengünstig war und deshalb verworfen werden musste.

Dazwischenräume

Mit der Durchdringung der Wohnung in intime (private) und gemeinschaftsoffene (gesellschaftliche) Wohnsphären definiert sich das Verhältnis von Wohnraum zum Außenraum neu. Dabei können sozial konstruierte Dazwischenräume kommunikative Begegnungen innerhalb der Hausgemeinschaft erleichtern. Sie sind keineswegs auf eine Laubengangerschließung begrenzt und können durchaus sehr unterschiedlich sein. Sie reichen von großzügigen Eingangsbereichen mit Verweilmöglichkeiten über kommunikative Erschließungsflächen, Spielräume oder Dachterrassen. Früher wenig geschätzte Räume „dazwischen", werden heute zu Bühnen des Sozialen. Michael Kerbler, Journalist und Mitinitiator des Wohnprojekts Gleis 21 in Wien, beschreibt diese Räume folgendermaßen: „Dem ‚Zwischenraum' – Flex-Wohnungen zwischen Wohneinheiten, Freiflächen wie Laubengänge, Dachebene und öffentlicher Raum vor dem Haus – und den Gemeinschaftsräumen kommt dabei ein besonderer Stellenwert zu. Wir wohnen zwar im Haus beziehungsweise in einer Wohnung, aber eigentlich leben wir im ‚Zwischenraum', besonders dann, wenn er als Freiraum empfunden wird. Wenn wir dem Freiraum aber – wie dem Lattenzaun – den Zwischenraum wegnehmen, dann nehmen wir ihm die Freiheit, die wir als soziale Wesen brauchen. Raum ist eine funktionale Substanz des Lebens."[12]

Neue Rolle der Wohnungstür

Die Wohnungstür definierte bisher eindeutig die Grenze zwischen Öffentlichkeit und Privatheit. Jetzt wird diese Eindeutigkeit infrage gestellt. In der StadtErle beispielsweise wird baulich ermöglicht, dass der Grad der Öffnung zur Laube zwischen Gemeinschaft und privatem Raum nach individuellen Bedürfnissen und in Reaktion auf Temperatur, Jahreszeiten oder Tag- und Nachtzeiten gesteuert werden kann. Die Möglichkeiten variieren von einer großflächigen Öffnung zur Laube

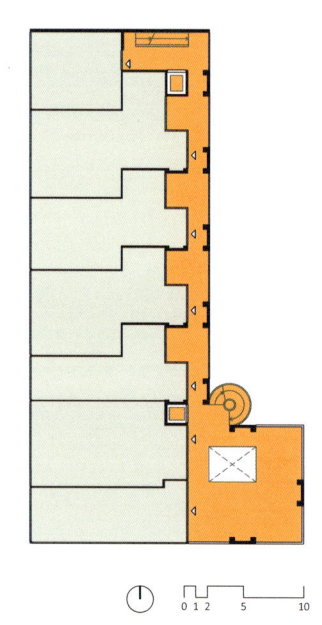

🟧 Gemeinschaft

⬜ Wohnen

0 1 2   5   10

Grundriss erster Preis, SAN RIEMO, München

Zur Laube geöffnete Wohnungstür und Fenster, StadtErle, Basel
rechts: Verglasung zwischen Essraum und Hausflur, Karthago, Zürich

Erdgeschoss als fließender Schwellenbereich, Gleis 21, Wien

bis zum blickdichten Verschließen der Privatwohnung. Ein bei allen Wohnungen eingesetztes dreiteiliges, bodentief verglastes Fassadenelement beinhaltet sowohl die Eingangstür als auch zwei weitere, ebenfalls zu öffnende Fensterflügel. Bei diesem Grad der Öffnung ist die Schwelle niedrig, mit anderen in Kontakt zu treten. Eine zurückgesetzte Vorhangschiene ist bauseits integriert, zwischen Fassade und Textilschicht ermöglicht ein Pufferraum, diesen Bereich wie eine Vitrine zu bestücken. Eine Holzverkleidung der Betondecke zwischen Schiene und Fassadenelement wertet diese Zone auf. Vorhänge über die ganze Breite erlauben, den direkten Einblick individuell zu steuern. Diese individuelle Gestaltbarkeit sollte im Projekt gewünscht sein.

Haustür als Wohnungstür

Dieses veränderte Verständnis hinsichtlich der Funktionen der Wohnungstür zeigt sich auch in anderen Wohnformen: In Karthago in Zürich wird die Haustür zur Wohnungstür: Nach dem Öffnen der Tür zur Straße erlaubt eine bodentiefe Verglasung den Blick in den Speisesaal im Erdgeschoss. Die

Bewohner:innen des Hauses treffen sich hier am Abend zum gemeinsamen Essen, die einzelnen WGs werden damit zu einem Großhaushalt.

Schwellenbereich Hauseingänge

Hauseingänge sind bedeutsame Schwellenbereiche. Deshalb achten gemeinschaftliche Wohnprojekte immer stärker auf die Eingangssituation als Visitenkarte des Hauses. Im räumlich und atmosphärisch aufgewerteten Zugang finden spontane und geplante Begegnungen statt, Verabredungen werden getroffen, Unterstützungen werden angeboten, die Alltagswege der Bewohner:innen kreuzen sich, Post und Pakete werden angeliefert.

Wenn das Erdgeschoss von privaten Wohnnutzungen befreit wird, kann dieser Zwischenraum, so Stephen Bates, zu einem „private[n] Geschenk an die Öffentlichkeit"[13] werden. Dass dieser Schwellenbereich im privaten Raum zu einer Bühne der Begegnung wird, zeigt das Wohnprojekt Gleis 21. Dort ist das gesamte Erdgeschoss von privaten Wohnnutzungen befreit. Die Übergänge vom öffentlichen Straßenraum zum privaten Raum sind fließend. Selbst die Materialität der öffentlichen Gehbereiche geht fließend in die privaten Sphären des Hauses über.

Hauseingänge und weitere kommunikative Erschließungsräume

Im Projekt SAN RIEMO der jungen Genossenschaft KOOPERATIVE GROSSSTADT erhält der Eingangsbereich einen ganzen neuen Charakter, indem er zwischen hausinterner Promenade und Treppenzimmer changiert. Dabei ist die interne Halle mit Gehwegplatten belegt und markiert augenfällig die Schnittstelle zwischen den Ebenen des Privaten in den oberen Stockwerken sowie der Öffentlichkeit.

Der Erschließungsraum wird so wieder zu einem belebten Ort. Er lädt ein zur ungezwungenen Kommunikation im Vorübergehen.

Das Erdgeschoss als kommunikativer transitorischer Raum ist auch im Koch-Areal vorgesehen. Die Eingangshalle der Allgemeinen Baugenossenschaft Zürich (ABZ) soll eine lebendige Schwelle zwischen Haus und Quartierpark werden. Bewohner:innen, Gewerbetreibende oder Gäste sollen dort einen „Ort der sozialen Interaktionen"[14] erleben. Das Gewerbehaus MACH des Projektentwicklers SENN ist nach allen Seiten zum Quartier offen, und im Gebäude von Kraftwerk1 wird der transitorische Charakter durch eine Passage, die durch das Haus führt, hergestellt. Letztlich findet eine Durchdringung des Öffentlichen ins Private statt. Die privaten Räume im Erdgeschoss öffnen sich „fließend" zum öffentlichen Raum.

Räume der Gemeinschaft als belebende Orte für das Quartier

Die Lage der Gemeinschaftsräume wird von den Akteuren sehr unterschiedlich gewählt. Mit der Lage im Erdgeschoss werden zumeist belebende Impulse für die Hausgemeinschaft, aber auch für das Quartier beabsichtigt.

In der StadtErle befindet sich der Gemeinschaftsraum mit Küche im Erdgeschoss. Er ist vom Innenhof über fünf Stufen einer breiten Freitreppe oder über eine lange Rampe zu erreichen. Die Zugänge führen über einen gedeckten Vorplatz ins Zentrum des Hauses – neben dem Gemeinschaftsraum mit Gemeinschaftsküche befindet sich auch der Waschsalon im Zentrum.

Einen eindeutig privaten Charakter hat die Dachlandschaft in der StadtErle als attraktiver Ort der Hausgemeinschaft.

Genussgemeinschaft Dachwelt

Ein Gegenmodell wurde für die Baugemeinschaft Gleis 21 in Wien entwickelt. Dort wird das Erdgeschoss für öffentliche Funktionen freigegeben (Theater, geplantes Restaurant). Der Straßenbelag geht fließend in die öffentlichen Nutzungsbereiche am Erdgeschoss über. Im Kontrast dazu steht die Verortung der Hausgemeinschaft. Alle großzügigen Räume der Hausgemeinschaft – der attraktive Gemeinschaftsraum, der Spielraum für die Kinder, die sorgsam zusammengestellte Bibliothek, die Sauna oder das Gästeapartment – befinden sich im obersten Stock. Es ist also die wertvollste Etage der Gemeinschaft. Vom Obergeschoss kann der weite Ausblick auf das Sonnwendquartier mit dem Grünzug genossen werden.

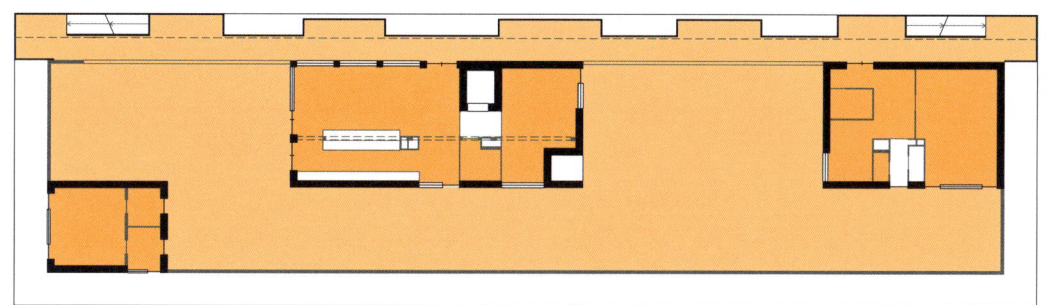
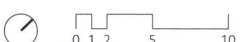

■ Gemeinschaft innen
■ Gemeinschaft außen
Gemeinschaftlich genutzte Flächen und Räume auf dem Dach, Gleis 21, Wien

Gemeinschaftsraum, Gleis 21, Wien
links: Bibliothek auf dem Dachgarten, Gleis 21, Wien

Die Dachebene ist Beginn einer zweiten Landschaft: der Stadt auf dem Dach. Diese urbane Stadtlandschaft spielt mit unterschiedlichen Höhenstaffelungen. Sie ist der Ort der „Haus"-Kommunikation, des genussvollen Begegnens in den sorgfältig gestalteten Gemeinschaftsräumen.

Mahlzeit – gemeinsamer Tisch als Auslöser für veränderte Wohnformen im Großhaushalt

Gemeinsam ein Mahl zu teilen, gehört zu den grundlegenden Ritualien, um Gemeinschaften zu bilden. Auf die hohe Bindekraft des gemeinschaftlichen Essens baut explizit Karthago in Zürich auf. Dort bilden die gemeinsame Großküche und das gemeinsame Essen den Mittelpunkt des Wohnprojekts. Die Bedeutung, die die Hausgemeinschaft dem gemeinschaftlichen Mahl zuweist, spiegelt sich in der Hierarchie der Räume wider. Der Speisesaal ist mit 83,5 Quadratmetern der größte Raum im Haus und liegt straßenseitig im Hochparterre. Eine durchgehende 12-Meter-Fensterfront befindet sich an der Längsseite. Zur Großküche besteht ein breiter, offener und einsehbarer Durchgang. Die Größe

der Küche war durch die Bestandsstruktur vorgegeben; für eine professionelle Küchennutzung ist der Raum eigentlich zu groß.

Im Speisesaal wird das alltägliche Abendmahl eingenommen. Gleichzeitig ist er auch der Raum, in dem sowohl private Treffen aber auch die Feste der Gemeinschaft stattfinden. Mit diesen Gemeinschaftsfestessen wird die gemeinsame Zugehörigkeit „rituell" gefestigt, beispielsweise bei den jährlich stattfindenden Weihnachtsessen, an denen auch ehemalige Bewohner:innen teilnehmen können.

Reduzierte Küchengrößen und das Leben in den Wohngruppen

Aufgrund des Wunsches, mit der Großküche das gemeinsame Essen für alle Bewohner:innen ins Zentrum des Projekts Karthago zu stellen, ist der Kochbereich auch in den großen Wohngruppen auf ein Minimum reduziert. Die originale Umbauplanung weist in allen Wohnungsgrößen eine kleine Küchenkombination von drei Elementen mit lediglich zwei Kochplatten auf, die Belieferung erfolgte durch Karthago.

Vorbereitung Festessen, Karthago, Zürich

Speisesaal, Karthago, Zürich

Die über 20-jährige Nutzungsgeschichte von Karthago war durch Umzüge geprägt.[15] Es zogen Bewohner:innen aus, wenn sie neue Wohnwünsche anstrebten. Die Baustruktur blieb immer gleich und das Wohnkonzept (Wohnen in unterschiedlich großen Wohngemeinschaften) unverändert.

Raumangebot für die Gemeinschaft

Wie in den meisten gemeinschaftsorientierten Wohnprojekten ist auch in Karthago das Angebot an Gemeinschaftsräumen groß: Es gibt einen Kiosk mit kleinem Angebot des alltäglichen Bedarfs, es gibt einen Arbeits- und Aufenthaltsraum, eine gemeinsame Dachterrasse, eine Werkstatt und – wie in fast allen Wohnprojekten der Schweiz üblich – eine gemeinsame Waschküche. Die Waschmittel und die Kosten für den Trockner sind im Mietpreis inkludiert.

Freiraumangebote: Großzügige Balkone und gemeinsamer Innenhof

Ein anderer Weg wird im Wohnprojekt Wolle+ in Tübingen beschritten, in dem die größte Nutzergruppe ehemals Geflüchtete sind. Dort werden die beiden Dachterrassen (Haus am Park und Kubus) von Privatpersonen genutzt. Diese leisteten für die ausschließlich private Nutzung einen bemerkenswerten Solidarbeitrag, der wiederum den Bau des Brückenhauses sicherte. Geflüchtete haben nach ihren oftmals traumatischen Fluchterfahrungen das Bedürfnis nach einem sicheren Privatraum. Deshalb wird auf gemeinschaftliche Räume verzichtet. Allen Wohnungen werden großzügige Balkone zugeordnet, perforierte Lochbleche schützen dort vor Einblicken. Klar

definierte Terrassen im Erdgeschoss ersetzen in Analogie zu den Balkonen den Anspruch auf einen Privatgarten.

Die wichtigste Freifläche ist der gemeinschaftlich genutzte Innenhof, der nur von den Bewohner:innen der Baugemeinschaft Wolle+ und der benachbarten Postbau eG gemeinsam genutzt wird. In Hochbeeten können kleine „interkulturelle Gärten" entstehen.

Vertikale Gemeinschaften und Mikronachbarschaften

Zu den beiden gängigen Lagemustern für die Platzierung der Gemeinschaftsräume – entweder im Erd- oder im Dachgeschoss – wird inzwischen in einigen Wohnprojekten eine weitere Variante hinzugefügt. Die Gemeinschaftsräume „mäandern" durch das Haus, sodass gemeinschaftliche Räume immer weniger als Gegenteil von privaten Räumen gedacht werden können. Charakteristisch sind Qualitäten der Durchdringung und Überlagerung. In einigen größeren gemeinschaftlichen Wohnprojekten entstehen durch eine räumliche Neuorganisation vielfältige Sphären des Gemeinschaftlichen. Große und sozial innovative Wohnprojekte generieren durch die vertikalen Gemeinschaften, die sich um neue Gemeinschaftsbereiche gruppieren, überschaubare Mikronachbarschaften.

Die Raumangebote für Mikronachbarschaften sind beispielsweise in der Kohlenrutsche in Wien ausgesprochen vielfältig. Es gibt ein reiches Angebot an Gemeinschaftsflächen im Erd- und im Dachgeschoss, zudem ziehen sich Orte für gemeinschaftliche Raumaneignungen durch das ganze Haus: Spiel- und Kommunikationszonen können durch Aufweitungen der Erschließungsräume in dem tiefen Baukörper entstehen, einzelne Wohnungen gruppieren sich in den unteren

■ Gemeinschaft
■ Wohnen

Mikronachbarschaft über zwei vertikale Erschließungskerne,
Kohlenrutsche, Wien

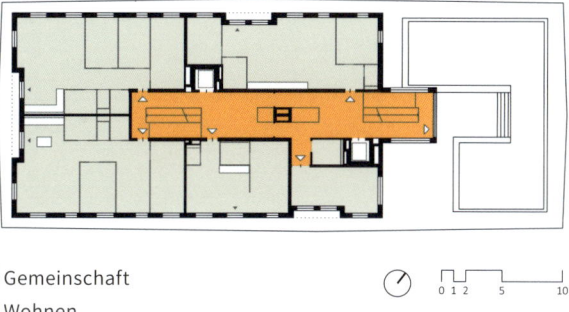

■ Gemeinschaft
■ Wohnen

Mikronachbarschaften durch zentrales Treppenhaus mit Loggia,
Kohlenrutsche, Wien

Stockwerken um zweigeschossige Loggien, und es befindet sich auf der fünften Etage zusätzlich ein Gemeinschaftsraum, der für verschiedene Funktionen genutzt werden kann.

Im Koch-Areal in Zürich wird die Allgemeine Baugenossenschaft Zürich (ABZ) einen Gebäudekomplex – einen acht-

geschossigen Zeilenbau am Quartierpark und ein 85 Meter hohes Wohnhochhaus, die beide auf einem eingeschossigen Sockelbau platziert sind – realisieren. Da die Gemeinschaft bei etwa 200 Wohnungen nicht mehr alltäglich erfahrbar ist, wird eine soziale Gliederung in Mikronachbarschaften angestrebt.

Vertikale Gemeinschaft einer Loggia, Kohlenrutsche, Wien

Balkone am Haus am Park, Wolle+, Tübingen

Die Architekten planten nachbarschaftliche Flächen, die verschiedene Öffentlichkeitsgrade zulassen. Für die Bildung einer Mikronachbarschaft ist besonders die Einfügung einer Wendeltreppe relevant, die sich jeweils über drei Wohngeschosse zieht. Ab dem siebten Stock bilden jeweils drei Geschosse im Hochhaus diese überschaubaren Gemeinschaften. Die Mikrogemeinschaft ist über Lufträume und damit Blickbeziehungen zu einem vertikalen Raum verbunden. Um alltägliche Begegnungen zu erhöhen, befindet sich neben der Küche auch der Waschsalon an der Treppe.

1   Bahrdt, Hans Paul: Die moderne Großstadt. Soziologische Überlegungen zum Städtebau. Reinbek 1961, S. 67

2   Lars Uellendahl, Projektvorstellung und Besichtigung der StadtErle am 18.09.2020

3   Büchner Brundler Architekten (Hg.): Morgen, auf der Laube. Projektwettbewerb Mehrfamilienhaus StadtErle 2014. Abzurufen unter: https://www.zimmerfreibasel.ch/wp-content/uploads/2017/10/Plaene-WBW.pdf (besucht am 02.11.2021), S. 1

4   Ebenda

5   Ebenda, S. 2

6   Lars Uellendahl, Projektvorstellung und Besichtigung der StadtErle am 18.09.2020

7   Weidmann, Ruedi: Haus StadtErle, Basel. Begleitdokumentation. Hg. v. Age-Stiftung. Zürich 2020, S. 34

8   Interview mit Doris Kerbler, Projektentwicklerin, Bewohnerin Gleis 21. Gleis 21, Wien, 18.11.2019

9   Interview mit Thomas Jocher, Architekt und Wissenschaftler, online, 29.06.2020

10 Interview mit Dirk Becker, Architekt und Norbert Post, Architekt, online, 27.10.2020

11 Interview mit Christian Hadaller, Vorstandsmitglied der Kooperative Großstadt eG, Architekt, München, 09.07.2019

12 Michael Kerbler, Expert:innen Workshop FageWo am 29.02.2021

13 Bates, Stephen: Der Zwischenraum. In: Wüstenrot Stiftung (Hg.): Herausforderung Erdgeschoss. Berlin 2014, S. 178–183, hier: S. 180

14 Flyer Kochquartier, Juni 2020. Abzurufen unter: https://kochquartier.cdn.prismic.io/kochquartier/2d051b91-4542-4d58-9985-3e5510ef5cb5_20200703_Koch_Informationen-Projektstand.pdf (besucht am 21.08.2021)

15 Luthiger, Benno: Karthago häutet sich. In: Martin Lassner und Gudrun Hoppe (Hg.): 20 Jahre Karthago. 1997–2017. Jubiläumsbericht. Zürich 2017, S. 50–56

Vertikale Gemeinschaft (Mikronachbarschaft) im Koch-Quartier (ABZ), Zürich

2.05 Das gemeinschaftsorientierte Quartier

Mit dem Perspektivwechsel vom Haus zum Quartier rückt der gesellschaftliche Nahbereich in gemeinschaftsorientierten Wohnprojekten verstärkt in den Fokus. Das Quartier erweitert dabei die überschaubare Lebenswelt des Wohnprojekts. Die Grenzen des Quartiers orientieren sich nicht an amtlichen oder statistisch definierten Gebieten, sondern Quartiere sind diffuse, nicht klar begrenzte Orte („fuzzy space"). Sie werden definiert durch Alltagshandlungen. In den Quartieren geben die Wohnprojekte partiell ihre Autonomie auf und agieren im sozialen Nahbereich vernetzt. Statt Konkurrenz und Eigensinn zählt Aufgabenteilung und Kooperation.

Konsortiale Quartiersentwicklung

Ein Pionierprojekt für diese Kultur der selbstorganisierten Quartierskooperation war sicherlich die Gründung der Domagk-Park Genossenschaft eG. Im Münchner Quartier DomagkPark

„Vernetzungstreffen" konsortiale Quartiersentwicklung, DomagkPark, München

schlossen sich um 2014 unterschiedliche gemeinwohlorientierte Akteure zusammen, um gemeinsam das zukünftige Leben im Quartier zu gestalten.[1] Wenngleich die Genossenschaft Ende 2020 ihren Geschäftsbetrieb einstellen musste – teilweise wird die Quartiersarbeit jetzt vom Verein DomagkPark eV übernommen –, konnten durch diese Basisinitiative wichtige Impulse für eine konsortiale Quartiersentwicklung gesetzt werden. Grundstrukturen dieser Quartiersorganisation wurden dann in anderen Quartiersprojekten übernommen, beispielsweise im entstehenden Prinz Eugen Park in München. Dort kooperierten die Wohnungsgesellschaften, Wohnbaugenossenschaften, Baugemeinschaften, Bauträger und die israelitische Kultusgemeinde und schlossen sich zu einem Konsortium zusammen, mit dem Ziel, ein lebendiges, lebenswertes Quartier zu entwickeln. Im Juni 2016 unterzeichneten sie eine Rahmenvereinbarung, und alle Grundstückseigentümer beschlossen die Charta der Quartiersvernetzung.[2] Die Bewohner:innen des Prinz Eugen Parks haben im Juni 2018 wiederum eine Genossenschaft für Quartiersorganisation – die GeQo eG – gegründet, um das Quartiersmanagement „aus dem Quartier für das Quartier" zu betreiben.[3] Die GeQo ist in drei Bereichen tätig:

- Vernetzung, indem sie u. a. Feste organisiert, ein Quartierscafé als Ort für alltägliche Begegnungen betreibt;
- Verwaltung, indem sie Gemeinschaftsräume, Co-Working-Spaces und Gästeapartments verwaltet;
- Vermittlung und Verleih, indem u. a. Mobilitätsangebote (Lastenfahrräder, E-Bikes) bereitgestellt werden.

In München hat sich ausgehend von den ersten Projekten einer konsortialen Quartiersentwicklung eine Kultur der Zusammenarbeit ausgebildet. So ist es inzwischen möglich, dass drei Genossenschaften – die WOGENO eG, die wagnis eG und die KOOPERATIVE GROSSSTADT eG – eine konsortiale Bewerbung auf Grundstücke in München-Riem abgaben. Diese gemeinsame Bewerbung hat zur Konsequenz, dass die gemeinschaftliche Infrastruktur genossenschaftsübergreifend entwickelt und heute genutzt werden kann. „Das Haus wurde von Anfang an zusammengedacht mit den angrenzenden Projekten der Genossenschaften WOGENO und wagnis. Im konsortialen Verbund wurde eine besonders umfangreiche und vielseitig gemeinschaftlich genutzte Infrastruktur entwickelt. Bewohner aller drei Genossenschaften können die Mobilitätszentrale, Gästeapartments und eine Vielzahl an Gemeinschaftsräumen zusammen nutzen."[4]

Kooperative Quartiersentwicklung

Einzelne Wohnprojekte müssen nicht mehr alles können. Die Kultur des gemeinsamen Planens und Entwickelns führt inzwischen mancherorts dazu, dass sozial nutzbare Räume und Infrastrukturangebote (Mobilitätshub, Gästewohnungen, Co-Working-Spaces etc.) innerhalb des Quartiers gemeinsam bereitgestellt und genutzt werden. Diese Praxis kann auf eine konsortiale Abstimmung zwischen verschiedenen Akteuren beruhen – wie in München-Riem bei den oben genannten genossenschaftlichen Akteuren –, oder ein gemeinwohlorientierter

Küche im Gemeinschaftsraum der Stiftung Habitat im Areal Erlenmatt Ost, Basel

Investor – wie beispielsweise die Stiftung Habitat – übernimmt als starker Partner die Regie der Quartiersentwicklung. Die starke Position der Stiftung beruht zunächst darauf, dass sie das Areal erwerben konnte. Sie baut teilweise selbst, vergibt aber einen größeren Anteil an die bauwilligen Gruppen in Baurecht (Erbpacht). Bereits in den Leitsätzen der Planungsgrundlagen wurde ein „vielfältiges Neben- und Miteinander von Lebensformen und Nachbarschaften, ergänzt mit öffentlichen, sozialen und gewerblichen Nutzungen. Die zukünftigen Nutzenden werden frühzeitig in die an Bedürfnissen orientierte Planung einbezogen."[5] Durch das privatrechtliche Regelwerk Erlenmatt Ost (REO), das quasi als „Gestaltungsplan bezeichnet werden kann, wird ein koordiniertes und dem Gesamtkonzept verpflichtetes Planen und Bauen auf den Baufeldern der Stiftung Habitat angestrebt. Baurechtnehmenden wird es ermöglicht, den Leitsätzen folgend und unter Anwendung des Regelwerkes im Sinne einer Planungshilfe eigene Projekte zu realisieren. Auch die Stiftung Habitat wird selber bauten nach Massgabe des Regelwerkes erstellen."[6] Diese starke Position der Stiftung bildet die Grundlage und ermöglicht eine langfristige Sicherung der Sozialorientierung des Areals; sie schafft auch viele Freiräume zur Mitbestimmung und Mitgestaltung, sichert aber hohe Standards, wie beispielsweise die Verpflichtung auf die Werte der 2000-Watt-Gesellschaft oder auf nachhaltige Energie- und Mobilitätskonzepte. Die Stiftung will aktivieren und vernetzen. So wurde beispielsweise der Gemeinschaftsraum an der Signalstrasse 25a von der Stiftung errichtet, aber dann 2020 an den Verein Erlenmatt Ost übergeben. Dieser Raum soll für gemeinschaftliche Aktivitäten wie gemeinsames Essen, Workshops oder Feiern vorrangig den Bewohner:innen des Areals zur Verfügung stehen. Die Stiftung sichert zudem, dass der Außenraum des Areals öffentlich und zugänglich bleibt. „Es gibt keinen langfristigen Anspruch auf privatisierte Flächen im Außenbereich."[7]

Kooperationen werden inzwischen vermehrt Grundlage der Ausschreibung bei Areal- oder Quartiersentwicklungen. Das Koch-Areal erwarb die Stadt Zürich im Jahr 2013 von der UBS AG. Gemeinsam mit den Wohnungsbaugenossenschaften Zürich (wbg) und der Wüest Partner wurde eine Ausschreibung vorbereitet. Das Baurecht (Erbpacht) des Grundstücks ging dann an die drei Bauträgerinnen Senn Resources AG, Allgemeine Baugenossenschaft Zürich (ABZ) und die Bau- und Wohngenossenschaft Kraftwerk1 über. Der Quartierpark wird durch Grün Stadt Zürich (GSZ) umgesetzt. Danach hat das Hochbaudepartment der Stadt Zürich im Auftrag der drei Bauträgerinnen vier selektive Wettbewerbsverfahren parallel durchgeführt. Die Ergebnisse wurden von einer gemeinsamen Jury beurteilt. Alle Akteure arbeiten in Entwicklung, Verwaltung, Betrieb und Unterhalt des Areals eng zusammen.[8] In dem neuen Areal mit etwa 350 preisgünstigen Wohnungen,

Quartiersrestaurant im Stadtelefant

mit Gewerbe und vielfältigen und öffentlichen Grünflächen, wird ein neues Kooperationsverfahren erprobt: „Die gemeinsame Vision für das ‚Koch-Quartier‘ als Prototyp und Labor für neue Formen der Kooperation, der Organisation und des Austauschs ist unter Mitwirkung von Interessierten aus dem Quartier und dem weiteren Umfeld entstanden."[9]

Die Stadt Wien wertete ebenfalls die Quartiere auf. „‚Quartiere‘, oder ‚Grätzel‘, bilden die Drehscheibe für das soziale Miteinander in einer Stadt und nehmen eine besondere Rolle ein, die daher mit ebenso besonderer Sorgfalt ständig weiterentwickelt werden muss."[10] Im Sonnwendviertel Ost wählte die Stadt ein Expertenteam aus, das den vorhandenen Masterplan auswertete und in mehreren Workshops einen neuen, kooperativen Masterplan erarbeitete. Durch ein qualitätssicherndes Verfahren wurde für prägnante Lagen die Bebauung durch Baugruppen vorgesehen und als neuer Typus die sogenannten Quartiershäuser einbezogen. Diese Quartiershäuser „stehen […] nicht nur für sich allein, sondern schaffen Angebote für das Quartier, ihre Nachbarschaft, für den Stadtteil".[11] Noch dezidierter wird im Sonnwendquartier die Qualität und Vernetzung an den kulturellen Initiativen der Baugruppe Gleis 21 deutlich.

Kulturelle Impulsgeber für die Quartiere

Das Wohnprojekt Gleis 21 in Wien ist gleichzeitig Wohn- und Kulturraum. Das gesamte Erdgeschoss wird für öffentliche, kulturelle Nutzungen bereitgestellt. Im Kulturraum präsentiert die Kulturinitiative „Kunst und Kultur. Gleis 21" ein vielfältiges Kulturprogramm und gewann wichtige Kooperationspartner wie das Burgtheaterstudio, Wien Modern, die Musikschule Klangwerk, das Österreichische Filmmuseum und den Wiener Privatfernsehsender Okto. „Kultur entsteht durch Kooperation", so der Bewohner und Sprecher von Gleis 21, Michael Kerbler, in einem Interview; „nur dadurch gewinnen kleine Initiativen wie die unsere jene Wirkkraft, die das Zusammenleben stärken und bereichern."[12] Das Wohnprojekt und die Kulturinitiative schaffen durch die vielfältigen Kulturveranstaltungen einen vitalen Begegnungsort im „Grätzel". „Zwischen dem, was in der Kulturzone im Erdgeschoß an Ansprüchen erhoben wird und wie in den Stockwerken darüber gelebt wird, darf es keine Diskrepanz geben", betonte Michael Kerbler. „Beide – Kunst und Kultur – gehören für Gleis 21 untrennbar zusammen."[13]

Bildungspolitische und soziale Impulsgeber für die Quartiere

Wichtige Impulse für die Quartiersentwicklung können auch von Einzelprojekten ausgehen.Ein Beispiel hierfür ist das Wohnprojekt für kinderreiche Familien, das Familienhaus der Stiftung Habitat in Basel. Dort wird nicht nur bezahlbarer Wohnraum errichtet, sondern es wird im Erdgeschoss eine Bibliothek für Kinder und Jugendliche integriert, die Bücher und andere Medien in über 50 verschiedenen Sprachen bereitstellt. Die Bibliothek ist nicht nur ein Lebens- und Lernort für die Kinder und Jugendlichen aus dem Haus, sondern sozialer Treffpunkt für das gesamte Quartier.[14]

Ähnliche soziale Impulse ins Quartier strebt auch die Baugemeinschaft Wolle+ in Tübingen an. Dort leben Geflüchtete, Alleinerziehende, Studierende und sonstige soziale Gruppen zusammen. Bereits in der Konzeptphase war klar, dass das Projekt ein neuer Wohnort für unterschiedliche soziale, ethnische und lebensweltlich unterschiedliche Gruppen sein soll, aber auch ein lebendiger Lebensort für das Quartier. Dafür bedurfte es eines integrativen Ortes: des Brückenhauses. Als Bauherr (innerhalb der BG Wolle+) und Betreiber trat die kit Jugendhilfe auf und errichtete das Brückenhaus im Erdgeschoss

des Kubus. Dieses Brückenhaus ist eine Schnittstelle zwischen den beiden benachbarten Wohnhäusern mit einem hohen Anteil an ehemals geflüchteten Familien. Das Brückenhaus will aber weitere Verbindungen schaffen: nicht nur im Haus, sondern auch zwischen Bewohner:innen aus kontrastreichen benachbarten Quartieren. Diesseits des Neckars liegt ein stark bürgerlich-akademisch geprägtes Quartier, jenseits des Neckars einfache Wohnungen mit der höchsten Sozialbelastung (Armut, Migration, Familien mit vielen Kindern). Aufgrund der konzeptionellen Ausrichtung wurden bereits in der Planungsphase die unterschiedlichsten Akteure einbezogen. Das Brückenhaus wird inzwischen von vielen getragen und ist ein lebendiges Zusammenspiel unterschiedlicher Akteur:innen: von sozialen Trägern, Architekt:innen, privat und genossenschaftlich Bauenden, der Kommune mit ihrer Planungsabteilung, Initiativen, bürgerschaftlich Engagierten und sozialen Mittelgeber:innen, wie die der Deutschen Fernsehlotterie.

Das Brückenhaus bedarf als Ort der Transition und Vernetzung anpassungsfähiger Flächen. Auf einer Grundfläche von circa 180 Quadratmetern können je nach Bedarf unterschiedliche Räume zusammengeschaltet werden. So befinden sich ein Kontaktbüro für Beratungen, Raum für Begegnungen, für Vorträge und Spiele eine kleinere Raumeinheit mit Spielecke

Die Baugemeinschaft Gleis 21 als wichtiger kultureller Impulsgeber für das Quartier

und Rückzugsmöglichkeiten zum vertraulichen Gespräch. Große Fenster schaffen Ein- und Ausblicke. Die Terrasse des Brückenhauses geht schwellenlos in den gemeinsamen Innenhof über, der auch im Freien zu Gespräch und zum Spielen dient. Zwei Hochbeete (Interkulturelle Gärten) regen zum gemeinsamen Gärtnern an.

Das Quartier ist inzwischen häufig der Perspektivraum gemeinschaftlichen Wohnens. Kooperationen und Vernetzungen bilden bereits in der Planungsphase tragende Strukturen des Zusammenlebens. Nicht jede muss alles können, sondern gemeinsam werden Stärken entwickelt.

1   Dürr, Susanne/Kuhn, Gerd: Wohnvielfalt. Gemeinschaftlich wohnen – im Quartier vernetzt und sozial orientiert. Hg. v. Wüstenrot Stiftung. Ludwigsburg 2017, S. 197

2   Konsortium Prinz-Eugen-Park (Hg.): Charta Quartiervernetzung. München 2016. Abzurufen unter: https://www.prinzeugenpark.de/files/pep/quartier/Charta%20der%20Quartiersvernetzung.pdf (besucht am 02.11.2021)

3   GeQo eG: Was wir tun. Abzurufen unter: https://www.prinzeugenpark.de/quartierszentrale/was-wir-tun.html (besucht am 02.11.2021)

4   KOOPERATIVE GROSSSTADT eG: San Riemo. Abzurufen unter: https://kooperative-grossstadt.de/san-riemo/ (besucht am 02.11.2021)

5   Stiftung Habitat (Hg.): Regelwerk Erlenmatt Ost. Version 1, Stand 08.2013. Abzurufen unter: https://wohnbau-mobilitaet.ch/fileadmin/user_upload/Downloads_PAWO/Atelier_5_Stiftung_Habitat_V_Web.pdf (besucht am 15.07.2020), S. 10

6   Ebenda, S. 14

7   Stiftung Habitat: Arealleitfaden Erlenmatt Ost. Abzurufen unter: https://www.stiftung-habitat.ch/sh/liegenschaften/haeuser-und-projekte/erlenmatt-ost.html (besucht am 02.11.2021)

Kulturraum in der Baugemeinschaft Gleis 21, Wien

8   Stadt Zürich (Hg.): Neubauten und Quartierpark Koch-Areal, Zürich-
     Albisrieden/Altstetten. Vier Wettbewerbe im selektiven Verfahren,
     Bericht des Preisgerichts. Zürich 2019, S. 3

9   Ebenda

10   BA_Wien (Hg.): Wie wohnen wir morgen? Katalog zur Ausstellung.
     Wien 2020, S. 21

11   Ebenda, S. 62

12   Gleis 21: Kunst und Kultur. Gleis 21. Kultur entsteht durch Koope-
     ration. Abzurufen unter: https://www.ots.at/presseaussendung/
     OTS_20191025_OTS0014/kunst-und-kultur-gleis-21,
     zuletzt aktualisiert am 25.10.2019 (besucht am 25.08.2021)

13   Ebenda

14   Vgl. Abraham, Nanni: Wohnraum für kinderreiche Familien. Familien-
     haus mit Bibliothek. In: Bundesinstitut für Bau-, Stadt- und Raum-
     forschung (BBSR) im Bundesamt für Bauwesen und Raumordnung
     (BBR) (Hg.): Familien in gemeinschaftlichen Wohnformen. Bonn 2021
     (BBSR-Online-Publikation, 05/2021), S. 78–85

Kinder- und Jugendbibliothek im Familienhaus, Basel

3 PRODUKTIVES WOHNEN

3.01 Thematische Einführung

In den beiden letzten Jahrzehnten des 20. Jahrhunderts fanden einschneidende Veränderungen in der Arbeitswelt statt. Neue und vor allem leise und emissionsarme Produktionstechniken führten dazu, dass die Trennung von Wohnen und außerhäuslicher Arbeit, die sich seit der zweiten Hälfte des 20. Jahrhunderts in den Industrieländern durchgesetzt hatte, infrage gestellt wurde. Dynamisierend wirkte insbesondere die Digitalisierung. Sie führte zu einer stärkeren Verknüpfung der Lebensbereiche Arbeiten und Wohnen an einem Ort. Neue Formen der „Teleheimarbeit" führten zu einer Rückverlagerung beruflicher Arbeit in die Wohnung, eine steigende Anzahl von „Soloselbstständigen" arbeitet vorwiegend aus Kostengründen zu Hause. Dabei betreffen die „entgrenzten Arbeitsformen" nicht nur die Kreativberufe der „digitale(n) Bohème"[1], sondern auch moderne, hoch qualifizierte Dienstleistungsberufe, in denen die Trennungen von Beruf und Freizeit, von Wohnen und Arbeiten weitgehend aufgehoben sind.

Dass sich diese Arbeitsformen sehr dynamisch entwickeln, verdeutlichen die Angaben des Statistischen Bundesamtes: Arbeiteten 2004 erst 5 Prozent (1,8 Mio.) aller Erwerbstätigen in Deutschland mindestens die Hälfte der Woche zu Hause (davon 51 Prozent selbstständig erwerbstätig und 42 Prozent abhängig), so stieg deren Anteil 2017 auf 11 Prozent deutlich an. Die Möglichkeit des mobilen Arbeitens ist besonders für Familien mit Kindern attraktiv. Im Jahr 2016 nutzten diese Optionen in Deutschland jedoch erst Familien ab zwei Kindern mit einem Anteil der Heimarbeit von 14 Prozent (ab drei Kindern 16 Prozent Heimarbeit). Deutlich unterschied sich der Anteil der „Heimarbeiter" nach Berufsgruppen und Anstellungsverhältnissen. Bei Arbeitnehmerinnen und Arbeitnehmern betrug die Quote lediglich 8 Prozent; hingegen lag der Anteil der Männer an den selbstständigen Erwerbstätigen 2017 bei 66 Prozent.

Durch den Lockdown infolge der Coronapandemie veränderten sich seit März 2020 die Lebens- und Arbeitssituationen grundlegend. Zum Schutz der Mitarbeiter:innen und des Unternehmens schickten sehr viele Firmen ihre Beschäftigten nach Hause. Arbeiten im Homeoffice wurde in der Krise zu einem Massenphänomen. Für viele Firmen, aber selbstverständlich auch für die betroffenen Mitarbeiter:innen stellt sich die Frage, welche Bedeutung die moderne Heimarbeit zukünftig erhält. Wenn auch das zukünftige Ausmaß der Heimarbeit noch offen ist, so ist unzweifelhaft, dass die Covid-19-Krise deutliche Auswirkungen auf das produktive Wohnen haben wird. In der Pandemie wurden Prozesse beschleunigt und zugespitzt, die – so der Sozialhistoriker Jürgen Kocka zu Beginn der Pandemie – „längst auf dem Weg sind. […] Die Krise deckt nicht nur die vielen Hemmnisse auf, die hierzulande dem Prozess der Digitalisierung im Wege stehen. Sie treibt diesen Prozess vielmehr auch entscheidend voran."[2] Die Krise wurde zu einem wirksamen Katalysator für gesellschaftliche Veränderungen. Einschränkungen der persönlichen Kontakte beschleunigen „den Übergang zur digitalen Kommunikation in vielen Lebensbereichen und im Arbeitsleben den längst im Gang befindlichen Wechsel zur modernen Form der Heimarbeit, hierzulande ‚Homeoffice' genannt."[3]

Scheiterte vor der Pandemie der Wunsch vieler Beschäftigter nach Heimarbeit häufig an der Ablehnung durch Vorgesetzte[4], so hat sich diese Haltung inzwischen geändert. Da sowohl Führungskräfte als auch Mitarbeiter:innen inzwischen reiche und ambivalente Erfahrungen mit der neuen Heimarbeit gemacht haben, können Vor- und Nachteile besser abgewogen werden. Als grundsätzliches Problem erwies sich, dass häufig die Wohnungen nicht über ausreichende Arbeits- und Rückzugsräume verfügen. Besonders Mütter schulpflichtiger Kinder klagten über die räumliche Enge und vielfältige Mehrfachbelastungen (Kinder, Haushalt, Arbeit). Oft wurde auch das Fehlen von alltäglichen Kommunikationsmöglichkeiten während der Arbeit beklagt. Andererseits ergaben sich auch deutliche Vorteile, wie ein frei einteilbares Zeitbudget und insbesondere die Pendlerzeiten. Gesellschaftliche Krisen sind immer von der Gewissheit durchzogen, dass tiefgreifende Veränderungen bevorstehen und Entscheidungen fällig werden.[5] Die Arbeitswelt der Zukunft wird sehr wahrscheinlich durch hybride Arbeitsformen geprägt werden. Während einzelne Kolleg:innen im Büro sitzen, werden andere zu Hause arbeiten.

Die raschen Veränderungen und die Neubewertung von Arbeit und damit Wohnen stellt eine Zäsur dar. Es stellt sich immer dringlicher die Frage, wie die räumliche Organisation des Wohnens verändert werden müsste. Viertel mit überwiegend Bürogebäuden gehören anscheinend der Vergangenheit an. Die Coronakrise und der Trend zum Homeoffice treffen diese monostrukturierten Quartiere besonders hart, wie etwa die „Bürostadt Niederrad" in Frankfurt am Main. Bereits vor der Pandemie steckte der Frankfurter Büromarkt in einer Krise. Die Notwendigkeit der Umwandlung von Nichtwohngebäuden in Wohnimmobilien zeichnete sich beispielsweise in Frankfurt-Niederrad bereits vor der Krise ab[6], jedoch wird diese den sukzessiven Umbau der Bürostadt Niederrad in ein gemischtes Quartier beschleunigen.[7]

Heimarbeit

Aufgrund des zeitweiligen Umbruchs lohnt es sich, einen Blick auf die Geschichte des Verhältnisses von Wohnen und Arbeiten zu werfen. Unsere Wohnweisen sind stets durch ihr Verhältnis zur Arbeit geprägt. Dies erscheint besonders in vormodernen Wohnformen augenfällig. Wohnen war an das Arbeiten gebunden; die soziale Einheit war das sogenannte „Ganze Haus". „Man wohnte zusammen, weil man zusammenarbeitete."[8] Diese Einheit zerriss erst mit der Industrialisierung und in der Folge mit der Durchsetzung der Lohnarbeit. Es wurde durch diesen Prozess nicht nur die gewerbliche Arbeit verlagert, es löste sich auch der umfassende Familienverband auf, der alle unter einem Dach Wohnenden einschloss, also auch Gesinde, Knechte und Mägde oder Gesellen. Nach 1800 bildete sich eine Kultur der intimen Häuslichkeit heraus, die nur noch die Kernfamilie umfasste.[9] Der gemeinsame Tisch, an dem sich alle im Haus Wohnenden versammelten, war aufgelöst. Zwar gab es weiterhin Heimarbeit und die Lebensbedingungen der Weber oder Schneider wurden hinreichend beklagt, die Dynamik der industriellen Entwicklung führte jedoch überwiegend zur Trennung der Sphären Wohnen und Arbeiten.

Der Prozess der Enthäuslichung umfasste nicht nur die Auslagerung fast aller Formen der gewerblichen Arbeit, sondern auch eine Enthäuslichung von Geburt, Krankheit, die kindliche Erziehung oder Bildung. Die andere Seite der Medaille der Enthäuslichung war die zunehmende Verhäuslichung sämtlicher „leibliche[r] Vitalfunktionen"[10]. Das Wohnen war seither von einer Kultur der intimen Häuslichkeit

geprägt. Der produktive Haushalt wandelte sich zum privaten Konsumentenhaushalt.[11]

Walter Siebel oder Vertreter:innen der Frauenbewegung wiesen darauf hin, dass die Konstruktion des Wohnens für Frauen häufig eine inszenierte Illusion war. „In der Realität ist die Wohnung immer und auch heute noch Ort, Gegenstand und Ziel umfangreicher Arbeit. [...] Für Hausfrauen ist die Rede von der Wohnung als kompensatorische Gegenwelt zur Arbeit ein sehr zwiespältiger Wunschtraum berufstätiger Männer. Dieser Wunschtraum bedeutete, dass ihre Arbeit, die Hausarbeit, verborgen werden musste, abgedrängt in die unattraktivsten Räume, etwa innen liegende Küchen und zu kleine Bäder, und konzentriert auf jene Zeiten, zu denen der Mann nicht zu Hause war."[12]

Das goldene Zeitalter des fordistischen Gesellschaftsmodells waren die 1960er- und 1970er-Jahre. Es entstanden Standardwohnungen für die Normalfamilie (Ehepaar mit einem oder zwei Kindern). Die Haushalte wurden von vielfältigen Arbeiten und Verpflichtungen entlastet und technisiert. Wie in der fordistischen Produktion wurde das moderne Wohnen in einzelne Verrichtungen wie Essen, Kochen, Sichreinigen und Schlafen zerlegt. Architekten entwarfen als Choreografen des Alltags Wohnungsgrundrisse, die entsprechend ihrer Funktionen hierarchisch gegliedert wurden und nur in diesem Sinne bewohnbar waren.[13] „Das Wohnen, das doch Gegenwelt zur entfremdeten Arbeit sein soll, wird nach denselben Grundsätzen hergerichtet, nach denen die Welt der Arbeit organisiert ist, eben denen der fordistischen Rationalisierung."[14] Für gewerbliche Arbeit gab es in den Wohnungen keine Räume mehr.

Im Büro arbeiten – zu Hause arbeiten?

Seit den 1980er-Jahren ist immer offensichtlicher geworden, dass der standardisierte Grundriss-Normaltyp – obwohl noch serienmäßig produziert – einen Anachronismus darstellt. An der Wegscheide von der fordistischen Moderne zur Dienstleistungs- und Informationsgesellschaft waren nicht nur die arbeitsteilige Massenproduktion und Konsumtion, sondern auch die ökonomische Basis für die Städte und die Raumorganisationen einem einschneidenden Wandel unterworfen. Statt arbeitsteiliger Routinearbeiten, bestimmten jetzt stärker wissens- und kommunikationsintensive Tätigkeiten den Arbeitsalltag. Die Trennung von Wohnen und Arbeiten, die die fordistische Moderne prägte, wurde in einzelnen Sektoren aufgehoben.

Der Übergang zur Informations- und Wissensgesellschaft verlief jedoch nicht auf einer Einbahnstraße. Es gab und gibt sehr unterschiedliche Entwicklungsmöglichkeiten. So wurde von einigen Forschern, unter anderem von der Ökonomin Frances Cairncross[15], der Bedeutungsverlust der Städte prognostiziert, mit neuen Chancen für die Entwicklung der ländlichen Räume. Auch Hartmut Häußermann sah noch Ende der 1990er-Jahre einen neuen Trend: „Transport, Kommunikation und Marktzugang sind nicht mehr raumbildend, vielmehr lassen sie weite Spielräume zur Ausbildung von Siedlungsstrukturen zu. Es gibt kaum noch Urbanisationsvorteile. Die besondere Produktivität der städtischen Ökonomie ist, so scheint es, an allen möglichen Orten herstellbar beziehungsweise gehört einer untergeordneten Phase der ökonomischen Entwicklung an. Von selbst also stellt sich ‚Stadt' nicht mehr her."[16] Durch Dezentralisierung und Dispersion können nun genuin städtische Standortvorteile ausgeglichen werden und Dörfer eine neue, auch ökonomisch begründete Wertschätzung und Bedeutung erfahren. So setzten verschiedene Bundesländer große Hoffnungen auf die Digitalisierung der Arbeit in den Dörfern. Durch die Initiative „Bayern-Online" wurde die Gemeinde Retzstadt als erstes Teledorf 1994 in Bayern ausgewählt; 40 weitere sollten folgen. Die hohen Erwartungen erfüllten sich nicht. Eine wichtige, damals oftmals unterschätzte Qualität waren anregende Milieus und Kommunikationsmöglichkeiten, die urbane Quartiere vorwiesen, nicht aber abgehängte Dörfer.

Der Abgesang auf die Städte war verfrüht.[17] Nur ein Teil, nämlich das standardisierte, einfach strukturierte Wissen wirkt dezentralisierend und kann via Internet in periphere Räume verlagert werden, während umgekehrt das zunehmend wichtigere sogenannte „tacit knowledge", also das vor allem in Forschung und Entwicklung benötigte gebundene, komplexe Wissen, vielmehr zu neuen städtischen Standortkonzentrationen geführt hat. Gerade die neuen Formen der Kultur- und Wissensproduktion – so etwa auch der Hamburger Stadtforscher Dieter Läpple – seien sehr stark auf das „privilegierte Innovationsfeld" innerstädtischer Quartiere mit ihren vielfältigen urbanen Milieus rückbezogen.[18] Statt des Bedeutungsverlustes der Städte erfolgte vielmehr eine Renaissance des Stadtwohnens und Arbeitens. Nach Jahrzehnten der Suburbanisierung vollzog sich ein eindrucksvoller urban turnaround, der sich durch neue Formen städtischer Zentralität und einer neuen Attraktivität der Stadt auszeichnete.

Die Debatten über urbane Innovationsfelder wurden nach der Jahrtausendwende intensiviert. Besonders umstritten waren die Ausführungen Richard Floridas zur neuen „kreativen Klasse", die er durch sein Buch „The Rise of the Creative Class"[19] auslöste. Seiner Ansicht nach hätten jene Städte und Regionen die größten Wachstumschancen, in denen sich die Mitglieder der sogenannten „creative class", gut entfalten könnten. Zu dieser neuen Klasse zählte Florida Künstler:innen, Ingenieur:innen, Wissenschaftler:innen und Techniker:innen sowie ihr gesamtes Umfeld. Gute Bildungs- und Ausbildungsbedingungen, Technologieförderung und angemessene

Freiheitsspielräume sowie Toleranz sollten günstige Rahmenbedingungen schaffen für bessere ökonomische Wachstumsraten, höhere Löhne und generell für bessere Zukunftsaussichten. Häufig waren die Arbeitsplätze der „Kreativen Klasse" nicht mehr in den traditionellen Büros vorzufinden, sondern befanden sich in Co-Working-Spaces, in Cafés oder anderen kommunikativen Orten.

Das Buch Floridas löste auch in Europa konkrete empirische Forschungen aus.[20] So wollte die Stadt Amsterdam wissen, wo die Angehörigen der wissens- und kulturbasierten Dienstleistungen (Softwareentwickler:innen, Medienleute, Wissenschaftler:innen) arbeiteten und wie hoch ihr Anteil an der Wertschöpfung sei. Es stellte sich heraus, dass das Umfeld des privilegierten Innovationsfelds innerstädtische Quartiere innerhalb des Grachtenrings ist, mit seinen vielfältigen urbanen Milieus.[21] In Richard Floridas Konzept der kreativen Stadt haben Industrie und materielle Produktion keine Bedeutung mehr für die kreative Stadt.

Die Debatte über die Entwicklung der Industriegesellschaft zur Dienstleistungs- bzw. Wissensgesellschaft, und in ihrer Folge die Charakterisierung des sozialökonomischen Strukturwandels verlief kontrovers. In Untersuchungen zu sozialen Milieus im gesellschaftlichen Strukturwandel wurde beispielsweise vorgeschlagen, statt von einer postindustriellen Dienstleistungsgesellschaft weiter von einer industriellen Dienstleistungsgesellschaft zu sprechen.[22] Besonders Dieter Läpple betonte, dass der Wandel von der Industriegesellschaft zur Dienstleistungsgesellschaft nicht aufgrund einer „Ablösung oder einer Substitution der Industrie durch Dienstleistungen, sondern in hohem Maße durch eine Transformation, die zu neuen Verflechtungs- und Bedingungszusammenhängen von Industrie und Dienstleistungen geführt hat, [zustande kam]. Eine leistungsfähige industrielle Basis wird von vielen Autoren als Voraussetzung für das starke Wachstum der unternehmensorientierten Dienstleistungen gesehen. Das Verhältnis von Industrie und Dienstleistungen wird also durch Komplementarität und nicht durch Substitution gekennzeichnet."[23] Es kann heute – zumindest in Ländern, die weiter eine industrielle Struktur beibehielten, von der Rückkehr der Produktion in die Stadt gesprochen werden.

Neue Handlungsansätze und Urbane Gebiete

Galten Globalisierung und Technologie lange als unaufhaltsame Kräfte des Strukturwandels, so scheint sich jetzt, so Dieter Läpple, „ein ,Möglichkeitsfenster' für alternative Handlungsansätze zu öffnen"[24]. Diese neuen Möglichkeitsfenster prägen nicht nur die neuen Produktionsweisen, sondern ebenso die Wohnformen.

„Der Bereich der lokalen Ökonomie umfasst das breite Spektrum ‚wohnungsnaher' Klein- und Kleinstbetriebe des produzierenden und reparierenden Handwerks, des Einzelhandels, des Gesundheitswesens, der Gastronomie sowie andere Bereiche der sozialen, haushalts- und unternehmensorientierten Dienstleistungen. Die Bandbreite dieser Betriebe reicht also von tradiertem Handwerk und Betrieben der Migrantenökonomie über Alternativbetriebe bis hin zum Alleinunternehmer der ‚New Economy'."[25]

Diese Konzepte der produktiven Stadt nehmen immer stärkeren Abstand vom monofunktionalen Wohnen. Gerade die Städte mit einer vielfältigen Bevölkerungsstruktur, ihren unterschiedlichen sozialen und kulturellen Milieus und ihren sozialen Fragmentierungen brauchen eine gewerbliche Differenzierung und Breite, die von der modernen Industrie bis zur urbanen Manufakturen reicht. „Es lohnt sich", so Läpple auf einer Tagung zur produktiven Stadt, „über neue Verknüpfungen und Kooperationen von Dienstleistungen, Industrie, Kreativwirtschaft, urbanen Manufakturen, FabLabs und lokalen Ökonomien nachzudenken."[26]

Im letzten Jahrzehnt setzte eine Diskussion über die „Produktive Stadt" ein, die besonders die Chancen und Ergänzungen von Dienstleistung und Produktion in der nutzungsgemischten Stadt betonten.[27] Bauplanungsrechtlich mündete die Debatte 2017 in der Ausweisung der Baugebietskategorie „Urbanes Gebiet". In den Urbanen Gebieten soll die Unterbringung von Gewerbebetrieben und sozialen, kulturellen und anderen Einrichtungen möglich sein, solange diese die Wohnnutzung nicht wesentlich stören. Eine Besonderheit des Urbanen Gebiets ist die explizit in der Baunutzungsverordnung (BauNVO) vorgesehene Möglichkeit zur Festsetzung unterschiedlicher Nutzungen für einzelne Geschosse. So ist

es u. a. möglich, dass im Erdgeschoss an der Straßenseite eine Wohnnutzung nur ausnahmsweise zulässig ist, oberhalb eines im Bebauungsplan bestimmten Geschosses hingegen nur Wohnungen zulässig sind.[28] Durch einen Verzicht auf ein bestimmtes Nutzungsverhältnis zwischen Wohnen und Gewerbe entsteht für Planungen in Urbanen Gebieten eine höhere Flexibilität.

Co-Working – Homeoffice

Die Möglichkeit der flexiblen Arbeitseinteilung förderte seit den 1990er-Jahren den Anstieg von „Soloselbstständigen", die vorwiegend aus Kostengründen zu Hause arbeiten. Vor allem die Teleheimarbeit führte zu einer erneuten Verlagerung beruflicher Arbeit in die Wohnung.[29] Innerhalb weniger Jahre haben sich neue Erwerbsformen mit flexiblen Zeit-, Aufgaben- und Entlohnungsstrukturen herausgebildet, die zur Entgrenzung vormals klar getrennter Sphären führten. Die Digitalisierung erleichtert das Überwinden räumlicher Distanzen und ermöglicht neue Kooperations- und Vernetzungsmöglichkeiten. Es war jetzt möglich, global zu kommunizieren und lokal zu arbeiten. Zunehmend ermöglichen auch größere Unternehmen ihren Mitarbeiter:innen flexibleres Arbeiten. So gibt es beispielsweise bei Daimler seit dem 1.12.2016 eine Gesamtbetriebsvereinbarung, um die Wünsche der Beschäftigten nach mehr Freiraum und flexiblere und eigenverantwortlichere Formen des Arbeitens und die Anforderungen des Unternehmens an ein neues Konzept zu kombinieren. „Zukünftige Herausforderungen verlangen nach neuen Wegen – auch was den Arbeitsalltag anbelangt. Deshalb hat die Firma Daimler sich dazu entschieden, mit dem Programm ‚Mobiles Arbeiten' hier neue Möglichkeiten zu schaffen. [...] Beim mobilen Arbeiten stehen die Vereinbarkeit von Berufs- und Privatleben, mehr Flexibilität und verminderte Wegzeiten im Fokus. Ziel ist es, größere Produktivität und ein stressfreieres Arbeiten zu erreichen. Das bringt zum einen Vorteile für die Beschäftigten, macht das Unternehmen zum anderen aber auch stark für die Zukunft."[30] Im Sommer 2020 ging der Siemens-Vorstand einen Schritt weiter, indem er das „New Normal Working Model" beschloss.[31] Von zu Hause aus arbeiten wird zur neuen Normalität.

Mit der neuen Heimarbeit gehen Chancen, aber auch Risiken einher.[32] Der Wandel von der traditionellen Präsenzkultur hin zu flexibleren Arbeitsmodellen würde – so die Annahme – zu gestiegener Lebensqualität und Zufriedenheit der Beschäftigten führen. Dies wiederum stärke die Bindung an das Unternehmen. Ein häufig genanntes Argument ist die bessere Vereinbarkeit von Familie und Beruf, da auch Zeit für das Pendeln entfallen würden. Im Idealfall würde die Arbeit im

Internetboheme im Oberholz, Berlin

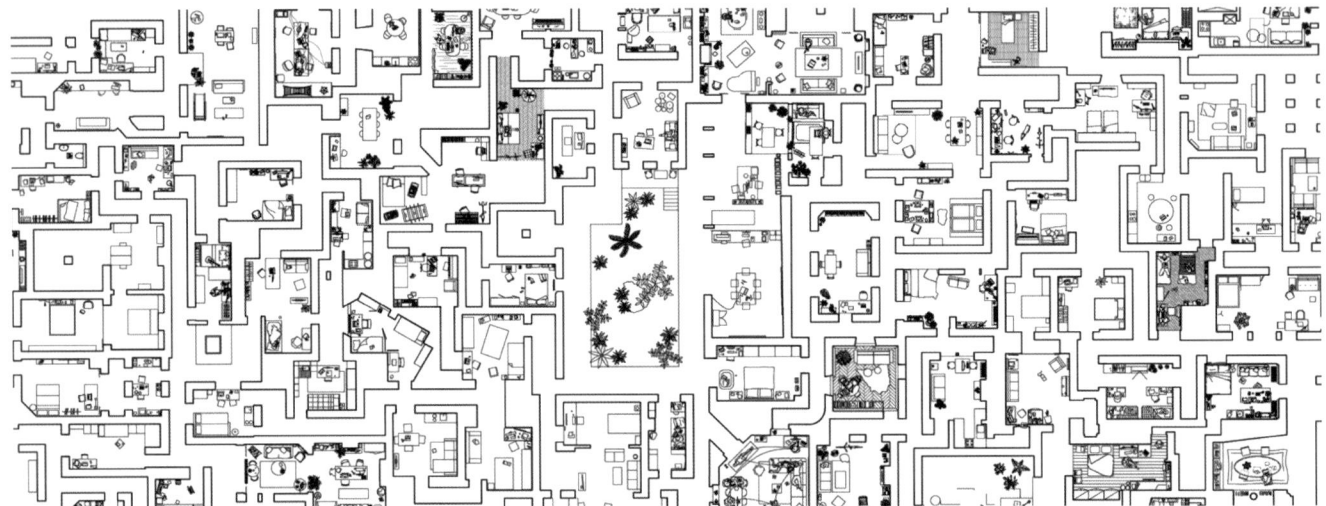

Superstructure Home-Office. Der Architekt Florian Bengert sammelte fast 1.000 Homeoffices weltweit und kartierte diese zu einer neuen Arbeitslandschaft als kollektives Gebilde

Homeoffice zu mehr Freiheit und Selbstbestimmung führen. Die Schattenseiten der digitalen Heimarbeit sind – so eine ältere Auffassung – nicht nur verminderte Karrierechancen, die auf mangelnde Präsenz und Kommunikation zurückzuführen sind, sondern es soll bei allen Vorteilen des unabhängigen Arbeitens zu Hause auch die drohende Gefahr von Kontaktarmut und Vereinsamung nicht vergessen werden.

Das Fraunhofer-Institut für Arbeitswirtschaft und Organisation (IAO) fragte vor wenigen Jahren, ob dem ehemaligen Hype inzwischen eine gewisse Ernüchterung gewichen sei. Die Forscher sehen diese Form der Arbeit inzwischen – vor der Coronapandemie – durchaus skeptisch: „Es hat sich inzwischen jedoch klar herausgestellt, dass reine Homeoffice-Arbeitsumgebungen auf Dauer allenfalls für eine kleine Minderheit aller Knowledge Worker geeignet sein dürften.“[33]

Co-Working

Ende der 1990er-Jahre zeichnete sich in mittelständischen Unternehmungen fast aller wirtschaftlich hoch entwickelten Länder der Trend zum Outsourcing und Offshoring vieler Dienstleistungen ab. Hoch qualifizierte IT-Spezialisten wurden in kurzer Zeit zu flexiblen, „freigesetzten“ Freelancern.[34] Diese neuen Selbstständigen arbeiteten jetzt nicht mehr in Büros, sondern oftmals von zu Hause aus. „Doch schon bald wurden an dieser Situation für die Betroffenen Mängel offenbar, die der Software-Entwickler Brad Neuberg im Jahr 2006 brillant formulierte: ‚I could either have a job which would give me structure and community or I could be a freelancer and have freedom and independence. Why couldn't I have both?‘“[35]

Die Bedürfnisse nach Freiheit und Unabhängigkeit, aber auch nach Gemeinschaft und organisatorisch-räumlicher Struktur erforderten neue Arbeitszusammenhänge. Unter Mitwirkung von Brad Neuberg entstanden 2005 und 2006 in San Francisco das „Spiral Muse“ und die „Hat Factory“. Diese beiden gemeinschaftlichen Arbeitsräume wurden als „Co-Working-Spaces“ bezeichnet. In Europa setzten sich die Formen der Zusammenarbeit nach der Jahrtausendwende vermehrt durch (z. B. „Schraubenfabrik“ 2002 in Wien, „The Hub“ in London 2005).

In den Co-Working-Spaces scheinen sich die Vorzüge des Homeoffice – Freiheit und Unabhängigkeit – und die Qualitäten traditioneller Arbeit – Struktur und Gemeinschaft – zu bündeln. Es schien die Zeit reif zu sein für diese neue Arbeitsform, „die zunächst imstande war, primären Freelancern und jüngeren Start-up-Unternehmen eine Heimat für kreatives und produktives Arbeiten zu geben“.[36] Trotz sehr unterschiedlicher Formen des Co-Workings hat sich inzwischen ein gemeinsamer Wertekanon herausgebildet, der „von nahezu allen Co-Working-Spaces angenommen und von den meisten Beteiligten auch gelebt wird. Die ursprünglich im ‚Citizen Space‘ – einem der ersten Co-Working-Spaces in den USA – definierten Werte sind: ‚Collaboration‘ – Zusammenarbeit, ‚Community‘ – Gemeinschaft, ‚Sustainability‘ – Nachhaltigkeit, ‚Openness‘ – Offenheit sowie ‚Accessability‘ – Erreichbarkeit und Zugänglichkeit. Diese gemeinsam geteilten Werte haben dazu geführt, dass Co-Working heute vielfach als mehr gilt denn bloßes beieinander und zusammen Arbeiten – Co-Working ist zu einer Bewegung geworden, die diese Bezeichnung durchaus verdient.“[37] Co-Worker hatten früher sehr häufig im Homeoffice gearbeitet. Selbst wenn sie dort

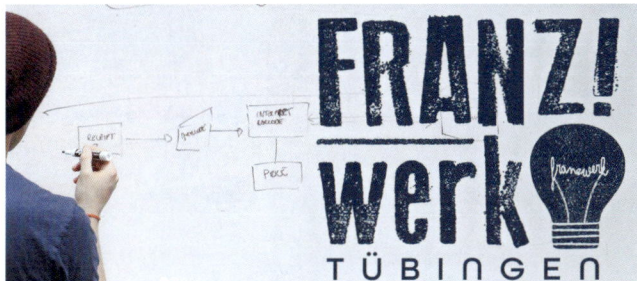

FRANZ!werk, Tübingen

konzentriert in Ruhe arbeiten konnten, fehlte ihnen die alltägliche Kommunikation mit Kolleg:innen. In den Co-Working-Spaces wird zunächst der „Basic Service", worunter u. a. der Arbeitsplatz, der schnelle Internetzugang zu verstehen ist, angeboten. Die Angebote jenseits dieser Basics sind inzwischen vielfältig. So warbt die Cowork Group in Tübingen mit ihrem GRÜNDERSAAL folgendermaßen: „Wir meinen, es gehört noch mehr dazu! Eine erfolgreiche Gemeinschaft, Fortbildungen und regelmäßige Events, ein gestaltetes agiles Arbeiten mit dem Ziel der stetigen Verbesserung. Von Anderen Lernen, sich Weiterbilden, besser werden in der eigenen Profession und im Austausch mit Anderen das eigene Business zum Erfolg führen, das ist der Weg des ‚Tübinger Coworking-Modells'."[38]

An der Cowork Group kann diese Ausdifferenzierung gut abgelesen werden. War das Angebot im ersten Co-Working-Space „Denkstube" im Schleifmühlenweg in Tübingen noch überschaubar – Arbeitsplatz und Kaffeemaschine, so ist das Angebot im GRÜNDERSAAL in Tübingen-Derendingen schon weitaus differenzierter. Der Co-Working-Space im Steingauquartier in Kirchheim unter Teck wird mit Co-Living-Konzepten kombiniert. Im Französischen Viertel in Tübingen stehen Co-Working und Musikproduktion im FRANZ!werk im Fokus.

Co-Working heißt heute oft wohnortnahe und vielfältige Zusammenarbeit in einer „Community". Diese soll dem Austausch dienen und zu Kooperationsvorteilen führen. Freiheit und Selbstständigkeit, die in traditionellen Unternehmungen keine Bedeutung haben, sind wesentliche Motive. Die Potenziale in Co-Working-Spaces sind inzwischen groß.

In der Coronapandemie erfuhr das Homeoffice eine ungeahnte Belebung und die Co-Working-Spaces hatten Probleme, die erforderliche soziale Distanz zu wahren. Dennoch wird vermutet, dass voraussichtlich die Dynamik eine Ausweitung der kooperativen Zusammenarbeit in Co-Working-Spaces innerhalb des Hauses oder im Quartier nach sich ziehen wird. Das Fraunhofer IAO betont, dass beim Co-Working möglich ist, was in klassischen Unternehmen nicht zu finden war, nämlich Struktur und Unabhängigkeit. „Und dies – das ist der entscheidende Punkt – ist in der heutigen Arbeitswelt alles andere als

selbstverständlich. Die Tatsache, dass Co-Working-Spaces gleichzeitig Orte der Freiheit und Unabhängigkeit, des Wohlfühlens, der Zusammenarbeit, der Kreativität und Performanz sind, verleiht diesen ihre Faszination."[39]

Die Co-Working-Bewegung konnte in den letzten Jahren sehr hohe Wachstumsraten aufweisen. „Klassische" Unternehmen werden inzwischen auf die Co-Working-Welt aufmerksam. „Man beginnt, die Faszination des Co-Working wahrzunehmen und sich dafür zu interessieren, man beginnt Berührungspunkte zu finden, Kooperationen in unterschiedlichster Form und Intensität zu suchen. Dies hat natürlich handfeste kommerzielle Hintergründe: Angesichts des aktuellen Fachkräftemangels sind benötigte Spezialisten immer häufiger in Co-Working-Spaces zu finden. Die Faszination des Co-Working hält nicht wenige Freelancer inzwischen davon ab, wieder in einem Angestelltenverhältnis arbeiten zu wollen. Insofern ist zu fragen: Wird Co-Working-ähnliches Arbeiten zur neuen Form der Wissensarbeit?"[40]

Hybride Arbeitsformen

Durch die Coronapandemie veränderte sich die Arbeitswelt deutlich. Eine Rückkehr in vorpandemische Arbeitsformen vor der Pandemie wird es nicht mehr geben, ebenso wenig wie vorrangig Home-Arbeitsplätze. Die Zukunft der Arbeitswelt wird für einen großen Teil der Beschäftigten in hybriden Arbeitsformen liegen. Diese Umwälzung spielt sich in verschiedenen Untersuchungen, wie beispielsweise im Work-Trend-Index-Bericht von Microsoft, dem eine Befragung von 30.000 Personen zugrunde liegt. In der Schweiz beispielsweise wollen nach der Pandemie 70 Prozent der Arbeitskräfte wieder zeitweise physisch mehr Zeit mit ihrem Team verbringen. Die Arbeitswelt wird weiterhin ausgesprochen dynamisch sein und deutlicher als bisher das Leben in den Quartieren prägen.[41]

Raumoptionen Wohnen und Arbeiten

Bereits die historischen Vorbilder für die Verbindung von Wohnen und Arbeiten sind zahlreich. In den Niederlanden existiert eine lange Tradition, bei der eine enge Verknüpfung von Wohn- und Arbeitsbereichen und Quartiersentwicklungen festzustellen ist. Sie reicht vom traditionellen Grachtenhaus bis zum kreativen Workspace. Bereits in den Stadterweiterungen Amsterdams um die letzte Jahrtausendwende wurde in Gebäuden der Oostelijke Handelskade mit neuen Kombinationsflächen von Wohnen und Arbeiten experimentiert.

Mit dem Ende des fordistischen Zeitalters bildeten sich unterschiedliche Pionierprojekte heraus, die funktionale

Second-Home-Hollywood-Selgascano

Festschreibungen der Räume infrage stellten. Verlassene Fabriketagen und Lagerhallen New Yorks wurden in den 1960er-Jahren zu Orten, in denen kollektive Wohnformen erprobt werden konnten. Charakteristisch war auch die Funktionsüberlagerung von Wohnen und Arbeiten. In diesen hybriden Räumen lösten sich letztlich die Grenzen von Arbeiten und Wohnen und von Privatheit und Öffentlichkeit auf. Fabrikhallen wurden zunächst als Wohnraum, Atelier und Ausstellungsraum genutzt; aber bereits nach wenigen Jahren wurden die Pioniere dieser urbanen Wohnform, die dem kreativen Milieu zuzuordnen waren, verdrängt. Für die urbanen Professionellen wurden die in Lofts umgewandelten Fabriketagen wieder hippe Wohnräume, ohne Arbeit.[42] „Das künstlerische Ambiente versprach zusätzliches Prestige und die Möglichkeit, eine eigenwillige Kreativität und einen individuellen Geschmack zur Schau zu stellen. Zugleich professionalisierte sich das Milieu der Künstler und Intellektuellen selbst. Es wurde nun zum Teil einer neuen Angestelltenkultur der wissensbasierten Dienstleistungen."[43]

In der aktuellen Situation gewinnt das Thema der Verbindung von Wohnen und Arbeiten an überraschender Brisanz und Dynamik. Erfahrungshorizonte werden infrage gestellt. Die derzeitige Situation entwickelt eine „gewachsene Sensibilität für lokale Wirtschaftskreisläufe", so das Wuppertal Institut für Klima, Umwelt, Energie. Die Coronapandemie zeigt auch die Chancen sich verändernder Arbeitskonzepte auf. „Zu hoffen ist zudem, dass die Unterstützungswellen für lokalen Handel und Gewerbe dazu führen, dass die Wertschätzung dieser vor Ort verankerten Wirtschaftsstrukturen auch nach der Krise fortbestehen. [...] Konsum-Radien verringern sich, die Verantwortung für den ‚local dealer' stärkt sich."[44] Die neue lokale Wirtschaft umfasst verschiedene Bereiche: „Start-ups und Solo-Selbstständige in den Kreativ- und Nachhaltigkeitsbranchen, regionale Produktion und Vermarktung in kooperativen statt gewinnmaximierenden Geschäfts- und Unternehmensmodellen bis hin zur Versorgungsökonomie und ehrenamtlichem Engagement sind grundlegende Pfeiler einer lokalen und regionalen Wirtschaft und damit ‚förderungswürdig'."[45] Die neue produktive Stadt zeigt Optionen auf, deren Kern die räumliche Nähe von Wohnen und Arbeiten bildet, in der neue Formen der Kooperation und Vernetzung erprobt werden und in der eine neue Zeitsouveränität entsteht.

Es sind aber nicht nur neue Arbeits- und damit Lebensmodelle, sondern auch neue, offene Raumstrukturen gefragt.

Neutrale „Möglichkeitsräume" sind zunächst nutzungsoffen und werden erst durch die soziale Praxis definiert. Dabei sind die gestalterischen Möglichkeiten und Anforderungen inzwischen enorm und reichen von temporären Arbeitsplätzen im Wohnbereich, über das abgeschlossene Arbeitszimmer mit oder ohne eigenen Eingang. Abgeschlossene Arbeitsbereiche in der Erdgeschosszone werden ebenso wichtig wie Co-Working-Landschaften in wohnortnahen Gebäuden.

Arbeiten und wohnen im Quartiershaus MIO (Gebäuderückseite), Wien

1 Friebe, Holm/Lobo, Sascha: Wir nennen es Arbeit. Die digitale Bohème oder: Intelligentes Leben jenseits der Festanstellung. München 2006

2 Kocka, Jürgen: Wie die Corona-Krise bereits vorhandene Prozesse beschleunigt. In: Der Tagesspiegel, 17.05.2020. Abzurufen unter: https://www.tagesspiegel.de/gesellschaft/digitalisierung-arbeit-staat-wie-die-corona-krise-bereits-vorhandene-prozesse-beschleunigt/25834050.html (besucht am 02.11.2021)

3 Ebenda

4 69 Prozent derjenigen, die nie zu Hause arbeiten, gaben in einer Studie des Bundestages an, dass ihre Vorgesetzten die Anwesenheit im Betrieb als wichtig erachteten. Vgl. Kramer, Bernd: Umfrage zu Home-Office. Jenseits des Büros. In: Süddeutsche Zeitung (SZ), 28.05.2020. Abzurufen unter: https://www.sueddeutsche.de/karriere/job-arbeitsplatz-home-office-1.4918376 (besucht am 02.11.2021)

5 Koselleck, Reinhart: Kritik und Krise. Frankfurt am Main 1973, S. 105

6 Vgl. Bundesinstitut für Bau-, Stadt- und Raumforschung (BBSR) im Bundesamt für Bauwesen und Raumordnung (BBR) (Hg.): Umwandlung von Nichtwohngebäuden in Wohnimmobilien. Bonn 2015 (BBSR-Online-Publikation, 09/2015). Abzurufen unter: https://www.bbsr.bund.de/BBSR/DE/veroeffentlichungen/bbsr-online/2015/DL_ON092015.pdf?__blob=publicationFile&v=2 (besucht am 02.11.2021), insbesondere S. 80–83

7 2020 ist der Leerstand auf 7,8 Prozent oder rund 900 000 Quadratmeter gestiegen, also rund 30 Prozent mehr leer stehende Bürofläche als Ende 2019. Vgl. o. A.: Corona-Krise und Homeoffice. Mehr Büros stehen leer. In: Süddeutsche Zeitung (SZ), 15.12.2020. Abzurufen unter: https://www.sueddeutsche.de/wirtschaft/immobilien-frankfurt-am-main-corona-krise-und-homeoffice-mehr-bueros-stehen-leer-dpa.urn-newsml-dpa-com-20090101-201215-99-699366 (besucht am 02.11.2021)

8 Siebel, Walter: Wandel von Wohnen und Arbeiten. In: Christine Falkner, Gerd Kuhn und Sigrid Loch (Hg.): Plus. Entwurfs-, Seminarbeiträge und Gastvorträge zum Thema Wohnen + Arbeiten, SS 2003. Universität Stuttgart. Stuttgart 2006, S. 18–28, hier: S. 19

9 Kuhn, Gerd: Um 1800. Stadtwohnen im Aufbruch. In: Tilman Harlander (Hg.): Stadtwohnen. Geschichte, Städtebau, Perspektiven. Ludwigsburg, München 2007, S. 70–91

10 Gleichmann, Peter R.: Wandel der Wohnverhältnisse, Verhäuslichung der Vitalfunktionen, Verstädterung und siedlungsräumliche Gestaltungsmacht. In: Zeitschrift für Soziologie 4/1976, S. 319–329, hier: S. 321

11 Häußermann, Hartmut/Siebel, Walter: Soziologie des Wohnens. Eine Einführung in Wandel und Ausdifferenzierung des Wohnens. Weinheim, München 1996, S. 28

12 Ebenda

13 Kuhn, Gerd: Standard- oder Individualwohnung? Zur Wohndiät und Choreografie des Wohnalltags in den zwanziger Jahren. In: ARCH+ 158/2001, S. 66–71

14 Siebel, Walter: Wandel von Wohnen und Arbeiten. In: Christine Falkner, Gerd Kuhn und Sigrid Loch (Hg.): Plus. Entwurfs-, Seminarbeiträge und Gastvorträge zum Thema Wohnen + Arbeiten, SS 2003. Universität Stuttgart. Stuttgart 2006, S. 18–28, hier: S. 20–21

15 Cairncross, Frances: The death of distance. How the communications revolution will change our lives. Boston 1997

16 Häußermann, Hartmut: „Amerikanisierung" der deutschen Städte. In: Walter Prigge (Hg.): Peripherie ist überall. Frankfurt am Main, New York 1998, S. 76–83, hier: S. 80

17 Hosoya, Hiromi/Schaefer, Markus (Hg.): Industrie.Stadt. Urbane Industrie im digitalen Zeitalter. Zürich 2021

18 Läpple, Dieter: Auflösung oder Renaissance der Stadt? In: Polis: Zeitschrift für Stadt und Baukultur 3/2003, S. 18–20

19 Florida, Richard L.: The Rise of the Creative Class. And How It's Transforming Work, Leisure, Community and Everyday Life. New York 2002

20 Vgl. Bundeszentrale für politische Bildung (bpb) (Hg.): Kulturwirtschaft. APuZ 34–35/2006

21 Gemmente Amsterdam/Dienst Ruimtelijke Ordening (Hg.): Productiemilieus van de creatieve Industrie in Amsterdam. Amsterdam 2006

22 Vester, Michael/Oertzen, Peter von/Geiling, Heiko/Hermann, Thomas/Müller, Dagmar: Soziale Milieus im gesellschaftlichen Strukturwandel. Zwischen Integration und Ausgrenzung. Frankfurt am Main 2001

23 Läpple, Dieter: Produktion zurück in die Stadt. Ein Plädoyer. In: Bauwelt 35/2016, S. 22–29, hier: S. 25

24 Ebenda, S. 27

25 Ebenda

26 Läpple, Dieter: Metamorphosen der Arbeitsgesellschaft. Produktion zurück in die Stadt? In: Landeshauptstadt Stuttgart, Amt für Stadtplanung und Stadt (Hg.): Die produktive Stadt. Symposiumsdokumentation. Stuttgart 2015, S. 21–27, hier: S. 27

27 Landeshauptstadt Stuttgart, Amt für Stadtplanung und Stadt (Hg.): Die produktive Stadt. Symposiumsdokumentation. Stuttgart 2015. Abzurufen unter: https://www.immobilienverlag-stuttgart.de/wp-content/uploads/2015/11/DIE_PRODUKTIVE_STADT_2015.pdf (besucht am 30.11.2021)

28 Verordnung über die bauliche Nutzung der Grundstücke (Baunutzungsverordnung – BauNVO) § 6a Urbane Gebiete. http://service.juris.de/baunvo/__6a.html (besucht am 02.06.2020).

29 Es werden in Deutschland unterschiedliche Begriffe wie „Teleheimarbeit" oder „e-Work" verwendet. Die Arbeit im Homeoffice erfolgt per Definition von zu Hause aus. Man unterscheidet zwei Arten von Homeoffice: die heimbasierte Telearbeit und die alternierende Telearbeit, bei der sowohl von zu Hause als auch beim Arbeitgeber gearbeitet wird.

30 Daimler AG: Mobiles Arbeiten bei Daimler. Abzurufen unter: https://www.daimler.com/karriere/ueber-uns/kultur-benefits/mobiles-arbeiten/ (besucht am 02.11.2021)

31 Pressemitteilung Siemens vom 16. Juli 2020. Für die bis zu 140.000 Mitarbeiter des Konzerns ist es jetzt möglich, zwei bis drei Tage in der Woche von zu Hause oder von anderen Orten außerhalb des Büros arbeiten zu können. Vgl. Siemens AG (Hg.): Siemens etabliert mobiles Arbeiten als Kernelement der „neuen Normalität". München 2020. Abzurufen unter: https://assets.new.siemens.com/siemens/assets/api/uuid:598d795b-6144-4400-b226-c5e40fafb5ef/HQCOPR202007155943DE.pdf (besucht am 21.08.2020)

32 Vgl. Begründung des Antrags von Katrin Göring-Eckardt, Dr. Anton Hofreiter und Fraktion das „Recht auf Homeoffice einführen – Mobiles Arbeiten erleichtern" (Abzurufen unter: https://dserver.bundestag.de/btd/19/130/1913077.pdf). Die Regelung zu einem verpflichtenden Homeofficeangebot wurde verlängert und ist vorerst befristet bis zum 19. März 2022.

33 Bauer, Wilhelm (Hg.): Coworking – Innovationstreiber für Unternehmen. Unter Mitarbeit von Klaus-Peter Stiefel und Stefan Rief. Fraunhofer-Institut für Arbeitswirtschaft und Organisation (Fraunhofer IAO). Stuttgart 2017, S. 24

34 Vgl. Sennett, Richard: Der flexible Mensch. Die Kultur des neuen Kapitalismus. 7. Aufl. Berlin 1998

35 KYOCERA Document Solutions Deutschland GmbH: Faszination Coworking. Hype oder langfristige Bewegung der Arbeitswelt (Kyocera Blog). Abzurufen unter: https://kyocera.blog/die-faszination-des-coworking/ (besucht am 22.05.2020)

36 Bauer, Wilhelm (Hg.): Coworking – Innovationstreiber für Unternehmen. Unter Mitarbeit von Klaus-Peter Stiefel und Stefan Rief. Fraunhofer-Institut für Arbeitswirtschaft und Organisation (Fraunhofer IAO). Stuttgart 2017, S. 17

37 KYOCERA Document Solutions Deutschland GmbH: Faszination Coworking. Hype oder langfristige Bewegung der Arbeitswelt (Kyocera Blog). Abzurufen unter: https://kyocera.blog/die-faszination-des-coworking/ (besucht am 22.05.2020)

38 COWORK GROUP GmbH: GRÜNDERSAAL. Abzurufen unter: https://www.coworkgroup.de/work/gruendersaal-tuebingen/ (besucht am 05.06.2020)

39 Bauer, Wilhelm (Hg.): Coworking – Innovationstreiber für Unternehmen. Unter Mitarbeit von Klaus-Peter Stiefel und Stefan Rief. Fraunhofer-Institut für Arbeitswirtschaft und Organisation (Fraunhofer IAO). Stuttgart 2017, S. 21

40 KYOCERA Document Solutions Deutschland GmbH: Faszination Coworking. Hype oder langfristige Bewegung der Arbeitswelt (Kyocera Blog). Abzurufen unter: https://kyocera.blog/die-faszination-des-coworking/ (besucht am 22.05.2020)

41 Vgl. Hartwich, Claudia: Work Trend Index. Was wir aus dem letzten Jahr für die Arbeitswelt der Zukunft lernen können (Microsoft News Center). Abzurufen unter: https://news.microsoft.com/de-de/work-trend-index-fuer-die-arbeitswelt-der-zukunft-lernen/ (besucht am 02.11.2021)

42 Zukin, Sharon: Loft Living. Culture and Capital in Urban Change. New York 1982

43 Vgl. Schneidewind, Uwe/Baedecker, Carolin/Bierwirth, Anja/Caplan, Anne/Haake, Hans: „Näher" – „Öffentlicher" – „Agiler". Eckpfeiler einer resilienten „Post-Corona-Stadt". Hg. v. Wuppertal Institut für Klima, Umwelt, Energie gGmbH. Wuppertal 2020. Abzurufen unter: https://epub.wupperinst.org/frontdoor/deliver/index/docId/7661/file/ZI14_Post-Corona-Stadt.pdf (besucht am 02.11.2021), S. 12

44 Ebenda, S. 6

45 Ebenda

Neue Arbeitsform mit sozialem Moment

„Co-Worker zelebrieren die Offenheit."

Gunnar Laufer-Stark

Erdgeschoss

Im ersten Projekt der bürgerschaftlichen Wohnbau-Gesellschaft nestbau AG im Schleifmühleweg in Tübingen wurde ein Co-Working-Space realisiert. Die Idee dazu entstand durch die Lage des Wohnprojekts: Obwohl an einem belebten Gehweg gelegen, ist die Lage im Vergleich zur attraktiven Altstadt nur als „B-Lage" zu bezeichnen. Da heutzutage „jeder Zentimeter in der Höhe ausgenutzt" wird, bedeutet dies, dass das Wohnen nicht mehr im Hochparterre, sondern im Erdgeschoss auf einer Ebene mit dem Straßenniveau stattfindet. Eine angemessene Privatsphäre ist dort kaum möglich. Ein Bild mit Fensterläden, Vorhängen oder Rollläden verschlossener Fenster ist die Folge. Zudem war eine Gewerbenutzung an der zur Straße orientierten Erdgeschossfläche seitens der Stadt gewünscht.

Co-Working kann hier als ein Baustein betrachtet werden, um eine Öffnung der Erdgeschosszone sicherzustellen, auch wenn die Gebäude nicht in der belebten Altstadt liegen. Die meisten Co-Worker suchen geradezu den Austausch und die Offenheit, die auch in das Quartier ausstrahlen kann. Eine stärkere Verzahnung kann hier in Kombination mit weiteren öffentlichen Einrichtungen, beispielsweise einem Café, erzielt werden: „Komm rein, lies deine Zeitung. Du hast WLAN und vielleicht überlegst du dir, ob du gern hier arbeiten möchtest."

Reduzierung der Wohnfläche

Co-Working kann eine Antwort sein, den stetig teurer werdenden Wohnungsmarkt effizienter zu nutzen. Gerade für Familien wird es zunehmend schwieriger werden, sich Arbeitsbereiche innerhalb des Wohnraums leisten zu können. In einem Co-Working-Space treffen sie auf einen bereits möblierten Arbeitsplatz, der über eine gute Ausstattung verfügt, wie Drucker, Scanner und Kopierer, die mit anderen geteilt wird. Das Auslagern der Arbeitsbereiche ermöglicht die Reduzierung der Wohnungsgrößen.

Jedoch muss der wachsende Trend des Mikrowohnens in Kombination mit Co-Working gezügelt werden. Viele, teils internationale und überwiegend renditeorientierte Unternehmen „stürzen" sich auf diesen Markt ohne den Anspruch, einen regionalen Bezug herzustellen oder den Gedanken einer sozialen, nachhaltigen Stadtentwicklung zu verfolgen.

Sozialer Mehrwert

Doch der Gedanke, allein Arbeitsflächen zu teilen, genügt nicht. Viele Menschen wollen nicht allein zu Hause arbeiten und suchen bewusst den Austausch mit anderen – sie suchen nach einem sozialen Moment. Somit reicht vielen nicht die Teeküche als Begegnungsort, vielmehr fördern gemeinsame Aktionen und Rituale ein Zusammengehörigkeitsgefühl. Im Co-Working-Bereich in Tübingen hat sich sowohl das einmal wöchentlich stattfindende gemeinsame Essengehen und die Weihnachtsfeier, vor allem aber das regelmäßige gemeinsame Erzählen als fester Bestandteil etabliert: „Mindestens einmal die Woche gibt es ein Treffen, an dem jede/jeder circa zehn Minuten lang etwas erzählen kann – was er/sie beruflich oder freizeitlich macht – die anderen hören zu und bekommen einen Impuls."

Homeworking hatte teilweise eine Isolierung zur Folge, Co-Working kann hier als ein Versuch angesehen werden, dagegenzusteuern.

Nutzer:innengruppen

Es gibt unterschiedliche Nutzer:innen, die das Angebot des Co-Working in Anspruch nehmen. Auf der einen Seite sind es Existenzgründer:innen, Freelancer:innen und Einzelpersonen, die das Angebot nutzen, die nicht allein zu Hause arbeiten möchten. Auf der anderen Seite sind es Unternehmen, die diese Arbeitsorganisation zur Ideenfindung nutzen. So werden kommunikationsintensive Bereiche gern ausgelagert, um vom gegenseitigen Austausch zu profitieren. In Tübingen sind beispielsweise die Stadtwerke mit einer Tochtergesellschaft Kooperationspartnerin. Für Co-Working-Agenturen können diese Unternehmen eine finanzielle Sicherheit darstellen, da ein Teil der Flächen als Paket gebündelt an sie vermietet wird.

Ein weiterer Grund für Unternehmen, auf Co-Working-Flächen zurückzugreifen, ist die Möglichkeit, Arbeitsplätze kurzfristig und damit ohne langfristige Bindung an eine Immobilie durch mehrjährige Verträge anzumieten. Es wird zunehmend schwieriger für Unternehmen, ansprechende und repräsentative Büroflächen zu finden, und zum Teil werden die Flächen nur temporär benötigt. Für diesen Bedarf hat die COWORK GROUP GmbH, eine aus dem Co-Working-Space im Schleifmühleweg hervorgegangene Gesellschaft, in einem zentralen Bürogebäude im neuen Güterbahnhofquartier in Tübingen rund ein Drittel der Gesamtflächen angemietet und mit repräsentativen Möbeln und ansprechenden Besprechungsräumen ausgestattet. Das sind „hochpreisige Büroflächen im sechsten Stock mit Blick über die Stadt".

Das Alter der Co-Worker in den beiden ersten Co-Working-Spaces (Schleifmühleweg und GRÜNDERSAAL in Tübingen-Derendingen) ist vergleichsweise homogen und liegt zwischen 25 und 40 Jahren.

Mobiles Arbeiten

Viele Firmen stellen heutzutage nicht mehr die Gleichung auf, dass ein Mitarbeiter oder eine Mitarbeiterin einem Arbeitsplatz entspricht, denn die Möglichkeit von Homeoffice wird zunehmend gefördert und gefordert. Falls es doch einen Engpass geben sollte, besteht die Möglichkeit, Co-Working-Plätze kurzfristig anzumieten; das „hat gleichzeitig den Vorteil, dass die Leute mit anderen im Austausch sind".

Auch viele, die im Homeoffice arbeiten, nehmen das Co-Working-Konzept in Anspruch. Häufig kommen sie ein bis zwei Tage die Woche, haben keinen festen Arbeitsplatz, sondern nutzen das Angebot eines „Flex-Desk". Nach und nach kennen aber auch sie die „Community", und nehmen an deren Aktivitäten teil.

Unternehmen erkennen hier einen Mehrwert und ermöglichen ihren Arbeitnehmer:innen den Arbeitsplatz in einem Co-Working-Space, indem sie die Kosten übernehmen.

Co-Working als zukunftsfähiges Modell

Die Vereinzelung der Gesellschaft nimmt mehr und mehr zu und damit auch die Ich-AG als „Ideal des arbeitenden Menschen". Viele arbeiten jedoch nicht gern allein in ihrer Wohnung, sondern bevorzugen die Atmosphäre des Zusammenarbeitens. Deswegen kann Co-Working ein zukunftsträchtiges Modell darstellen.

Doch ob Co-Working zu einer nachhaltigen Stadtentwicklung beitragen kann, ist abhängig von der Trägerstruktur, denn entscheidend ist letztendlich die Eigentumsfrage: „Gehört es Leuten zusammen? Oder gehört es Einzelnen, die damit Geld verdienen?"

In Tübingen wird derzeit ein Konzept erarbeitet, das – ähnlich wie die Kalkbreite in Zürich – genossenschaftliches Wohnen im Quartier mit Co-Working-Flächen verbindet. Die zukünftigen Arbeitsplätze sind sowohl für Quartiersbewohner:innen als auch für Leute von außerhalb gedacht.

Durch eine genossenschaftliche Trägerschaft könnte Co-Working vor allem in Kombination mit weiteren Nutzungen, wie beispielsweise einer Kita, einem Waschsalon, einer Kneipe, dem Anbieten von Gästezimmern, als ein Baustein mit Quartierswirkung dienen und positiv auf das Stadtleben wirken.

Gunnar Laufer-Stark, Tübingen, D

Jurist und ehemaliger Inhaber eines Steuerberatungsbüros. Master „Immobilienrecht", Universität Münster. Vorstandsvorsitzender der nestbau AG als Bürger-AG. Gründer des ersten Tübinger Co-Working-Space

Interview am 07.11.2019 in Tübingen

Kreative Leitideen und kommerzielle Projektentwicklung

„Wenn ich auf Basis von vielen Realitäten eine Idee habe, dann ist die viel tragfähiger, als wenn ich die Realitäten nur zur Hälfte in Anbetracht nehme."

Johannes Eisenhut

Der „kultivierte Investor"

Senn ist ein Bauträger, der in unterschiedlichen Projekten verschiedene Rollen übernehmen kann: als Zwischeninvestor, als Generalunternehmer, Investor, Projektentwickler oder Endinvestor. Trotz Verpflichtung zur Rentabilität als kommerzieller Investor unterscheidet sich Senn aber in seiner Haltung und Arbeitsweise von anderen Entwicklern.

„Wir arbeiten über die Zielgruppe und über eine Leitidee", so Johannes Eisenhut, „was das Haus an diesem Standort mit diesen Leuten können sollte. So geht man immer von einem idealisierten Nutzer aus. Konsequent nutzergetrieben klingt zuerst nach: ‚Wir machen alles, was der Kunde wünscht.' Das ist es nicht, sondern es ist eine Annahme, eine Hypothese auf eine bestimmte Lebens- oder Arbeitsgemeinschaft, die an einem bestimmten Ort stattfinden soll. Diese versucht man laufend zu verfeinern, im Projekt abzubilden und in die Kommunikation weiterzutragen. Man schaut, dass zum Schluss etwas Thematisches und Programmierbares dasteht. Das ist fast das Schwierigste, dass eine ursprüngliche Idee die nötige Resilienz hat oder gut genug behütet wird, dass sie den Zieleinlauf schafft." Dieser Prozess ist bestimmt von der Zuversicht, dass es zu jedem Grundstück eine gute oder integrierende Lösung gibt.

Marketingkonzept vor Programmierung

Eisenhut, Chef der Entwicklungsabteilung, denkt als Geisteswissenschaftler mit kulturgeschichtlichem und phänomenologischem Hintergrund eher in Markenwerten als in architektonischen Kategorien. Der Prozess beginnt daher mit einem Marketingkonzept. Das übergeordnete Ziel ist die Positionierung eines Objektes und die Entwicklung einer Leitidee, um damit die Architekten und den weiteren Entwicklungsverlauf nach Zahlen und nach Werten zu führen. Zahlen dienen dabei als harte Leitplanken.

Daneben führt die Analyse der Zielgruppen zu Erkenntnissen, „die man als Wahrheit vermutet". Die Feststellung, dass in dem von Senn entwickelten Wohnprojekt Feld Eins in Emmen die Zweit-Generation-Einwanderer Wohneigentum kaufen sollen, führte zum Beispiel zu kompakten Grundrissen mit repräsentativen Elementen. Die Annahme wurde getroffen, „dass die Grundrissstruktur möglicherweise eine andere ist, weil sie mehr auf Repräsentativität beruht: weniger das große Einzelschlafzimmer, sondern mehr das große Wohnzimmer, um die Leute zu begrüßen – und wenn das große Schlafzimmer, dann mit dem Hintergedanken, dass das wahrscheinlich Doppelbelegung pro Zimmer sein wird".

Die Kraft der Story

Wichtig in der Entwicklung der Projektidee ist für Senn die Einbeziehung möglichst aller Realitäten, um finanzielle Risiken weitestgehend auszuschließen. Die Analyse des Ortes, das Baurecht, das soziale Umfeld, die Finanzkraft der Käufer oder Mieter, aber zum Beispiel auch das Stigma des Ortes werden berücksichtigt. Auch die Fähigkeit, sich als Entwickler „in einen Ort zu verlieben" ist Grundlage dieser quantitativen und qualitativen Annäherung. Alles fließt in eine Leitidee ein, aber daraus entsteht, so Eisenhut, „keine architektonische Vorschrift, sondern es ist eine Story, die zur Diskussion gestellt wird". Gemeinsam mit den Architekten, später auch mit der Vermarktung und dem Endinvestor, wird eine Geschichte erzählt, die in einer guten Kooperation auch die eine oder andere Abzweigung nehmen kann. Es entstehen in dem Prozess viele Ideen – manche davon bleiben haften. Man muss, so Eisenhut, sich im Verlauf immer wieder überlegen, welchen der Ideen man folgt. „Sobald man eine klare Positionierung hat, weiß man, was geht und was nicht."

Kultur der Unterschiede

Die von Senn entwickelten Projekte zeichnen sich durch präzise gesetzte Vielfalt aus. Dies kann Wohnungsgrößen, Grundrisstypologien, Erschließungen, Parkplatzdimensionen, das Miteinander von Gewerbe und Wohnen oder auch die Raumhöhen betreffen. „Wenn ich eine Bebauung mit verschiedenen Wohnungstypen habe, dann ist es eine günstige Verknappung des einzelnen Typus. Man hat nicht 20 gleiche Wohnungen, wo einer, der sich das anschauen kann, sieht, dass noch alle Wohnungen frei sind. [...] Es gibt aber nur eine Eckwohnung mit Balkon und diese gibt es auf den Geschossen zwei und drei. [...] So hat die Person nur zwei Möglichkeiten und muss sich beeilen, da sie sonst auf der Warteliste steht."

Im Wohnprojekt Feld Eins in Emmen, einer verdichteten Blockrandstruktur, gibt es zum Beispiel unterschiedliche Erschließungsangebote. Als „alternative Heimkommens-Angebote" reagieren sie auf den Wunsch nach Einfamilienhauscharakter. Auch eine Interpretation des Küchenbereiches wurde hier zum Distinktionsmerkmal. Graber.Pulver Architekten planten sowohl Grundrisse mit offener Wohnküche als auch mit abgeschlossener Küche. „Eine Strategie ist, dass wir beides anbieten und dann feststellen, was funktioniert. [...] Wir sind als kommerzieller Investor immer darauf angewiesen, dass wir einen Teil der Wohnungen schon verkauft bzw. vermietet haben, bevor wir das Haus bauen."

Diese Variabilität ist einerseits ein ökonomisches Modell: Engpässe werden künstlich geschaffen, angesprochene Nachfragegruppen sind dadurch breiter. Distinktionsmerkmale reduzieren damit das unternehmerische Risiko, Homogenität dagegen wird als anfällig betrachtet. Andererseits wird Heterogenität auch bewusst als Resilienzfaktor, kulturelle Leistung und zur Qualifikation der Dichte eingesetzt.

Nutzervielfalt versus bauliche Vielfalt

Ein markantes Projekt, das Senn entwickelte, ist Zwicky Süd in Zürich. Anders als beispielsweise auf dem Hunziker-Areal, wo eine Bandbreite von architektonisch unterschiedlich gestalteten Bauten entstand, prägen hier homogene Baustrukturen und Fassaden das Quartier. Die Nutzerschicht ist jedoch diverser

und vielschichtiger. Eisenhut stellt deshalb nicht nur die theoretische Frage: „Was ist nun stärker? Natürlich trägt beides zur Vielfalt bei. Aber stärker ist die Programmierung. Das ist meine Hypothese [...]: Der Mensch ist der, der den Bau prägt."

Pragmatische Wettbewerbsverfahren

Senn beurteilt weder die Reinkultur des Planungswettbewerbs noch die Direktbeauftragung als ideale Vergabesituation der Architekturleistungen. System und Rahmenbedingungen eines Verfahrens sollten laut Eisenhut berücksichtigen, dass es „schnell und mit überschaubaren Kosten durchgeführt werden kann und trotzdem fair bleibt". Gleichzeitig gilt: „Wenn sich verschiedene Leute über das Gleiche Gedanken machen, wird es besser." Alternative Varianzverfahren werden daher in Reaktion auf Kontext, Bauherrschaft und Zeitbudget durchgeführt und im Ergebnis bewertet. Bei einem Studienverfahren wurden zum Beispiel vier bis fünf Büros direkt beauftragt. „Informierte Evolutionsgespräche" mit konkurrierenden Büros führten bei engem Zeitrahmen mit reduziertem Aufwand zu einem guten Ergebnis.

Kommunikation zur Überprüfung

In der Projektentwicklung wird Kommunikation als elementar betrachtet: „Je mehr man kommuniziert, umso besser ist es", so Eisenhut, „ganz egal, ob man gut, schlecht oder falsch kommuniziert. Der Akt der Kommunikation als solcher baut Feindseligkeit ab – umso mehr, wenn er nicht zwingend ist. [...]. Mit je mehr Menschen ich gesprochen habe, desto mehr weiß ich und umso näher bin ich am Nutzer." Nicht-repräsentative Umfragen helfen, die Positionierung des Objektes zu überprüfen, vor allem die Beteiligung wachsender Anspruchsgruppen wird anspruchsvoller Teil des Prozesses. Ein partizipatives Verfahren kann aber auch problematisch werden, „wenn du als Autor das Gefühl hast, das Feedback von außen aufnehmen zu müssen, denn dann wird es zum bedrängenden Moment. Wenn du es allerdings nicht musst, ist es leicht und hilft dir sogar."

Johannes Eisenhut, Zürich, CH
Geschäftsführer bei Senn Development AG. Ehemaliger Inhaber der Corporate Design Agentur Department. Promotion in kognitiver Linguistik

Interview am 02.11.2018 in Zürich

Zukunft gestalten

„Das klassische Wohnschema, wie man es im Kopf hat, braucht man eigentlich gar nicht mehr."

Steffen Braun

Morgenstadt

Am Fraunhofer-Institut für Arbeitswirtschaft und Organisation IAO beschäftigt sich Steffen Braun als Mitbegründer der Morgenstadt-Initiative mit Fragen, wie die Stadt von morgen aussehen kann und wie sie unser Leben und Arbeiten verändern wird. Ihn interessiert die Gleichzeitigkeit von Einflüssen in den Bereichen wie Energie, Mobilität oder neue Arbeitsformen. Die Stadt als Keimzelle ist interessant, „wo eine Vielzahl von Prozessen aufeinanderprallt". Es sei zu überlegen, wie sich Wechselverhältnisse von Technologie und Raum in ihrer Summe auswirken.

Beispiel Telearbeit

Das Thema Telearbeit war schon in den 1990er-Jahren ausgerufen. Das war aber nur ein kleiner Hauch und kein großer Trend, weil noch starke soziale und gesetzliche Vorgaben vorherrschten. Im Bereich Workspace-Innovation wird im Fraunhofer IAO bereits seit Jahren der Frage nachgegangen, wie und wo wir arbeiten können und welche Freiheiten entstehen. „Da ist wirklich die grundsätzliche Frage momentan: Brauchen wir denn noch Konzernzentralen oder diese räumliche Verdichtung? Wie arbeiten mittlerweile weltweit verteilte Teams?" Es wird noch sinnvoll bleiben, an Arbeitsorten zusammenzukommen, „aber ich glaube, diese Leitplanken lösen sich zunehmend auf".[1]

Neue Orte, offene Räume

Veränderte Arbeitsformen führen zu neutralen Orten, die unternehmensübergreifend genutzt werden können. In diesen Arbeitsplätzen (Co-Working-Spaces) kann zusammengearbeitet und kommuniziert werden. Diese neuen vielfältigen Arbeitsorte spiegeln sich auch wider in „veränderten Wohnformen, die

plötzlich viel stärker in gemeinschaftliche Wohnformen reingehen, Genossenschaften, micro housing, co-housing, co-living und so weiter, die sich aus meiner Sicht gegenseitig bedingen". Steffen Braun vermutet, dass die individuellen „Wohnungen immer kleiner werden, da die Angebote draußen im Quartier immer vielfältiger werden".

Neues Wohnen sollte mehr in flexiblen, konfigurierbaren Räumen denken. Durch die Digitalisierung lassen sich Räume ganz anders programmieren und nutzen. „Für mich ein schönes Beispiel sind schlüssellose Zugangssysteme." Außerhalb des eigenen privaten Raumes können damit zusätzliche Räume frei programmiert werden – diese stehen damit zum Beispiel vormittags und nachmittags jeweils anderen Personen zur Verfügung.

„Oder man hat Gemeinschaftsräume, die von anderen genutzt werden, mit ganz anderen Funktionen, was aber geregelt werden kann, weil der Chip nur einer bestimmten Nutzergruppe zur Verfügung gestellt sein könnte." Diese „digital programmierbaren Räume sind natürlich deswegen spannend, weil die auch anders funktionieren würden". Braun sieht in der Adaptabilität der Räume große soziale Chancen.

Wohnwandel

Für den Wandel des Wohnens verweist Braun auf das Beispiel Seattle. Dort waren vor einigen Jahren 25 Prozent aller neu gebauten Wohnungen Mikrowohnungen. Zwar gab es in Tokio in den 1970er-Jahren bereits Kapselwohnungen, jedoch zeigt die Entwicklung in Seattle – Microsoft hat dort seinen Sitz –, dass gut ausgebildete Spezialist:innen, Teamworker, heute andere Anforderungen haben an den eigenen Wohnraum. „Darauf hat der Markt dann auch reagiert." Wenn die zahlreichen Serviceleistungen dieser Unternehmen bedacht werden, „dann ist das plötzlich nachvollziehbar". Diese Entwicklung zeigt einen frühen Trend, der zumindest auf Metropolebene bereits sichtbar ist. „Das klassische Wohnschema, wie man es im Kopf hat, brauche ich eigentlich gar nicht mehr, weil das direkte Umfeld, wo ich wohne, mit Café und Co-Working viel mehr abdeckt, als ich bisher hatte."

Räume und ihre Nutzungen sollten „viel flüssiger sein und auch dann zeitabhängig, multifunktional, temporär, genutzt werden". Konzepte hierfür gibt es im Bereich von Pop-up-Kitchens oder Pop-up-Stores. „Nicht, dass es langweiliger wird, aber es wird komplexer und auf jeden Fall bunter."

Pufferräume

In einer vielfältigeren Gesellschaft muss viel mehr Raum entstehen, der gemeinschaftlich organisiert wird. Wichtig ist dabei die architektonische Frage der physikalischen Erschließung. Wo liegt diese? „In welcher Zwiebelschale liegt sie, zentral oder wie versteckt?" Die Wohn- und Lebensvielfalt stellt eine große Herausforderung, wenn wir an vielfältige Wohnoptionen denken. „Lebe ich jetzt in einer gleichgeschlechtlichen Ehe? Habe ich eine WG mit fünf Studienfreund:innen? Oder bin ich allein?" Veränderte Wohnbedürfnisse erfordern Gebäude, die viel flexibler sein müssen. Braun plädiert für „Pufferräume", die sich „mit relativ wenig Aufwand nach Bedarf einer Wohnung zuschlagen lassen".

Mobilität

Zu den Hauptleitlinien, die eine deutliche Veränderung erfahren, zählt die Mobilität, da eine Auflösung der klassischen Pendelprozesse stattfinden wird: „Ich muss gar nicht mehr morgens von A nach B und habe immer mehr flexible On-Demand-Angebote im Bereich der Mobilität." Die Digitalisierung wird diese Entwicklung massiv unterstützen. Es ist jetzt bereits festzustellen, dass beispielsweise in New York, „durch die Veränderungen der Arbeit auch die Peaks in den U-Bahnen / den Subways sich massiv verschoben haben. Von klassischen 8-bis-9-Uhr-Peaks, wie wir es vielleicht noch hier in Stuttgart haben, zu 10 bis 11 Uhr am Vormittag und abends von 9 bis 10." An vielen Stellen sieht Braun Auflösungserscheinungen und Flexibilisierungen. Spannend sei aber die Frage, nach welchen Prinzipien oder Attraktoren sich dieses System neu sortiert.

Vielklang und neue Ausrichtungen

Die Gleichzeitigkeit von Einflüssen kann auch in Bezug auf Wohnformen festgestellt werden, da sich diese „völlig neu sortieren". Neben den grundlegenden sozialen Prinzipien des Wohnens (Familie, Communitys und sonstiges), bilden sich vielfältige weitere „Gestaltungsfaktoren heraus". Es bestehe beispielsweise ein „Vielklang aus Mobilität, Wohnen, Arbeit und Versorgung" – dieser sollte jetzt stärker unter Nachhaltigkeitsgesichtspunkten oder unter Resilienzaspekten betrachtet und entschieden werden. „Was dann tatsächlich am Ende die wesentlichen Ziele sind, auf die man die Systeme neu ausrichtet, das ist für mich noch offen und wahrscheinlich am Ende von Region zu Region oder von Stadt zu Stadt unterschiedlich."

Wohnen von morgen/fehlende Innovationspolitik

„Eine These von mir zum Beispiel wäre: Wenn vielleicht in Zukunft sogar die Mobilität kostenlos wäre, weil sie sich anders refinanziert über Daten zum Beispiel, ist dann eben nicht genau die gleiche Frage beim Wohnen? Also zahlen wir noch tatsächlich die Marktpreise für Flächen oder ist dann nicht ein ganz neues Verständnis, wie wir dann auch Wohnraum refinanzieren?" Denkbar wäre die Digitalisierung als möglicher Veränderungsfaktor zur Finanzierung des Wohnraums über den gesamten Lebenszyklus. Sind nicht – so fragt Steffen Braun – Parallelen denkbar wie im Bereich Mobilität (geteilte Mobilität, elektrische Mobilität, autonome Mobilität und eben auch vernetzte Mobilität)? „Zukünftig besitze ich gar kein eigenes privates Fahrzeug mehr, sondern ich nutze es nur. Wie sieht das eigentlich bei den Wohnungen aus? Natürlich mit anderen Prämissen, die psychologische Faktoren einbeziehen, aber eigentlich sind wir da freier, das auch anders zu organisieren."

Experimentierklausel, Experimentierräume, Nischen

Steffen Braun plädiert auch im Bereich des Wohnens für neue Dynamiken und Öffnungen. Wichtig erscheinen ihm – dabei auf Jan Gehl verweisend – Nischen. Alle Innovationen entstehen zuerst in Nischen und über dieses Experimentieren in den Nischen entstehen dann diese sozialen, technischen, wirtschaftlichen Rahmenbedingungen, die sich dann so schleichend im Prinzip anpassen, über die Adaption. „Das ist für mich ein Prinzip im Bereich des Wohnens oder generell der Veränderung. Wir brauchen genau diese Nischen, entweder vor der Haustür oder an anderer Stelle, die helfen können, über das Erproben die Rahmenbedingungen erst zu verstehen, die wir brauchen, im Sinne von Leitplanken der Regulierung oder der Anreizschaffung." Ein Beispiel für solche „performative Leitplanken" wäre der Green Amendment Plan New Yorks, der eine Befreiung von der Traufhöhe gewährt. Wenn auf das Haus ein Gewächshaus gesetzt wird oder wenn eine soziale Einrichtung in ein Hochhaus integriert wird, dann könnte die Geschossigkeit erhöht werden. ▶

Steffen Braun, Stuttgart, D

„Zukunftsstadtgestalter" und Forschungsbereichsleiter/ Institutsdirektor am Fraunhofer Institut für Arbeitswirtschaft und Organisation (IAO) in Stuttgart

Antifragilität

Neben Adaptabilität und Robustheit verwendet Braun mehrfach, in Anlehnung an Nassim Nicholas Taleb, den Begriff der Antifragilität. Er versteht antifragile Systeme als Konzepte, die unter Druck oder Schock florieren oder sogar wachsen. Wichtig ist die hohe Offenheit der Strukturen. Diese sollen eine Reprogrammierbarkeit unterschiedlicher Konzepte ermöglichen. Das Prinzip Caféhaus oder das Thema Gründer-Wohnen stehen hierfür. „Es ist nicht nur das Traditionelle, das eigentlich das Spannende ist", so Braun, „sondern, dass tatsächlich unbewusste Mechaniken dahinterliegen, sozial, räumlich, die dann doch immer wieder als Attraktor agieren."

Auf die Bedeutung von Antifragilität würde man kommen, wenn man sich mit Edo, dem früheren Tokio beschäftigt. Edo war damals die größte Stadt aus Holz. Es gab dort immer wieder große Brände. Damals wurde ein Bauprinzip entwickelt, das auf der kleinsten Raumeinheit basiert, der Tatami-Matte. Diese war Grundlage für die wohnräumliche Organisation. „Antifragilität

kommt für mich zu diesem Prinzip zurück: Vielleicht ist Beton wirklich das Problem, was wir heute noch haben, weil wir eigentlich mit flexiblen Baukonzepten viel flexibler mit unserem physikalischen Raum umgehen könnten. Und das ist es, was Edo im Kern gemacht hat, aus meiner Sicht. Es gab eine Logik, ein Prinzip, eine gewisse Modularisierung, die sich bei jeglichen Schocks oder Krisen komplett neu aufbauen konnte in Windeseile, nicht über Nacht aber innerhalb weniger Tage. Jeden Aufbau konnte man aber auch aufbauend auf diesem Grundprinzip je Bedarf anders gestalten."

Orte für architektonische Utopien

Braun vermisst Wohn- und Stadtexperimente, die als Lern- und Erfahrungsorte wichtig sind, wie die gescheiterte bautechnische Utopie der Metastadt Wulfen. Wichtig erscheinen ihm auch heute die Experimentierfelder, die Wohnutopie von morgen, denn „sonst bleiben wir immer im Heute und rutschen ab, ohne das mögliche Spektrum zu sehen. […] Wir müssen irgendwo diese grünen Wiesen finden, wo wir die Prinzipien wirklich neu denken können."

1   Das Interview fand vor der Coronapandemie statt.

Interview am 12.04.2019 in Stuttgart

Wohnen anders denken

„Architektur ist nicht so wichtig."

Martin Hofer

Marktdaten sind wichtig, man muss aber auch damit umgehen können. Sie interpretieren mitunter sehr eigenwillig.

Eigentlich arbeite ich immer faktenbasiert, das heißt, ich schaue mir alle verfügbaren Daten an, analysiere sie und nutze sie als Entscheidungsgrundlage. Nur so kann man alle Aspekte einbeziehen oder auch um 180 Grad abweichen. Habe ich Daten, muss ich nicht sozusagen „im Kaffeesatz lesen". Man kann Trends beobachten und diesen folgen, dann aber bekommt man noch mehr vom Gleichen. Oder man macht genau das Gegenteil, auch das ist vorstellbar. Interessant dabei ist, dass beide Wege auf den gleichen Daten basieren. Es braucht also doch ein gewisses Bauchgefühl, das wiederum viel Erfahrung voraussetzt.

Daten plus Bauchgefühl, eine interessante Mischung. Gibt es ein aktuelles Beispiel dafür?

Nehmen wir das Projekt MinMax in Zürich. Wir haben gesehen, dass im ganzen Glattparkgebiet 2,5-, 3,5-, 4,5- und 5,5-Zimmer-Wohnungen gebaut werden, vor allem aber solche mit 3,5 und 4,5 Zimmern. Die Immobilienhändler:innen sagen, dass das genau das Richtige ist und nachgefragt wird. Also könnte man folgern, einfach wieder das Gleiche zu planen.

Aber: die Einpersonenhaushalte fehlen, gerade jene Größe, für die in der Schweiz die größte Nachfrage besteht. Also war mein Vorschlag, ein Haus mit nur Einpersonenunits zu bauen. Die Datengrundlage war dieselbe, aber wir haben sie gegenteilig gelesen. Wir haben also keinen Größenmix erstellt, sondern uns auf kleine Wohnungen fokussiert. Das Gebäude war bereits vor der Fertigstellung voll vermietet. Es gibt eben viele Leute, die Wohnen zu einem anständigen Preis suchen, ohne diesen Mief anonymer Apartmenthäuser. Das ist ein ganz normales Haus mit ganz normalen Leuten, die die Community suchen.

Braucht die dynamische Welt von heute nicht endlich neue, flexiblere Modelle des Wohnens?

Die Konzeptentwicklung kann zwei verschiedene Ansätze verfolgen: Üblicherweise baut man für eine bestimmte Zielgruppe an einem passenden Ort. Aber viel spannender ist ein altes Thema der Wohnwirtschaft, das Bauen von etwas Flexiblem. Wir haben das bereits an einem Eigentumsobjekt konkret getestet. Da wir nicht wissen konnten, wie sich die Nachfrage entwickelt, erstellten wir kleine, kombinierbare Einheiten. Jede Einheit entsteht aus dem kleinsten gemeinsamen Vielfachen oder dem größten gemeinsamen Teil. Die kleinste Unit mit 60 Quadratmetern ist für eine Person gedacht. Eigentlich ist das bereits zu groß, im Mietwohnungsbau geht man zurzeit von 40 Quadratmetern pro Person aus. Diese 40 Quadratmeter sind die Keimzelle, der Rest ist frei kombinierbar. Zweimal 40 Quadratmeter sind sehr großzügig für zwei Personen – da kann noch ein Kind dazu. Nimmt man eine dritte Einheit dazu, sind wir bei 120 Quadratmetern – also einer Wohnung für Familien mit zwei Kindern. Dazu kommt noch eine Anzahl an Schaltzimmern mit je 20 Quadratmetern. Ändert sich die Situation, etwa weil jemand nebenan auszieht, werden zunächst die Nachbar:innen nach ihrem Bedarf gefragt.

Müssen wir das Verhältnis von Individualität und Gemeinschaft neu austarieren? Etwa wie es bei Clusterwohnungen der Fall ist?

Wenn jede Person ein bisschen reduziert, dann kann diese Fläche der Gemeinschaft zufließen. Dann kommt plötzlich etwas zurück, beispielsweise ein Gemeinschaftsraum, ein Bastelraum, eine Spielecke, eine Sauna, ein Fitnessraum, ein Weinkeller – all das gehört dann auch zu meinem Lebensraum. Man legt also die Fläche zusammen. Statt viele kleine Schranksaunen gibt es eine große Sauna. Oder man macht eine große Küche, in der man wirklich kochen kann, aber dafür habe ich in der ▶

79

eigenen Wohnung nur eine Teeküche. Individualität muss möglich sein – auch, wenn nur sehr knapp.

Sie nutzen Marktanalysen als Grundlage für Konzepte, wobei der individuelle Ort immer eine große Rolle spielt. Warum?

Ich unterscheide grundsätzlich zwischen Makro- und Mikrolage. Innerhalb der Makrolage nehmen wir Zürich als Beispiel, finden wir unterschiedliche Mikrolagen. Da gibt es Gebiete, die urbaner sind als andere oder die ruhige, vornehme Wohngebiete sind. Dort lässt sich keine Wohn- und Arbeitsgemeinschaft aufstellen; umgekehrt hat es keinen Sinn, in ein lärmiges Gebiet Luxuswohnungen hinzubauen. In der Mikrolage bildet sich auch die Infrastruktur ab, etwa Fehlstellen wie kleine Läden, die man mit dem neuen Projekt schließen könnte.

Sie entwickeln also Szenarien für die Mikrolagen?

Eher weniger, denn ich möchte nicht einfach eine eindeutige Lösung. Ich schaue mir die Daten und Analysen durch und sehe, welche Dinge wichtig sind. Vor Ort bestätigt sich das dann. Im St. Galler Rheintal, in diesem ländlichen, konservativ geprägten Gebiet, gibt es viele Leerstände, wo die Wohnungen zu teuer sind oder sich in Mehrfamilienhäusern befinden. Weil man sich dort auf dem Land wähnt, möchte man möglichst bodennah wohnen; daher sind Einfamilienhäuser begehrt. Das werde ich aber nicht machen, da man nicht die gleiche Dichte erzielt. Wohnen muss radikal günstig, bodennah, nachhaltig sein, die Landschaft berücksichtigen und könnte vorfabrizierte Holzelemente nutzen. Statt einfach zu bauen und dem Landschaftsarchitekten am Schluss, wenn fast kein Geld mehr da ist, zu sagen, er solle noch ein bisschen Grün drum herum machen, erstellen wir ein radikales Landschaftskonzept. Wir beginnen bei dem Projekt mit dem Grün, pflanzen Bäume, Sträucher, Hecken, Alleen. Am Schluss erstellen wir nur noch die Häuser, ohne Keller, ohne Tiefgaragen, nur auf Punktfundamenten. Wir übergeben also keine Landschaft, die erst in zehn Jahren zu leben anfängt. Es ist doch viel schöner, in eine Siedlung zu ziehen, in der die Bäume bereits zehn Jahre alt sind.

Heißt Nachhaltigkeit, für die Ewigkeit zu bauen?

Warum baut man denn immer für die Ewigkeit? Heißt Nachhaltigkeit tatsächlich, dass etwas möglichst lang halten muss? Ich stelle die Gegenfrage, ob ein Gebäude nicht ebenfalls nachhaltig ist, das nur für 25 Jahre gebaut wird. Vielleicht fragen wir uns in 20 Jahren, warum wir das so solide gebaut haben, und würden es gern in die Luft sprengen. Warum haben wir nicht provisorisch gebaut? Keine Containersiedlung, aber

recyclingfähigen Leichtbau. Dann ist das eigentlich das nachhaltigste Gebäude. Ich behaupte, dass Nachhaltigkeit eingeengt gedacht wird. Nachhaltig ist ein Haus dann, wenn es so lange wie geplant hält, der Bau möglichst wenig graue Energie braucht und man mit günstigen, regionalen Materialien baut. In Basel bricht man Hotels ab, die gerade 30 Jahre alt sind. Es kostete unheimlich viel Energie, sie zu bauen, und nun bedarf es wieder viel Energie, um sie wieder loszuwerden. Ich kann nichts mehr davon verwenden. Das ist doch Unsinn.

Sie pflegen große Sympathien für Wohnungen, die roh an Mieter:innen zum Ausbau übergeben werden. Was hat das mit Nutzungsfreiheit und Sesshaftigkeit zu tun?

Menschen, die selber mehr bestimmen und gestalten können, sind stabiler und sesshafter. Das behaupte ich an dieser Stelle einfach. Ich spreche immer von der Dreiklassengesellschaft des Wohnens. Die oberste Ebene bilden die Einfamilienhausbesitzer, sie sind in der Schweiz noch immer das große Vorbild. Als Bauherr kann ich den Architekten wählen, den Ausbau, die Struktur des Hauses – eigentlich bestimme ich alles selbst. Die nächste Ebene bildet die Stockwerkarchitektur mit gemeinsamer Parzelle und Miteigentum, über das ich die Verfügungsgewalt habe. Allerdings lässt sich die Architektur meist nicht groß beeinflussen, das übernimmt der Entwickler. Aber die gekaufte Wohnung kann ich mehr oder weniger beim Ausbau gestalten, mitbestimmen oder umbauen. Dann gibt es die Mieter – das sind die Rechtlosen, in der Schweiz ist das ganz hart. Der Investor weiß, was der Markt will, gibt die Wohnung so vor und lässt sich den Mietzins zahlen, aber verbietet den Mietern, darin etwas zu verändern. Radikale Vermieter erlauben nicht mal, ein Bild aufzuhängen. Beim Auszug gibt es dann einen Abzug, weil man das wieder flicken und streichen muss. Kurzum: Man kann sich nicht verwirklichen.

Ich meine, wenn Mieter, die jetzt nur zahlen und nichts zu sagen haben, selbst ihre Räume gestalten können, dann werden sie sesshafter. Denn es muss sich amortisieren, wenn ich 50.000 Franken in den Ausbau investiert habe. Vielleicht werden sie auch etwas ändern, weil etwa die Tochter ausgezogen ist. Das könnte interessant sein, nicht zu fragen, was in zehn Jahren ist, sondern ob und wie sich die Leute selber verwirklichen wollen.

Ist Wohnen per se konservativ oder gehört adaptiven Wohnformen die Zukunft?

Eigentlich haben sich die Wohnbedürfnisse seit 5.000 Jahren wenig verändert, wenn wir die Nomaden ausklammern. Leute, die wohnen wollen, suchen eigentlich immer dasselbe. Es gibt den Privatteil, den Intimteil, wo man schläft und zusammen ist. Den gemeinschaftlichen Teil lieben alle Leute, ein großer Tisch, die Küche, das Wohnzimmer, dort trifft man sich. In der Küche gibt es eine Kochstelle, die braucht man genauso wie die Wasserstelle, wo man die Pfanne füllen und waschen kann. Es braucht vielleicht einen geschützten Außenraum, von dem ich auch sehe, wie die Welt draußen ist. Wenn man das alles anbieten kann – ein bisschen Community, ein bisschen Privatheit und die Grundbedürfnisse – dann ist es schon bald fertig. Das hat sich nicht verändert, das war schon in Mesopotamien so.

Hier privat, dort öffentlich – muss man diese Grenzen heute nicht neu ausloten?

Es gibt natürlich auch Grautöne. Man kann nicht hart sagen, ab hier ist es öffentlich und ab hier privat. Zuerst wird es halb privat, dann halb öffentlich und dann gibt es Außenräume, die sind nur für unser Haus gedacht. Dann gibt es die Allee, die interne Straße für die ganze Siedlung, mit einem Straßenfest im Sommer – da weiß man, dass es nur für die Siedlung ist. Dann gibt es noch den Platz, der für die Öffentlichkeit ist. Dass es Stufen gibt, hat man komplett verlernt. Dieses Graduelle zwischen Halböffentlichkeit und Halbprivatheit müssen wir wieder schaffen.

Eine ganz andere Abschlussfrage: Was halten Sie vom Smarthome?

Das ist zwar lustig, aber eigentlich ist es überflüssig. Ich brauche keine Fernbedienung, die mir die Stimmung einstellt. Ich finde, das ist eine falsche Tendenz. Es gibt viel spannendere Themen.

Martin Hofer, Zürich, CH

Architekt und Immobilienberater, 1989 Gründungspartner der Wüest Partner AG in Zürich, Mitglied der Geschäftsleitung, Verwaltungsrat oder Verwaltungsratspräsident; seit 2018 verschiedene Beratungs- und Expertenmandate, u. a. für Senn

Interview am 07.02.2019 in Zürich

3.03 Die produktive Wohnung

Der aufgezeigte Bedarf, Wohn- und Arbeitsalltag einander räumlich anzunähern oder gar zusammenzuführen, findet bisher – auch vor dem Hintergrund der Coronakrise – kaum eine Entsprechung auf dem Immobilienmarkt. Der steigende Bedarf und gleichzeitig das mangelnde Angebot an Konzepten fordert aber inzwischen europaweit Praxis und Forschung zu neuen Lösungsansätzen heraus. Auf die Initiative bestimmter Akteursgruppen hin werden beispielhafte Konzepte entwickelt; durch anspruchsvolle Quartiersentwicklungen entstehen Impulse, internationale Bauausstellungen oder Städte mit Handlungsdruck befassen sich mit diesem Thema. Die nachfolgend zitierten Fallbeispiele zeigen Aspekte der breit gestreuten Wissensakkumulation auf.

Welche Alternativen werden entwickelt und gebaut, um auf die unterschiedlichsten Bedürfnisse zu reagieren? Welche Raumorganisationen entstehen durch eine Verknüpfung von Wohnen und Arbeiten auf Maßstabsebene der Wohnung? Der Fokus auch auf das Arbeiten und nicht nur auf das Wohnen schafft neue Rahmenbedingungen für kombinierte Typologien, der neue Blickwinkel verändert Konzepte. Um unterschiedlichste Tätigkeiten räumlich wie organisatorisch zu ermöglichen, ist zum Beispiel eine für das Wohnen angemessene Raumhöhe von 2,50 Metern nicht mehr ausreichend – auch der Raumbedarf orientiert sich an Arbeitsprozessen. Der notwendige An- und Abtransport von Material oder Waren bestimmt die Zugänglichkeit, die Dimension und Positionierung eines Aufzugs, die Breite und Höhe der Zugänge. Eine barrierefreie Erreichbarkeit für die Bewohner wird zur Begleiterscheinung. Nachfolgend werden unterschiedliche räumliche Konzepte und Grundrisstypologien erläutert, die beide Lebensbereiche auf Ebene der individuellen Einheit zusammenführen.

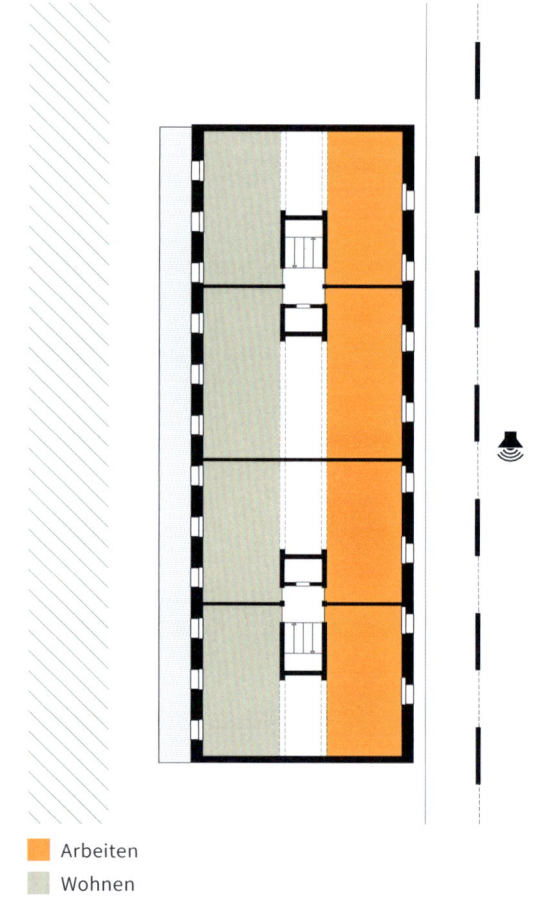

■ Arbeiten
■ Wohnen

Zonierung von Wohnen und Arbeiten, Coopérative d'ateliers, Basel
rechts: Modellbau neben dem Bett, Coopérative d'ateliers, Basel

Nutzungsoffenheit in einer definierten Raumeinheit

Die Nutzungsoffenheit in einer Raumeinheit ermöglicht eine flexible Koppelung von Wohnen und Arbeiten. Räumliche Fixierung durch statisch notwendige Wände, Nasszellen, Kücheneinbauten oder Installationsschächte werden hier minimiert. Diese Reduktion von fixierten Bauteilen erlaubt die vielseitige Nutzung eines in der Größe definierten Raumes, damit Nutzungsflexibilität in der Erstbelegung, aber auch über einen großen Zeitraum hinweg. Diese Flexibilität wird häufig unterstützt durch eine Raumhöhe, die auch das Einziehen einer zweiten Ebene in bestimmten Zonen erlaubt. Erweiterte Geschosshöhen der Raumeinheiten ermöglichen eine Vielzahl von Konzepten eines individuellen, bedarfsorientierten Eigenausbaus.

Bei dem genossenschaftlichen Projekt der Coopérative d'ateliers in Basel sind diese grundsätzlichen Rahmenbedingungen zur flexiblen Nutzung der Raumeinheiten erfüllt. Die Erschließung des viergeschossigen Riegels ist über zwei innen liegende Treppenkerne mit jeweils einem großen Aufzug organisiert, die Größen der vier Ateliers pro Geschoss durch tragende Trennwände definiert. Stützenfreie Räume spannen sich über die gesamte Gebäudebreite. Die Zonierung von Wohnen und Arbeiten innerhalb der einzelnen Raumeinheiten ist

entgegen dieser Offenheit durch die städtebauliche Lage und die Orientierung des Gebäudes scheinbar programmiert. Die nordöstliche Längsfassade des Gebäudes, begleitet von Straßen und Gleisfeldern, ist hoher Lärmbelastung ausgesetzt, gleichzeitig ist das blendfreie Nordlicht eine gute Voraussetzung für künstlerische Arbeit. Die südwestliche Fassade wendet sich zum ruhigen Innenhof, eine breite, durchgehende Balkonzone, geeignet als Erweiterung des Wohnens, ist vorgelagert. Damit ist mit der Grundstruktur des Gebäudes die Platzierung der Arbeitsfunktionen nach Norden und die Orientierung der Wohnfunktionen nach Süden implizit vorgegeben. Diese polare Anordnung der Wohn- und Arbeitsräume ist Ausgangssituation der Nutzungsoffenheit in Bezug auf die Anordnungen von Arbeiten und Wohnen, aber ebenfalls in Bezug auf die Freiheit, mit unterschiedlichen Arbeitskonzepten die Räume zu belegen. Nachfolgend werden Grundrissorganisationen vorgestellt, die bei einer Besichtigung im Mai 2019 – kurz nach Bezug des Projekts – in Selbstbau oder als Umsetzung einer Planung durch eine Fachfirma erkennbar waren.

Alternative Grundrisskonzepte zur Zusammenführung beider Funktionen entstehen aus den individuellen Bedürfnissen und Lebensformen der Genossenschaftsmitglieder. Das Kunstatelier, die Skulpturenwerkstatt, das Architekturbüro

Großformatige Bildende Kunst, Coopérative d'ateliers, Basel

Handwerklicher Arbeitsplatz, Coopérative d'ateliers, Basel

oder die Schreibwerkstatt legen unterschiedliche Arbeitsabläufe oder Raumbedarfe zugrunde. Die Alleinerziehende mit Kind, ein Paar oder zwei Personen, die sich zu einer Wohngemeinschaft zusammenschließen definieren den Bedarf nach Rückzug oder Gemeinschaft jeweils verschieden. Die Stiftung Habitat hat durch Leitlinien als Grundlage für die Vergabe des Grundstücks im Erbbaurecht mit mindestens zwei Personen pro 100 Quadratmeter einen Rahmen zur Minimalbelegung und damit zur nachhaltigen Belegung der Flächen gesetzt. Vor diesem Hintergrund und durch die Verwirklichung eigener Vorstellungen im Selbstausbau entsteht eine Vielfalt der Grundrissorganisation. Trennung oder die Form der Integration der Arbeit zeichnet sich in den folgenden Grundrissstrukturen ab.

Schreiben am Küchentisch, Coopérative d'ateliers, Basel

Design auf Rollen Richtung Verkehr, Coopérative d'ateliers, Basel

Wohnatelier mit klarer Zonierung

Dieses circa 131 Quadratmeter große Atelier wird von einem Künstler bewohnt, der temporär mit seiner erwachsenen Tochter zusammenlebt. Die Zonierung dieses Ateliers reagiert auf die Grunddisposition des Gebäudes zum Lärm und zur Sonne: Nach Süden orientieren sich zwei geschosshohe Wohnräume: Der erste ist Durchgangsraum mit Gästebett, über dieses „Foyer" wird das Atelier betreten. Eine Verbindung zwischen diesem Aufenthaltsraum und dem folgenden Schlafraum entsteht durch zwei zur Fassade und zum Kern gesetzte Schiebetüren, ein mittig gestelltes Regal wird damit zum eingestellten Möbel, aus zwei Zimmern wird eine großzügige Raumeinheit. Bad und Küche als dienende, niedrigere Zone im Bereich der Vertikalerschließung des Hauses sind kabinenartige Filter zwischen Wohn- und Arbeitsbereich: Die Bewegungsflächen vor der Küchenzeile und vor den Sanitärobjekten dienen gleichzeitig als Durchgänge, die über Schiebetüren geöffnet oder geschlossen werden; darüber befindet sich eine Lagerzone. Das nach Norden orientierte geschosshohe Atelier bietet Raum für verschiedene technische Gerätschaften, Abstellflächen und einen großen Arbeitsplatz. Der Verzicht auf monofunktionale Verkehrszonen, eine zirkuläre Erschließung und der Einsatz von Schiebetüren schaffen in diesem Wohnatelier trotz klarer Zuordnungen fließende Übergänge zwischen Wohnen und Arbeiten und bildet damit einen Lebensalltag ab.

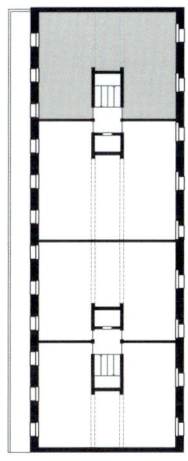

Position im Gebäude

■ Arbeiten
□ Wohnen

Vom Schlafen über das Bad zum Arbeiten
links: Vom Atelier über die Küche zum Wohnen, Coopérative d'ateliers, Basel

Wohnatelier mit Rundlauf, Coopérative d'ateliers, Basel

Atelierloft mit Rückzugsinseln

Eine Kunstmalerin und ihre zwei Töchter bewohnen das Atelier mit einer Fläche von circa 152 Quadratmetern; die aus der Disposition des Gebäudes heraus sinnvolle Zonierung von Arbeiten im Norden und Wohnen im Süden bleibt Organisationsgrundlage. Wesentliches Merkmal der Wohnbereiche nach Süden sind drei zweigeschossige Turmbauten, die anstelle abgeschlossener Zimmer Privatheit mit Stau- und Rückzugsräumen im Großraum bieten – sie nutzen die verfügbare Raumhöhe. Auf Bodenniveau enthalten die eingestellten kompakten Holzbauten unbelichtete Kleiderkammern oder ein Kinderspielhaus, über eine schmale Treppe sind die individuellen, sichtgeschützten, aber zum Raum offenen Schlafplätze erreichbar. Der winkelförmige Großraum zum Balkon wird gemeinsam mit der offenen Küchenzeile multifunktional genutzt: Hier wird gegessen, gespielt und gewohnt. Das Atelier nach Norden ist dagegen durch die Ausstattung in seiner Funktion als Arbeitsraum klar definiert: Ein Regal bietet Raum für Leinwände, Bilder und Papierrollen, auf einer Kommode liegen aufgereiht die Pinsel, ein großer Arbeitstisch auf Rollen dominiert das Zentrum. Die Organisation dieses Wohnateliers spiegelt die gegensätzlichen Bedürfnisse raumgreifender Kinder, die auch Rückzug suchen – ein raumhoher Vorhang erlaubt den Mädchen auch, das Wohnzimmer bei Bedarf abzutrennen. Die Mutter und Künstlerin koppelt beide Sphären einerseits, schützt aber auch die künstlerische Arbeit vor Eingriffen.

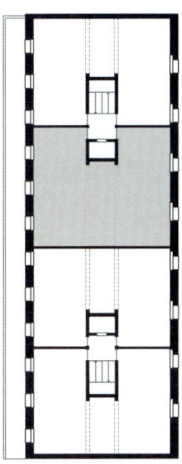

Position im Gebäude

Wohnbereich mit Kinderinseln

links: Private Rückzugsinsel neben Arbeitsbereich, Coopérative d'ateliers, Basel

■ Arbeiten
■ Wohnen

Loft mit Rückzugsinseln, Coopérative d'ateliers, Basel

Wohnatelier mit raumhaltigen Wänden

Auch in diesem Wohnatelier von circa 128 Quadratmetern wird die Suche nach Privatheit zum Impuls, um die Nutzungsoffenheit auf eigene Weise zu interpretieren: Bei Betreten öffnet sich ein großes Atelier einer Textildesignerin nach Norden – ein überdimensionaler Arbeitstisch mit integrierter Ablage und ein Mustertisch sind die einzigen Möbel. Die Stirnseite des Raumes ist verkleidet durch einen multifunktionalen Einbau aus Sperrholzplatten – hier verbergen sich fast unsichtbar zweigeschossig organisiert Stauraum, Bett mit Aussicht auf die Arbeitsflächen und das introvertierte Bad. Daneben wendet sich eine vom Arbeiten entkoppelte Welt nach Süden: Die Küche ist Teil des geschosshohen Wohnraums mit Öffnung zum vorgelagerten Balkon, das Zimmer der jugendlichen Tochter erhält durch eine raumhohe Tür und einen eigenen Zugang vom Treppenhaus Privatheit. Möbel, Einbauten und Türen aus einem Material fassen beide Welten wieder zusammen.

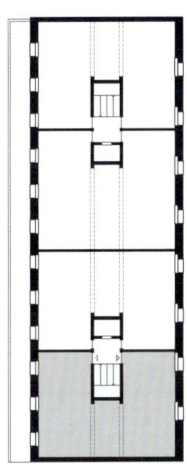

Position im Gebäude

Blick vom Bett in den Arbeitsraum, Coopérative d'ateliers, Basel

Reduzierte Materialität

links: Raumhaltige Stau- und Schlafwand, Coopérative d'ateliers, Basel

■ Arbeiten

■ Wohnen

Wohnatelier mit Stauwänden, Coopérative d'ateliers, Basel

91

Wohnateliergemeinschaft mit Flur

Zwei im Kunstbereich tätige Frauen teilen sich in Reaktion auf die von der Genossenschaft vorgegebene Minimalbelegung und auf die Mietkostenersparnis eine Raumeinheit von circa 152 Quadratmetern. Ein mit Oberlichtern natürlich belichteter Mittelflur nördlich des Erschließungskerns erlaubt die störungsfreie Nutzung des Nord-Ateliers einer Mitbewohnerin. Ihr Schlafraum liegt ohne direkten räumlichen Zusammenhang nach Süden orientiert – Wohnen und Arbeiten sind zwei voneinander getrennte Welten. Das Raumkontinuum der zweiten Bewohnerin, einer Journalistin, setzt ein anderes Verständnis von Wohnen und Arbeiten räumlich um: Eine Trennung wird hier nicht gesucht, der Raum spannt sich als durchbindender Wohnungsgrundriss über die ganze Gebäudetiefe und nutzt die zweiseitige Belichtung. Die Arbeit, das Schreiben, ist Teil des Alltags und findet am langen Küchentisch statt, Wohnen und Essen öffnen sich nach Süden zum Balkon, Küchenzeile und Nasszone hinter Schiebetüren und mit darüber liegenden Abstellmöglichkeiten begrenzen den Großraum. Das Schlafen ist zurückgezogen nach Norden platziert.

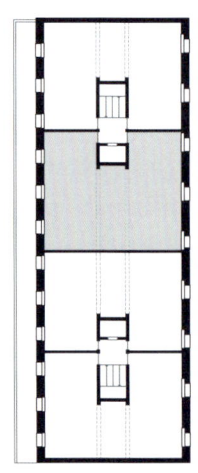

Position im Gebäude

Modulare Ateliers

Im Kontext der fortschreitenden Entwicklung der Präfabrikation und des modularen Bauens entstehen aktuell auch modular aufgebaute Wohnprojekte – dies vorwiegend im Bereich repetitiver Gebäudetypologien wie im Hotelbau, bei Studierendenwohnbauten oder im Bereich des Mitarbeiter:innenwohnens (siehe Teamhaus). Diese sind meist gewerblich initiiert. Aber auch Modulsysteme als Raumhülle für Wohnen und Arbeiten werden Teil des Angebotsspektrums.

In der Maria-Lassnig-Straße am nordöstlichen Rand des Sonnwendviertels Ost in Wien haben der Architekt Werner Neuwirth und der Bauherr Robert Hahn (Caelum Development GmbH) das Atelierhaus C21 geplant und gebaut, das Arbeiten und Wohnen in solchen modularen Einheiten miteinander verbindet.

■ Arbeiten
■ Wohnen

Interne Erschließung mit Oberlicht, Coopérative d'ateliers, Basel

Wohnateliergemeinschaft: Mittelflur und Durchwohnen

rechts: Durchbindender Wohn- und Arbeitsraum, Coopérative d'ateliers, Basel

Horizontale und vertikale Modulgruppierung

Anstelle des Selbstausbaus einer vorgegebenen, aber räumlich offenen Raumeinheit (siehe Coopérative d'ateliers, Basel), entstehen hier Variationen räumlich definierter Module durch horizontale und vertikale Gruppierung. Das Gebäude bietet 78 Ateliers mit zwischen 40 und 120 Quadratmetern an. Sie basieren auf den Variationen der drei Raumtypen A, B und C: Das kleinste Modul A ist circa 40 Quadratmeter groß, Modul B existiert in den Größen 45 und 55 Quadratmeter, die Einheit C ist in den Größen von 90, 107 und 121 Quadratmetern ausgelegt (TYP A, A+; TYP BS, BL, TYP CS, CM, CL). Alle verfügen über eine räumlich fixierte, 2,20 Meter hohe Sanitärzelle mit raumseitigem Küchen- und Waschmaschinenanschluss, die Infrastruktur ist damit auf das Notwendigste reduziert. Diese miteinander kombinierbaren Grundtypen sind vielfältig kombiniert auf sechs Geschossen angeordnet und bieten eine Vielzahl an flexiblen, nutzungsneutralen kleinen Räumen bis zu verschachtelten Raumfolgen. „Raumordnung wird zur Raumverflüssigung, damit sich Raum und Wohnen flexibel über Lebensabschnitte, ja Generationen hinweg permanent wandeln können."[1]

Der Architekt Werner Neuwirth erläutert die Zielsetzung des Projekts folgendermaßen: „Das Konzept war quasi ‚nutzlose' Räume anzubieten, einfach Raum, der mit unüblicher Raumhöhe in der Nutzung frei von vorbestimmten Verhaltensmustern ist, also aus Misstrauen gegenüber jeglicher Vorbestimmung auch keine gezielten Überlegungen zu ‚Arbeiten + Wohnen'. Wir haben versucht, im Projekt möglichst jede Idee einer ‚speziellen Funktion' zu vermeiden und haben uns auf die elementaren täglichen Bedürfnisse und Raum konzentriert."[2] Der Begriff „Atelier" bietet hier eine von genormten Vorstellungen befreite Worthülse. Als Arbeits- und damit Lebensort Kreativer, an dem gearbeitet, aber auch gelesen, gekocht, gegessen und geschlafen und damit auch gewohnt wird, erlaubt er in diesem Projekt, das Miteinander von Arbeiten und Wohnen konventionsfrei und befreit von baulichen Vorschriften zum Wohnungsbau zu denken. Darüber hinaus verfügt das Atelierhaus über gemeinschaftliche Angebote: das Foyer mit einem angelagerten Salon, eine 166 Quadratmeter große Dachterrasse und ein Freiraum als Stadtwildnis stehen allen Nutzer:innen zur Verfügung. Ein Café und eine Galerie richten sich sowohl an die Gemeinschaft als auch an die Öffentlichkeit.

Flexibilität und Eigentum

Die kleine Zielgruppe der Kreativen schafft Entwicklungslabore im genossenschaftlichen Rahmen (Coopérative d'ateliers, Basel) wie im Eigentum in Bezug auf das Auflösen der Grenzen zwischen Arbeiten und Wohnen. Werner Neuwirth fasst die Vorteile für den Eigenerwerb der Ateliers, die selbst gestaltet und bestimmt werden können, zusammen: „Wirtschaftlich sind die Raumeinheiten in betrieblichem oder privatem Eigentum zu erwerben, was speziell für freie Berufe in Hinblick auf eine Eigenkapitalbildung und die eigene Vorsorge interessant ist, zumal die meisten freiberuflichen Aktivitäten auf der Fähigkeit einer Person beruhen und diese oft gar nie in ‚Pension' geht. Diese Kombination aus Raummöglichkeit und den ökonomischen Bedingungen hat dazu geführt, dass der größte Teil von Künstlern, Architekten und sonstigen freien Berufen besiedelt wird, wobei die beabsichtigte Nutzung sehr unterschiedlich ist. Einige wollen dort wohnen, andere die

Drei Grundmodule, C21, Wien

Vier Grundmodule in vertikaler Addition, C21, Wien

Räume eher als Arbeitsstätte nutzen, viele wissen es noch nicht und wieder andere wollen es für eine Zeit als Büro und später als Wohnung nutzen."[3]

Wohnen und Arbeiten in flexibilisierten Großwohnformen

Auch alternative gemeinschaftsorientierte Wohnkonzepte wie das Clusterwohnen reagieren auf den Bedarf nach höherer Flexibilität und nach Arbeitsräumlichkeiten in der Wohnung. Die erste Generation, zum Beispiel die Clusterwohnungen in der Kalkbreite in Zürich, basierte auf der repetitiven Addition von minimierten Einzel- oder Zweierapartments, jeweils ausgestattet mit Nasszelle und Kochzeile um einer gemeinschaftlichen Küche. Inzwischen wird die Varianz deutlich breiter, die Charakteristika der zunehmend beliebter werdenden Großwohnformen Clusterwohnung und Wohngemeinschaft verschmelzen: Es werden für alle nutzbare Arbeitsbereiche integriert, die Zimmergrößen variieren, nicht alle Privaträume sind direkt an eine Nasszelle angeschlossen, private Zimmer mit oder ohne Freibereich stehen zur Verfügung. Schaltzimmer können wahlweise zwei Einheiten zugeordnet werden. Ein

Grundriss einer 2018 bezogenen Clusterwohnung in der genossenschaftlichen Siedlung Teiggi in Kriens zeigt stellvertretend diesen Wandel. Diese wahlweise Zuschaltbarkeit bietet auch im Kontext einer Privatwohneinheit innerhalb der Clusterwohnung eine Lösung, um sie um eine Arbeitseinheit, auch mit einem separaten Zugang zu erweitern. Gleichzeitig ist ein Raum in Eingangsnähe als Büro gekennzeichnet.

1   C.21: Mehr zum Thema. Abzurufen unter: https://www.c-21.at/zumthema.html (besucht am 12.08.2020)
2   E-Mail Werner Neuwirth an Susanne Dürr vom 12.08.2020
3   Ebenda

Modul B – Atelier mit Blick auf die Gleise, C21, Wien

■ Arbeiten
■ Arbeiten/Wohnen
■ Wohnen

Arbeiten in der Clusterwohnung, Teiggi, Kriens, CH

3.04 Das produktive Haus

Vor dem Hintergrund der Veränderungen der Arbeitswelt verkörpert das Wohnen und Arbeiten in einem Haus die kleinräumliche Idealvorstellung der nutzungsgemischten und damit auch mobilitätsreduzierten Stadt der kurzen Wege und stellt einen Beitrag zur nachhaltigen Stadtentwicklung dar. Darüber hinaus fördert diese Koppelung soziale Bindungen in der Familie, aber auch darüber hinaus.

Als Kennzeichen der europäischen Stadt vom Mittelalter bis in die Neuzeit waren in Handels- und Handwerkshäusern beide Nutzungen räumlich vereint, Eigentumsstrukturen waren meist die Grundlage dieser direkten Verbindung von Arbeiten und Wohnen in einem Haus. Vor allem in der produktiven Phase der Gründerzeit war die Besitzstruktur der Stadt von Einzeleigentum geprägt.[1] Die funktionale Trennung fand mit der Industrialisierung statt. Geschichtlich betrachtet war diese Tradition der räumlichen Nähe im Haus damit nur seit der zweiten Hälfte des 19. Jahrhunderts bis Ende des 20. Jahrhunderts unterbrochen.

Wohnen und Arbeiten in horizontaler Schichtung

Diese Koppelung beider Nutzungen im Haus wird seit den 1990er-Jahren durch die Stadtplanung wieder aufgegriffen. Die morphologische Struktur der historischen Vorbilder – die horizontale Schichtung öffentlicher Nutzungen als Arbeitsorte im Erdgeschoss und privater Wohnnutzungen ab dem ersten Obergeschoss in voneinander abgegrenzten Raumeinheiten – wird fortgeführt, Ursachen und Rahmenbedingungen haben sich allerdings verschoben. Die Stadt Tübingen übersetzt diese historischen Leitbilder im französischen Viertel in die Quartiersentwicklung der 2000er-Jahre durch die Vorgabe, in jedem Erdgeschoss des kleinteilig parzellierten Quartiers eine Gewerbeeinheit zu integrieren. Dies könnte das Büro eines Bewohnenden sein, ein Laden, ein kulturelles oder soziales Angebot. Baugemeinschaften sind nun die Eigentümer, die diese

Verpflichtung dauerhaft umsetzen sollen. Die gewonnene Erkenntnis, dass diese hausbezogene Festlegung nicht unabhängig von der Lage des Hauses im Quartier und damit der Frequentierung dauerhaft umgesetzt werden kann, zeigt die Grenzen gebäudetypologischer Festlegungen auf.

Tradition im Wandel

Die Berliner Tradition der Gründerzeit nach 1871, das Erdgeschoss gewerblich zu nutzen und in den oberen Stockwerken zu wohnen, greift das privat entwickelte Projekt Wohnregal in Berlin ebenfalls wieder auf. Die Fortsetzung des Stadtbodenniveaus und die bodentiefe Transparenz der Fassaden machen ein im Erdgeschoss angesiedeltes Büro zur direkten Fortsetzung des öffentlichen Raumes. Die interne räumliche Organisation und die Stützenfreiheit erlauben Ein- und Durchblicke bis in den Blockinnenbereich und damit auch Teilnahme am Geschehen im Quartier. Barrierefreie Zugänge unterstützen den Austausch. In der seriellen Betonfertigteilbauweise wird in Bezug auf Stockwerkshöhen und Ausgestaltung der Fassaden aber nicht unterschieden zwischen Erd- und Obergeschoss. Trotz der aktuellen gewerblichen Nutzung im Erdgeschoss als Architekturbüro ist das Haus anpassungsfähig an unterschiedliche Bedürfnisse. Die Situation – Einblicke der Passierenden auf Fußgängerebene – legt hier das Nutzungsmuster Gewerbe nahe, die Struktur des Hauses ermöglicht aber – angelehnt an das Modell des Regals – ebenso über alle Geschosse eine Vielfalt an Wohn- und Arbeitsateliers. Arbeiten in verschiedener Form und an jedem Ort ist damit Teil der urbanen Wohnvorstellung.

Horizontale Nutzungsschichtung und strukturelle Anpassbarkeit im Wohnregal, Berlin

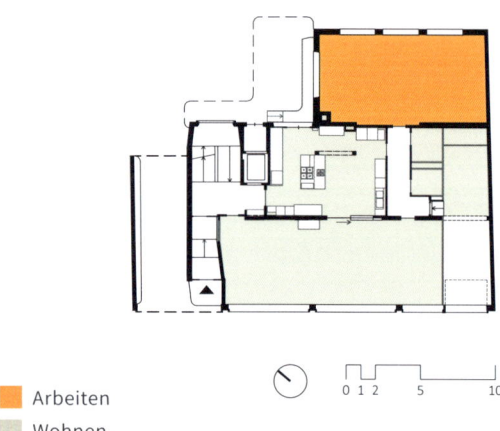

■ Arbeiten
■ Wohnen

Grundriss Erdgeschoss, Karthago, Zürich

Gemeinschaftliches Arbeiten im Erdgeschoss

In gemeinschaftsorientierten Wohnprojekten ist das Erdgeschoss häufig Ort gemeinschaftlicher Aktivitäten. Auch Co-Working-Räume, Arbeitsbereiche mit gemeinsamer Infrastruktur für die Hausbewohner:innen bilden hier die Schnittstelle zwischen Öffentlichkeit und Privatheit. Im Wohnprojekt Karthago in Zürich wendet sich ein circa 65 Quadratmeter großer und ungestörter Raum zum Hof, er wird extern oder über den Speisesaal erschlossen und ist nicht direkt mit dem Treppenhaus verbunden. Er wird auch als Arbeitsraum genutzt. Alternativ gibt es in den Wohngemeinschaften der folgenden fünf Geschosse koppelbare Zimmer, die sich zum Wohnen und Arbeiten eignen.

Verschiedene Räume für das Arbeiten

In dem Projekt SAN RIEMO in München-Riem finden zeitgemäße Interpretationen einer vielfältigen Vorstellung von Arbeiten ihren Raum im Erdgeschoss. Die vier Meter hohe, lang gezogene Halle ist ein großer, nutzungsneutraler Raum mit enger Verbindung zum Freiraum: Die Fenster lassen sich zum Hof öffnen, der angrenzende Freibereich ist überdacht, der Hauptzugang über ein auffälliges Vordach und eine auf diesen Eingang fokussierte Fassade zum Quartier hervorgehoben. Die Halle ist ausgestattet mit einer soliden technischen Infrastruktur als Basis für alternative Vorstellungen von Leben in diesem Raum. Diskutiert wurden hier unter anderem eine begleitende Regalwand mit Schließfächern für alle Hausbewohner und Waschmaschinen in Nischen – häusliche Arbeit, die bisher meist an Frauen gekoppelt Teil des privaten Wohnens war, bewegt sich nun nicht nur in genossenschaftlichen Projekten in der Schweiz, sondern auch in Deutschland wieder in die Sphären der Halböffentlichkeit. Die Diskussionen zur Nutzung und Gestaltung dieses Raumes dauerten über die ganze Projektphase an und sind auch nach Bezug noch nicht

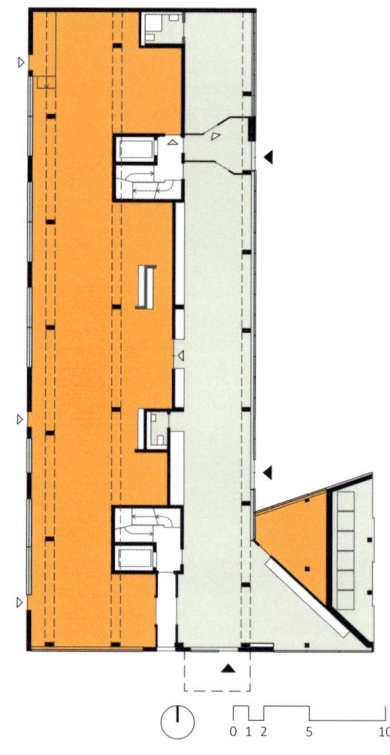

■ Arbeiten
■ Wohnen

Grundriss Erdgeschoss, SAN RIEMO, München

Arbeitsraum, SAN RIEMO, München

beendet. Daneben gibt es einen abgeschlossenen, dreiecks-förmigen, ebenfalls optional nutzbaren Raum: Der Flexraum von circa 25 Quadratmetern ist für das Basteln und Arbeiten vorgesehen. Die optionale Zuordnung von Raum zum Arbeiten setzt sich in den Obergeschossen fort: Die 14 Quadratmeter großen regelhaften Raumzellen sind in ihrer Geometrie auch als Arbeitsräume geeignet, die Bewohner:innen wählen die Türfüllung (zum Beispiel auch Schiebetür) und damit die Form der Zuschaltbarkeit.

Halle auch als Ort für häusliche Arbeit, SAN RIEMO, München

Vertikale Vielfalt und Flexibilität

Die hausinterne Verortung und Vernetzung von Arbeiten und Wohnen flexibilisiert sich zunehmend. Neben Arbeitsräumen im Erdgeschoss oder im Dachgeschoss mit davor gelegener Terrasse werden Arbeitsräume oder optionale Räume auf allen Ebenen positioniert. Daniela Fiedler, Projektmanagerin des wohnbund:consult in Wien und Begleiterin des Forschungsprojekts Urban Upgrade[2], spricht von diesem breiten Angebot im Quartiershaus MIO im Sonnwendviertel Ost in Wien: „Unsere Traumvorstellung ist: Jemand hat im Erdgeschoss ein Mikrolokal, im Obergeschoss ein Backoffice und wohnt im Haus darüber."[3] Sie thematisiert damit eine vertikale Vielfalt und Flexibilität von Wohn- und Gewerberäumen. Das Quartiershaus MIO, geplant von dem Wiener StudioVlayStreeruwitz ist an einer prägnanten Kreuzung von Fußgängerzone und quartiersverbindender Wegeverbindung platziert. An diesem stark frequentierten Ort wurden die Aufhebung tradierter funktionaler Zuordnungen, eine langfristige Nutzungsoffenheit und damit das Angebot einer vertikalen Vielfalt räumlich und strategisch thematisiert.

Ein ausgewogenes Verhältnis von Miete und Eigentum als Ermöglichung der Nutzungsvielfalt ist Teil des Konzepts: Gewinne aus Wohnungsverkäufen dienen der Quersubventionierung zum Beispiel der niedrigen Mieten für die kleinen Ladenlokale im Erdgeschoss. Die über diesen Mikropiloten liegenden drei Geschosse sind so konzipiert, dass Wohnen und Arbeiten generell möglich ist. Dieser Flexibilität sind allerdings durch Vorgaben Grenzen gesetzt: Die Gemeinnützigkeit des Wohnbauträgers erfordert die Besetzung des Gebäudes mit mindestens zwei Drittel Wohnen. Eine begegnungsorientierte Dachterrasse mit Garten und einer WG als gemeinschaftlicher Wohnform stellt eine Synergiefläche zwischen Arbeiten und Wohnen dar. Ab dem fünften Obergeschoss folgt „diskretes Wohnen" (siehe Zeichnung).

Auch überdurchschnittliche Geschosshöhen erleichtern eine flexible Nutzung zwischen offenen Arbeitsstrukturen und vielfältigen Wohnkonzepten. In dem Projekt MIO wurde bis ins letzte Geschoss eine nutzungsoffene Raumhöhe von 2,82 Metern umgesetzt, der Stadtsockel, der das Angebot für die neun kleinen Erdgeschosslokale enthält, ist vier Meter hoch.

Vielfalt an Raumqualitäten zum Arbeiten

Um möglichst eine Bandbreite an unterschiedlichen Arbeitsformen im Haus zu ermöglichen, braucht es verschiedene Gewerbeflächen, -größen und -qualitäten. Im Quartiershaus MIO existiert ein solch breites Angebot – von den gewerbeorientierten Mikropiloten mit 25 bis 35 Quadratmeter im Erdgeschoss bis hin zu Mikrobüros in verschiedenen Größen. Die Gebäudestruktur erlaubt unterschiedliche Zonierung der drei Geschosse über dem Stadtbalkon: Von einer offenen Arbeitsatmosphäre über ein ganzes Geschoss über mittelgroße Gewerbeflächen bis hin zu einer kleinteiligen Zonierung sind hier verschiedene Nutzungs- und Vermietungsszenarien vorgedacht. Diese unterscheiden sich auch in ihren räumlichen Gegebenheiten: Die Orientierung der Flächen zur Belichtung kann ein-, zwei- oder auch dreiseitig sein. Auch die Zuordnung zu Freiräumen ist variantenreich: Im Erdgeschoss spannen sich die Mikropiloten zwischen städtischem Raum und nachbarschaftlichem Hof, in den darüber liegenden drei Stockwerken sind den flexiblen Raumzonen private Freiräume zugeordnet. Unterschiedliche Erschließungsangebote – ein zentral positionierter Treppen- und Aufzugskern und ein Laubengang als alternative Erschließung – schaffen zusätzliche Optionen.

Fassade und Flexibilität

Eine gewünschte Flexibilität und ein vielfältiges Angebot zwischen Wohnen und Arbeiten haben auch Auswirkungen auf die Hülle der Gebäude. Um eine reaktionsfähige Ausgangsposition zu bieten, ist zum Beispiel die Fassade des Quartiershauses MIO

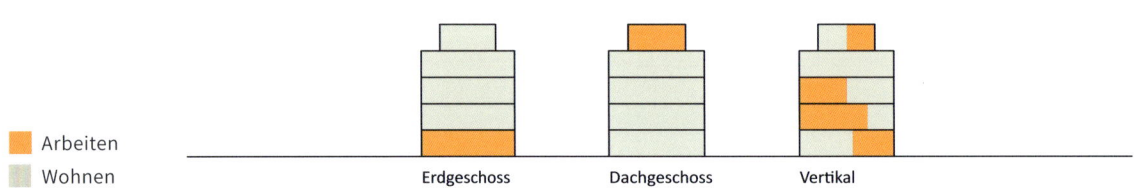

Arbeiten
Wohnen

Erdgeschoss   Dachgeschoss   Vertikal

Lage von optionalen Arbeitsräumen im Haus

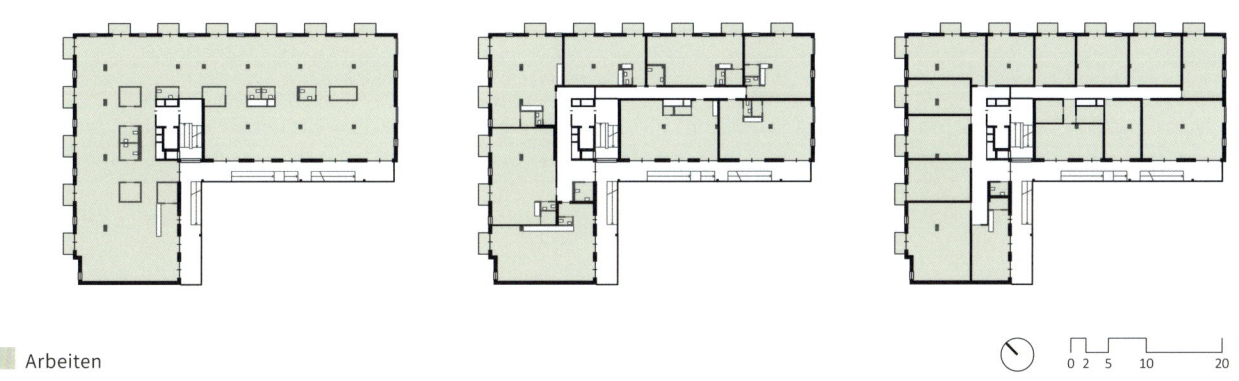

Arbeiten

Alternative Szenarien zur Arbeitsnutzung, MIO, Wien

0 2 5   10   20

MIO – (d)ein lässiger Typ

Frequentierter Standort im Quartier, MIO, Wien

0   20   50   100

unterschiedlich porös aufgebaut. Das Öffnungsraster des drei-geschossigen straßenbegleitenden Winkels ist enger gesetzt, um auch kleinere Räume anbieten zu können. Die Fassade des aufgesetzten fünfgeschossigen Turmes ist anders rhythmisiert: Fenster und Balkone der sich dort befindenden größeren Woh-nungen sind in größerer Distanz zueinander platziert.

Balkone als Teil einer veränderten Arbeitswelt

Der Stadtelefant, ein achtgeschossiges „Zunftgebäude", steht im Zentrum des Quartiers Sonnwendviertel Ost in Sichtkon-takt zu MIO. Dieses Haus ist in seiner äußeren Erscheinung geprägt durch weit auskragende Balkone. Sie erweisen sich einerseits als attraktiver Beitrag für den Arbeitsalltag, als Ort für Kommunikation und Austausch, für die Mittagspause, für kleine Besprechungen, als Raucher- oder Telefonier-Balkone. Andererseits sind sie notwendiger Bestandteil der Strategie der Flexibilität, der Offenheit der Baustruktur, die alternativ auch zu Wohnzwecken genutzt werden kann. Das räumliche Öffnen der einzelnen Büroeinheiten über Balkone verdeutlicht auch eine veränderte Arbeitskultur: Kommunikation und Aus-tausch ersetzen einen Konkurrenzmodus, Raumangebot und

Zielabsicht verstärken einander. Die Aufnahme mit Menschen auf den Balkonen wird auf der Website zur Visitenkarte der dort ansässigen Firmen und damit zum Geist des Projekts, zur Selbstdarstellung einer veränderten Arbeitskultur.

Neue Baukörpertiefen

Mit der Integration weiterer und verschiedener Nutzungen, grö-ßerer zusammenhängender Arbeitsbereiche und von Lagern, Archiven und Depots wandeln sich die Rahmenbedingungen für Gebäudetypologien. In Reaktion auf diese Veränderungen können hybride Gebäude entstehen oder Bestandsgebäude al-ternativ genutzt werden, die auch größere Baukörpertiefen in Anspruch nehmen.

Das Projekt SALE CON FRITAS der Wohngenossenschaft Kraftwerk1 im Koch-Quartier in Zürich ist ein solches Gebäude. Studio Trachsler Hoffmann hat den Wettbewerb zu diesem Baufeld gewonnen mit einem kompakten Haus, das in der Hö-henentwicklung in zwei Zonen geteilt ist. In den ersten drei Ge-schossen nimmt es eine Gebäudetiefe von circa 31 Metern in Anspruch. Passagen erlauben die öffentliche Durchquerung, eine Freitreppe verbindet über den Stadtbalkon das erste

Unterschiedliche Fassadenstruktur, MIO, Wien

Balkone als Visitenkarte einer veränderten Arbeitskultur, Stadtelefant, Wien

Obergeschoss mit dem Park. Das Zirkusquartier mit dem Zirkus Chnopf, Gastronomie, ein Kindergarten, eine Pension sowie Ateliers und Co-Working-Spaces sind in diesem dreigeschossigen Sockel untergebracht. Die folgenden sechs Geschosse sind dem Wohnen gewidmet: Eine breite Vielfalt von Wohnungsgrößen und -typen ist um drei Höfe organisiert, eine Dachterrasse ist gemeinschaftlicher, intensiv begrünter Außenraum für die Bewohner:innen des Hauses.

Existente Typologien neu interpretiert

Ebenso zeigen sich bisher monofunktionale Typologien als geeignet für die flexible Nutzung von Wohnen und Arbeiten. Das Terrassenhaus aus den 1970er-Jahren wurde in den letzten Jahrzehnten selten geplant und gebaut. Aktuell wird diese Typologie mit der signifikanten treppenartigen Silhouette europaweit – häufig im Luxussegment, aber auch in dem hybriden Bereich zwischen Wohnen und Arbeiten – wiedereingesetzt und neu interpretiert. Die tiefen und damit dunklen Bereiche in den bodennahen Geschossen werden mit gemeinschaftlich nutzbaren Bereichen – mit Café, Gewerbe und/oder neuen Formen des Arbeitens (Co-Working) – belegt. Die prägnante Schnittfigur

bietet mit unterschiedlichen Tiefen der Geschosse Varianz in Bezug auf die Größen der Nutzungseinheiten. Die Terrassen, zuvor meist nach Süden orientierte private Freibereiche, werden nun zu einer hybriden Zone: Die Erschließung der Einheiten ermöglicht gleichzeitig als hybride Zone Einblicke in das Schaffen Kreativgewerbetreibender, ist Ausstellungs- und Verkaufsschnittstelle, bietet aber auch Arbeits- und Erholungsflächen im Freien.

Das Lobe Block Terrassenhaus in Berlin Wedding, von Brandlhuber + Emde und Burlon mit Muck Petzet Architekten für eine Privatbauherrin gebaut, steht beispielhaft für diese Entwicklung. Das Gebäude firmiert zwar aufgrund der Vorgabe des Flächennutzungsplans als Gewerbehaus, bietet aber in einem erweiterten Sinn Rahmen für kreatives Tun und damit für Arbeiten und Wohnen. Neben einer Vielfalt verschieden großer Ateliers, die teilweise auch räumlich zurückgezogene Bereiche zum Schlafen aufweisen, sind im Erdgeschoss Zonen gemeinschaftlicher Nutzung wie ein Co-Working-Space und eine Kantine, die auch ein Restaurant ist, integriert; eine Dachterrasse steht ebenfalls allen zur Verfügung.

Alle Ateliers sind direkt erschlossen über einen Aufzug, zu Fuß erreicht man die Einheiten über die Terrassen. Die breiten Laubengänge sind als Erschließung Orte der Alltagsbegegnung, darüber hinaus bieten sie, wie auch das Grundstück, Raum für

Unterschiedliche Tiefen im Terrassenhaus, Lobe Block, Berlin

Terrassenhaus mit erhöhtem Erdgeschoss, Lobe Block, Berlin

Urban Gardening. Die Gebäudetypologie bietet damit ein räumliches Korsett, um Kontraste zu vereinen: Teilen und zugeordnet nutzen, Öffnen und Abgrenzen kann zusammengeführt werden.

Dazwischenraum als „Werkhof" und Repräsentanz

Gleichzeitig erhalten diese an die Ateliers angeschlossenen Außenbereiche des Lobe Block Terrassenhauses aber auch Bedeutung als Arbeitsorte im Freien. Der Dachüberstand bietet mit dem Vorhang Sonnen- und Regenschutz, die Fläche wird zum nutzbaren Dazwischenraum, zur Werkterrasse und Repräsentanz. Die vor den flexibel nutzbaren Ateliers vorgestellte Holzbalkonzone der Coopérative d'ateliers in Basel nimmt eine ähnliche Rolle ein: In allen Geschossen überdacht, durch Vorhänge geschützt und verschattet bietet der Raum mit zwei Metern Tiefe die Möglichkeit zu arbeiten oder auch Begegnungsraum zu sein. Er stellt zudem eine nachbarschaftliche Verbindung zwischen mindestens vier Ateliers pro Geschoss her.

Auch die Vertikale Fabrik MACH im Koch-Quartier in Zürich, geplant von Käferstein Meister & Ekinci Architekten, verfügt in Richtung Park über eine vielschichtige, verbindende und optional nutzbare Dazwischenzone. Fünf doppelgeschossig ausbaubare Gewerberäume öffnen sich über vier Geschosse zu diesen offenen Loggien. Auch dies ist ein überdachter und geschützter Raum für Arbeit, Begegnung und Entspannung, die Begrünung der Fassade bildet die vertikale Fortsetzung des Parks. „Mit dem Gewerbehaus im Koch-Quartier entsteht ein neuer Typus von Vermittlungsmaschine – vermittelnd zwischen urbaner Produktion und urbanem Leben, Lebens- und Arbeitsplatzqualität, zwischen den benachbarten Wohnquartieren, der Industrie im Norden und dem Park."[4]

1 Bernhardt, Christoph: Bauplatz Groß-Berlin. Wohnungsmärkte, Terraingewerbe und Kommunalpolitik im Städtewachstum der Hochindustrialisierung (1871–1918). Berlin, Boston 1998

2 wohnbund:consult eG: Urban Upgrade. Abzurufen unter: https://urbanupgrade.at/ (besucht am 04.09.2021)

3 Temel, Robert: Ein Stück Stadt bauen. Leben am Helmut-Zilk-Park. Wien 2019, S. 101

4 SENN: KOCH-Quartier. Gestaltungsplan eingereicht. Abzurufen unter: https://senn.com/projekt/koch-areal-konzept-wettbewerb-gewonnen/ (besucht am 02.11.2021)

Berankte Loggien zwischen Produktion und Park, Vertikale Fabrik, Koch-Quartier, Zürich
links: Breite Laubenerschließung als Arbeits- und Lebensraum, Lobe Block, Berlin

3.05 Das produktive Quartier

Die Vorstellung, in räumlicher Nähe zueinander wohnen und arbeiten zu können, ist prägender Bestandteil der aktuellen Leitbilder der Stadtentwicklung: Die „5-Minuten-Stadt" des räumlichen Leitbildes der Stadt Karlsruhe[1] oder die „15-Minuten-Stadt" in Paris[2] beinhalten nicht nur die Zielsetzung, eine Haltestelle des öffentlichen Nahverkehrs in dieser Zeit zu erreichen, sondern auch den Wunsch nach alltäglicher Infrastruktur, nach wohnortnahen Arbeitsplätzen und auch nach 24-stündiger Belebung. Die Neue Leipzig-Charta[3] benennt „die produktive Stadt" als eine der drei Handlungsdimensionen, die Grundlage des Wertemodells der europäischen nachhaltigen Stadtentwicklungspolitik sind. Produktion

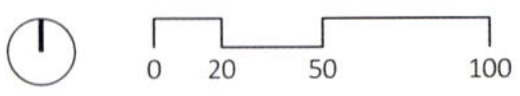

Atelierhaus C21
Lageplan, C21, Wien

soll in neue Formen von nutzungsgemischten Stadtquartieren zurückgeholt werden. Die Integration der Arbeitsräume für „eine digitale, dienstleistungsorientierte und CO_2-arme Ökonomie"[4] und die mögliche Interaktion zwischen Wohnen und Arbeiten auf Quartiersebene wird nachfolgend in den Fokus gestellt. Auch die Internationalen Bauausstellungen Wien 2022 und Stuttgart 2027 greifen dieses Thema auf und nutzen Quartiere und in einem größeren Maßstab die produktive Stadtregion[5] als Experimentierfelder für innovative Ansätze.

Adresse im Quartier – am Park, am Platz

Neben den getrennten Wohn- und Arbeitswelten des modernen Städtebaus sind Produktions- oder Verwaltungsbauten, die als Schallschutzmauer an Gleisen und stark befahrenen Straßen das angrenzende Wohnen akustisch schützen, bekannte Elemente der Bauleitplanung. Vor dem Hintergrund des Wandels prägen nun produktive Gebäude den Quartierseingang, bleiben an zentralen Plätzen in Erinnerung oder werden zur Quartiersadresse und zum Identitätsträger. Die neue Rolle vielfältigen Arbeitens im Quartier zeigt sich damit neben der Nutzungsmischung im Gebäude durch bewusst gesetzte städtebauliche Integration flexibler Arbeitsgebäude und deren Einbindung in das öffentliche Leben. Diese produktiven Bauten tragen nicht nur zur Orientierung im Quartier bei, sondern auch zur neuen Außenwirkung der Quartiere auf die Stadt. Arbeiten findet damit atomisiert oder konzentriert, flexibel unbestimmt oder in ein Narrativ eingebunden mit einer Vielfalt an Konzepten in direkter Verbundenheit zum Wohnen im Quartier statt.

Schallschutzwand plus

Das Atelierhaus C21 im Sonnwendviertel Ost in Wien ist auf einem Grundstück entstanden, das sich auch nach einer nachjustierenden städtebaulichen Planung – von einer gewerblich orientierten Brachenentwicklung zu einem gemischt genutzten Quartier – als Relikt eines überkommenen Planungsgedankens erhalten hat. Als Restgrundstück parallel zu den Gleisen blieb es dem Arbeiten gewidmet, weiterhin sollten Baukörper und Nutzung die Lärmbelastung in Richtung der benachbarten Wohnungsbauten abschirmen. Das Haus entspricht aber nicht den gängigen Bildern eines Gewerbebaus und bietet gleichzeitig einen Mehrwert für das Quartier: Das an ein abstraktes Kunstwerk erinnernde Atelierhaus thematisiert nicht eine funktionale bauliche Gliederung, sondern öffnet sich vierseitig mit verschiedenen Größen von quadratischen, weiß gefassten Schaufenstern zum Quartier, zum Himmel und den Gleisen.

Parkplätze sind nicht ebenerdig davor platziert, sondern in ein Untergeschoss integriert – die lang gezogene, schmale Terrasse zur Straße lädt ein, das Haus zu betreten. Die Freibereiche – geplant von rajek barosch landschaftsarchitektur – sind als Stadtwildnis Potenzialflächen für Spontanes, sie berücksichtigen aber ebenso funktionale Bedürfnisse wie die Ladezone, Fahrradabstellplätze und einen Werkplatz für das Arbeiten im Freien.[6] Sie stellen gemeinsam mit dem Foyer, einem Café und einem Salon im Erdgeschoss die Schnittstelle sowie einen Beitrag zum lebendigen, gemischtgenutzten Sonnwendviertel Ost dar.

Fassade zum Quartier, C21, Wien

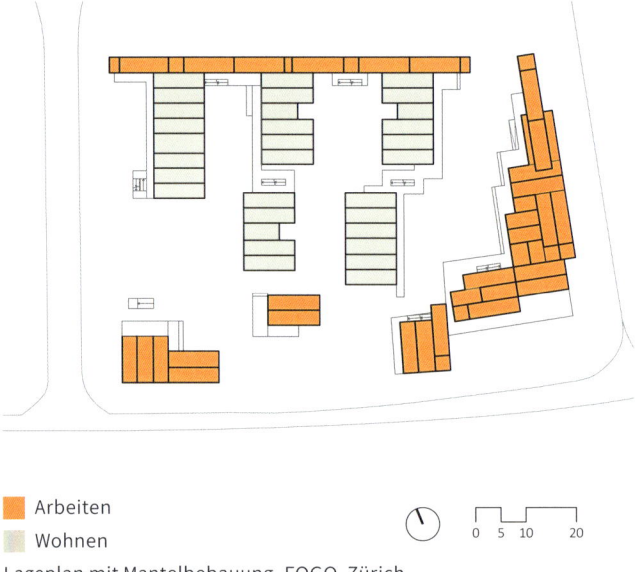

■ Arbeiten
□ Wohnen

0 5 10   20

Lageplan mit Mantelbebauung, FOGO, Zürich

Schallschutzrahmen – Interaktion zwischen außen und innen

Dieser Gedanke des städtebaulichen Schallschutzes prägt ebenso die temporäre Siedlung FOGO Ost in Zürich. Dreiseitig stark vom Verkehrslärm belastet, schützt ein Gewerbe- und Kulturmantel die ost-westorientierten modularen Wohnbauten im Zentrum. Dieser akustische Puffer ist Motor der Begegnung und der Integration, Ort der Durchdringung, Durchlässigkeit und Vernetzung. Er dient mit Ateliers, Werkstätten und Gastronomie als Schnittstelle zum Wohnen wie zum Quartier, aber ebenso als visueller Attraktor. Die Holzmodulbauten, rigide, schmal und linear aufgereiht Richtung Autobahn im Norden, stapeln sich spielerisch und aufsehenerregend mit Vor- und Rücksprüngen um die Südostecke; an einem fünfgeschossigen Containerturm ist weithin sichtbar der Name FOGO angebracht. Hier erlauben größere Module eine stützenfreie Nutzung für größere Veranstaltungen. Dem Vulkanplatz und damit dem Bahnhof Altstetten gegenüber ist die Umfassung einladend geöffnet. In diesem gebauten Schallschutzrahmen nutzen die kreativen Gewerbetreibenden überdachte Holzdecks und Dachterrassen als halb private Arbeits- und Begegnungsorte vor ihren langen und schmalen Ateliers; Toiletten, Lager und Besprechungsräume werden extern erschlossen und gemeinsam genutzt.

Dachterrassen und überdachte Holzdecks, FOGO, Zürich

Buvette und Eingang, FOGO, Zürich
rechts: Größere Veranstaltungsbereiche, FOGO, Zürich

Zunfthaus als aktive Quartiersmitte

Im Sonnwendviertel Ost in Wien wurden über Wettbewerbsverfahren Quartiershäuser für spezifische Standorte, die dort besondere urbane Impulse auslösen sollten, ausgewählt. Die Qualität des Nutzungskonzepts war eines von sechs Kriterien zur Entscheidung des konkurrierenden zweistufigen Verfahrens.[7] Das Programm des Quartiershauses Stadtelefant ist fokussiert auf eine Berufssparte: Ein Architekturbürocluster mit branchennahen Ergänzungen nutzt fünf der Geschosse als Arbeitsort, vier Wohnungen greifen über die letzten beiden Geschosse. Das Gebäude aus Fertigbetonteilen steht im Zentrum des Sonnwendviertel Ost und ist als neues Modell eines Zunfthauses platzbildender Bestandteil der Quartiersmitte. Eine 100 Quadratmeter große öffentliche Kantine im Erdgeschoss öffnet das Haus zum Quartier. Durch bodentiefe Verglasung entsteht Transparenz und Offenheit zum Platz, das Vordach markiert diese öffentliche Zone des Gebäudes. Synergien zur Stadt stehen auch mit der Vermietung an die Architekturstiftung Österreich und den Verein architektur in progress im Fokus. Der Sichtbetonbau ist mit zwei tragenden Kernen und Außenwänden flexibel geplant. Auch eine Raumhöhe von 3,20 Meter durch alle Geschosse und große Fenster und Balkone in den heutigen Arbeitsgeschossen erlauben zukünftig Reaktionen auf Nutzungswandel.

■ Stadtelefant

Lageplan, Stadtelefant, Wien

Stadtelefant am Platz, Sonnwendviertel Ost, Wien

Urbane Produktion als Teil des Quartiers

Das Koch-Areal in Zürich wurde nach einer offenen Ausschreibung auf Baurechtbasis an drei Projektpartnerinnen vergeben: Die große und über 100-jährige Allgemeine Baugenossenschaft Zürich (ABZ) kooperiert mit der jungen und innovativen Genossenschaft Kraftwerk1 und mit dem privaten Investor Senn Development AG, der Erfahrung im innovativen Gewerbebau aufweist. Die kooperative Bewerbung baut auf den verschiedenen Stärken der Partnerinnen auf, um folgendes, in der Bewerbungsschrift dargestellte Nutzungskonzept umsetzen zu können: „Klein- und grossteilige Vielfalt, Überlagerungen, Synergien, kurze Wege, horizontaler und vertikaler Nutzungsmix, soziale Nachhaltigkeit, enge Verschränkung, Freiräume und Aneignung, Wohnen, Arbeiten, Erholung und Freizeit, ökologische Nachhaltigkeit, Anlieferung, Betrieb und Unterhalt, Produktion und Konsum, ökonomische Nachhaltigkeit, Anziehungspunkt und Zufluchtsort: Das vermeintlich Gegensätzliche macht im Koch-Quartier das verbindende Gemeinsame aus."[8]

Partizipation und gewerbliche Entwicklung

Im Rahmen des partizipativen Prozessfrühlings wurden Grundlagen für die Architekturwettbewerbsausschreibungen zu den drei Baufeldern der Projektpartnerinnen gesammelt – hier gab es auch eine Veranstaltung zum Thema „Gewerbe & Dienstleistungen: Welche Angebote braucht das Quartier?" Den Mehrwert an diesem Beteiligungsprozess für die gewerbliche Entwicklung sah Martin Schriener von SENN unter anderem in der Chance, mit den Gesprächen die Bedürfnisse und Argumente möglicher zukünftiger Kunden kennenzulernen. Gleichzeitig setzte SENN nicht nur auf die Form der öffentlichen Beteiligung. SENN gründete eine „Koch-Equipe", sprach Unternehmer, die im Umfeld des Quartiers angesiedelt waren, an und fragte sie bei Interesse nach Bedürfnissen und Anforderungen.[9] Auch der Kontakt zur „Made in Zürich Initiative"[10], einer Plattform, die urbane „Produktivisten" vereinigt, bildet das Umfeld der gewerblichen Entwicklung des Koch-Quartiers. Die hier zusammengeschlossenen Unternehmer:innen sind mögliche zukünftige Mieter:innen im MACH.

Orchestrierte Vielfalt in der urbanen Produktion

Im Koch-Quartier steht mit der Vertikalen Fabrik MACH[11] von SENN, geplant von Käferstein Meister & Ekinci Architekten, ein funktionales Gehäuse für die Produktion in der Stadt im Fokus: Ein Ladedock für Lastwagen erlaubt die direkte Anlieferung, die drei Erschließungskerne sind jeweils mit Warenliften ausgestattet, die Decken der Vollgeschosse erlauben Nutzlasten von 1.000 Kilogramm pro Quadratmeter. Die Fabrik lässt hohen Gestaltungsspielraum zu – dies vor allem in Bezug auf die Übergeschosshöhen von 5,70 Metern. Sie erlauben Galeriegeschosse, die von jedem Nutzer nach eigenen Bedürfnissen gesetzt werden können.[12] Damit besteht die Möglichkeit, die Produktion dreidimensional zu organisieren. Gleichzeitig steht eine Bandbreite an unterschiedlich großen Flächen zur Verfügung: Die kleinste Einheit beträgt 120 Quadratmeter, aber es kann auch ein ganzes Geschoss von über 2.000 Quadratmetern angemietet werden. Martin Schriener von SENN sagte dazu: „Wichtig ist, dass das Gebäude flexibel bleibt, um auf mögliche unterschiedliche Bedürfnisse in der Zukunft – 2023, aber auch für nächste Vermietungszyklen bei einer Lebenszeit von mindestens 50 Jahren – reagieren zu können."[13] Gleichzeitig verwandelt eine südorientierte begrünte Loggia das Gebäude für urbane Produktion zum Haus am Park.

Diese Vielfalt in Bezug auf Gewerbeangebote bezieht sich aber nicht nur auf die Produktionsflächen in der Vertikalen Fabrik – in allen Baufeldern des Koch-Quartiers ist Gewerbe vorgesehen. Schon in der Konzeptbewerbung zur Grundstücksvergabe dokumentiert ein Nutzungsdiagramm die Vereinbarung der Bauträger:innen zur Platzierung von Quartiersinfrastruktur, von Verkauf oder Produktion. So befindet sich die Halle des Zirkus Chnopf und Gastronomie im Gebäude der Genossenschaft Kraftwerk1, im Fuß des Zeilenbaus der ABZ ist ein Supermarkt platziert.

Silo zum Hof mit Gastronomie und Ateliers, Basel

Bewerbung Koch–Areal

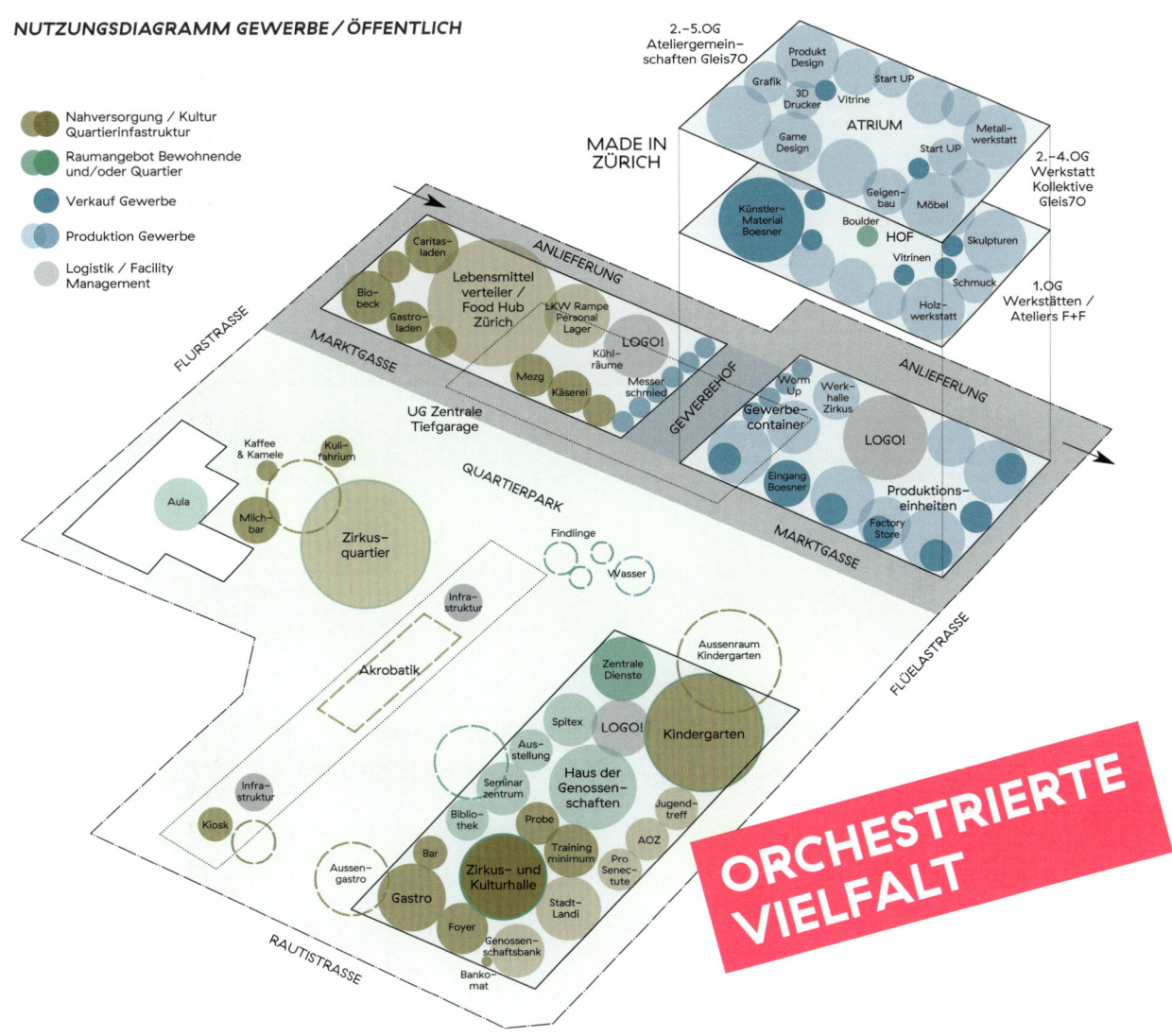

NUTZUNGSDIAGRAMM GEWERBE / ÖFFENTLICH

- Nahversorgung / Kultur Quartierinfastruktur
- Raumangebot Bewohnende und/oder Quartier
- Verkauf Gewerbe
- Produktion Gewerbe
- Logistik / Facility Management

ORCHESTRIERTE VIELFALT

Orchestrierte Vielfalt in der Bewerbungsschrift, Koch-Quartier, Zürich

Bestand – Quartiersidentität, Verpflichtung und Freiraum

Die hervorgehobene Integration von Bestandsgebäuden in Quartiersentwicklungen und ihre Nutzung als Arbeitsorte bietet Chancen, erfordert aber auch die Berücksichtigung der baulichen Ausgangssituation. Im Areal Erlenmatt Ost in Basel ist das Silo, ein die Geschichte des Ortes erzählendes ehemaliges Speichergebäude, heute zum kreativen Arbeits- und Begegnungsort des Areals geworden. Mehrere Versuche, dieses unter Denkmalschutz stehende Lagergebäude für Getreide

und Kakaobohnen in einem wirtschaftlichen Rahmen zu entwickeln, schlugen fehl. Die bauliche Struktur und das Wesen des Gebäudes erforderten Spielräume im Umgang mit dem Bestand. Die Stiftung Habitat und der Verein TALENT haben nun dort mit Harry Gugger Studio einen Hostelbetrieb, ein Restaurant und Seminarräume geschaffen sowie Arbeitsräume für Kreative. Die charakteristischen Silokammern sind dabei erhalten geblieben, Programm, nutzbare Raumkapazität und soziale Intention passen sich der Gebäudestruktur an. Der Verein als Gründer und Inhaber der GmbH SILO by TALENT verfolgt mit den Betreibern des Restaurants und des Hostels im Sinne

einer nicht profitorientierten Organisation die Umsetzung des Zieles der „Förderung und Entwicklung von jungen talentierten und motivierten Berufsleuten aus allen Berufsfeldern der Gastronomie und Hotellerie".[14] Ateliers und Büros als bezahlbarer Arbeitsraum für Kulturschaffende, Dienstleister und Gewerbetreibende fördern die Vielfalt im Quartier.

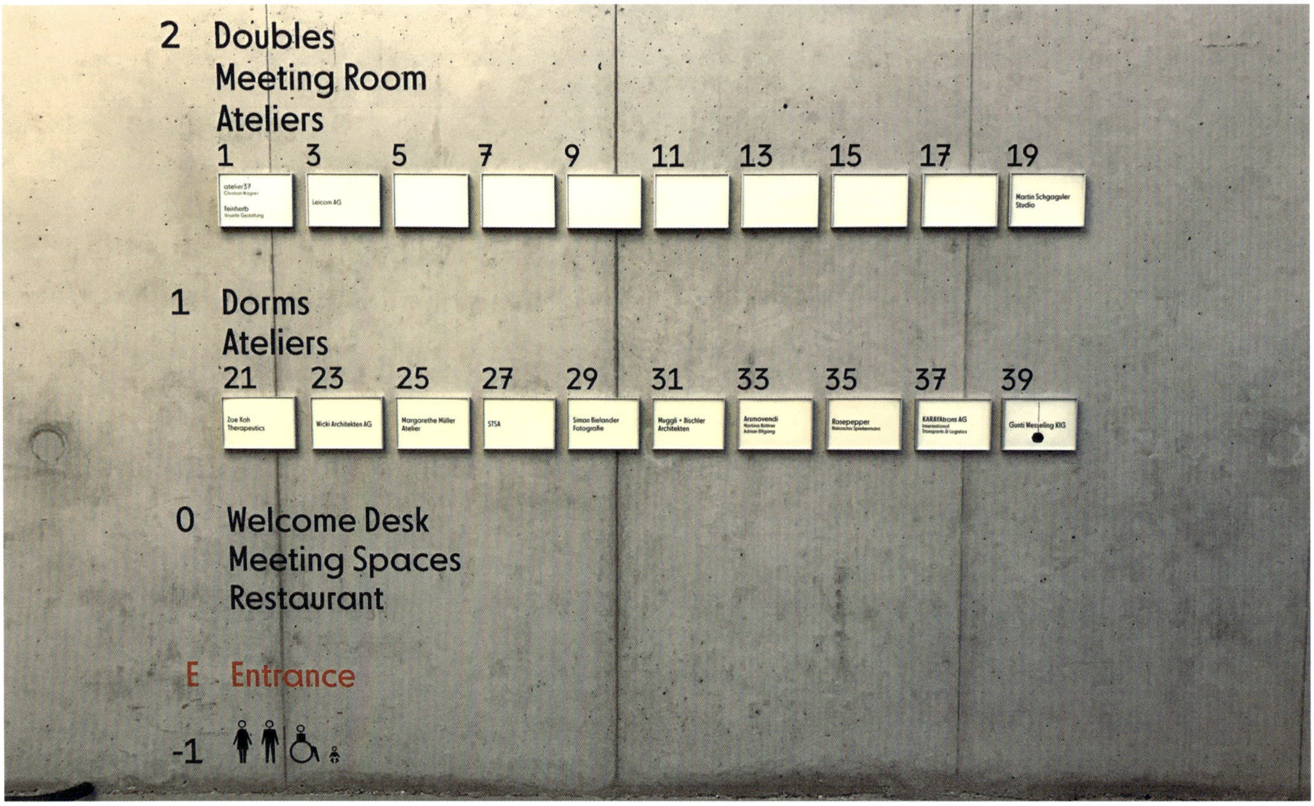

Schnitt durch die Struktur des Lagergebäudes, Silo, Basel

Signaletik, Silo, Basel

Quartiermacher Erdgeschoss

„Die Stadt als kollektiver Raum wird sich in den nächsten Jahren auf der Ebene Null, dem Erdgeschoss, neu erfinden müssen"[15], so Andreas Hofer, Intendant der IBA Stuttgart. Die wirtschaftliche Tragfähigkeit anderer Nutzungen als das Wohnen – wie kulturelle, soziale, oder auch gewerbliche Nutzungen – ist weniger gesichert, die Fluktuation dieser Mieter:innen kann hoch sein. Eine zugängliche, von vielen nutzbare Erdgeschosszone erzeugt aber ein belebtes und vernetztes Quartier und trägt zur Integration und Inklusion bei. Im Quartiershaus MIO in Wien wurden daher Starterleichterungen für die Gewerbetreibenden vereinbart: Die Miete für die Einheiten im Erdgeschoss – querfinanziert durch Gewinne aus Wohnungsverkäufen – liegt bei 4 Euro pro Quadratmeter.[16] Ebenso ist die Größe dieser Einheiten reduziert: bei Raumgrößen zwischen 25 bis 35 Quadratmetern sind Start-ups nur mit geringen monatlichen Fixkosten finanziell gebunden, neue Mieter:innen sind zu diesen Konditionen leicht zu finden. Die kostengünstigen gewerblichen Starterzellen unterstützen damit die mischgenutzte Quartiersentwicklung und tragen zur Lebendigkeit des Quartiers bei. Dabei expandieren die Gewerbetreibenden, beispielsweise durch Außenbestuhlung, verstärkt in den Außenraum. Durch das Durchstecken der Gewerbeflächen im Erdgeschoss von MIO entsteht eine Verantwortung der Freiflächen in zwei Richtungen: Der städtische Raum, aber auch der zur Nachbarschaft orientierte Hof wird durch Außenbestuhlung belebt. Dadurch wird dem Hof eine neue Rolle zugewiesen.

Kuratierte Programmierung

„Wenn jeder eine Saftbar oder einen Bioladen aufmacht, wird es schwierig. Wir wollen ja Beständigkeit, dass nicht alle nach einem Jahr wieder zusperren müssen."[17] Mit dieser Aussage verweist Daniela Fiedler, Projektmanagerin des Forschungsprojekts Urban Upgrade auf die Notwendigkeit, Mischung zu kuratieren; die Lebendigkeit eines Quartiers in den wichtigen Erdgeschosszonen wird damit robust, krisenfest und vielfältig gemacht. Um die Programmierung einer gewerblichen Vielfalt im Quartier zu steuern, braucht es neue Kooperationsformen und Koalitionen – sie können Standorte und typologische Vielfalt der Gebäude, die Bedarfe der Bewohner:innen sowie der Kulturschaffenden, Dienstleister und Gewerbetreibenden flexibel zuweisen. Im Sonnwendviertel Ost in Wien wurden bereits durch die gezielt vergebenen und über das gesamte Viertel verteilten „Quartiershäuser" starke Impulse zur Belebung des Erdgeschosses ausgelöst. Darüber hinaus kann dies kontinuierlich durch ein Quartiersmanagement oder durch eine professionelle Dienstleistung wie Urban Upgrade begleitet werden.

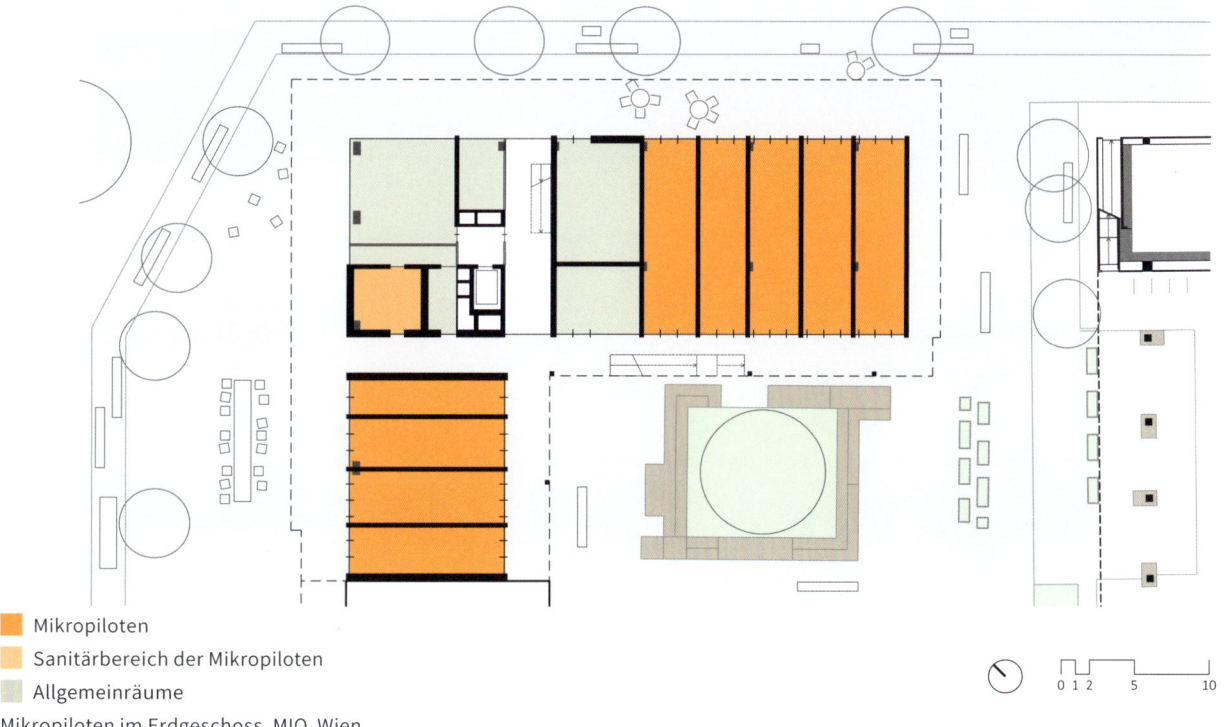

■ Mikropiloten
■ Sanitärbereich der Mikropiloten
■ Allgemeinräume

Mikropiloten im Erdgeschoss, MIO, Wien

0 1 2   5   10

Soziale Arbeit und sozialer Halt

Auch in dem Wohngebäude SAN RIEMO in München-Riem war es ausdrücklicher Wunsch der Genossenschaft, eine Mieterin oder einen Mieter zu finden, die bzw. der eine Interaktion des Hauses mit dem Quartier auslöst. Hier ist ein großer Gewerbebereich von circa 320 Quadratmetern im Erdgeschoss zur Gänze vermietet an die STARTSTARK gGmbH, eine Tochter der Stiftung Lichtblick Kinder- und Jugendhilfe. Sie bietet Ausbildungsunterstützung für Jugendliche im Stadtteil an. Allerdings ist diese Fläche über drei Zugänge erschlossen – diese ermöglichen auch die flexible Unterteilung der Gewerbefläche in kleinere Einheiten. Große Schaufenster öffnen sich zur Straße und bieten – anstelle der mit Abstandsgrün bepflanzten Distanzzone beim Wohnen im Erdgeschoss – Austausch zum Straßenraum.

Soziale Arbeit und sozialer Raum

Für die urbane Produktion ist vielfach die Verschränkung wichtig. So wird im Brückenhaus der Baugemeinschaft Wolle+ durch die Bauherrin kit jugendhilfe der große Sozialraum durch unterschiedlichste Nutzung sozial orchestriert. Es befinden sich aber im Erdgeschoss ebenso ein Büro der kit jugendhilfe und ein kleines Büro des Verbandes alleinerziehender Mütter und Väter (VAMV), die Beratungen für Klient:innen aus dem Quartier und der Stadt anbieten. Die variabel nutzbaren Räume lassen soziale und therapeutisch-beratende Tätigkeiten gleichermaßen zu. Der Wirkungsbereich überlagert sich vom Haus über das Quartier zur Stadt.

Co-Working zur Öffnung des Erdgeschosses

Auch Räume für das Co-Working können das Erdgeschoss als kollektiven Raum beleben. Gunnar Laufer-Stark, Gründer des ersten Tübinger Co-Working-Space und Vorstand der nestbau AG, spricht davon, dass aus seiner Erfahrung Co-Worker Offenheit zelebrieren, das Wohnen dagegen eine angemessene Privatsphäre sucht. Im nestbau-Hauskonzept – gültig für alle Neubauten der nestbau AG – ist der Wunsch nach Kontaktaufnahme zur Umgebung formuliert: „Im Erdgeschoss befinden sich zum Viertel hin ausgerichtete Räume, z. B. ein Café oder ein Gemeinschaftsbüro mit kurzfristig anmietbaren Arbeitsplätzen."[18] In Tübingen im Schleifmühleweg hat die nestbau AG ein Projekt nach dieser Maßgabe umgesetzt, auch im neuen Steingauquartier in Kirchheim unter Teck wird der Co-Working-Space zur Schnittstelle zum Quartier. Dort wird ein Café entstehen, das auch zum kurzfristigen Arbeiten oder zum

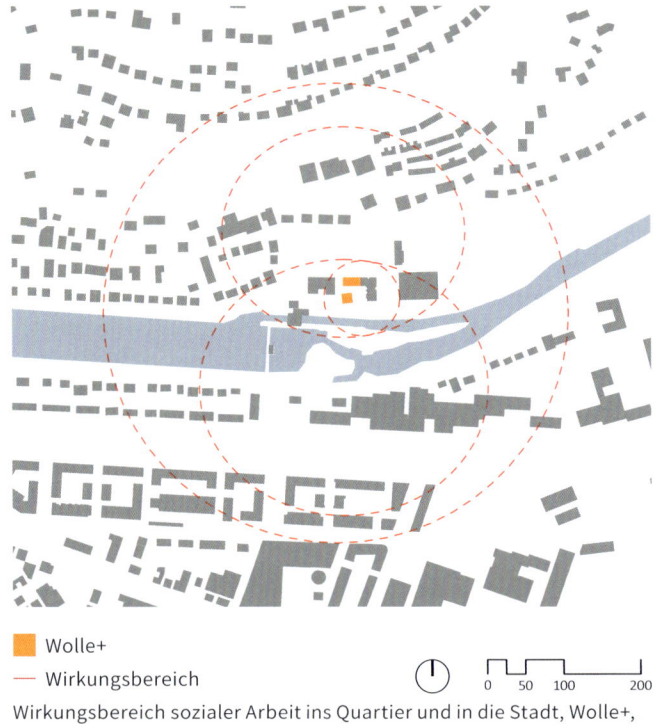

■ Wolle+
— Wirkungsbereich

0 50 100 200

Wirkungsbereich sozialer Arbeit ins Quartier und in die Stadt, Wolle+, Tübingen

Kommunizieren einlädt. Der angeschlossene größere Saal mit getrenntem Küchenzugang kann für Veranstaltungen gebucht werden (vgl. Kapitel 4.05 „Das adaptive Quartier").

Netzwerk Gewerbe-Communitys

Durch die Pluralisierung der Beschäftigungsformen entsteht eine Individualisierung und Atomisierung der Arbeitsformen – viele Beschäftigte arbeiten für sich allein, verspüren jedoch das Bedürfnis, sich mit Gleichgesinnten auszutauschen. In dem genossenschaftlichen Quartier Zwicky Süd wurde der Verein Werkplatz Zwicky gegründet, in dem die Gewerbeeinheiten verbunden und vertreten sind.[19] In dem Quartiershaus MIO im Sonnwendviertel Ost in Wien haben sich die Gewerbetreibenden in der MIO-MARKET COMMUNITY zusammengeschlossen, der Weg zur Gründung war begleitet durch das Forschungsprojekt Urban Upgrade. Dieses Projekt – durchgeführt von dem Büro wohnbund:consult und gefördert durch die Wirtschaftsagentur Wien – formuliert als Ziel, „engagierte Gewerbetreibende zu versammeln und diesen Starthilfe bei der Entwicklung einer Small Business Community zu geben und sich somit gegenseitig zu unterstützen".[20] Dieser Prozess soll auf andere Projekte übertragbar gemacht werden, um auch dort „Erdgeschossnutzungen, Urban Manufacturing und Mieterpartizipation zusammenzubringen".[21]

Zugang zu STARTSTARK von der Heinrich-Böll-Straße, SAN RIEMO, München

1 Stadt Karlsruhe: Räumliches Leitbild 2015. Fünf-Minuten-Stadt und Hybrid-Häuser (Amtsblatt der Stadt Karlsruhe). Abzurufen unter: https://presse.karlsruhe.de/db/stadtzeitung/jahr2014/woche17/raumliches_leitbild_2015_funf_minuten.html, zuletzt aktualisiert am 25.04.2014 (besucht am 02.11.2021)

2 Deutsches Institut für Urbanistik (difu): Vorbild Paris – auf dem Weg zur 15-Minuten-Stadt. Abzurufen unter: https://difu.de/veranstaltungen/2021-04-13/vorbild-paris-auf-dem-weg-zur-15-minuten-stadt (besucht am 02.11.2021) (besucht am 10.09.2021)

3 Bundesinstitut für Bau-, Stadt- und Raumforschung (BBSR) im Bundesamt für Bauwesen und Raumordnung (BBR) (Hg.): Neue Leipzig-Charta. Die transformative Kraft der Städte für das Gemeinwohl. Bonn 2021. Abzurufen unter: https://www.bbsr.bund.de/BBSR/DE/veroeffentlichungen/sonderveroeffentlichungen/2021/neue-leipzig-charta-pocket-dl.pdf?__blob=publicationFile&v=3 (besucht am 09.11.2021), S. 6

4 Ebenda

5 Internationale Bauausstellung 2027: Rückblick. IBA'27-Plenum #7: Die produktive Stadtregion. Abzurufen unter: https://www.iba27.de/iba27-plenum-7-die-produktive-stadtregion/ (besucht am 02.11.2021)

6 Atelierhaus C21: Urbane Wildnis im Sonnwendviertel. Abzurufen unter: https://www.c-21.at/landschaft.html (besucht am 15.09.2021)

7 Temel, Robert: Ein Stück Stadt bauen. Leben am Helmut-Zilk-Park. Wien 2019, S. 37

8 Koch-Quartier: Bewerbung Koch-Areal. Koch – Ein Zürcher Originalrezept. Abzurufen unter: https://kochquartier.cdn.prismic.io/kochquartier%2F83b6da63-9e8f-41aa-8c90-ad4bacd32fd8_20170916_koch_konzeptbewerbung-zeitung.pdf (besucht am 10.09.2021)

9 Gespräch mit Martin Schriener, SENN, im Rahmen des partizipativen Prozessfrühlings am 14.05.2018 in Zürich

10 Homepage der Made in Zürich Initiative. Abzurufen unter: https://madeinzuerich.ch (besucht am 12.09.2021)

11 ARGE Käferstein Meister & Ekinci: Vertikale Fabrik | Vertical Factory MACH. Koch Areal Baufeld A, Zürich, Schweiz | 2019–2024. Abzurufen unter: https://www.kaefersteinmeister.ch/9625658/arge-kaferstein-meister-amp-ekinci (besucht am 12.09.2021)

12 Eisenhut, Johannes: Vier Projekte in Altstetten. Erhalten – Verdichten – Weiterbauen. Abzurufen unter: https://gigon-guyer.arch.ethz.ch/vortraege/ (besucht am 07.04.2021)

13 Gespräch mit Martin Schriener, SENN im Rahmen des partizipativen Prozessfrühlings am 14.05.18 in Zürich

14 Talent GmbH: Verein TALENT. Förderung von jungen Talenten der Gastronomie und Hotellerie. Abzurufen unter: https://www.silobasel.com/de/verein-talent/ (besucht am 12.09.2021)

15 Hofer, Andreas: Bäume auf den Boden und der städtische Raum den Menschen! Diskussionsbeitrag. Internationale Bauausstellung 2027. Abzurufen unter: https://www.iba27.de/baeume-auf-den-boden-und-der-staedtische-raum-den-menschen (besucht am 06.08.2020)

16 Temel, Robert: Ein Stück Stadt bauen. Leben am Helmut-Zilk-Park. Wien 2019

17 Ebenda

18 nestbau AG: Das Nestbau Modellhaus. Abzurufen unter: https://www.nestbau-ag.de/das-nestbau-modellhaus (besucht am 04.11.2021)

19 Kraftwerk1: Gewerbe in der Siedlung Zwicky Süd. Abzurufen unter: https://www.kraftwerk1.ch/zwicky-sued/gewerbe.html (besucht am 02.11.2021)

20 wohnbund:consult eG: Willkommen bei Urban Upgrade! Abzurufen unter: https://urbanupgrade.at/ (besucht am 12.09.2021)

21 wohnbund:consult eG: Urban Upgrade. Abzurufen unter: https://wohnbund.at/urban-upgrade-call/ (besucht am 12.09.2021)

In dem im Herbst 2021 fertiggestellten Projekt „work-life-living" in Kirchheim unter Teck bildet das Café und der Arbeitsraum eine Schnittstelle zum Quartier.

4 ADAPTIVES WOHNEN

4.01 Thematische Einführung

Das akzelerierte Tempo des gesellschaftlichen Wandels erfordert adaptive Strategien des Wohnens, um zeitlich, örtlich und architektonisch variabel auf verschiedene Wohnanforderungen reagieren zu können. Von den Menschen wird in der modernen Gesellschaft ein hohes Maß an Anpassungsfähigkeit und Mobilität abverlangt. Da die Veränderungen der Moderne die Haushaltsstrukturen grundlegend veränderten, wandelten sich die Anforderungen an das Wohnen wesentlich. Die Lebensbiografien werden häufiger durch Zäsuren beeinflusst, sodass sich die Wohnbiografien im gleichen Maße verändern.

Obwohl sich die Lebensverhältnisse individualisiert haben, entstanden nicht nur Zumutungen, sondern auch neue Optionen und Herausforderungen. Menschen vermögen in weit stärkerer Ausmaße das „eigene Leben" zu entfalten, gleichzeitig bildet sich der Zwang, sich fortlaufend selbst zu entwerfen. Dem Verlust an Vertrautheiten stehen Möglichkeiten selbstbestimmten Lebens gegenüber. Von Richard Sennett wurde eindrücklich beschrieben, welche vielfältige Anpassungsleistungen den Menschen verlangt werden. Anforderungen an eine flexible Lebensgestaltung[1] in der Spätmoderne führen oftmals zu einem Kontrollverlust hinsichtlich Karriere und Lebensplanung. Gerade bei den multilokalen Tätigen verliert sich die Synchronität von Lebensort und Arbeitsort.

Adaptives Wohnen verstehen wir in all seiner Umfänglichkeit. Anpassungsleistung ist insbesondere auf drei zentralen Ebenen zu erbringen:

• multilokal Lebende und Arbeitende
• Anpassungsstrategien an Lebensphasenmodelle
• bauliche Anpassungen der Räume an Nutzungsoptionen

„Urbane Nomad:innen"?

Bereits in den Städten des 19. Jahrhunderts war der Anteil der sogenannten flottirenden Bevölkerungsklasse[2] ausgesprochen hoch. In Frankfurt am Main umfasste 1871 diese Gruppe etwa ein Drittel der Bevölkerung (Domicalbevölkerung 69.197 Seelen, flottirende hingegen 33.939 Seelen[3]). Die Menschen wanderten damals keineswegs auf keiner Einbahnstraße vom Land in die Stadt, vom Osten in den Westen oder von der Alten in die Neue Welt.[4] Temporäre Wanderungsbewegungen – Aus- und Rückwanderungen – gehörten zu den Lebenserfahrungen gerade von Menschen mit niedrigem Einkommen. Selbst innerhalb der Städte blieben sie vorerst ausgesprochen mobil und behielten dieses Verhalten häufig noch über ein bis zwei Menschenalter bei. Aus diesem Grund bezeichnete bereits der Mitbegründer der Disziplin Städtebau, Reinhard Baumeister, 1876, also zu Beginn der Hochphase der Urbanisierung, jene wandernden Bevölkerungskreise als Nomadenfamilien.[5] Mit dem Terminus Nomaden wurden abwertend die mangelnde Bereitschaft zu Sesshaftigkeit und die Bindungslosigkeit der wandernden Menschen assoziiert. Da zeitlich befristetes Wohnen und Arbeiten für große Gruppen zu ihren alltäglichen Lebenserfahrungen gehört, verwendeten in den 1920er-Jahren Architekten wie Walter Gropius[6] ebenfalls gern den Begriff Nomaden. Gegen den inflationär genutzten Begriff des „modernen Nomaden" wandte sich 1930 Alexander Schwab im „Buch von Bauen".[7] Die enormen Wanderungsbewegungen mit diesem Begriff zu kennzeichnen, resultiert nach seiner Ansicht aus einem zweifelhaften Vergleich: „Das ist umso interessanter, als die, die den Vergleich gerne gebrauchen, damit oft eine Art von unausgesprochenem Vorwurf anklingen lassen, oder von romantischem falschem Mitleid: die alten jahrhundertelang am alten Fleck ansässigen Ackerbürger-, Pfahlbürger-, Spießbürgerfamilien waren doch bessere Menschen, oder wenn nicht bessere, dann jedenfalls glücklichere Menschen. Was man so nennt: ‚verwurzelt', mit ‚Heimatgefühl', mit wertvoller kultureller ‚Überlieferung'. Also recht ähnlich dem Bauern, dem man ja auch gerne sein ‚zähes Festhalten an der ererbten Scholle' rühmend nachsagt."[8] Anders als die traditionellen Nomad:innen wanderten die modernen

Arbeiter:innen in den 1920er-Jahren nicht mehr in geschlossenen Verbänden (Sippen), sondern sie wanderten einzeln, auch dort, wo sie in Massen wanderten. Ein weiterer Unterschied sah Schwab darin, dass der Nomade mit all seinem Hab und Gut wandert, also auch mit seiner transportablen Behausung und seinen Produktionsmitteln. „Mit dem modernen Arbeiter wandert beides nicht mit: von der Wohnung kann er nur das Unwichtigste mitnehmen, Möbel und sonstige Einrichtung, gerade bei der Wanderschaft, beim Umzug mehr Last als Besitz, Ursache von Transportkosten, die oft fast den Wert übersteigen. Das Wichtigere, vor allem in unserem Klima, das schützende Haus, kann er nicht mitnehmen. Und was das Produktionskapital anbelangt, so kommt in der modernen Wirtschaft der Arbeiter schon deshalb nicht in die Verlegenheit, es auf die Wanderung mitzunehmen, weil er nicht darüber verfügt."[9]

Schwab wandte sich gegen die Stigmatisierung mobiler Bevölkerungsgruppen und forderte stattdessen bauliche Angebote, die er sich als das „moderne Wohnzelt"[10] vorstellen konnte. Das transportable Haus war nur für eine zeitlich befristete Nutzung gedacht (ca. 10 Jahre). Danach müsse es entweder wachsen können[11] oder einfach „ohne Schaden als Altmaterial verkauft und durch ein neues besseres ersetzt (werden).

Ähnlich also, wie heute das Bürgertum und die Arbeiteraristokratie in Amerika mit dem Auto verfährt."[12]

Residenzielle Multilokalität

Mit den Flexibilisierungsanforderungen an die Menschen im digitalen Zeitalter stieg das Erfordernis der berufsbedingten Mobilität und des multilokalen Wohnens deutlich an. Die beruflichen Erfordernisse nach einer temporären Ortsungebundenheit führen dazu, dass eine zunehmende Zahl von Menschen einen berufsbedingten Nebenwohnsitz unterhalten muss. Die „Ortspolygamie"[13] stellt daher heute keineswegs mehr ein Randphänomen dar. Dennoch macht „die Vielfalt des Phänomens der multilokalen Lebensführungen", sie – so ein ARL-(Akademie für Raumforschung und Landesplanung-) Papier – „zugleich auch ‚unsichtbar'"[14]. Inzwischen sind alle Bevölkerungsgruppen in unterschiedlichem zeitlichem Muster und Intensitäten von dieser Entwicklung betroffen. Die soziale Spanne der Multilokalen reicht vom schlecht bezahlten osteuropäischen Arbeiter in der industriellen Fleischproduktion bis hin zu hoch qualifizierten und bestbezahlten

Mikroapartment im Teamhaus, Schruns

Führungskräften. Über die Zahl der Betroffenen liegen jedoch keine verlässlichen Angaben vor. In einer Studie des Bundesinstituts für Bau-, Stadt- und Raumforschung (BBSR) wurde nur allgemein festgestellt, dass „mit zunehmender Differenzierung der Gesellschaft und der Arbeitsmärkte berufsbedingte multilokale Haushaltsstrukturen an Bedeutung gewonnen" hätten.[15] Die Angaben bzw. Schätzungen schwanken sehr zwischen 10 und 30 Prozent der berufstätigen Bevölkerung.[16]

Die Formen multilokaler Wohn- und Lebensformen haben sich inzwischen stark ausdifferenziert, und es wird zunehmend schwer, diese klar voneinander abzugrenzen. Zu den multilokalen Lebensformen wird generell nicht das Pendeln gezählt, also die tageszyklische Bewegung zwischen Wohnung und Arbeitsplatz, oder die Migration, die zu einem dauerhaften Wohnsitzwechsel führt. In unserem Kontext sind auch nicht die unterschiedlichen Formen des gewerblichen Wohnens (Hotels, Aparthotels, Boarding-Houses, Airbnb etc.) oder die hohe Anzahl der erholungsbedingten *Multilokalität* (freizeit- oder altersbedingten Zweitwohnsitze)[17] von Interesse. Von großer Relevanz für zukünftige Wohnoptionen sind aber die Wohnformen jener Menschen, die berufsbedingt mehrere Wohnorte in Anspruch nehmen müssen (residenzielle Multilokale). Zwar wird in Deutschland juristisch zwischen Haupt- und Nebenwohnsitz unterschieden, diese Unterscheidung wird jedoch immer unpräziser und kann weder Qualitäten des Wohnens und sozialen Lebens hinreichend gewichten noch die zeitlichen Prioritäten hinreichend benennen.

Der Begriff der Nomadin bzw. des Nomaden wird heute wieder gern ins digitale Zeitalter transformiert. Es betrifft besonders Personen, die ortsunabhängig mit digitalen Technologien arbeiten. Digitale Nomad:innen stellen inzwischen ein Extrem dar, wobei sich nach dem Motto „kein Ort nirgends" entgrenzte Arbeitsformen mit entgrenzten Wohnformen verbinden. Ihr ortsungebundenes Arbeiten erfolgt zumeist als Selbstständige bzw. Selbstständiger (Freelancer:in) in den Bereichen wie Programmierung und Softwareentwicklung oder als Blogger:in (Reise, Essen). Diese Gruppe von meist jungen Menschen vor der Familienphase hat Ähnlichkeiten mit der „digitalen Bohème",[18] ist aber aufgrund ihrer Ortsungebundenheit nicht deckungsgleich.[19] Formen der residenziellen Multilokalität gehen zwar von temporären Wohnnutzungen aus, sind aber klar von Formen des temporären Wohnens zu unterscheiden, da die letztgenannte Wohnform stets monolokal ist.

Trotz der Vielzahl typologischer und akteur:innenzentrierter Untersuchungen wissen wir immer noch wenig über die alltagspraktischen Auswirkungen dieser Wohnformen auf das Zusammenleben. Wie einst in der Untersuchung zu den modernen Nomad:innen der 1920er-Jahre klingen auch heute unausgesprochene Vorwürfe fort. In Gesprächen, die Markus

Kaltenbach im Rahmen seiner Dissertation in Karlsruhe oder in Frankfurt am Main mit Vertreter:innen u. a. der Planungsämter führte, wird schnell auf die problematischen Aspekte der residenziellen Multilokalität verwiesen – exklusiver Charakter, Angebot für Besserverdienende, Spielwiese der Immobilienwirtschaft und Spekulation, mangelnde emotionale und soziale Bindungen am Wohnsitz u. a. –, und selten werden konstruktive Strategien entwickelt, wie diese soziale Realität des berufsbedingten Mehrortwohnens zu bewältigen ist.[20]

Während die gewerbliche Immobilienwirtschaft große Marktpotenziale sieht und den Bau von Mikroapartments forciert, stehen die lokalen oder zivilgesellschaftlichen Akteure dieser Entwicklung mit größter Skepsis gegenüber und versuchen insbesondere die temporären Wohnnutzungen („Homesharing") durch Verbote der „Fremdenbeherbergung" zu verhindern.[21] Die „Choreographie der Koexistenz" mit ihren gravierenden Auswirkungen für die Menschen, scheint ein Problem der „Fremden" zu sein.[22]

Es ist an der Zeit, die Realität dieser Lebensform anzuerkennen und konstruktive wohnungs- und stadtpolitische Strategien zu entwickeln sowie problematische Fehlentwicklungen (Airbnb etc.) zu korrigieren und durch stadt- und sozial verträgliche Lösungen zu verbessern. Wie auch in anderen Bereichen erfordert das temporäre private Leben in Kleinstwohnungen bzw. Mikroapartments das Korrektiv des Gemeinschaftlichen im Haus oder Quartier. Multilokale Lebensführungen stellen nicht nur das städtische Gemeinwesen vor neue Herausforderungen, sondern diese haben gravierende Auswirkungen gerade auch auf die familiären und partnerschaftlichen Beziehungen der Multilokalen.[23] Vertrautheit, emotionale Nähe und Intimität wurden ebenso wie die Koresidenz als Voraussetzungen stabiler Partnerschaften und familiale Beziehungen angesehen. Wie kann das multilokale Familienarrangement heute aussehen, wenn eine periodische Lebensführung und sozial-räumliche Verankerung an mehr als nur einem Ort stattfindet? Wichtig werden neue Kommunikationsformen („Doing Connectivity"), die das soziale Konstrukt Familie („Doing Family") stabilisieren. „Neuere Kommunikationstechnologien haben demnach den Möglichkeitsraum für eine stabile Organisation multilokaler Wohnarrangements sowie die raumübergreifende Kommunikation maßgeblich erweitert."[24]

Standardtypen und temporäre Räume für multilokal Lebende

Zweifellos ist die Raumeinheit, die architektonisch bis ins kleinste Details durchdrungen ist, das Hotelzimmer bzw. Apartment. Diese Räume finden sich u. a. im Hotel- bzw. Aparthotelbau oder in Studentenunterkünften. Die Qualitäten dieser Räume bestimmen sich auch durch die sozialen Qualitäten, also durch den räumlichen Kontext (Haus, Quartier), in den die Wohneinheit eingebunden ist. Die zentrale Frage ist, welche Raumoptionen jenseits der Privatsphäre für die an verschiedenen Orten Wohnenden sich entfalten.

Berufsindizierte Nebenwohnsitze, die zu ganz unterschiedlichen zeitlichen Phasen frequentiert wurden, weisen vergleichbare räumliche Standards auf. Erfahrungen der Hotelarchitektur oder des institutionellen Wohnungsbaus (Wohnheime etc.) haben einen reichen Erfahrungsfundus geliefert. Der Standardtyp der Mikrowohnungen für berufsindizierte Multilokale ist ausgereift. Im Zentrum dieses Apartments bzw. dieser Mikrowohnung befindet sich immer eine Schlafgelegenheit sowie eine interne Waschgelegenheit mit Dusche und Toilette. Wichtig ist zudem eine Kleinküche mit Kühlschrank und Kochgelegenheit und eine ausreichende Anzahl von Schränken (der Platzbedarf ist hoch). Je nach Standard werden ergänzende Serviceleistungen angeboten.

Zwei Aspekten muss für die Wohnoptionen multilokal Wohnender besondere Beachtung geschenkt werden: Erstens sind für diese soziale Gruppe leistungsfähige Kommunikationsmedien (Internet, Fernsehgerät etc.) ausgesprochen wichtig, aber auch „Gelegenheitsstrukturen und Anlässe für nachbarschaftliche Begegnungen".[25] Es muss also eine Balance zwischen der gewünschten Privatheit des abgeschlossenen Wohnens im Apartment und den kommunikativen Möglichkeiten im Haus oder Quartier hergestellt werden.

Anpassbare Wohnungen

Die Frage, ob sich die Menschen an die zur Verfügung stehenden Räume anpassen müssen, oder umgekehrt, ob sich die Räume den sozialen Anforderungen anpassen sollten, gehört zu einer der grundlegenden Richtungsentscheidungen in der Wohnarchitektur. „Die wesentliche Herausforderung im Wohnungsbau besteht darin", so Marie Glaser vom ETH Wohnforum, „dass die sozialen Entwicklungen und damit auch die Wohnformen stets dynamischer als die Veränderungen der gebauten Umwelt bzw. des Wohnungsbestandes sind."[26] Es wären heute deshalb Strukturen gefragt, „die das Nicht-Übliche, das Nicht-Vorgesehene und Nicht-Vorauszusehende zulassen".[27]

Traditionell bestand keine Notwendigkeit der Anpassung der Räume an bestimmte Funktionen, denn in der Vormoderne wurden in unterschiedlichen Wohnsituationen nutzungsoffene Räume entsprechend den sozialen Anforderungen belegt. Beginnend mit den Klosterzellen bis zu den verschiedenen Wohnzellen der Anstalten (Gefängnisse, Krankenhäuser etc.) der jüngeren Zeit. Viele adelige Wohnsitze, wie etwa im

Schloss Charlottenburg in Berlin, beruhen auf einer Addition nutzungsneutraler Räume. Alle Zimmer sind „nutzungsneutrale" Durchgangsräume mit möglichst vielen Türen, die einen szenografischen Durchblick ermöglichen. Erst mit der Herausbildung eines komplizierten Hofzeremoniells wurden in der frühen Neuzeit in Frankreich die Herrschafts- und Dienerwege getrennt und es entstanden separate Zirkulationssysteme mit Tapetentüren und Geheimkorridoren.[28] Das Großbürgertum, das die kulturelle Hegemonie des Adels zunehmend hinterfragte, entwickelte differenzierte Raumkonzepte. Aber selbst in den großbürgerlichen Geschosswohnungen sind um 1900 neutrale Zimmergrundrisse vorhanden, die jedoch geschlechtsspezifisch (Zimmer des Herren, Frauenzimmer etc.) oder sozial codiert wurden. Im Arbeiterwohnungsbau blieben nutzungsneutrale Räume oftmals bis zum Ersten Weltkrieg selbstverständlich. Nicht der Raum, sondern die Dichte der Belegung definierte räumliche Qualitäten. Bekannt und berüchtigt sind die überbelegten Mietshäuser in der Ackerstraße in Berlin-Wedding.

Erste Strategien einer Adaptivität wurden im Reformwohnungsbau vor dem Ersten Weltkrieg entwickelt. So wurden im Weisbach-Messel-Projekt in Berlin erstmals Schaltzimmer zwischen den Arbeiterwohnungen platziert, um bei veränderter wirtschaftlicher Lage räumlich auf die neuen Bedürfnisse reagieren zu können.

Die Herausbildung der Grundrisswissenschaft in den 1920er-Jahren stellte eine Zäsur dar.[29] Der Grundriss wurde erstmals „wissenschaftlich" durchdrungen und funktional geordnet. Die Grundriss-Wissenschaft wollte – so einer ihrer Repräsentanten Wolf – den sogenannten „Rohraum" funktional ordnen und typisieren. Der Architekt hat sich „nicht mehr Hohlräume und das Knochengerüst des Hauses vorzustellen und zu entwerfen, darf nicht mehr nur in Zimmern und Fluren denken und planen; er entwirft das Wohnen, die Lebensform selbst".[30] Die Ermittlung „objektiver" Eigenschaften

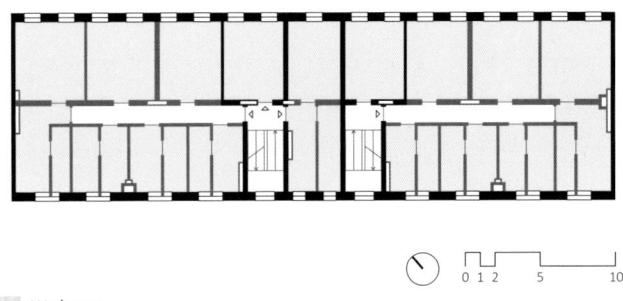

▪ Wohnen

Nutzungsneutrale Zimmer in einem Mietshaus in der Ackerstraße, Berlin (1873)

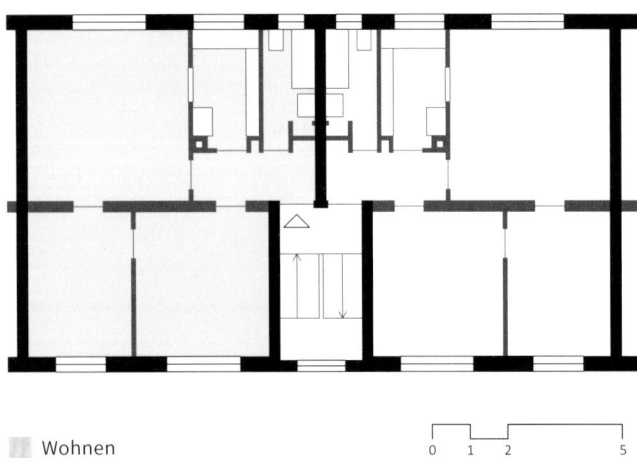

Wohnen

Standardgrundriss einer funktionalen Wohnung im Neuen Frankfurt
(1928–29)

0 1 2   5

Schlafzelle. Dieses Bild aus dem Buch „Befreites Wohnen" von Sigfried
Giedion wählte Bruno Taut für den Artikel „Gegen den Strom" aus

des Grundrisses führte wiederum zu einheitlichen Grundriss-typen. Unterstützt wurde sie durch semi-staatlichen Reichsforschungsgesellschaft für Wirtschaftlichkeit im Bau- und Wohnungswesen (RFG). Durch einen Erlass des Reichsarbeitsministers wurde von der RFG 1927 gefordert, eine „wissenschaftliche Bearbeitung von Kleinwohnungsgrundrissen" vorzunehmen.[31] Ende der 1920er-Jahre führten die Standardisierungs- und Typisierungsbestrebungen jedoch bereits zu einem wachsenden Schematismus in der Wohnungsgrundrissbildung. Die große regionale Vielfalt an Haus- und Wohnungstypen, die im Kaiserreich bestand, wurde in der Weimarer Republik durch die angestrebten, allgemeingültigen „Reichsnormen" eingeschränkt. Ein Ausschuss der RFG entwickelte

vier Modell-Kleinstwohnungen, die anlässlich der Internationalen Hygiene-Ausstellung 1930 in Dresden vorgestellt wurden. Das Resultat all dieser Bestrebung waren Standardwohnungen, die funktional durchdrungen und deren Räume hierarchisch gegliedert waren. Die Standardwohnung orientierte sich an der sogenannten Normalfamilie, also an einem Zweigenerationenhaushalt mit Eltern und zwei oder drei Kindern.

Bei der Entwurfsarbeit traten an die Stelle mehr oder weniger gefühlsmäßiger Bewertungsmaßstäbe jetzt – so zumindest die Behauptung insbesondere von Architekten auf der Congrès Internationaux d'Architecture Moderne (CIAM) – exakte wissenschaftliche Methoden. Einen ersten Höhepunkt fanden diese Bestrebungen auf der II. CIAM-Konferenz, die im

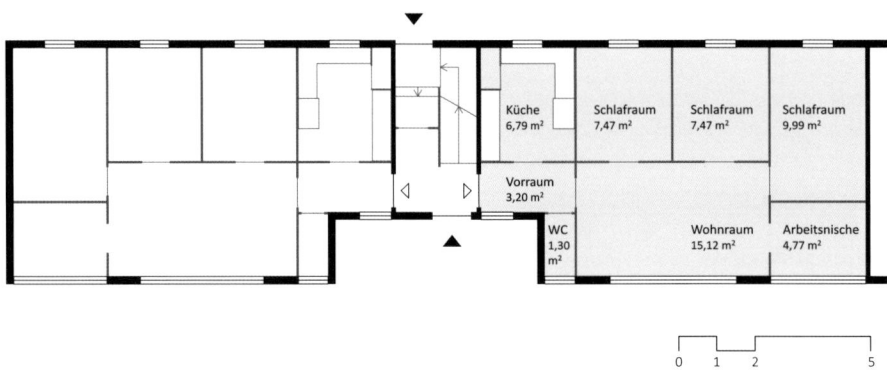

Wohnen

Grundriss einer von Bruno Taut kritisierten „Kabinenwohnung" im Etagenwohnungsbau

Herbst 1929 in Frankfurt am Main stattfand. Dort sollten verallgemeinerungsfähige Grundlagen ermittelt werden, die zu einer internationalen Standardisierung der Typen führen würden. Ernst May glaubte, dass trotz der Verschiedenheit des Klimas und der unterschiedlichen Lebensgewohnheiten in den einzelnen Ländern, eine durch die Fortschritte der Technik herbeigeführte Angleichung der Wohnbedingungen stattfinden werde.[32] Während der Generalsekretär der CIAM, Sigfried Giedion, die Ansicht vertrat, dass die Beschränktheit der Mittel und die Beschränktheit des Raumes fördernde Faktoren wären, die letztlich bei gleichem Grundriss zu einem größeren „Wohnwert" und zu einem „befreiten Wohnen"[33] führen würden, kritisierten andere Architekten wie Bruno Taut diese Entwicklung als Engführung. Weder die adaptiven Strategien, die beispielsweise Ernst May in Frankfurt am Main mit dem Konzept der Kleinstwohnung anwandte, noch das Konzept der „Kabinengrundrisse", das Leberecht Migge propagierte, war für Bruno Taut eine Lösung der damals bedrückenden Lage auf dem Wohnungsmarkt. „Solche Kabinengrundrisse waren bereits vor dem Kriege (Erster Weltkrieg, d. V.) die Schwärmerei von Leberecht Migge, der dieses System allerdings im eingeschossigen Gartenhause verwenden wollte, wo frühmorgens, wenn die Hähne kräh'n, die Kinderlein wie die Hühner aus den Kojen herauskrabbeln, um auf tauiger Flur im Glast der Morgensonne usw. Im Kabinensystem der Stockwerkwohnung jedoch und besonders der des großstädtischen Proletariats geht es ein wenig anders zu. Dort ist im tatsächlichen Effekt der Wohnraum mit den ihn umgebenden Schlafkabinen ein einziger Raum."[34] Ebenso verspottete Taut das idealisierte Modell der Schiffskabine, das Le Corbusier euphorisch hatte. „Die Schiffskabine genügt durchaus mit 4 qm; ob sie aber auch genügt, wenn den Passagieren kein Promenadendeck, keine

Eß- und Rauchsäle, keine Salons, keine Turnsäle, Schwimmbäder usw. geboten werden, ist eine andere Frage. (...) Eine Proletarierin, die als Insassin einer solchen Kammer Heimarbeit verrichten muß, hat andere Bedürfnisse als ein Sportgirl einer Wannseevilla, das seinen Tag mit einer Stunde Gymnastik oder Tennis beginnt, nach dem leichten, aber kräftigen Frühstück ein wenig ruht, dann vielleicht ein Bad nimmt, dann vielleicht ein wenig arbeitet usw. usw."[35]

In Anbetracht der wirtschaftlichen Krise Ende der 1920er-Jahre sah Bruno Taut ein nutzungsneutraler Raum mit einer Mindestgröße als sinnvoll an, der als Schlafraum wie als Wohnraum benutzt werden kann. „Es ist und bleibt schon das Beste, wenn die Räume der Arbeiterwohnung möglichst gleichwertig untereinander sind und einschließlich Küche und Klosett jeder direkt vom Flur zugänglich ist."[36]

Die Debatten um die Ermittlung von verallgemeinerungsfähigen Grundlagen waren bis Anfang der 1930er-Jahre noch offen und es wurden bereits grundlegende adaptive Strategien konzipiert. Auch wenn die internationale Standardisierung der Wohnungstypen, wie sie auf der CIAM-Ausstellung propagiert wurde, zunächst Illusionen waren, bildeten sie dennoch die Basis für den funktional organisierten sozialen Wohnungsbau, der im Westen oder Osten Europas sich seit den 1950er-Jahren in hohe Massenfertigungen durchsetzt.

Die Architektur der Moderne, die noch heute prägend ist, hatte verschiedene Entwicklungslinien. In der Stuttgarter Weissenhof-Ausstellung etwa sind diese unterschiedlichen Strömungen auch innerhalb des Neuen Bauens ersichtlich. In einem Artikel für die Zeitschrift „Die Bau- und Werkkunst" bewunderte Max Ermers beispielsweise die Vitalität, die Aktivität und den Mut, den damals die Stadt und der Werkbund im Wohnungsbau bewiesen hatten: „Überall merkt man das

Wohnraum bei Tag, Weissenhofsiedlung Stuttgart, Le Corbusier (1927)

Wohnraum bei Nacht, Weissenhofsiedlung Stuttgart, Le Corbusier (1927)

Raumteilung durch flexible „Kiemen", Estradenhaus Berlin, Haus 1, Arch. Wolfram Popp (1998)

Streben – am stärksten bei Le Corbusier –, aus der Wohnung eine gesellig-familiäre Einheit zu schaffen. Man reserviert zwar jedem Familienmitglied gesonderte Räume – ziemlich kleine sogar – strebt aber dann nach dem großen, gemeinsamen Wohnraum, der durch Falt- oder Schiebetüren, durch Glaswände, durch verschiebbare oder nur schulterhohe Wände mit den Nebenräumen zur Kommunikation gebracht werden kann."[37]

Neben dem Bezugspunkt „Wohnung für das Existenzminimum" mit der „Ökonomisierung" und Verkleinerung der Grundrisse wurden bereits Ende der 1920er-Jahre Alternativen entwickelt, die eine größere Anpassungsfähigkeit der Wohnungen an soziale Anforderungen thematisierten. In unterschiedlichen Zeiten sind also – wie in wellenmäßigen Bewegungen – verschiedene adaptive Strategien entwickelt worden. Kennzeichnend für die Zwischenkriegszeit war, dass die finanzielle Leistungsfähigkeit der Mieter:innen im Vordergrund stand. Dies kann an den adaptiven Siedlerhäusern von Adolf Loos in der frühen Phase des Roten Wien gesehen werden, aber auch an Anpassungsstrategien im Neuen Frankfurt, oder am Konzept des „wachsenden Hauses"[38] von Martin Wagner und Hans Poelzig während der Wirtschaftskrise Anfang der 1930er-Jahre. Während in der NS-Zeit und in den ersten Nachkriegsjahrzehnten die Suche nach der Normwohnung für die Normalfamilie der breiten Schichten der Bevölkerung dominierte, setzte eine weitere intensive Auseinandersetzung mit wandelbaren Wohnstrukturen erneut in den

1960er- und 1970er-Jahren ein. Damals dominierten weniger soziale, vielmehr bautechnische Experimente[39], etwa in der Metastadt Wulfen.[40]

Adaptives Wohnen war also in der Moderne eine Strategie, um der Dynamik des Wandels räumlich zu begegnen und durch Anpassbarkeit veränderte Wohnbedürfnisse zu befriedigen. In den letzten Jahrzehnten allerdings stand weniger die begrenzte finanzielle Leistungsfähigkeit der Wohnenden oder bautechnische Möglichkeiten im Vordergrund, sondern es musste auf das akzelerierte Tempo des gesellschaftlichen Wandels reagiert werden, also insbesondere auf die Pluralisierung der Wohnformen und auf die Intervalle veränderte Anforderungen im Lebenszyklus. Deshalb werden neue offene bzw. anpassungsfähige Wohnkonzepte erneut unter veränderten Prämissen weiterentwickelt.[41]

Sigrid Loch führte in ihrer Dissertation von 2009 zwei Sphären zusammen: einerseits die sich aus wandelnden Wohnbedürfnissen und Haushaltsentwicklungen geänderten Flexibilitätsmotive und -bedürfnisse der Wohnenden und andererseits die Möglichkeiten zur baulichen Umsetzung von Flexibilität und die sich entfaltenden unterschiedlichen Flexibilitätsmodelle. In ihrer Forschung systematisierte sie die Vielfalt nutzungsoffener und anpassungsfähiger Wohnkonzepte entsprechend eines jeweiligen Flexibilitätsprinzips. Ihre Systematik, die eine ordnende Struktur der inneren Grundrisskonzeption in den Vordergrund stellte, führte zu den drei Hauptkategorien: „Funktionale Flexibilität", „Integrierte Flexibilität" und

links: Raumtrennung durch Schiebewand, Weissenhofsiedlung Stuttgart, Le Corbusier (1927)

„Konstruktive Flexibilität". „Bei den Typen der Kategorie ‚Funktionale Flexibilität' wurde", so Sigrid Loch, „ein erheblicher Bedeutungsgewinn in den letzten Jahrzehnten deutlich. Insbesondere nutzungsneutrale Raumzuschnitte, die einen Nutzungswandel ohne Umbauaufwand ermöglichen, haben sich als einfach anzuwendendes Flexibilitätsprinzip besonders für das Koppeln von Wohnen und Arbeiten wie auch für die Anpassungsbedürfnisse größerer Haushaltsformen bewährt."[42]

War der Fokus früher auf Strategien der Anpassung in der Wohnung selbst gelegt, so werden Bereiche im Haus oder neuerdings verstärkt auch im Quartier hinsichtlich der adaptiven Strategien einbezogen. Funktionsoffenheit und Adaptivität sind zu Schlüsselbegriffen geworden, die unmittelbar die Raumoptionen prägen. Wohnen umfasst, gerade in gemeinschaftlichen Wohnprojekten, die intimen Bereiche der abgeschlossenen Wohnung, aber auch die Erweiterungsoptionen im Haus oder Quartier (Flexräume, Optionsräume etc.).

1 Sennett, Richard: Der flexible Mensch. Die Kultur des neuen Kapitalismus. 7. Aufl. Berlin 1998

2 Statistische Abtheilung des Frankfurter Vereins für Geographie und Statistik (Hg.): Beiträge zur Statistik der Stadt Frankfurt am Main. Frankfurt am Main 1877. Abzurufen unter: https://sammlungen. ub.uni-frankfurt.de/periodika/periodical/titleinfo/8336138 (besucht am 24.11.2021), S. 51

3 Ebenda

4 Matzerath, Horst: Urbanisierung in Preußen 1815–1914. Stuttgart 1985; Krabbe, Wolfgang R.: Die deutsche Stadt im 19. und 20. Jahrhundert. Eine Einführung. Göttingen 1989; Reulecke, Jürgen (Hg.): Die deutsche Stadt im Industriezeitalter. Beiträge zur modernen deutschen Stadtgeschichte. 2. Aufl. Wuppertal 1978

5 Baumeister, Reinhard: Stadt-Erweiterungen in technischer, baupolizeilicher und wirthschaftlicher Beziehung. Berlin 1876, S. 27. Auch der Berliner Statistiker Hermann Schwabe überschrieb bereits 1874 einen Artikel mit: Das Nomadenthum in der Berliner Bevölkerung. Schwabe, Hermann: Das Nomadenthum in der Berliner Bevölkerung. In: Hermann Schwabe (Hg.): Berliner städtisches Jahrbuch für Volkswirthschaft und Statistik. Berlin 1874, S. 29–37

6 Gropius, Walter: Architektur. Wege zu einer optischen Kultur. Frankfurt am Main, Hamburg 1956, S. 178 (Vgl. das Kapitel „Der Hang zum Nomadentum", ebenda, S. 178–180)

Wandlungsfähigkeit durch Raumelemente, Estradenhaus Berlin, Haus 2, Wolfram Popp (2002)

7   Schwab, Alexander: Das Buch vom Bauen. Wohnungsnot, neue Technik, neue Baukunst, Städtebau aus sozialistischer Sicht [erschienen unter dem Pseudonym Albert Sigrist]. Nachdruck. Braunschweig 1973, S. 167

8   Ebenda

9   Ebenda

10   Ebenda, S. 169

11   In diesen Visionen Schwabs klingen Überlegungen an, die auch Martin Wagner und Hans Poelzig in Berlin mit ihrem Konzept des „Wachsenden Hauses" verfolgten. Wagner, Martin: Das wachsende Haus. Ein Beitrag zur Lösung der städtischen Wohnungsfrage. Berlin, Leipzig 1932

12   Schwab, Alexander: Das Buch vom Bauen. Wohnungsnot, neue Technik, neue Baukunst, Städtebau aus sozialistischer Sicht [erschienen unter dem Pseudonym Albert Sigrist]. Nachdruck. Braunschweig 1973, S. 169

13   Beck, Ulrich: Was ist Globalisierung? Irrtümer des Globalismus, Antworten auf Globalisierung. 3. Aufl. Frankfurt am Main 1997, S. 127. Vgl. auch Beck, Ulrich/Bonß, Wolfgang (Hg.): Die Modernisierung der Moderne. Frankfurt am Main 2001

14   Vgl. Akademie für Raumforschung und Landesplanung (ARL) (Hg.): Multilokale Lebensführung und räumliche Entwicklungen. Hannover 2016 (Positionspapier aus der ARL, 104). Abzurufen unter: http://nbn-resolving.de/urn:nbn:de:0156-01043 (besucht am 08.06.2020)

15   Reuschke, Darja: Raum-zeitliche Muster und Bedingungen beruflich motivierter multilokaler Haushaltsstrukturen. In: Informationen zur Raumentwicklung (IzR) 1–2/2009, S. 31–42. Abzurufen unter: https://www.bbsr.bund.de/BBSR/DE/veroeffentlichungen/izr/2009/1_2/Inhalt/DL_Reuschke.pdf?__blob=publicationFile&v=1 (besucht am 04.11.2021), S. 31; Reuschke, Darja/Houston, Donald: The importance of housing and neighbourhood resources for urban microbusinesses. In: European Planning Studies 24:6/2016, S. 1216–1235.

16   Vgl. die neueren Dissertationen zu diesem Thema: Kaltenbach, Markus: Die räumliche Dimension residenzieller Multilokalität. Eine Untersuchung beruflich induzierter städtischer Nebenwohnsitze und ihrer städtebaulichen Relevanz, Dissertation, Karlsruhe 2020; Nicola Hilti geht in der Schweiz von 11 Prozent zeitlich genutzter Wohnungen aus. Hilti, Nicola: Lebenswelten multilokal Wohnender. Eine Betrachtung des Spannungsfeldes von Bewegung und Verankerung. Wiesbaden 2012, S. 78

17   Vgl. Akademie für Raumforschung und Landesplanung (ARL) (Hg.): Multilokale Lebensführung und räumliche Entwicklungen. Hannover 2016 (Positionspapier aus der ARL, 104). Abzurufen unter: http://nbn-resolving.de/urn:nbn:de:0156-01043 (besucht am 08.06.2020)

18   Friebe, Holm/Lobo, Sascha: Wir nennen es Arbeit. Die digitale Bohème oder: Intelligentes Leben jenseits der Festanstellung. München 2006

19   Vgl. Englisch, Gundula: Jobnomaden. Wie wir arbeiten, leben und lieben werden. Frankfurt am Main, New York 2001; Bonß, Wolfgang/Kesselring, Sven: Mobilität am Übergang von der Ersten zur Zweiten Moderne. In: Ulrich Beck und Wolfgang Bonß (Hg.): Die Modernisierung der Moderne. Frankfurt am Main 2001, S. 177–190

20   Vgl. den Versuch Ergebnisse der wissenschaftlichen Forschung auf ein Umbauprojekt zu übertragen: Kaltenbach, Markus: Die räumliche Relevanz berufsbedingter Multilokalität. Empfehlungen für die Transformation des ehemaligen Postreals in Karlsruhe, Forschungsbericht am Karlsruher Institut für Technologie. Karlsruhe 2021

21   Vgl. Berliner Senatsverwaltung für Stadtentwicklung und Wohnen Berlin: Zweckentfremdungsverbot von Wohnraum. Fragen und Antworten. Abzurufen unter: https://www.stadtentwicklung.berlin.de/wohnen/zweckentfremdung_wohnraum/de/faq.shtml (besucht am 04.11.2021)

22   Weichhart, Peter/Rumpolt, Peter Alexander: Residenzielle Multilokalität. Problemlagen und Desiderata der Forschung. In: Peter Weichhart, Peter Alexander Rumpolt und Andrea Dittrich-Wesbuer (Hg.): Mobil und doppelt sesshaft. Studien zur residenziellen Multilokalität. Wien 2015, S. 11–60, hier: S. 53. Abzurufen unter: https://homepage.univie.ac.at/peter.weichhart/Problemlagen_Weichart-Rumpolt_crv.pdf (besucht am 15.02.2021)

23   Jurczyk, Karin/Schier, Michaela/Szymenderski, Peggy/Lange, Andreas/Voß, G. Günter: Entgrenzte Arbeit – entgrenzte Familie. Grenzmanagement im Alltag als neue Herausforderung. Berlin 2009

24   Schier, Michaela: Räumliche Entgrenzungen – Multilokales Familienleben. Spezifische Anforderungen einer mehrörtigen Alltagsgestaltung und die Rolle von Medien. In: Ulrike Wagner (Hg.): Familienleben: Entgrenzt und vernetzt? München 2013, S. 35–51, hier: S. 47

25   Menzl, Marcus/González, Toralf/Breckner, Ingrid/Vogelsang, Sybille: Wohnen in der HafenCity. Zuzug, Alltag, Nachbarschaft. Hamburg 2011, S. 64

26   Glaser, Marie: Mehr als Wohnraum. Wohnbedürfnisse im gesellschaftlichen Wandel. In: Collage 4/2016, S. 23–25, hier: S. 25

27   Gysi, Susanne: Zwischen Lifestyle und Wohnbedarf. In: Dietmar Eberle und Marie Antoinette Glaser (Hg.): Wohnen – im Wechselspiel zwischen öffentlich und privat. Sulgen 2009, S. 10–23, hier: S. 23

28   Trüby, Stephan: Geschichte des Korridors. Paderborn 2018

29   Kuhn, Gerd: Wohnkultur und kommunale Wohnungspolitik in Frankfurt am Main 1880 bis 1930. Auf dem Wege zu einer pluralen Gesellschaft der Individuen. Bonn 1998

30   Wolf, Gustav: Die Grundriss-Staffel. Eine Sammlung von Kleinwohnungs-Grundrissen der Nachkriegszeit mit einem Vorschlag folgerichtiger Ordnung und Kurz-Bezeichng, Beitrag zu einer Grundriss-wissenschaft. München 1931, S. 23

31   Reichsforschungsgesellschaft für Wirtschaftlichkeit im Bau- und Wohnungswesen: Kleinstwohnungs-Grundrisse. Sonderheft 1. Berlin 1928, S. 1

32   Steinmann, Martin (Hg.): CIAM. Dokumente 1928–1939. Basel, Stuttgart 1979, S. 40

33   Giedion, Sigfried: Befreites Wohnen. Zürich, Leipzig 1929

34   Taut, Bruno: Gegen den Strom. In: Wohnungswirtschaft 17/1930, S. 315–324, hier: S. 317

35   Ebenda, S. 316

36   Ebenda, S. 317

37   Ermers, Max: Das Stuttgarter Bauerlebnis. In: Die Bau- und Werkkunst 4/1928, S. 97

38   Wagner, Martin: Das wachsende Haus. Ein Beitrag zur Lösung der städtischen Wohnungsfrage. Berlin, Leipzig 1932

39   Vgl. Graeff, Robert: Die anpassbare Wohnung. Ein System von Industrieprodukten. Ulm 1964

40   Gottlob, Richard/Klement, Horst: Habiflex. Wohnprojekt für Neue Stadt Wulfen. In: Bauwelt 63/1972, S. 691–694

41   Albers, Martin/Henz, Alexander/Jakob, Ursina: Wohnungen für unterschiedliche Haushaltsformen. Bern 1988

42   Loch, Sigrid: Das adaptive Habitat. Typologie und Bedeutungswandel flexibler Wohnmodelle, Dissertation. Universität Stuttgart 2009. Abzurufen unter: https://www.iwe-stuttgart.de/sites/default/files/161016_das_adaptive_habitat_zusammenfassung_summary.pdf (besucht am 04.11.2021)

Genossenschaft und Baukultur

„Die Vielfalt an Angeboten im Quartier wird erst produktiv, wenn sich die unterschiedlichen Akteure zusammenschließen und abstimmen; ihre Beiträge können damit komplexer und spezifischer werden."

Christian Hadaller

Von der Dienstleistung zur Bauherrschaft

Eine Gruppe von Architekt:innen wendete sich an die Stadt München, um städtebauliche Fragen und Qualitäten im Wohnungsbau zu diskutieren und ein Pilotprojekt zu initiieren. Im Kontext dieses Diskurses entwickelte sich die Idee, selbst als Bauherrschaft zu agieren und sich genossenschaftlich zu organisieren. „Zeitgleich hat die Stadt angefangen, Grundstücke exklusiv für Genossenschaften auszuschreiben, und so hat sich das relativ schnell gefügt." Im Münchner Messestadtteil Riem steht nun SAN RIEMO, das erste Wohnhaus der jungen Genossenschaft, das zweite im Stadtteil Freiham folgt. „Wir arbeiten mit Zielsetzungen und diskutieren zusammenhängende Konzepte mit den Architekten. Sie sind Sparringspartner und haben nicht die Rolle eines Dienstleisters, der sich mit ungeordneten Maximalwünschen aus der Gruppe konfrontiert sieht."

Grundstücksvergabe

Die Einordnung und Bewertung der Grundstücksbewerbungen ermittelt die Stadt München über ein formalisiertes Punktesystem. Dies hat Vorteile, was Vergleichbarkeit und Ausarbeitungstiefe der Bewerbungen anbelangt: „Es bleiben aber nur wenig Spielräume, eigene Schwerpunkte zu setzen, da die Anforderungen bei allen Bewerbungsbausteinen sehr hoch sind und man diesen Anforderungen zwangsläufig genügen muss." Wirksamer wäre eine Bewertung durch eine Jury. „Das geschriebene Konzept, der Ortsbezug und die speziellen Anforderungen auf der Parzelle" bekämen so einen höheren Stellenwert. „Es macht keinen Sinn, auf allen Grundstücken dieselben Anforderungen zu stellen hinsichtlich Mobilität oder Gemeinschaft."

Einbinden von Nutzer:innenwünschen

Erst mit dem Grundstückszuschlag kommen die spezifischen Wünsche der künftigen Nutzer:innen ins Spiel. Ein „Set an Ideen" ist zu diesem Zeitpunkt neben den Rahmenbedingungen der Ausschreibung durch die Genossenschaftsmitglieder und vor allen Dingen durch den Bauausschuss, ein konkreter Ort durch den Grundstückszuschlag gegeben. Die Gruppe lernt sich kennen, die Diskussionen untereinander und das Formulieren der Wünsche beginnen. Bis zur Fertigstellung der Wettbewerbsausschreibung bleiben in der Regel drei Monate Zeit.

Konsortiale Bewerbungen

Vielschichtige Kooperationen mit unterschiedlichen Fähigkeiten entstehen durch die Bildung von Konsortien: Die Genossenschaft KOOPERATIVE GROSSSTADT hat gemeinsam mit zwei weiteren Genossenschaften ein Bieter:innenkonsortium gebildet, das sich um mehrere angrenzende Grundstücke in der Messestadt Riem bewarb. In Freiham gibt es ein Konsortium für eine gemeinschaftliche Quartiersentwicklung; alle dort verantwortlichen Genossenschaften und städtischen Wohnungsbaugesellschaften nehmen daran teil und stimmen quartiersübergreifende Angebote aufeinander ab. Die Kooperationsoffenheit zwischen Genossenschaften und mit anderen Bauherrschaften ist zunehmend gewachsen. Allerdings entstehen diese bisher überwiegend auf Initiative der Akteur:innen vor Ort, weniger auf koordinativer städtischer Ebene.

Konkurrierende Genossenschaften?

„Jede Genossenschaft – sei es durch die Persönlichkeiten oder durch bestimmte Schwerpunkte – zieht bestimmte Leute an, deshalb steht man um Mitglieder nicht in großer Konkurrenz." Anders sieht das bei der Grundstücksvergabe aus – hier treten die Genossenschaften in Konkurrenz zueinander. Doch ist die Menge an Grundstücken bisher so hoch, „dass man sich nicht gegenseitig das Wasser abgraben muss". Darüber hinaus profitieren die Genossenschaften von ihren unterschiedlichen Stärken und lernen voneinander. Sie versuchen, „die Kräfte der einzelnen Akteure sinnvoll aufeinander abzustimmen". Entsprechend werden konsortiale Entwicklungen wie bei der Bewerbung in Riem immer wichtiger.

Offene Architekturwettbewerbe

Die Genossenschaft bekennt sich zum offenen Architekturwettbewerb als Verfahren, das architektonische Qualität und damit Baukultur sichert. Sie kommuniziert das an die Mitglieder auch als Grundlage des Partizipationsprozesses. Die Kosten für dieses Verfahren finanziert sie selbst. Für das erste Projekt SAN RIEMO hat das rund 150.000 Euro gekostet, zu diesem Zeitpunkt bestand die Genossenschaft aus 30 Mitgliedern. „Das war ein Kraftakt, das haben wir aus eigener Initiative geschafft." Das Verfahren betont die Relevanz der Architektur und strukturiert den projektspezifischen Partizipationsprozess. „Wir erarbeiten mit der künftigen Bewohnerschaft Zielsetzungen und übersetzen diese in ein konkretes Programm." Die Ausschreibung wird mit der künftigen Bewohnerschaft diskutiert, die Wettbewerbsergebnisse bieten Lösungen und Übersetzungen.

Öffentliche Expert:innenentscheidung

Die eingereichten Wettbewerbsprojekte werden dann von einem Expert:innengremium bewertet. Vier Fachpreisrichter:innen werden eingeladen, eine Expertin bzw. ein Experte aus einer verwandten Disziplin – etwa Regie oder Mode – bietet eine andere Perspektive. Mindestens ein Mitglied des Vorstandes ist Teil des Sachpreisgerichts. Wie in der RPW vorgesehen, kann sich die Genossenschaft mit diesem Stimmenverhältnis nicht gegen das Votum des Fachpreisgerichts durchsetzen. „Wir merken, dass die Zusammensetzung der Fachpreisrichter:innen ganz entscheidend ist. Wie sie miteinander sprechen können, ob eine gemeinsame Ebene gefunden wird und ob auch ein Verständnis für unsere Situation mitgebracht wird." Die zweite Preisgerichtsjury für SAN RIEMO – die Debatte um 15 Projekte und den ersten Preis – fand öffentlich statt, um die Entscheidung als Ausgangsbasis für folgende Konkretisierungen transparent und nachvollziehbar zu machen.

Gemeinschaft und Durchmischung

Die Genossenschaft fördert Gemeinschaftsangebote und flexible, vielfältige Wohnkonstellationen für verschiedene Lebensentwürfe. „Sämtliche Angebote an die Gemeinschaft liegen so über das gesamte Haus verteilt, dass sie zum einen gut in den Wohnalltag integriert werden können und gleichzeitig das Haus in seiner Gesamtheit wahrgenommen und bewohnt wird." Um auch jüngeren Zielgruppen Zugang zu ermöglichen, sucht sie zum Beispiel nach flexiblerem Eintritt für Studierende und damit Gründungsmöglichkeiten für Studierenden-WGs. Das Erwerben von Pflichtanteilen könnte das Studierendenwerk als juristische Person übernehmen, die einzelnen Studierenden damit auf Mitgliedschaft und Pflichtanteile verzichten. Dieses Modell wird in SAN RIEMO schon in einem anderen Kontext umgesetzt: Das FrauenTherapieZentrum (FTZ) zeichnet Anteile und kann die einzelnen Zimmer der Frauenwohngruppe frei vergeben.

Genossenschaften in der Nachverdichtung

Es wird allgemein anerkannt, dass Genossenschaften in Neubauquartieren über partizipatorische Prozesse Komplexität und damit soziale, funktionale und räumliche Vielfalt erzeugen können. Auch in der Nachverdichtungsdebatte können Genossenschaften eine besondere Rolle einnehmen: Restgrundstücke, die aufgrund schwieriger Exposition oder Grundstückszuschnitte der konventionellen Verwertung widersprechen, könnten für die Genossenschaft ein hohes Potenzial darstellen. „Diese schwierigen Grundstücke brauchen maßgeschneiderte Lösungen. Wir können uns sicher sein, dass dieses maßgeschneiderte Korsett am Ende auch passt – ein konventioneller Investor kann das nicht."

Christian Hadaller, München, D
Vorstandsmitglied der
KOOPERATIVE GROSSSTADT eG.
Architekt

Interview am 09.07.2019
in München

Lebensentwürfe in Raum umgesetzt

„Die Wohnung kann sich mit mir verändern und nach meinen Bedürfnissen wachsen oder schwinden. Weil das noch nicht genug ist, soll das auch noch ökologisch sein.“

Heinrich Degelo

Vielfalt der Bewohner:innen

Das Projekt der Coopérative d'ateliers bietet Künstler:innen Raum zum Wohnen und Arbeiten. Im Rahmen der Ausrichtung auf die Kunstsparte ist eine Heterogenität der Bewohner:innenstruktur Ziel. Um statt eines „Klüngels“ eine „breite Fächerung“ zu erreichen, mussten sich die Interessent:innen mit Angaben zur Person und ihren Beweggründen bei einer Vermietungsgruppe der für dieses Bauvorhaben gegründeten Genossenschaft Coopérative d'ateliers bewerben. Auf Basis der Empfehlung an den Vorstand der Genossenschaft wurde eine Entscheidung getroffen. Dieses Verfahren soll auch zukünftig eine Mitbestimmung bei Neueinzügen sicherstellen. Die berufliche Bandbreite unter den Bewohner:innen reicht von der Journalistik über die Architektur bis zur bildenden Kunst oder Fotografie. Doch auch die Lebenssituationen variieren. In den Wohnateliers leben Singles, Paare, Familien oder Patchworkfamilien unterschiedlichen Alters: „Die jüngste Bewohnerin ist dort geboren und Marius, der mit seiner Frau dort einzieht, ist 74.“

Radikale Flexibilität

Eine Wohnung soll sich den Veränderungen im Leben anpassen können. Noch immer werden die meisten Wohnungen für sogenannte Kernfamilien – Mann, Frau und ein bis zwei Kinder – geplant. Diese Konstellation stellt allerdings mehr und mehr die Ausnahme oder lediglich einen Lebensabschnitt dar. Wandelt sich die Konstellation, ist es oftmals notwendig, räumlich zu reagieren. Der Raum soll sich an die Bedürfnisse und Wandlungen anpassen können, „indem ich beispielsweise eine Wand wegnehme oder Möbel hinstelle“. Selbst das Sanitärelement ist in der Coopérative d'ateliers frei positionierbar, um höchste Flexibilität zu ermöglichen. Die Wohnateliers werden als Edelrohbau
übergeben, sodass die Räume so genutzt werden oder im Selbstausbau individuell gestaltet werden können. „Der Boden ist fertig, die Wände sind fertig, die Decke ist fertig – man kann das so brauchen oder verändern. […] Da ist jeder frei, aber es ist sein oder ihr Entscheid, wie viel er/sie braucht und wie viel er/sie will.“ Der Ausbau durch die Bewohner:innen muss so konzipiert sein, dass ein Rückbau auf die Ausgangssituation möglich ist. „Man darf die Wände verkleiden, aber man muss alles wieder wegnehmen können. Sie dürfen auch ein Parkett reinlegen, oder eine Holzdecke machen. Es muss nur reversibel sein.“*

Gegen Konventionen und Standards

Um die Wohnateliers kostengünstig erstellen zu können, ist die Raumkonzeption angelehnt an das Konzept der Fluggesellschaft easyJet: „Ich muss ein Ticket verkaufen und einen Flieger organisieren, mehr brauche ich nicht.“ Gleiches lässt sich auch auf das Wohnen übertragen: Es wird nicht nach möglichen Einsparungen gesucht, sondern die Frage gestellt: „Was brauche ich?“ Auf eine kostenintensive Unterkellerung wird zugunsten von Lagerflächen in den Ateliers verzichtet, ein Elektroverteilerkasten je Raumeinheit ersetzt aufwendige Elektroinstallationen, Drehgewinde an LED-Leuchten im Bad machen Lichtschalter überflüssig. Konventionen und Wohnstandards werden auf diese Weise hinterfragt. Das Konzept des Edelrohbaus ermöglicht damit nicht nur die Verwirklichung von individuellen und flexiblen Gestaltungswünschen, sondern reduziert die monatliche Miete. Das Ziel einer monatlichen Miete von 10 Franken pro Quadratmeter konnte dadurch eingehalten werden.

Ökologie und leistbares Wohnen

Die Außenwände mit einer Stärke von 80 Zentimetern bestehen aus Dämmziegeln, die beidseits mit einem einfachen Kalkputz versehen sind; auf Verbundmaterialien wurde verzichtet. Durch diese träge Masse entsteht eine Phasenverschiebung – es dauert zwei Monate, bis die Abkühlung der Außentemperatur von 20° C auf 0° C auch innen eine Temperaturdifferenz zur Folge hat.

„Etwas überspitzt gesagt: Wenn es Winter wird, dann ist er schon vorbei, bevor das Gebäude es gemerkt hat." So schützt die Bauweise im Winter vor Abkühlung, im Sommer vor Überhitzung und macht den Einbau einer Heizung überflüssig. Durch die zusätzliche Nutzung der Abwärme des Elektroverbrauchs kann im Winter eine angenehme Zimmertemperatur erreicht werden. Der Einbau von Lüftungsflügeln erlaubt es, den CO_2-Gehalt der Luft zu kontrollieren und zu regulieren und ermöglicht die Kühlung im Sommer. Die baulichen Daten Temperatur, Feuchtigkeit und CO_2-Gehalt der Luft werden in jedem Wohnatelier erfasst und können auf Grundlage der unabhängigen Evaluierung durch die Hochschule Luzern optimiert werden.

Quartiersübergreifendes Regelwerk

Das Projekt ist Teil des quartiersübergreifenden Energiekonzepts des Areals Erlenmatt Ost in Basel. So sind alle Dächer mit Fotovoltaikanlagen ausgestattet, der erzeugte Strom wird zusammengeführt und beispielsweise in die gemeinschaftlich genutzten Elektroautos eingespeist. Eine Flächenbegrenzung von 45 Quadratmetern beheizbarer Fläche pro Person war seitens der Stiftung Habitat, der Baurechtgeberin, vorgegeben. In der Satzung der Genossenschaft Coopérative d'ateliers wurde daher eine Mindestbelegung von zwei Personen pro Atelier festgeschrieben – sei es als Paar, Familie oder als Wohngemeinschaft. Ebenso ist die Kündigung nach einem Jahr der Unterbelegung dort verankert.

Anschlussmodell Genossenschaft Homebase

Es zeigt sich, dass das Konzept „flexibel, ökonomisch und ökologisch" auf großes Interesse stößt. Da die Genossenschaft Coopérative d'ateliers lokal und auf eine Berufssparte ausgerichtet ist, adressiert sich das ebenfalls als Genossenschaft organisierte Anschlussmodell Homebase als ein flächendeckendes Modell an die gesamte Deutschschweiz. Module mit einer Größe von 60 Quadratmetern können addiert werden; sie bilden die Ausgangsposition für variable Wohneinheiten mit reduzierter Grundausstattung. „Da möchten wir, dass es so flexibel ist, dass wenn man die Tür aufschließt, man entscheiden kann, ob der Raum nun Atelier, Wohnen oder Büro oder alles zusammen ist." Die Genossenschaft als Trägerstruktur bietet den Vorteil einer engeren Verbundenheit zwischen den Bewohner:innen, denn im Regelfall wird der Einzug in ein Genossenschaftsprojekt langfristig angedacht. „Da ist die Bereitschaft zum Austausch mit den Nachbarn viel größer." Eine Finanzierung durch Investor:innen oder über einen Fonds wäre ebenso denkbar, jedoch sollte eine reine Gewinnoptimierung nicht im Vordergrund stehen.

Lernende Kooperation

Die für ihre Innovationsstärke bekannte Züricher Genossenschaft Kalkbreite informiert in ihrem Newsletter Nr. 115 zum Jahresrückblick 2020 über eine Kooperation mit der Genossenschaft Homebase: Eine gemeinsame Bewerbung um eine Baurechtsparzelle in Birsfelden bei Basel soll für beide Akteure die Möglichkeit schaffen, ein Haus ohne Haustechnik zu bauen und damit den Diskurs um Innovation aktiv voranzutreiben.

Heinrich Degelo, Basel, CH
Architekt, Inhaber des Architekturbüros Degelo Architekten. Mitbegründer der Genossenschaft Coopérative d'ateliers und Gründungsmitglied der Genossenschaft Homebase

Interview am 20.05.2019 in Basel

Saisonwohnen in der Hotellerie

„Im Idealfall kommen die Mitarbeiter mehrere Saisonzeiten hintereinander. Je öfter und je länger man die Mitarbeiter hat, desto besser ist es, weil sie sich nicht neu einarbeiten müssen – im Idealfall bleiben sie viele Jahre hier."

Gunter „Rick" Voigt

Unterkünfte für Mitarbeiter:innen der Saison-Hotellerie

Der Arbeitgeber:innenmarkt der 1970er-Jahre hat sich in Richtung Arbeitnehmer:innenmarkt gewandelt. Damit sind die wenigen Fachkräfte stark umkämpft, als Arbeitgeber:in muss man verschiedenste Möglichkeiten ausschöpfen, um die Attraktivität für die Fachkräfte zu erhöhen. Dazu gehört in der Hotellerie und Gastronomie das Angebot der Mitarbeiter:innenzimmer – in Schruns für eine Wintersaison von Anfang Dezember bis Ende März und für eine Sommersaison von Christi Himmelfahrt bis Mitte November. Dieses Angebot gibt es schon seit 25 Jahren. Die Mitarbeiter:innenunterkünfte des Löwen Hotel Montafon lagen verstreut im Dorf, waren nicht mehr an Gäste vermietbare Angebote wie Kellerzimmer oder ein abgewohnter Gasthof. Bei der Anmietung von Wohnungen und damit der Organisation von Wohngemeinschaften fühlten sich die einzelnen Beschäftigten, die sich kaum kannten, nicht verantwortlich für die großen Allgemeinflächen. Die Belegungspraxis war aufgrund der Diversität der Bewohner:innen nicht einfach: Die Fachkräfte sind zwischen 17 bis 60 Jahre alt, stammen aus verschiedenen Nationen, haben multikulturelle Hintergründe und keine ähnlichen Interessen als gemeinsame Grundlage wie zum Beispiel Studierende. Die Vermieter:innen waren gewöhnlich nicht mehr bereit, in diese Immobilien zu investieren, die Saisonkräfte gingen aber auch nicht immer pfleglich mit den Wohnungen und dem Inventar um. Die Miete für diese Unterkünfte war hoch, die Gegenleistung schlecht, man war den Vermieter:innen und dem geringen Angebot vor Ort ausgeliefert. Gleichzeitig sind die Ansprüche an diese Unterkünfte vonseiten der Mitarbeiter:innen in den vergangenen Jahren gestiegen:

Doppelzimmer sind nicht mehr beliebt, die gegenseitige Rücksichtnahme nimmt ab.

Anforderungen an das Teamhaus

Diese Unterkünfte entsprachen damit nicht mehr den Anforderungen der Geschäftsleitung der Firmengruppe Liebherr, der das Hotel gehört. Das Geschäftsfeld mit heute sechs Hotels der gehobenen Kategorie entstand für den Baumaschinenhersteller aus dem Bedarf, Gästehäuser für Produktionsstätten zu errichten. Die familiengeführte Firmengruppe formuliert im Rahmen ihrer Grundwerte die eigene Haltung gegenüber den Beschäftigten: „Wir bauen auf hoch motivierte, kompetente Mitarbeiter, die uns über Jahre hinweg treu bleiben und sich mit Begeisterung für unser Unternehmen einsetzen."[1] Daraus leitet sich im Löwen Hotel Montafon ein hoher Anspruch an die Unterbringung der Saisonkräfte ab. Frau Muxel, kaufmännische Leiterin des Hotels und Projektinitiatorin des Teamhauses, zitiert Frau Liebherr: „Die Mitarbeiter müssen es schön haben." Sie formuliert selbst: „Wir müssen jedem seinen Raum schaffen." Und: „Wir wollten sie an einem Ort, in einem Haus zusammenbringen." Gleichzeitig macht sie deutlich, dass vor dem Hintergrund des angespannten Marktes für Mitarbeiter:innenwohnen ein firmeneigener Neubau auch eine sinnvolle betriebswirtschaftliche Entscheidung sein kann: „Auf 20 Jahre gerechnet können wir unser eigenes Haus bauen."

Bedarf: Erfahrungswerte und Steuervorgaben

In Österreich gilt für Mitarbeiter im Gastgewerbe die Regelung, dass Kost und Logis frei sind. Ab einer Zimmergröße von

30 Quadratmetern pro Person werden allerdings Sachbezüge angesetzt, die Kosten für die Unterkunft sind damit zu besteuern. Mitarbeiter:innen, die aber meist einen weiteren, dauerhaften Wohnsitz zu finanzieren haben, zielen geringe Ausgaben im Rahmen einer Arbeitssaison an. Aus dieser Vorgabe leitet sich die Dimensionierung der Module ab. „Wir machen die Doppelzimmer 28 Quadratmeter groß, dann haben sie eine ordentliche Größe, aber man kann sie auch einzeln nutzen, ohne dass die Sachbezugsregelung zur Anwendung kommt." Gleichzeitig galt für die Festlegung der Größe der Einzelzimmer: „Mit Einzelzimmern mit 22 Quadratmetern kann man gut leben. Wir haben im Winter 75 Saisonkräfte, wovon circa 50 im Teamhaus wohnen. Wir können als Unternehmen nicht allen Beschäftigten eine Wohnung geben. Es soll nicht so bequem sein, dass sie, wenn sie hierbleiben, nicht auch auf die Suche nach einer eigenen Wohnung gehen." Es soll damit ein Impuls zur Eigeninitiative für langjährige Beschäftigte mit Partner, Partnerin oder Familie gesetzt werden, um vom Wohnen im Teamhaus in den Mietwohnungsmarkt zu wechseln. Mit Bezugsfertigkeit des Gebäudes wurde als Teil des Findungsprozesses ein Mietbeitrag pro Zimmer diskutiert, um damit auch eine Wertschätzung des qualitätsvollen Raumangebots zum Ausdruck zu bringen.

Rechtliche Regelungen

Im Arbeitsvertrag ist vermerkt, dass den Beschäftigten ein Zimmer auf gegenseitigen Widerruf zur Verfügung gestellt wird. Mit einer Kündigung ist diese Vereinbarung aufgehoben. Eine Kaution von 200 Euro wird erhoben, eine Endreinigung mit 100 Euro berechnet, beim Auszug wird eine Inventarliste gegengezeichnet. Zwischen Frühjahr und Sommer dürfen die Mitarbeiter:innen das Zimmer behalten, diese werden gereinigt und kontrolliert, alles wird in einen Schrank geräumt, falls eine Saisonkraft doch nicht für die Sommersaison zurückkommen sollte. Ab Beginn der Sommersaison steht dem Beschäftigten das Zimmer wieder zur Verfügung.

Warum tun wir so etwas?

Der Bau eines solchen Hauses ist im Wesentlichen wirtschaftlich und unternehmerisch zu begründen. Nach einem Jahr Erfahrung erweisen sich zwei Argumente als tragkräftig: Das erste bezieht sich auf die allgemeinen Entwicklungen im Arbeitsmarkt und die Notwendigkeit, für Arbeitgeber:innen attraktiv zu sein. Dazu resümiert Ingrid Muxel: „Es dauert seine Zeit, am Anfang war alles neu. Mittlerweile sind die Leute angekommen, und ich behaupte, dass uns das neue Haus mehr hilft, dass die Leute bleiben, wie dass sie neu kommen. Mitarbeiter zu akquirieren ist das eine. Aber wenn die Mitarbeiter mal da sind und sich eingelebt haben, dann fühlen sie sich so wohl, dass sie ganz schwer wieder weggehen. Wir haben vom Winter auf den Sommer keine Mitarbeiter suchen müssen. Wir haben es zum ersten Mal geschafft, die Sommermannschaft Ende Winter fix zu haben."

Das zweite betrifft die geringe Planbarkeit der Arbeit in dem Gewerbe der Hotellerie: Die Gäste buchen immer kurzfristiger, die Vorlaufzeiten werden geringer. Es zeigt sich, dass die Mitarbeiter:innen, die im Teamhaus wohnen, in Bezug auf Arbeitszeiten sehr flexibel sind. „Wenn wir das Teamhaus nicht hätten und die Mitarbeiter, die da so flexibel sind und es ihnen egal ist, ob sie am Montag oder am Dienstag freihaben, könnten wir den Betrieb nicht führen. Wir brauchen die Flexibilität, die uns diese Mitarbeiter, die im Teamhaus wohnen, geben. Daraus resultiert, dass sie ihr soziales Umfeld untereinander haben. Diese Flexibilität steht den Kosten gegenüber, welche die Mehrkosten durch das Gebäude aufwiegen. Die Mitarbeiter aus der Region – circa 30 Prozent der Belegschaft – haben ihr soziales Umfeld vor Ort, sie sind damit viel stärker zeitlich limitiert."

1   Liebherr-International Deutschland GmbH: Wir sind ein Familienunternehmen. Schlüssel zum Erfolg sind unsere Mitarbeiter. Abzurufen unter: https://www.liebherr.com/de/int/über-liebherr/grundwerte/grundwerte.html (besucht am 03.08.2020)

Harald Bitschnau, Schruns, A
Architekt des Teamhauses, Inhaber des Büros bauWERK architektur ZT GmbH in Schruns

Ingrid Muxel, Schruns, A
kaufmännische Geschäftsführerin des Löwen Hotel Montafon

Gunter „Rick" Voigt, Schruns, A
Direktor Löwen Hotel Montafon

Interview am 31.07.2020 in Schruns

Wohnliche Stadt mit bezahlbaren Mieten

„Es braucht nicht primär Strategien, sondern mutige Umsetzungen, Pioniergeist und manchmal auch vereinte Kräfte.“

Urs Buomberger

Stiftung, Boden und Wohnraum

Die Stiftung Habitat in Basel verfolgt seit 1996 das Ziel, Boden und Wohnraum der Spekulation zu entziehen, um so eine „wohnliche Stadt mit bezahlbaren Mieten“ mit Fokus auf „ökologische und soziale Fragestellungen“ zu ermöglichen. „Dazu gehört auch, dass Menschen mit Zugangsschwierigkeiten in einem wohnlichen Umfeld zu einer bezahlbaren Wohnung kommen. Da sind wir [die Stiftung] ähnlich positioniert wie die öffentliche Hand. Die öffentliche Hand wie auch Stiftungen sind für die ‚Ewigkeit‘ ausgelegt und nicht, um kurzfristige Ziele zu erreichen.“

Punktuell ist die Stiftung auch politisch aktiv. Die von uns mitgetragene Neue Bodeninitiative wurde 2016 mit beachtlichen 67 Prozent der Stimmen angenommen. Der Verkauf von öffentlichem Land ist in Basel-Stadt deshalb nur noch zulässig, wenn dieser durch Zukauf anderer Flächen kompensiert wird. Anstatt das Land zu verkaufen, kann der Kanton jedoch das Land zur Nutzung im (Erb-)Baurecht abgeben. Dies ermöglicht, dass auch weniger kapitalkräftige, soziale oder gemeinnützige Bauträger Projekte realisieren können.

Bedürfnisse kennenlernen

Viele Bauträger folgen noch immer dem Schema, Wohnungen nach einer „möglichst hohen Rendite“ zu schaffen, ohne dabei auf übergeordnete Bedürfnisse einzugehen. „Sollten andere Bedürfnisse als Rendite abgedeckt werden, dann muss vor allem ein Wille da sein, dies zu tun. Das ist eigentlich nicht so schwierig. Das mag elementar klingen, aber wenn man die Bedürfnisse kennen will, sollten die Bedürfnisse eben erfragt werden.“ Daher bestand bei der Projektentwicklung von Erlenmatt Ost bereits während der Planungsphase ein Austausch mit verschiedenen

sozialen Institutionen. „Dabei haben wir zum Beispiel gelernt, dass ein grundlegendes Bedürfnis vieler Institutionen ist, sozial Schwache in einem ‚normalen‘ Wohnumfeld zu platzieren. Deshalb steht in den Baurechtsverträgen die Verpflichtung, dass mindestens 10 Prozent der erstellten Wohnfläche für soziale Zwecke vermietet werden muss.“

Häuser für spezielle Bedürfnisse

Daneben entwickelt die Stiftung Habitat auch Häuser, die für ein ganz spezielles Bedürfnis und damit für eine Zielgruppe ausgerichtet sind, zum Beispiel für Alleinerziehende oder Musiker:innen. Grundsätzlich steht jedes Projekt der Stiftung und jeder Ansatz für sich allein. Bei jedem Projekt wird abgewogen, was sinnfällig ist und dem Stiftungszweck entspricht. Auch in Erlenmatt Ost wird ein Haus für Studierende errichtet, das aber nicht die Stiftung selbst, sondern die studentische Wohnvermittlung betreibt.

Lebenslanges Wohnen im Quartier

„Auf Erlenmatt Ost verfolgen wir das Ziel, dass die Leute möglichst im Quartier bleiben können, auch wenn sich ihre Wohnbedürfnisse ändern – wenn zum Beispiel die Kinder ausziehen und damit weniger Wohnraum benötigt wird. In solchen Situationen macht oftmals ein Wohnungswechsel Sinn. Bei einem einzelnen Haus ist es meist nicht realistisch, dass in nützlicher Frist eine kleinere Wohnung im gleichen Haus gefunden werden kann. Deshalb ist eine Vernetzung unter den Bauträgern wichtig und eine gegenseitige Information, wenn Wohnungen frei werden.“

Die Vernetzung mit den Arealbewohner:innen geschieht derzeit mittels Delegierten von den einzelnen Häusern. Später geplant ist ein Verein, der anschließend zur Ansprechpartnerin der Stiftung Habitat wird. Themen sind dabei gemeinsame Gestaltung des Außenraums, die Einstellhalle, der Gemeinschaftsraum, die Kommunikation oder die Lärmsituation.

Mietzinsbeitrag und soziale Vielfalt

Um eine unterschiedliche finanzielle Leistungsfähigkeit der Mieter:innen zu berücksichtigen und dabei dennoch einen Beitrag zur Förderung der Wohnqualität zu leisten „wendet die Stiftung [in den meisten Häusern] ihr Mietzinsbeitragsmodell an. Bei geringem Einkommen wird die Miete vergünstigt. Wichtig ist dabei, dass der Anspruch auf Herabsetzung der Miete überprüft wird." Die Stiftung ermöglicht so, dass bezahlbarer Wohnraum bei hoher Wohnqualität für alle entsteht.

Energiebezugsfläche und Raumkonzepte

„Eine große Herausforderung für viele Städte ist, dass der Wohnflächenverbrauch pro Person laufend steigt." Um dieser Tendenz entgegenzuwirken, wurde im Nachhaltigkeitskonzept des Areals die maximale Energiebezugsfläche pro Person auf 45 Quadratmeter begrenzt. Diese Kenngröße beinhaltet – anders als die Wohnfläche – auch Treppenhäuser oder Gänge. „Mit dieser Vorgabe mussten die Architekt:innen und die Bauherrschaft kreativ werden und sehr effiziente Grundrisse realisieren. Einige haben auch für die Erschließung Laubengänge gewählt. Ein zweites Badezimmer fällt da rasch weg. Dafür entscheiden sich einige für einen Gemeinschaftsraum oder [...] Schalt- oder Jokerzimmer. Statt dass jede Wohnung ein Gästezimmer oder ein Wohnzimmer plant, entsteht so gemeinsam genutzter Raum, der auch nachbarschaftliche Begegnungen begünstigt."

„Zwischen 30 und 50 Prozent der Wohnungen müssen in der Regel vier oder mehr Zimmer ausweisen. Ausnahmen bilden Sonderformen wie zum Beispiel das Studierendenhaus."

Der Ausbaustandard der einzelnen Wohnungen ist jeder Bauherrschaft selbst überlassen, wodurch jede anders damit umgeht. „Je besser der Ausbaustandard, desto höher die Wohnungsmieten."

Stiftung und Baurechtsnehmende

Der Erstkontakt zu Baurechtsnehmenden hat sich „schrittweise ergeben". Der gegenseitige Austausch mit „engagierten Leuten, die ein eigenes Haus bauen wollten, aber in der Stadt kein Land gefunden haben", führte schließlich zur Unterzeichnung der ersten Absichtserklärungen. „Das ist für solche Baugemeinschaften ein wichtiger Schritt, denn sehr oft kommen in einer Stadt kleine Gruppen gar nicht an das Bauland." Im späteren Projektverlauf wurden zwei freie Parzellen im Baurecht öffentlich ausgeschrieben.

„Integrierter Bestandteil des Baurechtsvertrages ist ein sehr umfassendes und zukunftsgerichtetes Nachhaltigkeitskonzept [...]. Unsere eigenen Bauprojekte und diejenigen der Baurechtsnehmenden wurden durch das Fachgremium „Nachhaltigkeit" überprüft, Abmachungen schriftlich festgehalten. Die Baueingabe und den Baurechtsvertrag haben wir erst am Ende dieses Prozesses unterschrieben. Auf dem Areal Erlenmatt Ost baute auch eine Pensionskasse zwei Häuser. Natürlich müssen diese Häuser eine Rendite erzielen. Die Nachhaltigkeit ist jedoch bei ihnen ebenfalls in der DNA und besteht nicht aus einer ‚grünen Website' zu Marketingzwecken."

Öffentlich zugängliches Wissen

Viele der erstellten Dokumente hat die Stiftung auf ihrer Homepage veröffentlicht, so sind sie für alle zugänglich, und regen zum „gegenseitigen Austausch" an.

Urs Buomberger, Basel, CH
Projektentwickler bei der Stiftung Habitat, Leiter Projektbüro Erlenmatt Ost

Interview am 01.04.2019 in Basel

4.03 Die adaptive Wohnung

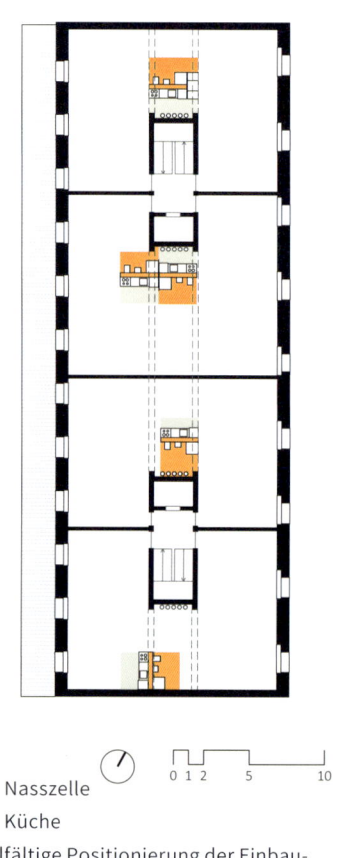

Vielfältige Veränderungen bestimmen unser Leben und damit die Räume, die den Alltag fassen. Welche Lösungen existieren in Bezug auf die Wohnung, das Haus und das Quartier, um sich wandelnde Bedürfnisse zu begleiten? Gleichzeitig erfordert die Diskussion um Nachhaltigkeit gebaute Strukturen, die langfristige und flexible Nutzungen ermöglichen. Das Spannungsfeld zwischen bewusstem Umgang mit Bestehendem, die Notwendigkeit des zirkulären Bauens und Anforderungen an die Ökologie der Baustoffe einerseits und dem Bedarf nach kurz-, mittel- und langfristiger Flexibilität von Wohnung, Haus und Quartier andererseits beschreibt die Herausforderung.

Lebensbiografische Wandel erfordern die Veränderbarkeit einer Wohnung innerhalb eines gesetzten baulichen Rahmens und damit meist einer gegebenen Größe. Familiale Veränderungen – ein Kind wird geboren, eine Person verlässt den Haushalt – oder Veränderungen bedingt durch die Koppelung von Wohnen und Arbeiten können Auslöser dafür sein. Diese Anpassbarkeit kann sowohl bei Bezug als individuelle Ausbaubarkeit einer neutralen Hülle oder auch im Laufe der Nutzungsdauer ein relevantes Kriterium sein. Welche Konzepte werden dafür geboten?

Flexibel platzierbare Infrastruktur

Bestimmte bauliche Vorgaben definieren die Struktur von Wohnungen und grenzen damit die Flexibilität ein – dies betrifft vor allem vertikale Versorgungsstränge und die daran gebundene Lage der Nassbereiche. Sie determinieren dauerhaft die Grundrisse über alle Geschosse hinweg. Die Flexibilität im Ausbau eines Wohngrundrisses ist durch diese technische wie räumliche Festlegung begrenzt. Heinrich Degelo kommentiert das so: „Flexibilität kann ich nur mit einem flexiblen sanitären Element machen, sonst bin ich schon etwas eingeschränkt."[1]

Bei dem Wohn- und Atelierhaus der Coopérative d'ateliers in Basel ist diese Fixierung aufgehoben. Kern der Flexibilität

■ Nasszelle
□ Küche

Vielfältige Positionierung der Einbauelemente, Coopérative d'ateliers, Basel

Flexible Ver- und Entsorgung zum Schacht, Coopérative d'ateliers, Basel

der Raumeinheiten ist ein vorgefertigtes Einbauelement, das einerseits eine einzeilige Küche trägt, an dem andererseits Dusche, Toilette und Waschbecken aufgehängt sind. Es besteht aus einem Traggerüst mit allen notwendigen Anschlüssen und einer kleinen Abwasserhebeanlage. Die Installationen zur Ver- und Entsorgung dieses Sanitär- und Küchenblocks werden an der Geschossdecke als bewegliche und in der Länge definierbare Schläuche zu einem Steigschacht geleitet. Diese sind beidseitig der zentral gesetzten Erschließungskerne angebracht und versorgen die angelagerten Wohneinheiten. Bad und Küche sind damit ohne Einschränkung in allen Geschossen frei zu positionieren, es ist

Einbauelement im Rohzustand, Coopérative d'ateliers, Basel

■ Nasszelle
■ Küche

Einbauelemente in dienender Raumzone, Coopérative d'ateliers, Basel

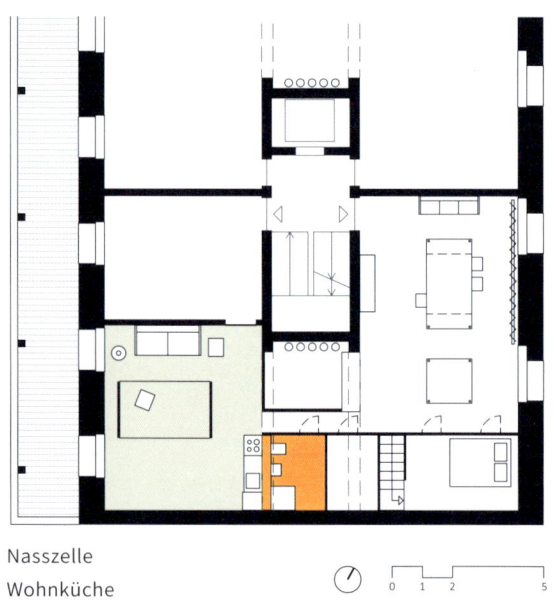

■ Nasszelle
■ Wohnküche

Wohnküche und intime Nasszelle, Coopérative d'ateliers, Basel

Reduzierte Raumhöhe in Bad, Küche und Schrankraum, Coopérative d'ateliers, Basel

Nasszelle und Küche offen zum hohen Raum, Coopérative d'ateliers, Basel

ebenfalls möglich, ein zweites Bad einzubauen. Diese Frei- heiten sind Grundlage für eine große Vielfalt unterschiedlich ausgebauter Wohnateliers.

Im Wohnatelier eines Künstlers werden zum Beispiel Kü- che und Bad gemeinsam mit Abstellräumen und einer Nass- zone für die Werkstatt komprimiert und zentral positioniert zu einer dienenden Raumzone zusammengefasst. Die Durch- wegung – die Zone ist Filter zwischen Wohnen und Arbeiten – bietet gleichzeitig Zugang zu Sanitärobjekten und Küchen- geräten, die Erschließung wird damit zweifach genutzt. Eine

zweite über diesen niedrigen Nebenräumen eingezogene Ebene dient als Lagerfläche. Wohnräume und Werkstatt sind dagegen räumlich großzügig und frei von weiteren Einbauten.

In einem anderen Atelier werden die beiden Funktionen – das Kochen und das Sichreinigen – räumlich unterschiedlich eingebunden: Die Küchenzeile ist Bestandteil des hohen All- raums, Essen, aber auch das Kochen sind Teil des Lebens im Wohnatelier. Das Bad ist als intimer, abgeschlossener und niedriger Nebenbereich integriert in eine schrankartige zweite Raumschicht.

Kochzeile als Teil des Wohnraums, Coopérative d'ateliers, Basel

Individuelle Sanitärobjekte: japanischer Badezuber, Coopérative d'ateliers, Basel

Vorfertigung und Individualität

Grundsätzlich sind die Wohnungen der Coopérative d'ateliers als Aufforderung zum individuellen Ausbau zu verstehen – mit der Zielsetzung, Kosten zu sparen. Die Vorfabrikation und Montage der Einbauelemente wird dagegen durch eine Standardisierung der Sanitär- und Küchenobjekte erleichtert und ebenfalls kostengünstiger – dies steht damit im Kontrast zur grundsätzlichen Offenheit des Ausbaus. Heinrich Degelo berichtet dazu über Diskussionen und Erkenntnisse aus dem Prozess: Anfänglich wurden individuelle Wünsche berücksichtigt, diese Individualisierung wird allerdings zukünftig aufgrund von Abstimmungsschwierigkeiten nicht mehr weiterverfolgt.

Flexibilität durch minimale elektrische Grundinstallation

In der Coopérative d'ateliers in Basel ersetzt je Wohnung ein zentrales Steckdosentableau am Installationsschacht eine vordefinierte elektrische Versorgung jedes Raumes. Dies ermöglicht einen Verzicht auf räumlich integrierte, unter Putz verlegte Leitungsführung durch Fachkräfte, Einsparung von Schaltern oder Steckdosen. Damit ist einerseits eine Kosten- und Standardreduzierung verbunden, andererseits aber eine kontinuierliche Flexibilität in der Nutzung der Räume, der Platzierung von Beleuchtung oder elektrischen Geräten gegeben. Mehrfachsteckdosen und Kabeltrommeln werden Teil des beweglichen Inventars, oder Lichtschalter werden ersetzt durch den Griff zur LED-Leuchte, die durch Drehen im Gewinde eingeschaltet wird – Improvisation und Erfindungsreichtum werden zum Alltag. Die Verlegung fester Installationen ist ebenso möglich.

Mittelfristig gedachte alternative Nutzungsszenarien

Neben einer kurzfristig gedachten Flexibilität entsteht mit der Anforderung nach mittelfristiger Reaktionsfähigkeit der Wohnung auf Wandel ein relevanter neuer Planungsauftrag: Er sieht Rück- und Neubau nicht tragender Innenwände ohne Installationen nach einem festgelegten Schema vor, die tragende Struktur stellt den unveränderlichen Rahmen.

In dem Projekt Wolle+ in Tübingen war die Vergabe des am Neckar gelegenen Grundstücks an Belegungsbindungen gekoppelt. „Geflüchtetenwohnungen" können in Reaktion darauf nach mindestens zehn Jahren in „normale Wohnungen" transformiert

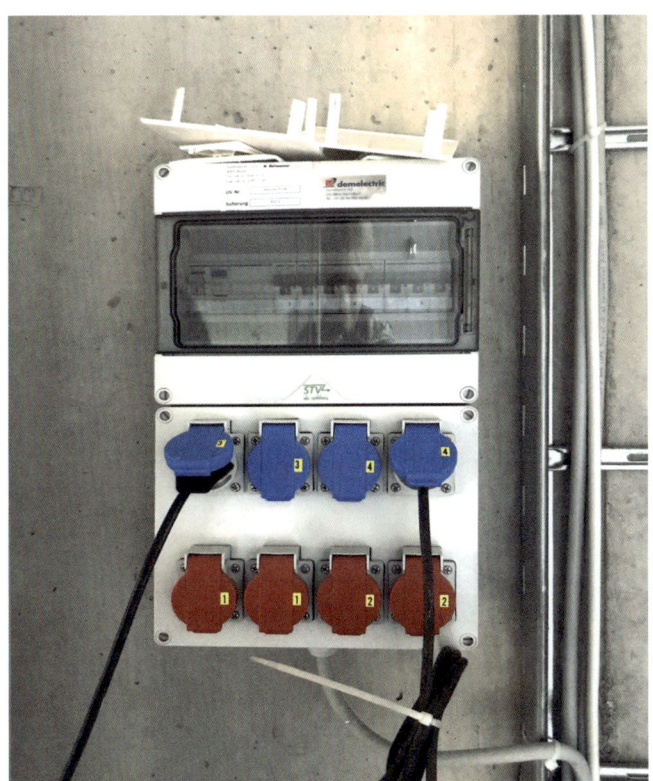

Ein Verteiler je Wohnung, Coopérative d'ateliers, Basel

Improvisation mit Mehrfachsteckdosen, Coopérative d'ateliers, Basel

werden. Die Planung von sieben unterschiedlich großen Wohnungen basiert auf der Überlagerung dieser beiden Zeithorizonte. Zwei alternative Wohnungsgrundrisse reagieren auf diese beiden Nutzungsszenarien, gleichzeitig berücksichtigt der Entwurf des Hauses mit Festlegungen zur Trag- und Infrastruktur diese voraussehbare Veränderung. Die gezeigten Isometrien zeigen drei unterschiedlich große Wohnungen des zweiten Obergeschosses: Die heute umgesetzten Wohnungen für Geflüchtete weisen eine größere Zimmerzahl und eine geschlossene Küche auf, die später von den Eigentümer:innen bewohnten oder vermieteten Wohnungen zeigen den Wunsch, Küche, Essen und Wohnen räumlich zu verbinden bei reduzierter Zahl abgeschlossener Räume; die Belegungsdichte dieser Grundrisse wird reduziert sein. In beiden Szenarien bleiben die Größe und die Rolle des privaten Freiraums unverändert und wesentlich – auch die kleine Wohnung besitzt einen großzügigen Balkon.

Diese Planungsansätze gelten nicht nur als Reaktion auf soziale oder rechtliche Rahmenbedingungen wie in diesem Fall. Sie werden ebenso relevant vor dem Hintergrund der notwendigen Nachhaltigkeit aller Baustrukturen: Eine Planungskultur des Wandels erfordert die Berücksichtigung unterschiedlicher Lebenszyklen von Tragstruktur, Ausbauten und Materialien sowie eine Integration unterschiedlicher Zeithorizonte von Flexibilität.

Selbstausbau im Rohbau

Die Vermietung von Wohnflächen kann analog zu Gewerbeflächen im Rohbau gedacht werden. Dieses Rohbau-/Atelierwohnen erprobt die Zürcher Bau- und Wohngenossenschaft Kraftwerk1 zusammen mit ihren Mieter:innen im künftigen Koch-Quartier. Einen Teil der Wohnungen bauen zukünftige Mietende so im Do-it-yourself-Verfahren individuell aus. Mit solchen maßgeschneiderten Lösungen können Ausbauten wandelnden Bedürfnissen angepasst und der Ausbaustandard bei Bedarf beispielsweise tief gehalten werden. Im Frühjahr 2018 im Rahmen des vorbereitenden partizipativen Prozessfrühlings stellt Dimphie Slooters aus dem Präsidium Fragen hierzu: „Wie roh darf es sein? Was ist der Minimalstandard?"[2] Ein Jahr später, im März 2019, lädt die Genossenschaft alle Interessierten zu einer Diskussion um das Rohbauwohnen ein – vertiefte Fragen werden diskutiert, zum Beispiel: „Wie lässt sich ‚Wohnen im Rohbau' auch im Mietverhältnis realisieren?"[3] Kraftwerk1 setzt mit dem Projekt SALE CON FRITAS im Rahmen eines breiten Wohnungsmixes im Koch-Quartier acht doppelgeschoss-hohe Rohbau-/Atelierwohneinheiten mit Grundflächen von 52 bis 94 Quadratmeter um. Diese sind im Edelrohbau geplant und verfügen über eine Nasszelle mit Dusche und WC und einen Wasseranschluss für die Küche. Bei

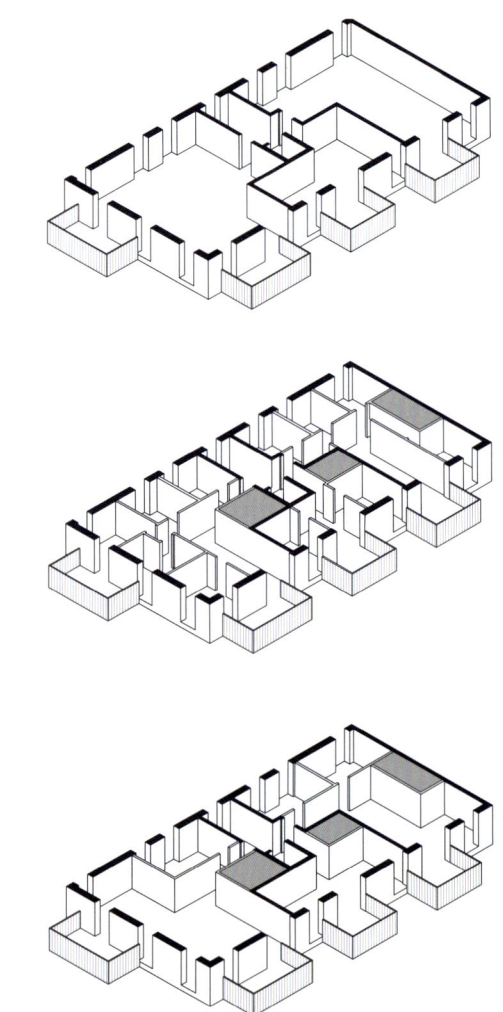

Tragstruktur, Grundriss Wohnen für Geflüchtete heute (Mitte) und Grundrissoption Eigennutzung ab 2030, Wolle+, Tübingen

Blick von der kleinen Wohnung mit großzügigem Balkon auf den Balkon der größeren Wohnung, Wolle+, Tübingen

Gemeinschaft
Wohnen

0 1 2   5   10

Planung der Hallenwohnungen aus dem Wettbewerb, Zollhaus, Zürich

Gemeinschaft
Wohnen

0 1 2   5   10

Überarbeitung der Hallenwohnungen, Zollhaus, Zürich

Hallenwohnung im Zollhaus, Zürich

der Erstvermietung können die Einheiten bei Bedarf auch zusammengelegt werden. Auch für die Rohbaueinheiten werden Belegungsvorschriften angewendet werden müssen, um den angestrebten, geringen individuellen Flächenverbrauch zu gewährleisten. Besondere und gemeinschaftliche Wohnformen zu fördern, liegt in der DNA der Genossenschaft.

Luft nach oben – Fortführen der Wohn-Experimente

Bei der Entwicklung des Rohbauwohnens baut die Genossenschaft Kraftwerk1 auf den Erfahrungen der Genossenschaft Kalkbreite in Bezug auf das Hallenwohnen auf. Bei deren 2021 bezogenem Zollhaus war das Hallenwohnen als Übertragung des altbauorientierten Loftwohnens in Neubauten in das Wettbewerbsprogramm integriert worden als Wohnen in hohen Räumen, die auch in der Vertikalen alternative Einbauten zulassen. Zur Verdeutlichung ihrer Lebensvorstellungen an die Planer:innen verfasste Hannes Bucher für die Genossenschaft das Schriftstück „Ein Tag im Zollhaus"[4]: Eine Stubenfliege beschreibt den Alltag der Bewohner:innen, der Flug durch das Hallenwohnen nimmt vier Seiten ein. Bei den Planungen der ersten Preisträgerin – die Enzmann Fischer Partner AG – nimmt diese Wohnform eine prominente Position im dritten Obergeschoss des Kopfbaus ein.[5] Die Planung wird im Prozess den Bedürfnissen der Bewerber:innengruppen angepasst, auf die zu hohe Komplexität, vor die sie mit Bewerbung, Prozess und Finanzierung gestellt wurden, vereinfachend reagiert.[6] Aus den ursprünglich zwei je 300 Quadratmeter großen Hallen werden acht circa 4,10 Meter hohe „Hallen" zwischen 33 und 116 Quadratmeter mit jeweils schon integrierten Sanitärzellen und Installationsschächten. Der Gemeinschaftsraum wird von der Nordseite nach Süden verlagert und steht nun allen Bewohner:innen des Zollhauses offen. Die zukünftige Zusammenlegung von Einheiten durch das Entfernen nicht tragender Trennwände ist Zielsetzung der Genossenschaft.

Flexibel ohne Abstandszahlungen

Der Selbstausbau bedarf aber bei aller Eigeninitiative und Herausforderung der Kreativität auch bestimmter Regelungen: In dem Entwurf zu den „Bestimmungen zum Selbstausbau"[7] werden Fragen zu finanziellen Modalitäten, Sicherheit, Haftung oder Unterhalt geklärt, aber vor allem die Art der Rückgabe der Wohnung wird definiert: Der Ausbau erfolgt auf eigene Kosten bei reduzierter Grundmiete, der Rückbau erfolgt nach einem definierten Standard und ohne Kostenübernahme der Nachmieter:innen. Auch bei dem genossenschaftlichen Projekt der

Coopérative d'ateliers in Basel ist die Übergabe der einzelnen Wohnateliers als Edelrohbau nicht nur bei Erstbezug, sondern auch bei den zukünftigen Weitervermietungen Zielsetzung. Ein Rückbau der individuellen Einbauten auf den Edelrohbau muss bei Auszug vorgenommen werden. Abstandszahlungen für die Übernahme eines Selbstausbaus werden nicht akzeptiert, Investitionen in diesem Bereich werden somit nicht zum Hemmnis für nachfolgende Vermietungen.

Performatives Wohnen – bewegliche Elemente im Raum

Im Gegensatz zur baulichen Flexibilität, die sich nicht an individuellen und persönlichen Zielsetzungen der Bewohner:innen orientiert, stehen die Wohnungen im Haus in der Stampfenbachstrasse von Edelaar Mosayebi Inderbitzin Architekten für eine andere Form von adaptivem Wohnen: Sie sind performative Wohnmaschinen, die personalisiert und interaktiv auf deren alltägliche Bedürfnisse reagieren können. Diese Wandelbarkeit passt sich wie Bekleidung an individuelle Befindlichkeiten an. Der Raum dieser Wohnungen ist schon über die Geometrie der begrenzenden Wände bewegt, das Bad hat Schlafwagencharakter. Die Mittelwand ist beweglich; sie erlaubt, den Schlafraum oder die Küche abzutrennen und ermöglicht den Wandel von einer Einraum- zu einer Vielraumwohnung. Auch einzelne Bauteile wie die Tür oder Möbel wie der Schrank wurden hinsichtlich ihres performativen Potenzials geprüft, Referenzen wurden herangezogen: Der Boden zum Beispiel definiert die Topografie und ist gleichzeitig Stauraum und Sitzmöbel. Manche Dinge lassen sich bewegen, erhalten zum Beispiel wie die Leuchten einen Griff – er ist hier die Animation zur Wandlung. Standard spielt keine Rolle, alles ist unkonventionell, die architektonische Idee trägt.

Raumidee versus Beliebigkeit

Das Haus selbst erhebt keinen hervorgehobenen Anspruch an alternatives Wohnen: Kompakt organisiert erschließen zwei natürlich belichtete Treppenhäuser je drei Kleinwohnungen für einen Ein- bis Zweipersonenhaushalt pro Stockwerk – die Grammatik der meisten Wohnungen mit jeweils einem Raumbereich zum Hof und zwei Raumbereichen zur Straße ähnelt sich. In der Nähe von Universität und der ETH Zürich gelegen sind die Wohnungen an die Zielgruppe jüngerer Akademiker:innen adressiert, die dort zum Beispiel für zwei bis drei Jahre ein Postgraduiertenstudium absolvieren. Sie wohnen reduziert ohne Möbel. Der Architekt Christian Inderbitzin vermerkt dazu: „Wir kennen unsere Bewohner nicht

■ Adaptive Elemente
▨ Wohnen

0 1 2   5

Grundriss der performativen Wohnung, Stampfenbachstrasse, Zürich

mehr, darum muss man Vertrauen haben in die Raumidee, in die Aneignungsvielfalt und nicht in die Beliebigkeit. Wir suchen nach unkonventionellen Wohnformen, das Offene darf nicht auf Kosten des Spezifischen gehen."[8] Im Resultat heißt das: „Wir müssen vor allem interessante, gute und schöne Räume bauen und nicht zu viel Funktionalität und Milieu denken."[9]

Temporäres Wohnen und Organisationsstrukturen

Diese Wohnungen reagieren auf temporäre Wohnbedarfe – die Raumidee richtet sich an eine spezifische Zielgruppe und deren Zeitrhythmen aus dem Bildungssektor. Das Baugewerbe, die Agrarwirtschaft, Hotellerie und Gastronomie oder auch Aus- und Weiterbildungskonzepte folgen jeweils eigenen Zeitabläufen und Regeln, an diese Zielgruppen adressierte Angebote des Wohnens haben sie zu berücksichtigen. Temporär anmietbare Kleinwohnungen orientieren sich häufig an additiven und funktionalistisch hergeleiteten Raumkonzepten der Hotellerie und sind in der Regel nicht räumlich innovativ. Auch in diesem Kontext werden räumliche Angebote für ein gemeinschaftliches Miteinander erweitert.

Dagegen lösen die veränderten Rahmenbedingungen rund um das temporäre Wohnen neue Organisationsstrukturen aus: Mietverträge mit geringen Verbindlichkeiten sind gewünscht ebenso wie keine Kaution, kurze Kündigungsfristen und kurze, aber verlängerbare Mietdauer. Abrechnungsmodelle für zusätzliche Angebote werden entwickelt oder der Grad der Einrichtung von Wohnungen; zusätzliche Angebote zu temporären Abstellmöglichkeiten werden getestet. Aus dieser neuen Beweglichkeit im Bereich der Organisation können Impulse auf andere Bereiche des Wohnens übertragen werden.

Drehbare Mittelwand verbindet Essen und Wohnen, Stampfenbachstrasse, Zürich

Drehbare Mittelwand verbindet Schlafen und Wohnen, Stampfenbachstrasse, Zürich

1 Interview mit Heinrich Degelo, Architekt und Genossenschaftsvorstand. Basel, 20.05.2019

2 Slooters, Dimphie: Partizipativer Prozessfrühling 2018. Wohnen & Gemeinschaft, [Workshop/Veranstaltung]. Zürich, 27.03.2018. Abzurufen unter: https://www.kochquartier.ch/blog/abschluss-partizipationsprozess-fruhling-2018 (besucht am 30.11.2021)

3 Kraftwerk1: Koch-Quartier. Wohnen im Rohbau bei Kraftwerk1. Abzurufen unter: https://www.kraftwerk1.ch/koch/mitteilungen/wohnen-im-rohbau.html (besucht am 05.11.2021)

4 Genossenschaft Kalkbreite (Hg.): Stubenfliege Max. Ein Tag im Zollhaus Z-2014. Abzurufen unter: https://www.kalkbreite.net/wp_website/wp-content/uploads/2018/07/20141008_kalkbreite_stubenfliegeMax_web.pdf (besucht am 05.11.2021)

5 Simon, Axel: Gezähmte Wohnträume. In: Hochparterre 6–7/2019, S. 34–39

6 Genossenschaft Kalkbreite: Hallenwohnen. Abzurufen unter: https://www.kalkbreite.net/zollhaus/wohnen-zollhaus/hallenwohnen%20/ (besucht am 15.09.2021)

7 Genossenschaft Kalkbreite: Bestimmungen zum Selbstausbau Hallenwohnen. Zürich o. J. Abzurufen unter: https://www.kalkbreite.net/wp_website/wp-content/uploads/2019/01/Entwurf-Bestimmungen-Selbstausbau-Hallenwohnen.pdf (besucht am 15.09.2021)

8 Interview mit Christian Inderbitzin, Architekt. Online, 12.07.2021

9 Ebenda

4.04 Das adaptive Haus

Möglichkeiten zur Anpassungsfähigkeit der räumlichen Konzepte und damit auch zur funktionalen Offenheit zeigen sich vor allem auf Ebene des Hauses. Damit öffnet sich die Chance, nicht nur innerhalb der definierten Fläche einer Wohnung auf Wandel zu reagieren, sondern auch in Reaktion auf Lebensphasen und die Bedürfnisse, mehr oder weniger Raum im Haus in Anspruch zu nehmen und dies sowohl in horizontaler als auch vertikaler Ausdehnung. Dies setzt voraus, dass die Besitz- und Organisationsstruktur des Hauses diese Bewegungen – Wohnraumerweiterungen, -reduktionen, Nutzungsänderungen, temporäre oder optionale Nutzungen oder Vernetzungen in kurz-, mittel- und langfristigen Zyklen ermöglicht.

Rechtliche Schranken – WEG-Recht und Förderung

Die Möglichkeiten zur Anpassung von Räumen werden nicht nur durch bauliche Überlegungen definiert, sondern auch durch rechtliche Regelungen und Besitzverhältnisse. Besonders in Wohnprojekten in der Rechtsform einer Wohnungseigentümergemeinschaft sind adaptive Strategien, sobald sie das Gemeinschaftseigentum betreffen, sehr erschwert. So dürfen grundsätzlich bauliche Veränderungen nach § 20 Absatz 4 des Wohneigentumsgesetzes (WEG) nicht beschlossen oder verlangt werden, wenn sie zu einer grundlegenden Umgestaltung der Wohnanlage führen oder einzelne Wohnungseigentümer gegenüber anderen unbillig benachteiligen. Als bauliche Veränderungen werden sämtliche Maßnahmen definiert, die über die Erhaltung des Gemeinschaftseigentums hinausgehen. Grundsätzlich ist also der Umbau des Gemeinschaftseigentums nur nach vorherigem Beschluss möglich. Mögliche Umbaumaßnahmen sollten deshalb bereits in der Teilungserklärung vorgesehen sein.

Aufgrund dieser rechtlichen Lage finden sich adaptive Strategien im Haus selten in Wohnprojekten mit mehreren Eigentümer:innen (in der Wohnung behindern Regelungen, die das Sondereigentum betreffen, adaptive Strategien im Prinzip nicht). Adaptive Strategien werden daher eher von Genossenschaften oder Stiftungen als kollektiven Eigentümer:innen umgesetzt.

Neben den rechtlichen Hemmnissen können auch Förderkriterien, wie etwa die Regelungen zu den Wohnflächengrenzen bei der Förderung von Mietwohnraum[1], hemmend auf adaptive Strategien wirken.

Repetitive Grundstruktur – Vielfalt und Veränderbarkeit

Die bauliche Struktur eines Hauses kann räumliche wie funktionale Flexibilität hausumfassend unterstützen oder behindern – dies zeigen verschiedene Fallbeispiele. Der Architekt Daniel Hoffmann von studio trachsler hoffmann spricht in einem Vortrag über das Projekt SALE CON FRITAS im Zürcher Koch-Quartier von robusten repetitiven Grundstrukturen, die Grundlage sind für Flexibilität und eine Diversität von Wohnformen.[2]

Der Wunsch der Genossenschaft Kraftwerk1 nach einer großen Bandbreite unterschiedlicher Wohntypologien – von der Kleinstwohnung über Familienwohnungen bis hin zu Clusterwohnungen –, hatte im Wettbewerbsentwurf zu einer generischen Antwort in der Wohnform geführt: Eine repetitive Struktur ermöglicht, viele verschiedene Wohnqualitäten anzubieten. Kleine, im Leichtbau realisierbare Eingriffe erlauben, auf dieser Basis sehr unterschiedliche Grundrisse zu realisieren. Über Zusatzzimmer besteht zusätzlich die Möglichkeit, auf sich ändernde Wohnsituationen zu reagieren. Zur klassischen Wohnung gibt es zum Beispiel mit Hobbyräumen oder Waschküchen ein weiteres breites Angebot an zusätzlichen Nutzungen. Das breite Wohnungsangebot und die große Bandbreite von Wohnungsgrößen ermöglicht im Rahmen der regelhaften Tragstruktur Flexibilität, die Durchmischung von verschiedenen Lebensentwürfen, von Generationen und kulturellen Hintergründen.

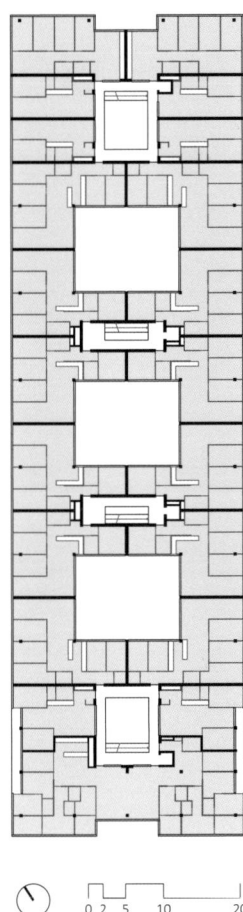

Repetitive Grundstruktur, exemplarischer Grundriss des 4. OG, SALE CON FRITAS, Zürich

Tragstruktur und Nutzungsneutralität

Auch das Projekt SAN RIEMO in München-Riem verdeutlicht den Zusammenhang zwischen Tragstruktur, Flexibilität und damit Nutzungsneutralität. „Es ist so, dass das Haus über alle Geschosse mit der sehr einfachen Tragwerksstruktur veränderbar bleibt. Es hat diese Unterzugsstruktur, die immer die einzelne Zelle beschreibt"[3], erläutert Christian Hadaller, Vorstand der Genossenschaft und Architekt, die Essenz des Hauses. Vier Unterzüge gliedern den Stahlbetonskelettbau in drei lange Hallen. Kurze Querunterzüge strukturieren die beiden Hallen entlang der Fassaden in einzelne gleich große Raumkammern – die Füllung ist variabel, die Wohnungszuschnitte damit noch relativ lange veränderbar. Zusammengeschaltet dienen die Räume als großzügige Wohnbereiche oder gemeinschaftlich genutzte Flächen, ansonsten werden sie als Individualräume genutzt. Die Größe von circa 14 Quadratmetern macht sie nutzungsneutral, sodass sie

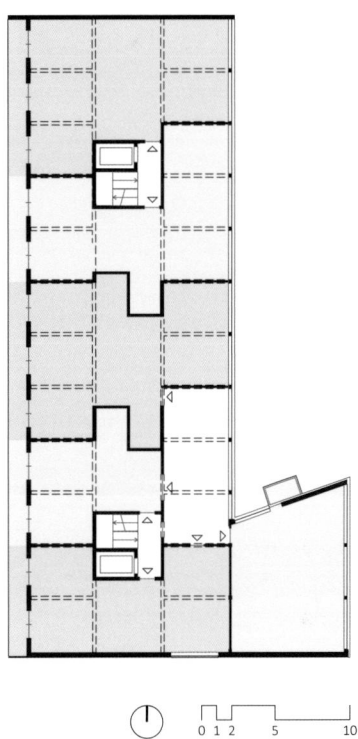

Tragwerk mit Unterzügen, SAN RIEMO, München

gleichermaßen als Schlaf-, Arbeits- oder Kinderzimmer genutzt werden können – das Gründerzeithaus mit gleichwertigen Räumen dient als Referenz. Die Betonunterzüge prägen das Bild dieser Räume und beinhalten auch Infrastruktur wie die Elektrik. Eine die ganze Hauslänge begleitende und offene „Wintergartenschicht" von einem Meter Tiefe prägt die Raumzellen nach Westen, die Räume nach Osten erhalten durch die Bandfassade einen anderen Charakter. Erschließung, Haustechnik, Küche und Nassbereiche sind in der Mittelzone positioniert.

Reduktion der Tragwerkstruktur

Die wesentliche Auswirkung der Tragstruktur auf die langfristige Flexibilität des Hauses wird auch bei Betrachtung anderer Fallbeispiele deutlich: Bei der Coopérative d'ateliers in Basel erlaubt die Konzentration der tragenden Funktion auf die Erschließungskerne und die Außenwände eine hohe Grundrissflexibilität. Weitere Stützen oder tragende Wände existieren nicht, die senkrecht dazu gesetzten Wohnungstrennwände sind die einzige räumliche Fixierung. Auch bei dem Baugemeinschaftsprojekt Gleis 21 in Wien ist die Tragstruktur entwickelt, um Flexibilität zu ermöglichen: die tragende Fassade und drei tragende Kerne erlauben, die stark unterschiedlichen Wünsche der einzelnen Bauherrschaften vor allem in Bezug auf die Größe der Wohneinheiten zu erfüllen.

Das atmende Haus

Die Genossenschaft KOOPERATIVE GROSSSTADT hatte in der Ausschreibung des Architekturwettbewerbs zu dem Projekt SAN RIEMO drei verschiedene Wohnformen – das Basiswohnen, Nukleuswohnen und Filialwohnen – benannt; die Planer:innen sollten hierzu jeweils eine spezifische Struktur entwickeln.

Zusätzlich wurde in der Vorankündigung zum Wettbewerb die zentrale Frage gestellt: „Wie ist es möglich, dass der Wohnraum der Bewohner zunimmt und schrumpft? Wie wird dieses ‚atmende Haus' geschaffen: strukturell, räumlich, organisatorisch?"[4] Dieser Anforderung sollte nicht durch bauliche Maßnahmen – das Herausreißen von Wänden –, sondern durch das Hinzufügen und Ablösen von Räumen erfüllt werden. Beide Zielsetzungen zeigen die enge Verflechtung der Planungsentscheidungen zwischen Wohnungstypologie und Haus: Demzufolge haben die Architekt:innen des ausgeführten Projekts eine Struktur vorgeschlagen, in die sich alle Wohnformen einfügen lassen, der ursprüngliche Planungsansatz, die drei folgend beschriebenen Wohnungstypen jeweils geschossweise zu konzentrieren, konnte geöffnet werden.

Raum geprägt von Betonunterzügen, SAN RIEMO, München

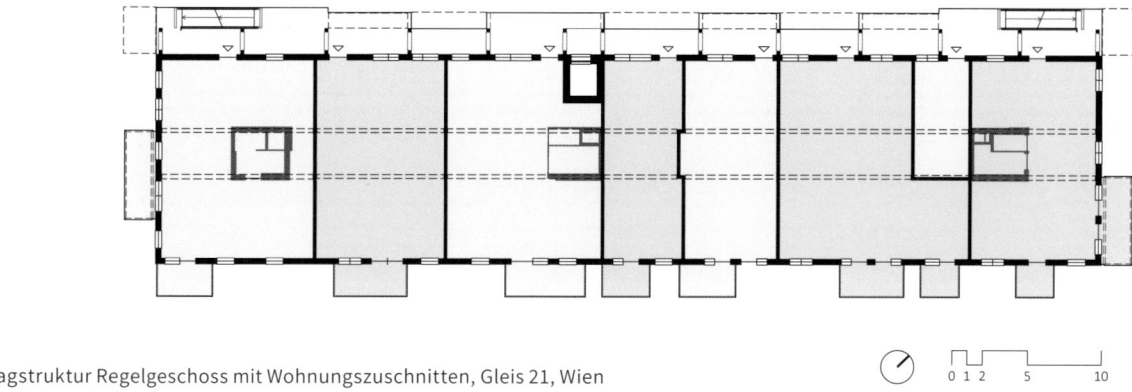

Tragstruktur Regelgeschoss mit Wohnungszuschnitten, Gleis 21, Wien

0 1 2   5   10

Basiswohnen

Die nutzungsneutralen Raumstrukturen der Gründerzeitwohnung sind Referenz für das Basiswohnen: An einen übergroßen zentralen Erschließungsraum – gleichzeitig innen liegende Wohnküche – sind Nasszellen angeschlossen und Wohnbereiche, die die Küche belichten und belüften. Je nach Wunsch, können sich beliebig viele Individualräume an die Basiswohnung anschließen; meist sind sie direkt von der Wohnküche zugänglich, sie können aber auch über den Wohnbereich oder die Individualräume erschlossen werden.

Nukleuswohnen

Die Grundform einer Nukleuswohnung, also einer Kernwohnung, besteht aus einem Wohnbereich, einer Küche und einem daran angeschlossenen Bad. Das Zuschalten von Individualräumen erweitert diesen Nukleus, ebenso kann die Wohnung bei Bedarf wieder verkleinert werden. Einige dieser Individualräume sind mit zwei Türen ausgestattet, sodass bei Bedarf ein müheloses Hin- und Herschalten zwischen zwei Wohneinheiten möglich ist und sich die festen Grenzen einer Wohneinheit fast auflösen.

Filialwohnen

Aneinandergereihte, zum Hof orientierte Raumkammern können zusammengeschaltet werden und dienen überwiegend der gemeinschaftlichen Nutzung. Deren Anzahl wird je nach Bedarf festgelegt. An der gegenüberliegenden Fassade liegen die Individualräume. Gerade für größere Wohngemeinschaften ist dieser Wohntyp geeignet.

Partizipation im adaptiven Haus

Auf der Grundlage der gegebenen Struktur wurde die Größe und Lage der einzelnen Wohnungen partizipativ vereinbart. Der Architekt Florian Summa beschreibt in einem Vortrag, dass zuerst die Hauptgrenzen zwischen den Wohnungen festgelegt wurden, daneben aber auch bei einigen Wohnformen offenblieb, „was jetzt mir gehört, was dir".[5] Möglichst viel Kontaktfläche zu anderen Wohnungen schafft verschiedene Optionen von Wohnungskonfigurationen, ebenso ermöglicht diese Kontaktfläche, Zimmer hin und her zu schalten. Auch für Christian Hadaller von der KOOPERATIVE GROSSSTADT war dieser Prozess beeindruckend. Im Interview erläuterte er die Vorgehensweise der Wohnungsvergabe: Die Grundrisse über alle Geschosse im Maßstab 1:50 dienten in den Bewohnertreffen als Grundlage, um die Wohnungsgrundrisse entsprechend der Bewohnerwünsche zu platzieren.[6]

Sharing und Digitalisierung – flexibel konfigurierbare Räume

Neues Wohnen kann in flexiblen, konfigurierbaren Räumen gedacht werden. Bewohner:innen in SAN RIEMO teilen sich nicht nur Gemeinschaftsbereiche, sondern gegebenenfalls auch ein Schlafzimmer. Diese temporäre Inanspruchnahme zieht Absprachen nach sich. Nicht nur diese Vereinbarungen, sondern auch bauliche Maßnahmen wie Verbindungs- oder Schiebetüren und technische Möglichkeiten können diese Sharekonzepte zur adaptiven Raumnutzung unterstützen. Durch die Digitalisierung lassen sich Räume flexibel programmieren und nutzen. Steffen Braun vom Fraunhofer-Institut für Arbeitswirtschaft und Organisation (IAO) benennt schlüssellose Zugangssysteme als ein mögliches Beispiel dieser technischen

■ Ringleitungssystem
■ Wohnen/Arbeiten
Ringleitungssystem als Teil der adaptiven Strategie, MIO, Wien

Entwicklungen. Damit kann außerhalb der eigenen, privaten Räume zusätzlicher Raum frei programmiert werden. „Eine Person kann ihn morgens nutzen und der Nachbar nutzt ihn mittags anders. Oder man hat Gemeinschaftsräume, die von anderen genutzt werden, was aber geregelt werden kann, weil der Chip nur einer bestimmten Community zur Verfügung gestellt sein könnte."[7] Braun sieht in der Adaptabilität der Räume große soziale Chancen.

Veränderbarkeit – technische Infrastruktur und Freiraum

Nach Fertigstellung des Gebäudes hat das Verändern der Wohnungsgrößen, indem Zimmer zugeschaltet oder weitergegeben werden, Grenzen durch die technische Infrastruktur, die in den Wänden enthalten ist. Auch sind die Anforderungen an Türen, die zwei Wohneinheiten verbinden, durch erhöhte Brand- und Schallschutzanforderungen geprägt.

Desgleichen zieht der Anspruch an ein Gebäude, funktional wandlungsfähig zu sein, nach sich, dass technische Ausstattung wie Steckdosen, EDV oder Lüftung, aber auch die Erschließung darauf reagieren müssen. Da Wohnen und Arbeiten unterschiedliche Anforderungen an technische Infrastruktur haben, sind diese bereits in der Planung zu berücksichtigen. Dieser Wunsch nach funktionaler Flexibilität hat damit auch Konsequenzen für die infrastrukturelle Grundstruktur des Hauses. Im Quartiershaus MIO im Sonnwendviertel Ost in Wien ist anstelle von vertikalen WC-Schächten

ein horizontales Ringleitungssystem eingezogen. Das Haustechnik-Ringleitungssystem mit Zentralschacht erlaubt eine flexible Grundrissstruktur, um Wohnungszuschnitte veränderlich zu halten, aber auch um die Flächen sowohl zum Wohnen als auch zum Arbeiten nutzen zu können.[8]

Erschließung – Teil des adaptiven Systems

Auch die Erschließung kann integriert sein in das Konzept zur flexiblen Nutzung des Hauses. Sie kann zum Beispiel optionale Räume bieten, die die bisher strikte Grenze zwischen privater Wohnung und allgemein begehbarem Erschließungsraum aufheben. In SAN RIEMO, dem Projekt der Genossenschaft KOOPERATIVE GROSSSTADT in München-Riem, wurde die Erschließung im Entwicklungsprozess von Wettbewerbsentwurf zur Realisierung überarbeitet: Der durch den Bebauungsplan fixierte Baukörper war für zwei Treppenhäuser etwas zu lang und für drei zu kurz. Aus Kosten- und Flächeneffizienzgründen, aber auch, um im Erdgeschoss großzügige Gemeinschaftsflächen halten zu können, wurden die drei Treppenhäuser durch zwei ersetzt und der Aufzug wurde verlagert, auch um Schall- und Brandschutz zu optimieren.

Als Teil der notwendigen Erschließung entstanden nun die circa 40 Quadratmeter großen „Treppenzimmer". Die vier Räume – eigentlich Flure – sind Teil des Fluchtwegekonzepts. Gleichzeitig sind sie brandschutztechnisch so ertüchtigt, dass sie möblierbar sind. Sie dienen damit nicht nur als Erschließungs-, sondern als Vor- und Erweiterungsraum, den sich die

■ Treppenzimmer
■ Wohnen

Grundriss Treppenzimmer, SAN RIEMO, München

Wohnungen teilen können. „Alle angrenzenden Wohnungen können frei aushandeln, was sie mit dem Raum machen. Es gibt ganz unterschiedliche Ansätze: die einen wollen einen großen Tisch haben zum Werkeln und Basteln, andere machen ein Spielzimmer."[9]

Treppenzimmer, SAN RIEMO, München

Vielfalt – Nutzungsoptionen durch Jokerräume

Um ein Haus den unterschiedlichen Anforderungen des Wandels anzupassen, kann durch die Koppelung verschiedener Herangehensweisen ein breiter Handlungsspielraum entstehen. In dem fünfgeschossigen Baugemeinschaftsprojekt OurHaus in Leipzig mit Wohnungen für Familien wird diese Strategie nicht in Bezug auf die Grundstruktur des Hauses, sondern mit optionalen Räumen und anderen, verhältnismäßig kleinen Maßnahmen umgesetzt: Von großer Bedeutung für die lebensbiografischen Veränderungen der Familien in diesem Haus sind die jeweils unterschiedlich ausgestatteten Jokerräume. Sie befinden sich im ersten, zweiten und dritten Obergeschoss und sind vom Treppenhaus aus zugänglich. „Diese Räume kann man anmieten, die sind auch momentan alle vermietet an Leute aus der Genossenschaft, die sie zum Beispiel als Arbeitszimmer verwenden oder als erweitertes Gästezimmer. Aber das ist nicht in Stein gemeißelt, sondern das sind eben Räume, wo die Mieterinnen und Mieter auch sagen können: Jetzt brauchen wir die nicht mehr, jetzt sollen die für eine andere Nutzung wieder freigegeben werden. Und das ist eigentlich die Flexibilität, die wir hier im Haus haben wollen."[10] Im ersten Obergeschoss ist im Jokerraum ein Küchenanschluss vorgesehen – bei Bedarf könnten die Toiletten im Erdgeschoss benutzt werden. In den beiden oberen Jokerräumen sind jeweils Küchenzeile und Nasszelle integriert. Ungewöhnlich ist die Konzeption der zwei Jokerräume im dritten Obergeschoss, die sich ein gemeinsames Bad teilen. Dies erfolgte aus Kosten- und Brandschutzgründen.

■ Wohnung A
■ Wohnung B

Tür verbindet Familienwohnungen, OurHaus, Leipzig

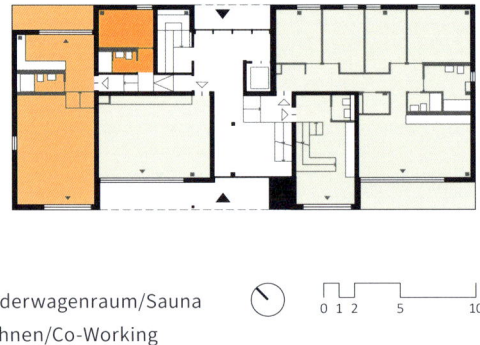

■ Kinderwagenraum/Sauna
■ Wohnen/Co-Working

Funktionaler Wandel im Erdgeschoss, OurHaus, Leipzig

Das „Rettungsfenster" beider Räume befindet sich im Bad. Damit die Zimmer einzeln vermietet werden können, wurde ein Schließmechanismus eingebaut, der die Nutzung des Bades durch eine Partei ermöglicht und den Zugang für die andere Partei versperrt.[11]

Verbindungstüren zwischen getrennten Wohnungen

In bestimmten Lebensphasen können auch kleine bauliche Maßnahmen basierend auf vorausschauender Vorsorge den Alltag unterstützen. Gezielt platzierte Türen haben dieses Potenzial: Sie dienen sowohl der räumlichen Verbindung als auch der Trennung. Im Projekt OurHaus wünschen einige Familien vor allem in der Kinderphase eine größere Durchlässigkeit ihrer Wohnungen. So sind zwei Wohnungen durch eine in der Regel nicht verschlossene Tür miteinander verbunden. Die Kinder können gemeinsam spielen oder abends, wenn ein Elternpaar ausgeht, von der anderen Partei beaufsichtigt werden.

Kleinteilige funktionale Adaptabilität

Im Erdgeschoss war ein Co-Working-Space für die Hausbewohner:innen vorgesehen. Nach einer Trennung in der Bauphase wurde die Funktion als Co-Working-Raum aufgegeben und stattdessen eine Wohnung eingerichtet. Da der Grundriss flexibel geplant ist, kann diese Einheit später wieder in einen Co-Working-Raum oder in eine Gewerbeeinheit umgenutzt werden. Dieser Anspruch der Flexibilität betrifft auch andere, funktional geprägte gemeinschaftliche Räume. Der als Kinderwagenraum geplante Raum kann – wenn die meisten Kinder

aus dem Kinderwagenalter herausgewachsen sind – zu einer Sauna umgestaltet werden. Erforderliche Installationen sind bereits vorbereitet.

Gemeinschaftsräume im Wandel

Auch die Flexibilisierung von Gemeinschaftsräumen als Erweiterung des privaten Wohnraums kann Teil einer Strategie des adaptiven Hauses sein. Das Wohnprojekt Kohlenrutsche in Wien zeigt das beispielhaft: Großzügige Gemeinschaftsräume im Erdgeschoss können bedarfsbezogen erweitert oder abgetrennt werden. Verschiedene räumliche Szenarien bieten im Alltag, aber vor allem zu besonderen Anlässen viele Möglichkeiten der Nutzung und Entlastung: Ein Essen mit Freund:innen oder der Kindergeburtstag, der die Wohnung sprengen könnte, finden hier statt. Die Zuschaltbarkeit ist sorgsam geplant, die Räume sind reduziert, robust und gut gestaltet möbliert und mit Stauflächen ausgestattet, die Zuordnung zu den Freiflächen bietet weitere Optionen. Ebenso eröffnet die Erschließung viele Nutzungsmöglichkeiten. Eine zentral gelegene und vom Foyer aus unabhängig erschließbare Gemeinschaftsküche bedient mehrere Räume. Bodentief verglaste Schiebetüren lassen sich zu einem gepflasterten Außenraum öffnen.

Eine mehrere Meter breite Schiebetür erlaubt eine großzügige Öffnung zu einem zweiteilbaren Kinderspielraum am Innenhof. Nach Süden zur Straße lässt sich ein weiterer nutzungsneutraler Raum über eine Schiebetür zuschalten, er kann zusätzlich von außen erschlossen werden und ist damit extern vermietbar. Ein großer und großzügig erscheinender Raum kann entstehen, wenn beide Schiebetüren geöffnet sind.[12]

Möbliertes Treppenzimmer als Wohnvor- und -erweiterungsraum, SAN RIEMO, München

Multilokales Wohnen im adaptiven Haus?

Formen der residenziellen Multilokalität werden selten als integrative Teile einer Hausgemeinschaft aufgenommen. Besonders wenn gewerbliche Sharingangebote im Haus offeriert werden (Airbnb u. a.), treten immer wieder deutliche Störungen auf. Um die Interessenskonflikte im Haus zu minimieren, werden deshalb häufig alle Wohnungen als temporär genutzte Wohnungen angeboten, wie beispielsweise im Teamhaus in Schruns, oder aber die gesamte Hausgemeinschaft hat Entscheidungskompetenzen über die temporäre Nutzung von Wohnräumen. Im Wohnprojekt OurHaus wird beispielsweise ein Jokerraum im dritten Obergeschoss, jenes Jokerzimmer mit dem gemeinsamen Bad, längerfristig von Großeltern gemietet, damit sie besonders an den Wochenenden in der Nähe ihrer Familie sein können.

■ Gemeinschaft

Gemeinschaftsräume im Erdgeschoss, Kohlenrutsche, Wien

Flexible Schaltbarkeit der Gemeinschaftsräume, Variante 1, Kohlenrutsche, Wien

1 Vgl. zum Beispiel für Baden-Württemberg: Ministerium für Wirtschaft, Arbeit und Tourismus Baden-Württemberg: Durchführungshinweise des Wirtschaftsministeriums zum Landeswohnraumförderungsgesetz (DH-LWoFG)2010. Abzurufen unter: https://wm.baden-wuerttemberg.de/fileadmin/redaktion/m-wm/intern/Dateien_Downloads/Bauen/Wohnungsbau/Durchfuehrungshinweise_zum_Landeswohnraumfoerderungsgesetz__Stand_31.07.2010_.pdf (besucht am 23.09.2021)

2 Hoffmann, Daniel/Slooters, Dimphie: Koch Areal in Zürich (Wie wir leben wollen – Eine Veranstaltungsreihe zum genossenschaftlichen Wohnen, Teil 4). Abzurufen unter: https://www.youtube.com/watch?v=6Mw1HqJU3cc; (besucht am 04.09.2021)

3 Interview mit Christian Hadaller, Vorstandsmitglied der Kooperative Grossstadt eG. Architekt. München, 09.07.2019

4 KOOPERATIVE GROSSSTADT eG (Hg.): SAN RIEMO. Offener einphasiger Realisierungswettbewerb2017. Abzurufen unter: https://www.competitionline.com/upload/downloads/283xx/28344_170310_Vorankuendigung_San_Riemo_xs.pdf (besucht am 04.09.2021)

5 Summa, Florian/Greb, Juliane/Sowa, Markus: San Riemo in München (Wie wir leben wollen – Eine Veranstaltungsreihe zum genossenschaftlichen Wohnen, Teil 3). Abzurufen unter: https://www.youtube.com/watch?v=YH42rxqIXPQ (besucht am 04.09.2021)

6 Christian Hadaller im Interview

7 Interview mit Steffen Braun, Forschungsbereichsleiter/Institutsdirektor Fraunhofer Institut für Arbeitswirtschaft und Organisation (IAO). Stuttgart, 12.04.2019

8 Vgl. StudioVlayStreeruwitz: Ein lässiger Typ für eine lässige Gegend. Abzurufen unter: https://www.vlst.at/prj/laessiger-typ/#6 (besucht am 14.04.2020)

9 Christian Hadaller im Interview

10 Interview mit Oliver Koczy, Mitglied der OurHaus eG, Bewohner OurHaus. Online, 05.12.2020

11 Dürr, Susanne/Kuhn, Gerd/Abraham, Nanni/Heitkötter, Martina/Lien, Shih-cheng: Familien in gemeinschaftlichen Wohnformen. Hg. v. Bundesinstitut für Bau-, Stadt- und Raumforschung (BBSR) im Bundesamt für Bauwesen und Raumordnung (BBR). Bonn 2021 (BBSR-Online-Publikation, 05/2021). Abzurufen unter: https://www.h-ka.de/fileadmin/Hochschule_Karlsruhe_HKA/Bilder_WE-IAF/Projekte/Abgeschlossene_Projekte_IAF/HKA_WE-IAF_Projekt-Fagewo_0016_Abschlussbericht.pdf (besucht am 02.11.2021)

12 Ebenda, S. 405

Flexible Schaltbarkeit der Gemeinschaftsräume, Variante 2, Kohlenrutsche, Wien
oben: Flexible Schaltbarkeit der Gemeinschaftsräume, Variante 3, Kohlenrutsche, Wien

4.05 Das adaptive Quartier

Adaptive Quartiere sind sensibel für Veränderungen und vermögen sowohl zeitlich als auch räumlich auf neue Anforderungen zu reagieren. Die Stadt war und ist immer ein Ort des Wandels. In den letzten beiden Jahrzehnten gingen insbesondere von temporären Zwischennutzungen kreative Impulse aus. Die räumlichen Potenziale von sogenannten „Unorten" wie Industriebrachen oder ehemalige Militärareale wurden durch temporäre Aktionen augenfällig. Der Charme der Räume und die Dynamik der Nutzungen entstanden auch dadurch, dass traditionelle Planungsverfahren ergänzt und Mut zu befristeten oder neuen Raumnutzungen aufgebracht wurde. Es wird inzwischen vom Einzug des Ephemeren[1] in der Stadtplanung gesprochen. Die „Unschärfen des Ephemeren"[2] stärkten die Prozessorientierung und ermöglichten dadurch neue Formen der Teilhabe. Adaptive Quartiere fördern Beteiligungsprozesse und tragen so zur sozialen Konsolidierung bei. Die neuen adaptiven Quartiere sind vielfältig und robust. Ziel ist zudem, eine langfristige Perspektive zu entwickeln, die Raum lässt für Veränderungen im Quartier.

Experimenteller Freiraum durch temporäre Quartiersentwicklung

Welche Chancen für eine lebendige Quartiersentwicklung in einer temporären Nutzung eines Geländes liegen, zeigt das FOGO-Projekt in Zürich. Der Vulkanplatz, ein ehemals „schwieriger Ort", umrahmt von großen Verkehrsachsen und zeitweise genutzt von mobilen Autohändler:innen, wird zum Experimentierfeld einer integrativen Quartiersentwicklung. Auf 20 Jahre befristet entsteht in Containern günstiger Wohnraum für Auszubildende und ehemals Geflüchtete, das benachbarte Areal der Fahrenden wird vorsichtig angebunden, zudem befinden sich in umrahmenden Containern Arbeitsplätze für Gewerbetreibende und Künstler:innen. Die kulturellen und sozialen Initiativen sind vielfältig. Bereits heute zeigt FOGO, welche vielfältigen urbanen und integrativen Potenziale sich für das gesamte Quartier um den Vulkanplatz zukünftig entwickelt lassen.

Wagenhallen Stuttgart als kreativer Ort der Quartiersentwicklung

Temporäre Quartiersentwicklung, FOGO, Zürich

■ Teamhaus Hotel Löwen
□ Hotel Löwen
— Wegebeziehung
Wegebeziehung zwischen Arbeits- und Wohnort, Teamhaus, Schruns

Multilokales Arbeiten und Wohnen

Multilokale Lebensformen gewinnen immer mehr an Bedeutung und stellen häufig eine große Herausforderung für alle Beteiligten dar. Eine alte, heute wieder relevanter werdende Wohnform entsteht durch die Koppelung von Wohn- und Arbeitsverhältnissen. In Schruns war es für Beschäftigte des Hotel- und Gastronomiegewerbes schwierig, angemessenen und bezahlbaren Wohnraum für einen befristeten Zeitraum zu finden. Aufgrund der Konkurrenz um gute Fachkräfte entschloss sich das Löwen Hotel Montafon zum privatwirtschaftlich betriebenen Wohnungsbau. Der realisierte Neubau für die Mitarbeiter:innen veränderte nicht nur die Beziehung zwischen Arbeiten und Wohnen; das Gebäude für die Mitarbeiter:innen belebt ein Quartier und befindet sich dennoch in räumlicher Nähe des Hotels. In diesem Wohnhaus für Mitarbeitende wechselt die Bewohnerschaft stetig wegen saisonaler Arbeitsverträge. Grundvoraussetzung für flexible Verfügbarkeit am Arbeitsplatz ist die Erreichbarkeit zu Fuß oder mit dem Fahrrad.

Hybride Quartiersbausteine – Co-Working – Co-Living

Die Metamorphose der Arbeitsgesellschaft führt zu multilokalen Lebens- und Arbeitsverhältnissen, die für die betroffenen Menschen, aber auch für die Quartiere eine große soziale Herausforderung darstellen. Besonders in gemischt genutzten Quartieren ergibt sich die Chance, die neuen Lebensrealitäten zu spiegeln und dabei hybride Nutzungskonzepte zu entwickeln. Im neu geplanten Steingau-Quartier, nahe der Kirchheimer Altstadt und verkehrlich gut eingebunden in die Region Stuttgart (u. a. S-Bahn), errichtete die gemeinwohlorientierte nestbau AG ein Wohnprojekt, das sowohl neuen Arbeits- und Kommunikationsorganisationen Raum gibt, als auch neue Formen des Zusammenwohnens integriert. In dem Gebäude wird etwa die Hälfte der Fläche für bezahlbares Wohnen (sozial gebunden oder 10 Prozent unter dem Mietspiegel vermietet) reserviert (1.114 Quadratmeter oder 52 Prozent der Fläche). Es entstand eine ambulant betreute Wohngemeinschaft, die vom Verein Wohnvielfalt aus Stuttgart zusammen mit den Malteser Hilfsdiensten gGmbH betrieben wird (497 Quadratmeter oder 23 Prozent).

Das Büro LEHENdrei nutzt bei der Grundrissgestaltung des Projekts „work-life-living" das tiefe Baufeld und schafft im Erdgeschoss und im ersten Obergeschoss einen flexiblen Co-Working-Bereich. Es gibt individuelle Arbeitsplätze im offenen Raum des Erdgeschosses und in Kleinbüros im ersten Obergeschoss sowie Sozial- und Besprechungsräume. Beide Etagen werden durch eine eingestellte Treppe verbunden; die breiten Sitzstufen laden zum Verweilen und zur Kommunikation ein. Auf diesen beiden Hausebenen werden die Arbeitsmöglichkeiten mit Wohnmöglichkeiten verschränkt. So befinden sich

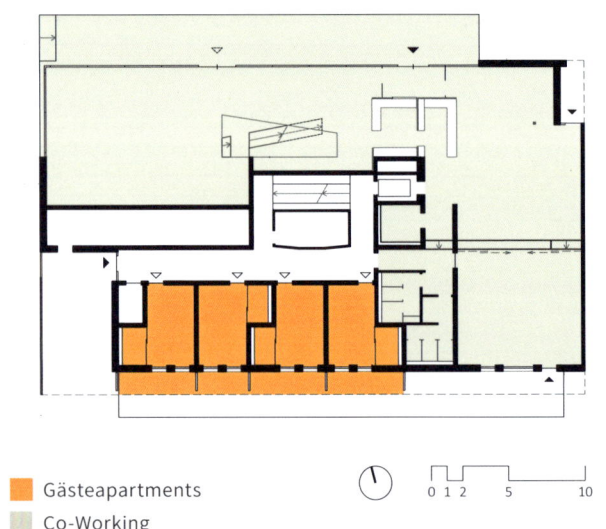

Co-Working-Bereich und Apartments zum Kurzzeitwohnen im Erdgeschoss, nestbau-Kirchheim, Kirchheim unter Teck

- Gästeapartments
- Co-Working

Co-Working und Co-Living im ersten Obergeschoss, nestbau-
Kirchheim, Kirchheim unter Teck

- Co-Living
- Co-Working

im Erdgeschoss vier Apartmentwohnungen für Kurzzeitwohnen und im ersten Obergeschoss befindet sich der Co-Living-
Bereich mit zehn Mikroapartments (Zimmer mit integrierter
Nasszelle), die zusammen einen gemeinsamen Wohn- und Ess-
bereich nutzen.

Das nestbau-Projekt „work-life-living" in Kirchheim integriert unterschiedliche urbane Nutzungen und stellt damit
einen vielfältigen Baustein im neuen Quartier dar.

Angebote und Grenzen multilokalen Wohnens

Auf die Nachfrage nach temporär nutzbarem Wohnraum reagiert inzwischen der Markt mit vielfältigen Angeboten. Besonders in touristisch attraktiven Städten zeigen sich inzwischen
deutlich die Grenzen der Sharingkultur. Familien können dort
selten jene Mietpreise zahlen, die durch temporäre Vermietungen erzielt werden können. Der Wohnungsmarkt bedarf daher
einer Regulierung, um Verwerfungen, die beispielsweise durch
kommerzielle Anbieter wie Airbnb ausgelöst werden, zu begegnen. Statt kommerzieller sind gemeinwohlorientierte Akteure im Sharingbereich zu bevorzugen.

Wichtig erscheint grundsätzlich eine soziale Einbindung
temporär Arbeitender und Wohnender in einen Quartierskon-
text. Sinnvoll sind etwa jene Quartiershäuser, die integrativ
und quartiersorientiert ausstrahlen. Im von der gemeinwohl-
orientierten nestbau AG errichteten Arbeits- und Wohnhaus

im Steingauquartier in Kirchheim unter Teck entstehen Co-
Working-Arbeitsplätze und Kleinapartments für Hausgäste
oder temporär Arbeitende. Im Haus befindet sich zudem eine
selbstorganisierte Pflege-WG. Der Wohnraum wird nach sozialen Zielsetzungen vermietet: 20 Prozent der Wohnfläche werden für 30 Jahre mindestens 33 Prozent unter der ortsüblichen
Miete vermietet, die restliche Wohnfläche dauerhaft mindestens 10 Prozent unter der ortsüblichen Miete.

Lebenslanges Wohnen im Quartier

Die Wohnsituationen ändern sich oftmals mehrfach im Laufe
des Lebens. Besonders in der Nach-Kind-Phase („Empty-
Nest") und für ältere Menschen wächst der Wunsch, diese zu
ändern und möglicherweise eine andere, vielleicht kleinere
Wohnung zu beziehen. Die Umzugsabsichten sind allerdings
häufig mit dem Wunsch verknüpft, weiterhin im vertrauten
Nahbereich des Quartiers leben zu können. Dies zu erfüllen
ist schwierig für einzelne Hausbesitzer:innen (z. B.: Genossenschaften) und setzt in der Regel eine quartiersübergreifende
Koordinierung der Wohnungsvergabe voraus.

In Erlenmatt Ost existiert dieser Anspruch, lebenslanges
Wohnen im Quartier zu ermöglichen. Dies bekräftigt der Pro-
jektleiter der Stiftung Habitat, Urs Buomberger: „Auf Erlenmatt Ost verfolgen wir das Ziel, dass die Leute möglichst im
Quartier bleiben können, wenn sich die Bedürfnisse ändern."[3]

Dies erfordert eine breite Diversität von Wohnungsgrößen und Zuschnitten für verschiedene Lebensformen sowie das Angebot von barrierefreien Wohnungen und einem schwellenfreien Quartiersumfeld. Auch Arbeitsräume und Infrastruktur – von der fußläufig erreichbaren Grundversorgung über soziale, kulturelle und gesundheitliche Infrastruktur – sind Teil dieses Quartiers für alle Lebensalter. Bei der Stiftung Habitat als Entwicklerin von Erlenmatt Ost ist diese Denkweise eingebettet in die übergeordnete Zielsetzung eines nachhaltigen Handelns. Der Anspruch, global zu denken und lokal zu handeln führt zu einem Kriterienset, dessen Berücksichtigung je Gebäude eine individuelle Nachhaltigkeitsbilanz nach sich zieht. Hindernisfreies Bauen und Wohnungsmix sind zum Beispiel Teil dieses Bewertungskatalogs, eine wirtschaftliche Zielsetzung fordert auf zur langfristigen Nutzung der Strukturen: Langlebige, einfach zu unterhaltende und flexible Bauten und Strukturen werden als Beispiel aufgeführt.[4] Die im Vergleich zu dem benachbarten Entwicklungsbereich Erlenmatt West kleinteilig parzellierte städtebauliche Grundstruktur von Erlenmatt Ost erlaubt die Integration einer Vielfalt von Akteur:innen: Sie planen und bauen mit unterschiedlichen Zielsetzungen, die Stiftung Habitat steuerte über das Bewerbungsverfahren um die im Baurecht zu vergebenden Parzellen das Miteinander von Familienwohnen, Studierendenwohnen, Wohnen und Arbeiten oder temporärem Wohnen im Hostel. Diese Kleinteiligkeit der Stadtbausteine fördert unter anderem die Vielfalt von Wohnungsgrößen und Wohnformen und erhöht damit das Angebot alternativer Angebote. Sie erfordert aber ebenfalls eine quartiersübergreifende Koordinierung der Wohnungsvergabe.

S'Läbe lang im Koch-Quartier

„Alter, Lebensentwurf und -phase, Konstitution, Wunsch, Physis und Angebot entscheiden – unter anderem – darüber, ob es möglich ist, ein Leben lang an einem Ort zu leben. Was braucht es, damit dieser Traum Wirklichkeit werden kann? Reicht ein klassisches Wohnungsangebot aus oder führt eine Erweiterung durch innovative Wohnformen und Gemeinschaftsräume zum Ziel? Braucht es zusätzliche Dienstleistungen? Gibt es Angebote, die auch für die Nachbarschaft nutzbar sind?" Dieser Text wurde gemeinsam mit einer Übersicht über die Veranstaltungen des partizipativen Prozessfrühlings zur Entwicklung

Parzellierung und Vielfalt in Erlenmatt Ost, Basel

■ Arbeiten
■ Gemeinschaft

Brückenhaus als flexibles Nachbarschaftszentrum, Wolle+, Tübingen

des Koch-Quartiers als Einladung an alle Registrierten verschickt, auch auf der Webpage zum Koch-Quartier erschien die Einladung.[5] Das Motto der Bewerbung um das Grundstück – S'Läbe lang – und die Zielsetzungen der Quartiersentwicklung wurden damit an alle Beteiligten der Partizipation und an die interessierte Zürcher Öffentlichkeit kommuniziert. Mit den Fragen wurden gleichzeitig erste Handlungsansätze zur Quartiersentwicklung formuliert.

Adaptive Quartiersinfrastruktur

Die Anforderung der Anpassbarkeit bezieht sich auf das Wohnen selbst, aber auch auf die im Quartier vorhandene Infrastruktur. In einem kleineren Maßstab wird die Anpassbarkeit dieser Infrastruktur auch durch die Positionierung von gemeinschaftlich nutzbaren Bereichen und deren Möglichkeit zu vielfältiger Nutzung ermöglicht. Im Projekt Wolle+ in Tübingen gibt es im Erdgeschoss des Kubus das Brückenhaus als Nachbarschaftszentrum und Quartierswohnzimmer. Das

Erdgeschoss ist in Besitz der kit jugendhilfe, als Eigentümerin des Brückenhauses nutzt sie einen Raum als Büro und Empfangsraum. Ein anderer Raum ist an den VAMV (Verband alleinerziehender Mütter und Väter) vermietet. Durch Schiebetüren lassen sich verschiedene Raumsituationen herstellen – je nach Raumbedarfen können unterschiedliche Bereiche zusammengeschaltet oder getrennt werden. Die Nutzungen als Therapieraum, Lern- und Spielzimmer oder als Ort für soziale Aktivitäten gehen ineinander über. Vier unterschiedlich platzierte und gestaltete Zugänge bieten Alternativen in der Erschließung und damit in der Nutzung. Eine zentral positionierte Kücheninsel ist durch zweiseitige Zugänglichkeit ebenso flexibel zuschaltbar. Das auf einer Terrasse zum Neckar gewandte Erdgeschoss des Kubus bedient verschiedene Zielgruppen aus den beiden benachbarten Wohnprojekten und aus den Quartieren diesseits und jenseits des Flusses.

Bauleitplanung und Flexibilität

Welcher baurechtliche Rahmen erlaubt eine strukturelle Flexibilität der Bauten im Quartier, und wie ist eine Koppelung von Wohnen und Arbeiten in diesem Kontext möglich? Die Festlegung der Nutzungsarten in der Flächennutzungsplanung gibt in der deutschen Bauleitplanung dafür einen engen Rahmen vor. Die Einführung der Baurechtskategorie „Urbanes Gebiet" in die Baunutzungsverordnung öffnet seit 2017 das Fenster zur Nutzungsmischung von Gewerbe und Wohnen. Trotz dieser Öffnung und der vielfältig definierten Zielsetzung zur gemischt genutzten Stadt in der Neuen Leipzig-Charta scheint die Chance, alternative Konzepte zu entwickeln, teilweise gekoppelt an rechtliche Grauzonen.

Potenzielle Nutzungskonflikte – das Ruhebedürfnis der Wohnenden und die Emissionen der Produzierenden – schränken flexible Nutzungsmischungen besonders in einem Gebäude ein, sodass „Urbane Gebiete" oftmals nur zögerlich ausgewiesen werden. Im – auch wegen seiner Nutzungsmischung mehrfach mit Städtebaupreisen ausgezeichneten – Französischen Viertel in Tübingen zeigt sich das beispielhaft: Die neue CNC-Fräse eines Nabendynamoherstellers bewirkte Erschütterungen, die ein Bildhauer als nicht mehr akzeptabel empfand. Wo liegt die Grenze zwischen einem auch Lärm erzeugenden Handwerksbetrieb und einer präindustriellen Manufaktur?

1 Wüstenrot Stiftung/Alfaro d'Alençon, Paola/Bauerfeind, Bettina/Konrad, Daniela (Hg.): Ephemere Stadtentwicklung. Neue Handlungsräume in der Planungskultur. Wüstenrot Stiftung. Berlin 2016

2 Ebenda, S. 26

3 Interview mit Urs Buomberger, Projektentwickler Stiftung Habitat. Basel, 01.04.2019

4 Meyer Primavesi, Andreas/Zimmerli, Joëlle/Sacher, Priska/Brodbeck, Jochen/Dunkel, Jo/Schmidt, Katharina: Areal Erlenmatt Ost. Nachhaltigkeitskonzept, Version 3.1. Hg. v. Stiftung Habitat. Basel 2016. Abzurufen unter: https://www.stiftung-habitat.ch/dam/jcr:a4d27848-124e-4b88-9499-bd52d85b9fa0/2016-01-01_Nachhaltigkeitskonzept_ErlenmattOst_V3.1_.1_.pdf (besucht am 05.11.2021), S. 12

5 Koch-Quartier (Hg.): Gemeinsamer Partizipativer Prozessfrühling 2018, [Programmleporello]. Abzurufen unter: https://kochquartier.cdn.prismic.io/kochquartier%2Ff282d430-0fc6-4fa8-a119-4d038e2989e0_20180216_kochquartier_veranstaltungen_2018-1.pdf (besucht am 30.11.2021)

Geöffnetes Quartierswohnzimmer mit Neckarblick, Wolle+, Tübingen

5 ZWÖLF HANDLUNGSORTE

5 Zwölf Handlungsorte

Die Publikation schließt mit der Analyse verschiedener Wohnprojekte und Quartiersentwicklungen, die auf Grundlage einer breiten Recherche ausgewählt wurden. Das Ziel der Auswahl ist es, neue Tendenzen zum Wohnen in ihrer Vielfalt abzubilden und Qualitäten aufzuzeigen. An zwölf Handlungsorten zeigen die Wohn- und Quartiersprojekte verschiedenartige Innovationsimpulse in Bezug auf das Wohnen auf und thematisieren Aspekte einer Neuinterpretation des Wohnens. Sie tun dies häufig gleichzeitig, aber in unterschiedlicher Gewichtung, in Bezug auf die drei zuvor eingeführten Handlungsstränge gemeinschaftliches Wohnen, produktives und adaptives Wohnen sowie auf die Maßstabsebenen Wohnung, Haus und Quartier. Veränderte räumliche, funktionale, ökonomische, ökologische und soziale Anforderungen werden als neue Raumstrukturen gestaltet.

Wohnen und Quartier

Im Rahmen dieser zwölf Handlungsorte werden sowohl Einzelprojekte als auch Quartiersentwicklungen in ihrer Gesamtheit beispielhaft vorgestellt. Von acht der Wohnbauten werden fünf mit Fokus auf das Projekt im Rahmen ihres städtischen oder dörflichen Kontextes erläutert. Bei zwei Quartiersbeispielen werden zusätzlich drei zugehörige Einzelprojekte im Kontext des Quartiers vertieft. Damit werden die direkten Beziehungen zwischen Haus- und Quartiersentwicklung offengelegt. Zwei weitere Quartiere werden in Reaktion auf innovative Aspekte ohne eine ergänzende Fokussierung auf ein Gebäude porträtiert (siehe Karte).

Schweiz, Österreich, Deutschland

Alle Handlungsorte befinden sich im deutschsprachigen Raum. Drei der zwölf Projekte liegen in Deutschland, in der Mittelstadt Tübingen sowie in den Großstädten Berlin und München. In Österreich ist die dörfliche Touristengemeinde Schruns und die Kapitale Wien mit einer großen Quartiersentwicklung Handlungsort. Sechs Projekte und damit die Mehrzahl sind in der Schweiz verortet – und hier in der genossenschaftlich geprägten Großstadt Zürich und in der von Stiftungen beeinflussten Stadt Basel. Die besondere Dynamik in der Deutschschweiz als europäischer Hotspot zur Entwicklung von Wohnen spiegelt sich in der Auswahl der Projekte (siehe Karte).

Eine aktuelle Bandbreite

Die Aktualität der Projekte war ein wesentliches Auswahlkriterium: Sowohl die Wohnbauten wie die Quartiersentwicklungen wurden nach 2017 bezogen oder sind teilweise noch in der Entstehung, nur ein Projekt – die Genossenschaft Karthago in Zürich – ist älter. Bei der Auswahl wurde ebenfalls darauf geachtet, dass sowohl Projekte in dörflichen Strukturen als auch in großstädtischen Kontexten vertreten sind. Die Größen der Projekte variieren zwischen neun und 52 Wohneinheiten (siehe Tabelle). Die Handlungsorte folgen chronologisch aufeinander: Das bereits 1997 bezogene Wohnprojekt Karthago in Zürich steht zu Beginn, das Koch-Quartier stellt den einzigen noch nicht realisierten Handlungsort dar und bildet damit einerseits den Abschluss, wird gleichzeitig aber auch als Ausblick gesehen.

Quellen und Abbildungen

Die Darstellung der Projekte ist auf Basis von Ortsbesichtigungen und Interviews mit den verschiedensten Prozessbeteiligten entstanden: Initiator:innen, Planende, Bewohnende, öffentliche Repräsentant:innen, Bauträger:innen oder

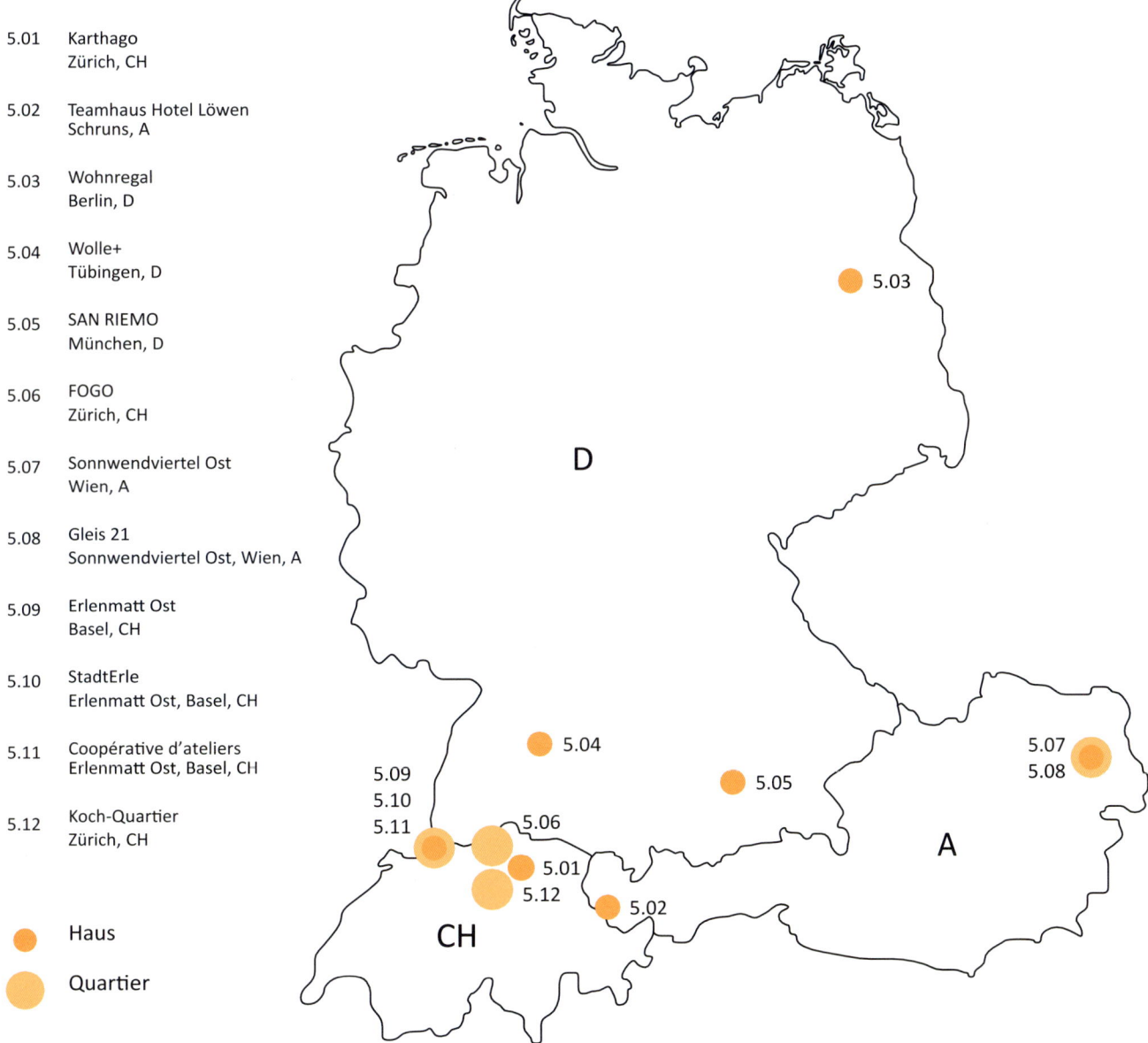

5.01   Karthago
       Zürich, CH

5.02   Teamhaus Hotel Löwen
       Schruns, A

5.03   Wohnregal
       Berlin, D

5.04   Wolle+
       Tübingen, D

5.05   SAN RIEMO
       München, D

5.06   FOGO
       Zürich, CH

5.07   Sonnwendviertel Ost
       Wien, A

5.08   Gleis 21
       Sonnwendviertel Ost, Wien, A

5.09   Erlenmatt Ost
       Basel, CH

5.10   StadtErle
       Erlenmatt Ost, Basel, CH

5.11   Coopérative d'ateliers
       Erlenmatt Ost, Basel, CH

5.12   Koch-Quartier
       Zürich, CH

● Haus

● Quartier

Projekte in Deutschland, Österreich und der Schweiz, Zuordnung zu Haus und Quartier

Genossenschaftsakteurinnen und -akteure kamen zu Wort. Die Besichtigungen fanden zwischen September 2019 und Oktober 2020 statt. Zusätzlich wurden Fachpublikationen herangezogen, die Innen- wie Außensicht der Projekte wurde als Grundlage der Zusammenfassung genutzt. Die Zeichnungen – Schwarz- und Lagepläne, Grundrisse, Schnitte und Ansichten haben wir auf Grundlage der uns zur Verfügung gestellten Zeichnungen vereinheitlicht dargestellt. Die Lagepläne und Erdgeschossgrundrisse enthalten Wegelinien: Querungsmöglichkeiten und Zugänglichkeit werden mit einer freien Linie

interpretiert. Neben professionellen Fotografien, die wir in einigen Fällen dankenswerterweise zur Verfügung gestellt bekamen, wurden viele der gezeigten Fotografien im Rahmen der Besichtigungen, gelegentlich auch parallel zu vor Ort geführten Interviews im Vorübergehen und meist mit einer Handykamera aufgenommen. Die Spuren des Alltags haben wir hier nicht retuschiert, ebenso haben wir ohne zusätzliche Lichtquellen gearbeitet. Dies bedeutet auch, dass einige dieser Aufnahmen in den Abendstunden oder an regnerischen Tagen entstanden, dass damit eventuell die Innenräume nicht

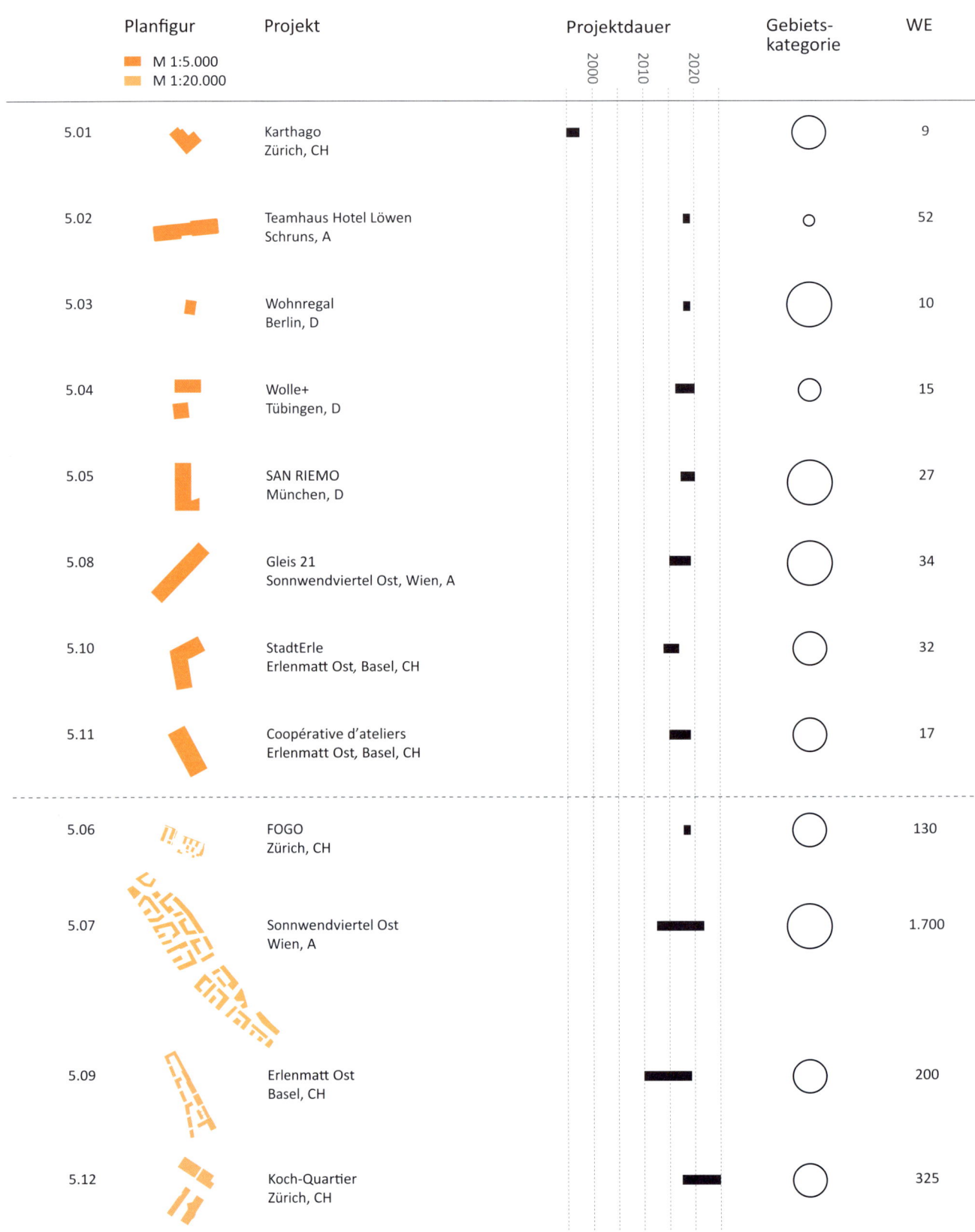

Planfigur	Projekt	Projektdauer 2000 2010 2020	Gebiets-kategorie	WE
5.01	Karthago — Zürich, CH	2000	○	9
5.02	Teamhaus Hotel Löwen — Schruns, A	2020	○	52
5.03	Wohnregal — Berlin, D	2020	○	10
5.04	Wolle+ — Tübingen, D	2020	○	15
5.05	SAN RIEMO — München, D	2020	○	27
5.08	Gleis 21 — Sonnwendviertel Ost, Wien, A	2020	○	34
5.10	StadtErle — Erlenmatt Ost, Basel, CH	2020	○	32
5.11	Coopérative d'ateliers — Erlenmatt Ost, Basel, CH	2020	○	17
5.06	FOGO — Zürich, CH	2020	○	130
5.07	Sonnwendviertel Ost — Wien, A	2010–2020	○	1.700
5.09	Erlenmatt Ost — Basel, CH	2010–2020	○	200
5.12	Koch-Quartier — Zürich, CH	2020	○	325

Übersicht der Fallstudien zu Fußabdruck, Projektdauer, Gebietskategorie und Zahl der Wohneinheiten

ideal belichtet sind oder keine sonnenbeschienenen Fassaden gezeigt werden. Die Fotografien zeigen damit den Lebensalltag in den Wohnungen, Häusern und Quartieren, Menschen in ihrem Zuhause und in ihrem Lebensumfeld.

Aufbau der Betrachtung

Die Projektdokumentationen – Wohnbau wie Quartier – sind zur Vergleichbarkeit parallel aufgebaut. Die erste Doppelseite dient der inhaltlichen Einordnung und der Verortung: Anhand der Überschrift ist ersichtlich, unter welchem Namen der Handlungsort bekannt ist, in welcher Stadt und in welchem Land er sich befindet. Der folgende Titel ordnet das Projekt plakativ inhaltlich ein. Ein prägnantes Zitat am Anfang führt als persönliche Position eines beteiligten Akteurs oder einer beteiligten Akteurin, das Titelbild über eine anschauliche Ebene in das Projekt ein. Ein Schwarzplan (im Maßstab 1:10.000) oder ein erweiterter Erdgeschossplan (im Maßstab 1:500) ermöglicht, den Handlungsort in einen räumlichen Kontext einzuordnen; alle Zeichnungen sind genordet. Auf Grundlage dieser Pläne ist ersichtlich, ob es ein Projekt im innerstädtischen Geflecht, im überwiegend dörflichen Kontext

oder ob eine Quartiersentwicklung im Ganzen betrachtet wird. Auf den folgenden zwei oder drei Doppelseiten wird das Projekt textlich und mit begleitenden Zeichnungen und Fotografien erläutert. Zusätzlich informiert ein grafisch hervorgehobenes Feld tabellarisch über relevante Fakten wie zum Beispiel Lage, Projektdauer oder über die Zahl der verschiedenen Wohnungstypen.

Stempel der Impulse

Auf der ersten Doppelseite werden zusätzlich die Piktogramme, die in der Einführung erläutert und durch die Analyse der drei zentralen Kapitel eingeführt wurden, wieder aufgegriffen: Hier charakterisieren sie die Komplexität der Wohn- und Quartiersprojekte. Zu einem „Stempel" zusammengeführt markieren sie in einem immer gleich geordneten Feld die innovativen Impulse dieser Handlungsorte in Bezug auf die Handlungsstränge gemeinschaftliches Wohnen, produktives und adaptives Wohnen und auf die Maßstabsebenen Wohnung, Haus und Quartier. Sie bieten damit einen komprimierten Überblick über die Innovationskraft des jeweiligen Wohn- oder Quartiersprojekts.

○ Landgemeinde (< 5.000 EW)

○ Mittelstadt (< 100.000 EW)

○ Großstadt (< 1.000.000 EW)

○ Metropole (≥ 1.000.000 EW)

Definition Gebietskategorie

5.01 Karthago – Zürich, CH

Von der Revolte zum Hausprojekt

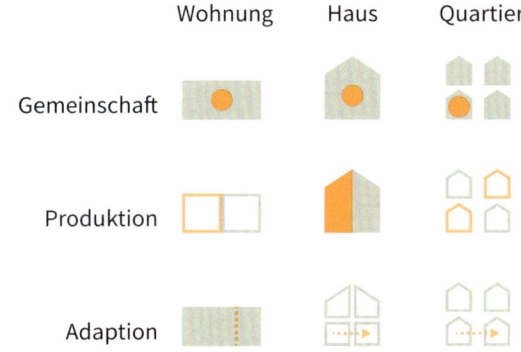

Wohnung
Haus
Quartier
Gemeinschaft
Produktion
Adaption

0
50
100
200

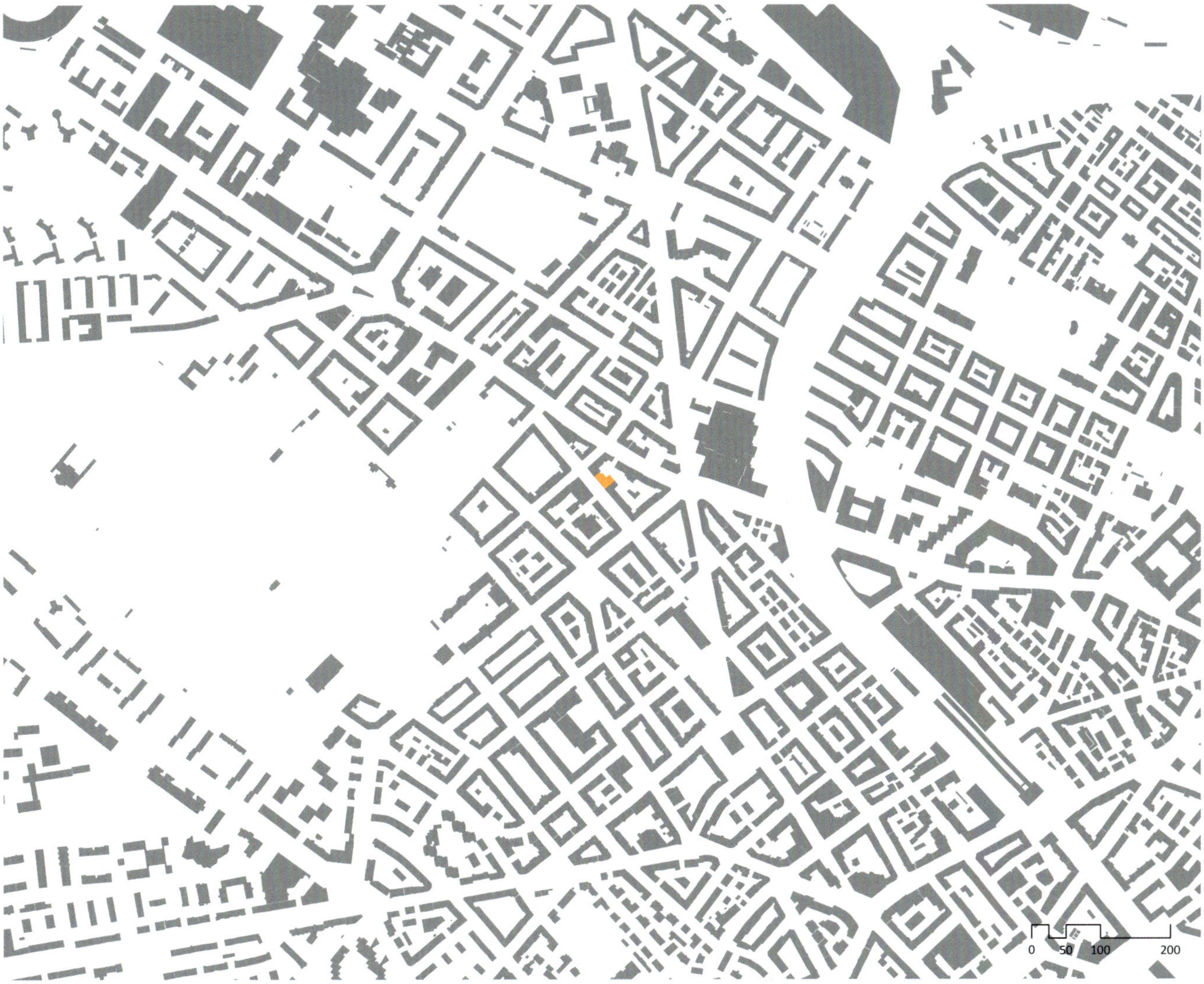

Zürich Schwarzplan / links: Blick aus der Zentralstrasse auf Karthago

* *Gudrun Hoppe im Interview*

Die Wohnbaugenossenschaft Karthago ist das inzwischen in die Jahre gekommene Kind der rebellischen Züricher Jugendbewegung der 1980er-Jahre. Nach der Hausbesetzung des „Stauffachers" 1984 dauerte es wenige Jahre, dann wurde das Haus geräumt. 1991 wurde die Genossenschaft Karthago mit der Absicht gegründet, einen „Grosshaushalt" in der Stadt Zürich zu realisieren. Das Vorhaben, ein Neubauprojekt mit Unterstützung der Stadt im Quartier *Altstetten* zu realisieren, scheiterte[1]. Schließlich konnte 1995 im Quartier *Wiedikon* im Zentrum von Zürich an der Zentralstrasse 150 ein gewerbliches Gebäude von der Genossenschaft erworben und zu einem Wohnhaus umgebaut werden.

In Karthago werden Aspekte jener Utopien praktiziert, die Thomas Morus in seinem Zukunftsroman skizziert hatte. Die Bewohner:innen Utopias leben in Familienverbänden und nehmen ihre Speisen in „geräumigen Hallenbauten" gemeinsam ein. „Denn, wenn es auch keinem verboten ist, zu Hause zu speisen, so tut es doch niemand gern, da es nicht gerade für besonders ehrbar gilt [...]"[2].

Eine zeitgenössische Utopie, die eine konkrete Gemeinschaftlichkeit im Wohnen beschreibt, hatte der Schweizer Autor Hans Widmer unter dem Pseudonym P. M. in seinem 1983 publizierten Buch „bolo'bolo" entwickelt.

Karthago ist die Umsetzung eines alternativen urbanen Wohn- und Lebensmodells. Es musste gegen große Vorbehalte „erkämpft" werden. Auf diesen Kampf verweisen mit einer gewissen Ironie der Name der Genossenschaft und das Logo mit den „Kampf"-Elefanten, das an Hannibals Alpenüberquerung erinnert. Der Name Karthago soll zwei Bedeutungen haben: Er ist aus dem Phönizisch-Punischen abgeleitet und bedeutet zunächst „neue Stadt". Die andere Bedeutung lautet: „Wir sind gegen das Imperium angetreten, aber nicht sicher, ob wir gewinnen."[3]

Kollektives Leben in einem ehemaligen Gewerbebau

Karthago wollte anders sein. Bereits 1997 sollte dort umweltgerechtes, selbstverwaltetes und preiswertes Wohnen in Großhaushalten erprobt werden. Bemerkenswert ist, dass sich alle wesentlichen Strukturen in dem seit über 20 Jahren existierenden Projekt weitgehend unverändert erhalten haben. So ist auch heute noch das Haus in neun Wohngemeinschaften organisiert. Die Wohnungen werden an Wohngemeinschaften vermietet, die sich selbstständig bilden, erneuern und finanzieren. Es wird konsequent das Subsidiaritätsprinzip umgesetzt sowie der Selbstorganisation und Selbstbestimmung großzügig Raum eingeräumt. Die WGs treffen die Auswahl neuer Mitbewohner:innen, sie organisieren die Verteilung der Räume und der Kosten innerhalb ihrer Wohnung und tragen die finanziellen Verpflichtungen gemeinsam.

Das ehemalige Gewerbegebäude liegt in einem urbanen Wohnumfeld mit Blockrandbebauung.

Der Umbau des Gebäudes für Wohnzwecke stellte eine Herausforderung dar. Das siebengeschossige ehemalige Geschäftshaus ist mit einer Tiefe bis zu 19 Metern eine Herausforderung für die Wohn-Nutzung, aber gleichzeitig auch eine Aufforderung, alternative Grundrisse zu konzipieren. Die heutigen Grundrisse leben von dieser großen Raumtiefe des ehemaligen Gewerbegebäudes. Die Umbauplanung sah in den WGs nur eine kleine Küchenkombination aus drei Elementen vor. Um die Zimmer in den Wohngemeinschaften gut belichten zu können und damit die räumlichen Qualitäten der Wohnräume zu erhalten, mussten die Sanitärräume und der Gemeinschaftsraum der großen Wohngruppen innen liegend platziert werden. Die Wohnungen werden durch einen Lift, der direkt aus dem Hof zugänglich ist, erschlossen; auch die

Gemeinschaftliche Dachterrasse

Allabendliches Tischdecken

Aufenthalt und Anlieferung im Innenhof

Köchin in der professionellen Küche

Anlieferung der Küche wird hierdurch gewährleistet. Das ehemalige Vordach der Anlieferung bildet heute einen attraktiven gedeckten Außenraum.

Die einzelnen Stockwerke unterscheiden sich jeweils, da sie an die wechselnden Bedürfnisse der Bewohnenden angepasst werden können. Da es zwischen den Zimmern nur Leichtbauwände gibt, können Räume zusammengelegt oder mit Durchgängen versehen werden. Die Innenausstattung der einzelnen WGs spiegelt ihre unterschiedlichen Ansprüche. Die Anpassbarkeit der Grundrisse soll den vielfältigen Wohn- und Lebensformen Raum geben: „Singles leben mit Kleinfamilien, Teilfamilien wohnen mit Teilen von polyamourösen Netzwerken, Paare verteilen sich auf verschiedene Wohnungen und auch alle, die ihre Lebensform gar nicht definieren mögen, sind willkommen, es bräuchte nur längst mehr Platz, damit alle, die wollen, hier wohnen könnten."[4]

Im Erdgeschoss befinden sich Räume der Gemeinschaft. Der „Speisesaal" ist mit einer Größe von 7 mal 12 Meter dominant. Zur Straße öffnet es sich durch eine durchgehende Fensterfront. Vom Treppenhaus aus ermöglicht eine Glaswand einen guten Einblick. Die professionell ausgestattete Küche liegt im Zentrum des Gebäudes. Die Küche ist, um einen rationalen Arbeitsablauf zu ermöglichen, eigentlich „zu groß". Die Anordnung ist den Strukturen des bestehenden Gebäudes geschuldet. „Also es ging gar nicht anders, sonst hätten wir sie schon kleiner gemacht."[5]

Hinter der Küche, zum Hof hin orientiert, befindet sich der Spiel- und Gemeinschaftsraum, der auch extern vermietet wird.

Suffizientes Wohnen

Über die individuelle Flächennutzung wird in den letzten Jahren in Zürich intensiv diskutiert. Bei einer Bruttogeschossfläche von etwa 1.600 Quadratmetern und etwa 50 Personen ergibt sich eine durchschnittliche Flächennutzung von 32 Quadratmetern in der Genossenschaft Karthago. Ein Wert, den heute etwa auch die Genossenschaft Kalkbreite vorweist und der unter dem allgemeinen Züricher Schnitt liegt.[6] Obwohl das ehemalige Bürogebäude sehr große Fenster aufweist und eine hohe Raumtiefe, und somit aus architektonisch-strukturellen Gründen deutliche Grenzen bei der Grundrissbildung gesetzt waren, ist Karthago ein flächensparendes Wohnprojekt. Gudrun Hoppe betonte in der Jubiläumsbroschüre deshalb die „neuen Dimensionen": „Pro Person stehen durchschnittlich 16 m² Privatzimmer, 20–45 m² gemeinschaftliche Stube (3–7 Personen), eine Grossküche von 45 m² und ein Ess- und Aufenthaltsraum von 80 m² zur Nutzung offen."[7]

In diesen Berechnungen sind die sonstigen Gemeinschafts-räume nicht enthalten.

Trotz reduzierter Flächen für die Individualräume kann durch ein großzügiges Raumangebot für die Gemeinschaft ein hoher Wohnstandard erreicht und dennoch die allgemeine Flächennutzung begrenzt werden.

Karthago kocht und isst gemeinschaftlich

Karthago ist eine „Tischgemeinschaft", die von einer profes-sionell bewirtschafteten Küche versorgt wird. Neben den Wohngruppen ist der Großhaushalt das bestimmende Merk-mal dieses Wohnprojekts. Die Bedeutung des Essens wurde in einem Begleitheft zur Publikation „Karthago kocht noch immer. Rezepte für 20 Personen", die anlässlich des 20-jähri-gen Bestehens erschien, treffend benannt: „Der Grosshaus-halt kristallisiert sich um das abendliche Essen. Essraum und

Küche integrieren und sozialisieren die Bewohner:innen. Wer in Karthago wohnt und nicht in Karthago isst, bleibt meistens nicht allzu lange in Karthago. […] Das gemeinsame Abendes-sen schafft einen Zusammenhalt, welcher Bestand hat."[8] Dies sind Erfahrungen, die Thomas Morus fast genau 500 Jahre vor-her in der Beschreibung seiner Idealstadt Utopia antizipierte.

Die Hausbewohner:innen haben hohe Ansprüche an die Qualität des Essens und sie werden von den Köchen und Kö-chinnen, die sich sehr engagiert einsetzen, kulinarisch ver-wöhnt. Es wird auf eine umwelt- und saisongerechte und faire Herkunft der Produkte geachtet. Viele Produkte werden direkt von den Erzeuger:innen bezogen. Die Produzierenden werden im Kochbuch mit Hochachtung benannt: Rindfleisch von Do Müller und Jo Weilenmann auf dem Mont Soleil, Bioschwein von der Alp Tambo am Splügenpass und Lammfleisch von der Schäferei Brändli in Richterswil, Brot von ihrem Lieblingsbä-cker Oski Kuhn. Kulinarische Erlebnisse und soziale Interaktio-nen beim Essen gehören in Karthago zusammen.[9]

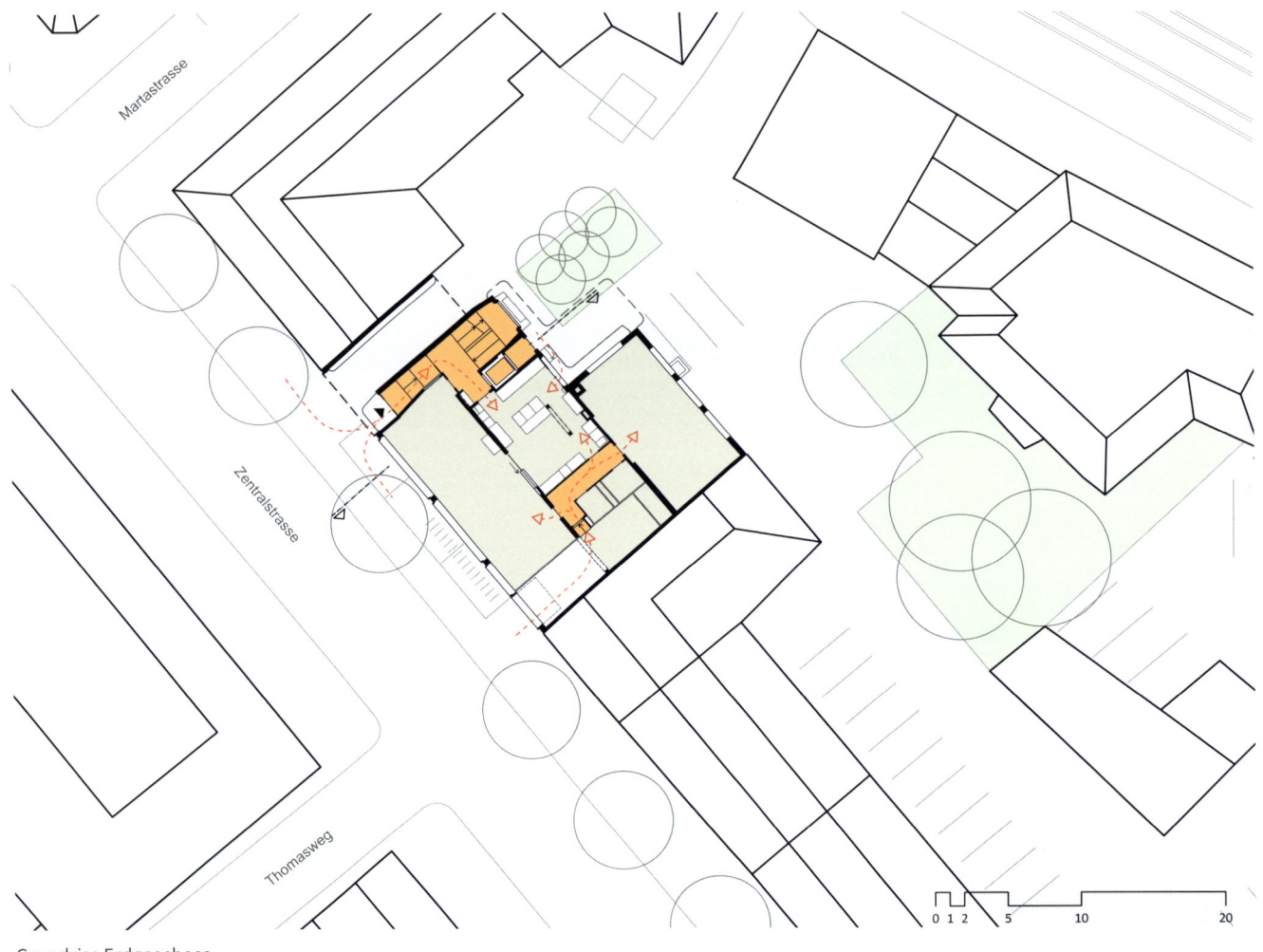

Grundriss Erdgeschoss

Wohnen und mehr

Die beiden zentralen Bereiche – Wohngemeinschaften und Großküche mit Speisesaal – werden durch weitere Angebote ergänzt. So gibt es ein Gästezimmer, einen Werkraum und einen Dachgarten. Weiter sind Gemeinschaftsräume und ein gemeinsamer Innenhof vorhanden. Im sogenannten Kiosk können Getränke und Esswaren bezogen werden. Die entnommenen Waren werden in eine Liste eingetragen, die Abrechnung erfolgt quartalsweise. Wie in der Schweiz meist üblich, wird nicht in der Wohnung, sondern in einer gemeinsamen Waschküche gewaschen. Die Waschmaschinennutzung, Waschpulver und Elektrizität für die Trocknung sind in der Miete inkludiert. Weiterhin gibt es ein Gemeinschaftsbüro mit zusätzlichem Arbeitsplatz mit WLAN und Drucker.

Ausdruck der sozialorientierten Ausrichtung von Karthago ist auch die Unterstützungsmöglichkeit für Personen mit niedrigem Einkommen. Wenn die Miete ein Drittel des Einkommens

Adresse	Zentralstrasse 150, 8003 Zürich, CH
Projektdauer	*Umbau Bestandsgebäude* / 1995–1997
Planung	*Architektur* / Spiro + Gantenbein Architekten, Zürich, CH; Michel Parasol Architekturbüro, Zürich, CH *Landschaftsarchitektur* / quadra gmbh, Zürich, CH (Gudrun Hoppe)
Trägerschaft	Genossenschaft Karthago, Zürich, CH
Wohnungstypen	9 Wohnungen für 57 Menschen
	1 10 Zimmer und 2 Aufenthaltszimmer 4 6 Zimmer und 1 Aufenthaltszimmer 2 4 Zimmer und 1 Aufenthaltszimmer 1 3 Zimmer und 1 Aufenthaltszimmer 1 1,5 Zimmer
Weitere Raumangebote	gemeinsame Großküche / 45 qm Speisesaal / 84 qm Spiel- und Gemeinschaftsraum / 65 qm Gästezimmer, Werkraum, Gemeinschaftsbüro, Waschküche

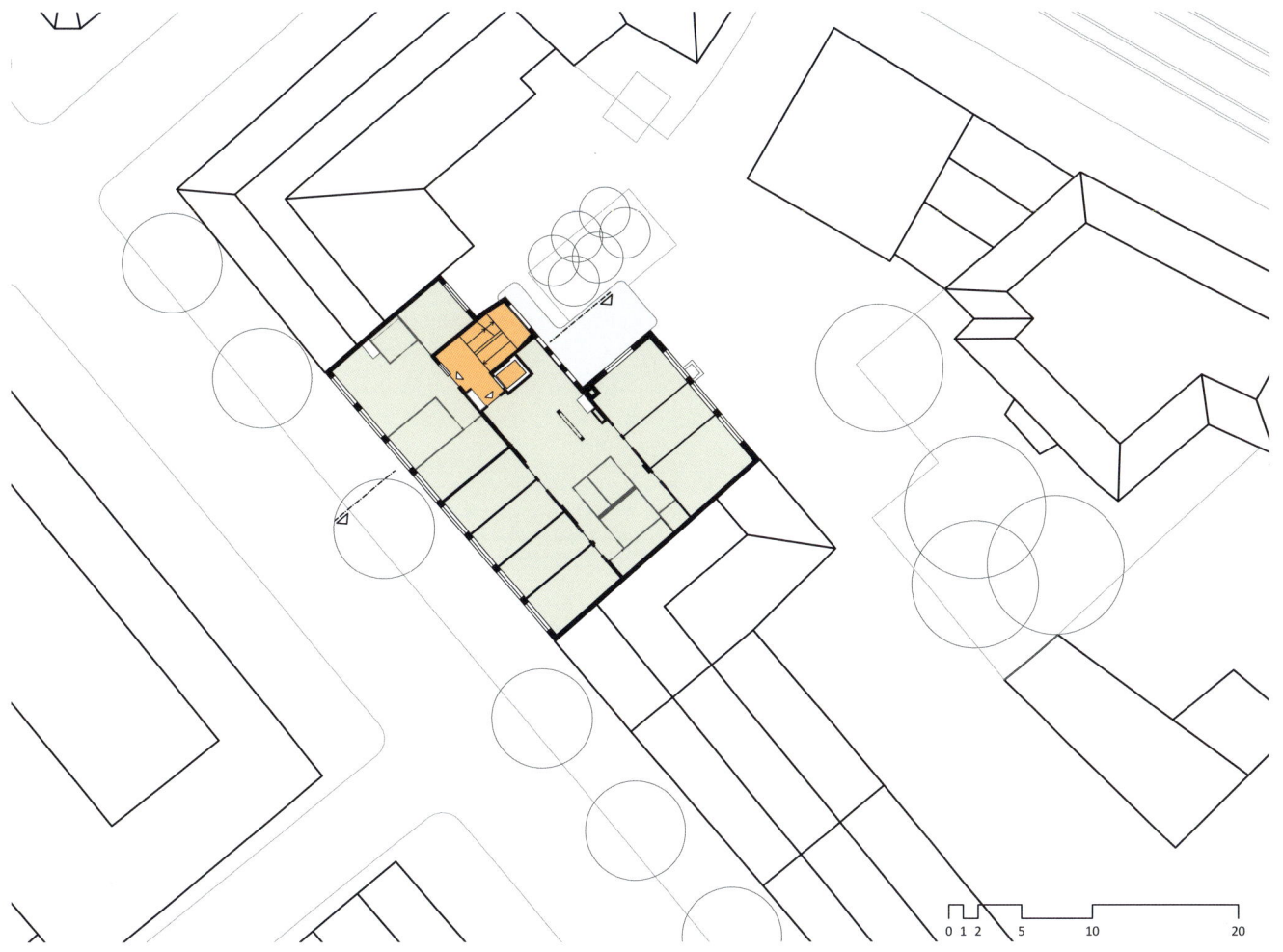

Grundriss Regelgeschoss

Namenszug der Genossenschaft über dem Eingang

Reptilien, wenn ich daran denke, wie sich dieses Projekt in den letzten 20 Jahren verändert hat. Während andere Wohnprojekte nach Grösse streben, ruht Karthago in sich. […] Einige Wände wurden neu gestrichen, einige Glasscheiben ausgetauscht, die Baustruktur ist immer noch die Gleiche. Die Bewohnerschaft hat sich vielfältig verändert, das Konzept aber ist immer noch das ursprüngliche. Karthago strahlt aus, ohne sich zu verausgaben. Karthago steht im Austausch mit der Umgebung, mit der Stadt, und Karthago verändert sich dabei. Aber das charakteristische Merkmal von Karthago, sein Genom, ist unverändert."[11]

Interview

- Gudrun Hoppe, Gründungsmitglied der Genossenschaft, und Martin Lassner, ehemaliger langjähriger Vorstand der Genossenschaft, Zürich, 18.11.2019

1 Ein Versuch, in Altstetten ein Projekt zu realisieren, scheitere 1993. Die Stimmbevölkerung von Zürich lehnte eine Baurechtvergabe (Erbpacht) an die Genossenschaft Karthago ab. Genossenschaft Karthago: Geschichte. Abzurufen unter: https://www.karthago.ch/geschichte/ (besucht am 28.12.2020); vgl. auch Hofer, Andreas: Behutsamer Stadtumbau in Zürich. In: Hochparterre 6–7/1998, S. 18–20. Abzurufen unter: http://www.arc-architekten.ch/static/4_0_Presse/pdf/Hochparterre_Dreieck.pdf (besucht am 28.12.2020)

2 Morus, Thomas: Utopia (1515). Stuttgart 1964, S. 66

3 Wilhelm, Dorothee: Warum Karthago? In:Martin Lassner und Gudrun Hoppe (Hg.): 20 Jahre Karthago 1997–2017. Jubiläumsbericht. Zürich 2017, S. 42

4 Genossenschaft Karthago (Hg.): Wohnen. https://www.karthago.ch/wohnen/ (besucht am 21.12.2020)

5 Martin Lassner im Interview

6 Die Flächennutzung pro Person ist bei gemeinnützigen Bauträgern/Genossenschaften deutlich niedriger als bei privaten Eigentümern. In der Stadt Zürich standen ca. 41 qm (2013) je Person im Schnitt an Wohnfläche zur Verfügung, im Kanton Zürich verfügt eine Person im Schnitt über eine Wohnfläche von 45 qm. Böniger, Michael: Wie viel Wohnraum braucht der Mensch? Stadt Zürich. Abzurufen unter: https://www.stadt-zuerich.ch/prd/de/index/statistik/publikationen-angebote/publikationen/webartikel/2013-03-28_Wieviel-Wohnraum-braucht-der-Mensch.html (besucht am 21.12.2020) Craviolini, Julie: Wer braucht wieviel Wohnfläche? Hg. v. Statistisches Amt. Kanton Zürich2017 (statistik.info, 2017/04). Abzurufen unter: https:// www.wbg-zh.ch/wp-content/uploads/2017/03/170317_statZch_Analyse_wohnflaechen.pdf (besucht am 21.12.2020)

7 Hoppe, Gudrun: Mehr Raum durch gemeinsame Nutzung, eine Herausforderung. In: Martin Lassner und Gudrun Hoppe (Hg.): 20 Jahre Karthago 1997–2017. Jubiläumsbericht. Zürich 2017, S. 16

8 Luthiger, Benno: Karthago häutet sich. In: Martin Lassner und Gudrun Hoppe (Hg.): 20 Jahre Karthago 1997–2017. Jubiläumsbericht. Zürich 2017, S. 52

9 Siehe Interview mit Gudrun Hoppe und Martin Lassner

10 Vgl. Genossenschaft Karthago (Hg.): Subventionsreglement. Abzurufen unter: https://www.karthago.ch/wp-content/uploads/2015/11/Subventionsreglement-2016.pdf (besucht am 28.12.2020)

11 Luthiger, Benno: Karthago häutet sich. In: Martin Lassner und Gudrun Hoppe (Hg.): 20 Jahre Karthago 1997–2017. Jubiläumsbericht. Zürich 2017, S. 50

übersteigt, können Bewohner:innen pro Person und Monat mit maximal 300 Franken unterstützt werden.[10]

Karthago ein singuläres Projekt?

Fast über zwei Jahrzehnte hinweg blieb Karthago ein singuläres Projekt in der reichen Züricher Genossenschaftslandschaft. In der Genossenschaft Kalkbreite, deren Gründung Karthago unterstützte, wurde zwar mit der Beratung von Karthago auch ein Großhaushalt realisiert, aber dieser Großhaushalt als Kooperation von Groß-WG und Familienwohnen ist bisher weniger robust und bleibt isoliert innerhalb der Kalkbreite.

Es leben in Karthago jeweils etwa 50 Bewohner:innen aller Altersstufen. Die Altersgruppen sind breit durchmischt, da immer wieder Personen ausziehen und neue in die Genossenschaft eintreten. Bei Veranstaltungen wie dem großen „Weihnachtsessen" treffen sich viele Ehemalige und jetzige Bewohner:innen.

Karthago ist auch heute noch ein unkonventionelles Wohnprojekt, das sozial- und gemeinschaftsorientiert ist, mit WGs und Großhaushalt neue Haushaltsformen lebt und mit einem flexiblen Raumangebot auf den Wandel der Bedürfnisse reagiert. Es weist dennoch eine beachtliche Kontinuität und Stabilität auf. Im Jubiläumsbericht charakterisierte Benno Luthiger diese Kontinuität folgendermaßen: „Karthago erinnert mich an

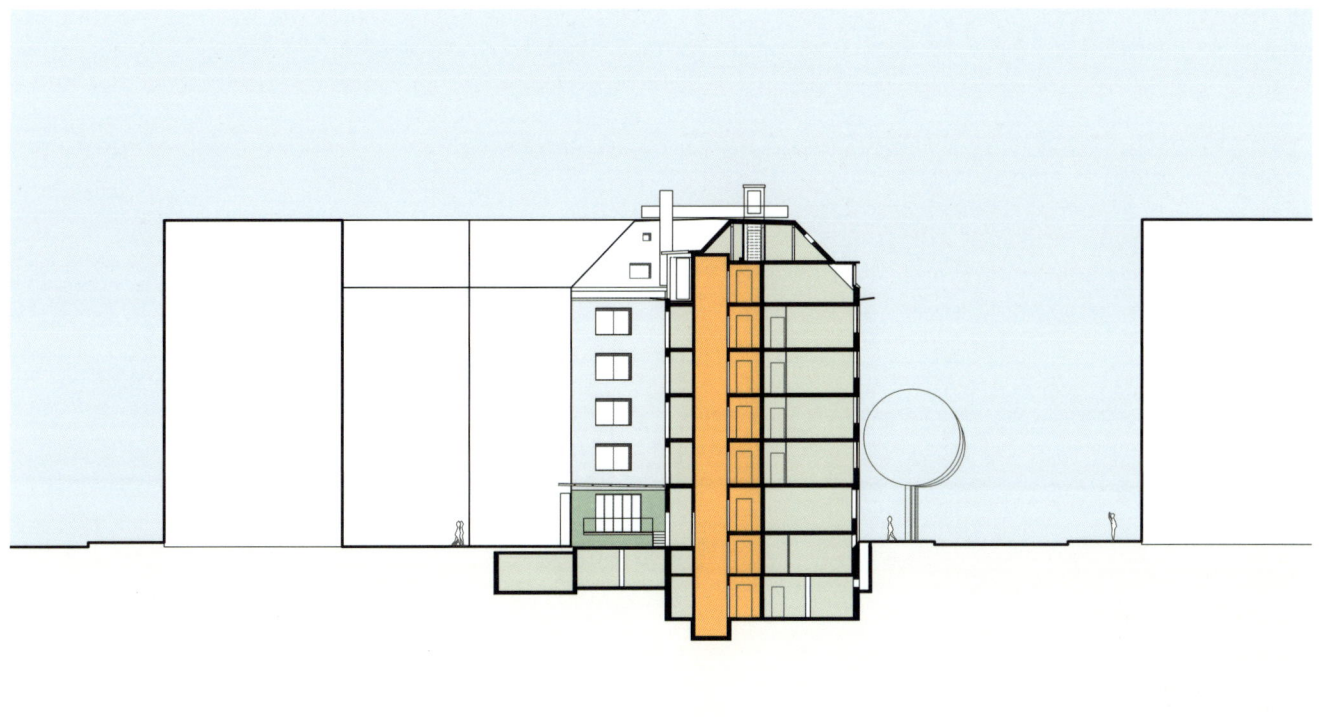

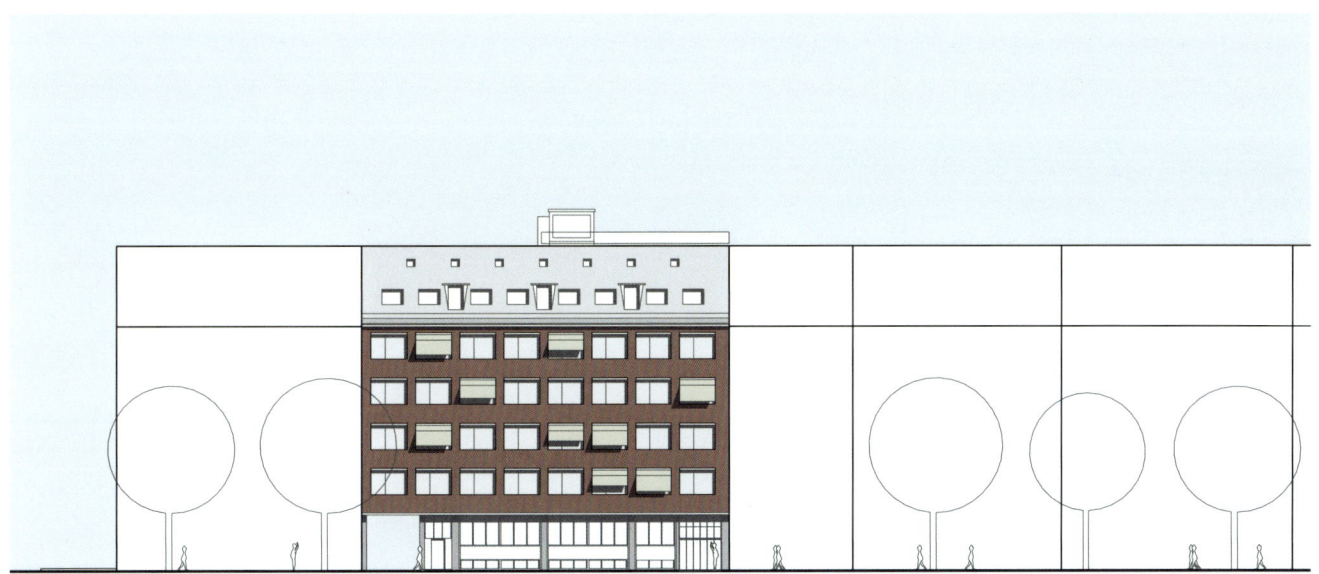

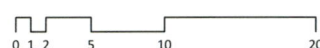

Ansicht / oben: Schnitt

5.02 Teamhaus Hotel Löwen – Schruns, A

Mitarbeiterhaus – Rückzug und Sozialkontakte

„Der Projektname ‚Teamhaus Hotel Löwen' macht deutlich, dass dieses neue schöne Haus dem Hotel-Team zur Verfügung gestellt wird. Es sollte für jeden eine klare Ortsbestimmung sein. Außerdem wollten wir das Wort ‚Personal' beziehungsweise ‚Personalhaus' aus unserem Sprachgebrauch eliminieren.“

Ingrid Muxel

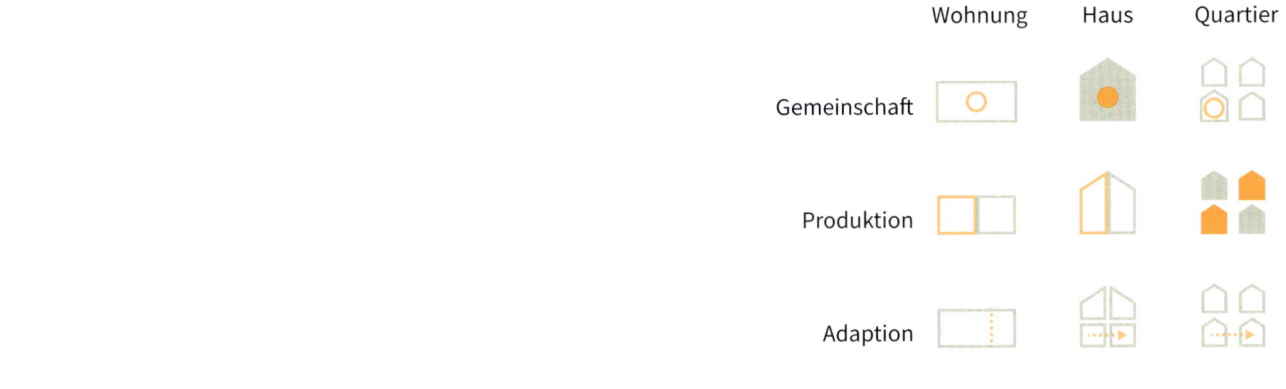

Wohnung
Haus
Quartier
Gemeinschaft
Produktion
Adaption

0
50
100
200

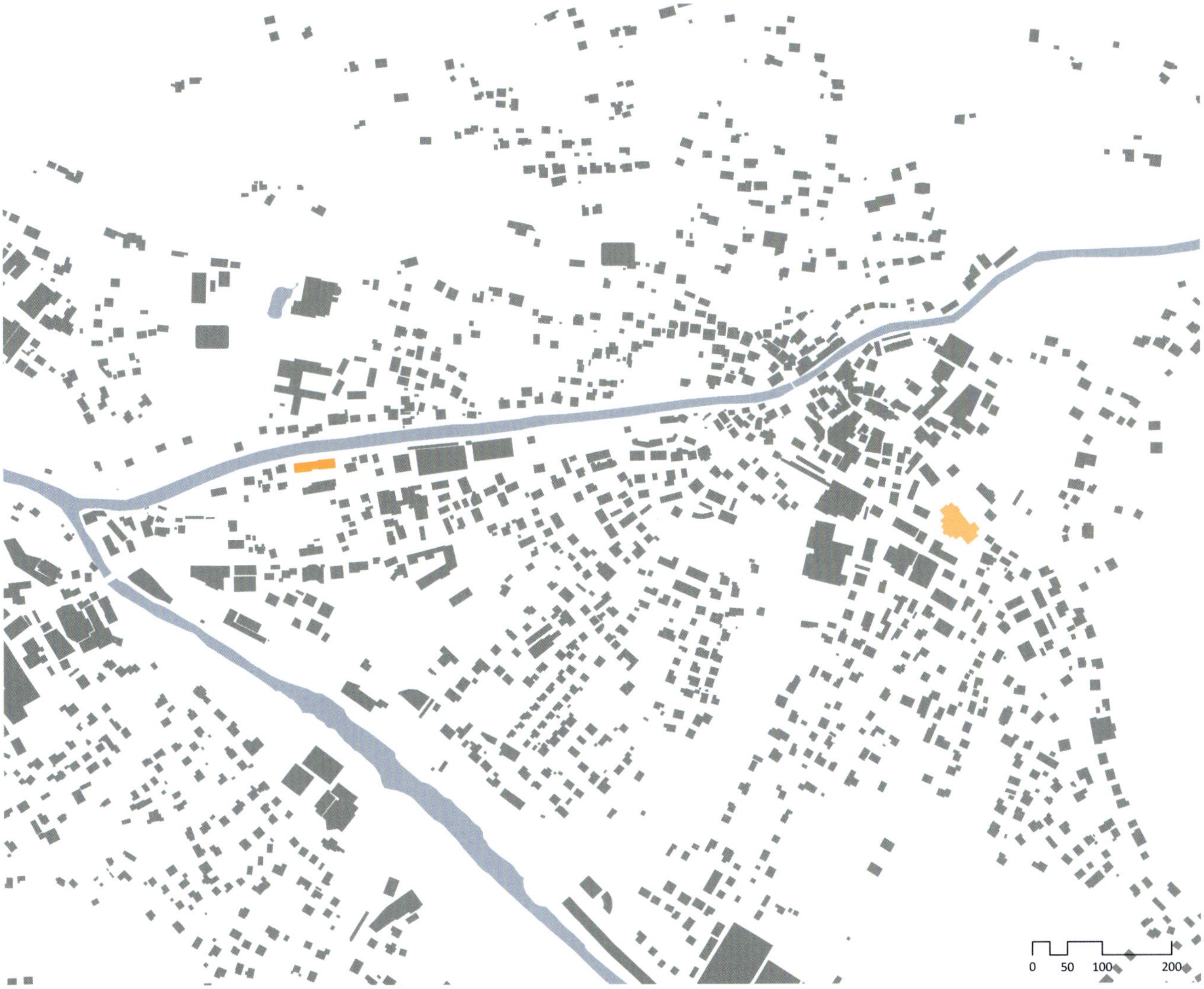

Schruns Schwarzplan / links: Teamhaus an der Litz

* *Ingrid Muxel im Interview*

Das Teamhaus Hotel Löwen liegt im Nordwesten von Schruns, einer Gemeinde im österreichischen Bundesland Vorarlberg. Die umliegenden Ski- und Wandergebiete für Sommer- wie Wintertourismus, das dazugehörige Gastgewerbe und Hotellerie sind wirtschaftliche Grundsäulen der Gemeinde. Das dreigeschossige Gebäude, Wohnort für bis zu 68 Mitarbeiter:innen, begleitet den von Dämmen gefassten Fluss Litz und ist in zwei Baukörper aufgeteilt. Eine eingeschossige Spange im Erdgeschoss verbindet diese und macht das Haus als Einheit erkennbar. Es ist damit in seiner Dimension und Proportion den umgebenden Baukörpern im Baumischgebiet angepasst. Die beidseitig baumbestandene Promenade am Fluss ist eine direkte und angenehme Wegeverbindung zwischen dem Löwen Hotel Montafon und dem zugehörigen Mitarbeiterhaus. Ein Fuß- und Fahrradweg führt auf der Dammkrone direkt am Gebäude vorbei. Zu dieser Uferpromenade im Norden des Gebäudes orientiert sich in einer abgesenkten und damit räumlich von der Öffentlichkeit abgesetzten Zone das Ankommen: Zwei voneinander unabhängige Eingänge erlauben das zielorientierte Betreten des Hauses, Fahrradabstellplätze begleiten das Gebäude, eine Sitzbank unter dem Vordach lädt zum Verweilen ein.

Grundstück für „ein Stück Mitarbeiterhaus"

Der ortsansässige Architekt Harald Bitschnau fand das geeignete Grundstück. Die Raiffeisenbank, offizielle Leitbank für Investitionen für die Unternehmer:innen im Tal, war bereit, das Grundstück zu verkaufen. Als großes Areal in attraktiver Wohnlage und in fußläufiger Verbindung zum Hotel war es auch für konkurrierende Bauträger interessant, der Grundstückspreis

dementsprechend hoch. Doppelt so groß wie gewünscht, erforderte es eine alternative Strategie: Im Rahmen einer Machbarkeitsstudie wurde ein Gesamtkonzept für die 5.000 Quadratmeter große Parzelle erstellt. Circa 2.500 Quadratmeter wurden im ersten Bauabschnitt für den aktuellen Bedarf in Anspruch genommen, die Bestandsgebäude verpachtet. Im zweiten Bauabschnitt können drei weitere Mitarbeiterhäuser errichtet werden.

Modulbauweise – basic und pragmatisch

Die Holzmodulbauweise – umgesetzt mit dem Partnerbetrieb von Kaufmann Zimmerei und Tischlerei aus Reuthe – überzeugte als effiziente, rationelle Bauweise auf hohem Qualitätsniveau. Von Seiten der Mitarbeiter:innen sollte in diesem Haus alles sein, was man zum Leben braucht, ohne selbst viel einbringen zu müssen. Staumöglichkeiten auf kleinstem Raum bieten die Möglichkeit, sowohl Arbeits- als auch Privatkleidung unterzubringen; ein breites Bett ist wichtig. Die Module wurden inklusive Badeinheit und fixierter Möbel geliefert, Kochzeilen in die Mikroapartments integriert, um den unterschiedlichen Interessen und Bedarfen der diversen Bewohnerschaft zu entsprechen. Die Projektinitiatorin Ingrid Muxel formuliert die Zielsetzungen der Bauherrschaft: „Wir haben es relativ einfach und pragmatisch gehalten. Es darf nicht viel sein, was kaputtgehen kann, es darf nicht viel Technik drin sein, wir haben nichts automatisiert, wir haben normale Lichtschalter."[1] Im Bereich der Haustechnik wurden daher möglichst einfache, gleichzeitig kontrollierbare Lösungen umgesetzt. Eine zentral gesteuerte Heizung erlaubt, den Energieverbrauch der einzelnen Zimmer nachzuvollziehen. Da Behaglichkeit individuell

Orientierung der Raummodule nach Süden

Schutz der Privatsphäre und Durchblicke

Gemeinschaftsterrasse mit Blick auf die Berge

unterschiedlich definiert wird, kann pro Zimmer die Heizung in einer gewissen Bandbreite geregelt werden, es gibt aber auch die Information, dass 24° C Zimmertemperatur genug sein sollte.

Baukosten und Vielfalt

Um die Baukosten zu reduzieren, wurde die Zahl der Modultypen im Laufe des Planungsprozesses von fünf auf zwei reduziert: Das 27 Quadratmeter große Modul wird an der Ecke und im Norden der Baukörper platziert – diese Größe kann sowohl als Doppelzimmer oder als größeres, zum Fluss orientiertes und damit ruhiges Einzelzimmer genutzt werden. Der Regeltyp von 22 Quadratmetern Größe orientiert sich nach Süden. Durch die Koppelung der beiden Module über einen Flur und eine Verbindungstür entsteht eine dritte Variante von sechs circa 55 Quadratmeter großen Zweizimmerwohnungen.

Die Gleichheit der Regelmodule erlaubt einerseits eine einfache Belegungspraxis, andererseits entsteht über die Varianz durch Größe, Orientierung und Koppelung auch eine gewisse Vielfalt des Wohnungsangebots – z. B. als Alternative für Führungskräfte.

„Leise muss es sein!"

Die Qualität des Wohnens sollte vor allem in Bezug auf den Schutz der Privatsphäre eine übergeordnete Zielsetzung sein. Im 24-Stunden-Betrieb des Hotels arbeiten die Mitarbeiter:innen in unterschiedlichen Schichten, kommen zu verschiedenen Zeiten nach Hause und brauchen Ruhe wie Privatsphäre. Dieser Bedarf nach Ruhe ist auf verschiedenen Ebenen für die bauliche Konzeption von großer Bedeutung. Zwei gleichberechtigte Eingänge ermöglichen z. B. die Reduktion der Störung: jede:r nach Hause Kommende nutzt das nächstgelegene

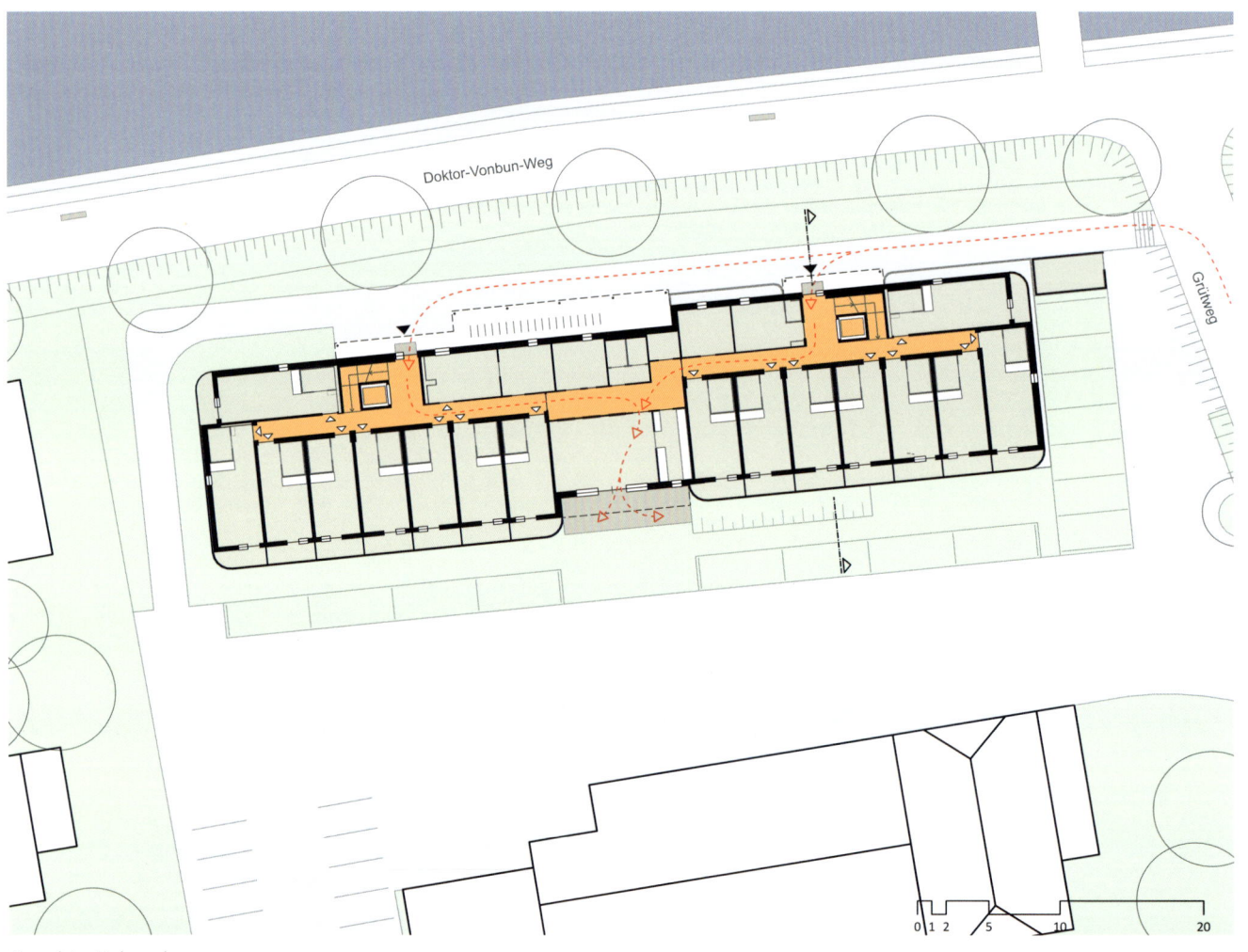

Grundriss Erdgeschoss

Treppenhaus und betritt das Zimmer auf kürzestem Wege. Auch die Materialisierung wurde entsprechend angepasst: Teppichböden aus Nadelfilz in allen öffentlichen Bereichen sind schallabsorbierend, die Zimmertüren akustisch wirksam. Gleichzeitig erhebt der häufige Bewohnerwechsel – „das Haus wird hart strapaziert und stark abgenutzt"[2] – einen hohen Anspruch an die Materialität. Jede Einheit hat einen Balkon mit einem Sichtschutzbereich, um in einem kleinen privaten Bereich draußen sitzen und Kleidung auslüften zu können. Auch die Fassade wurde gemäß diesem Entwurfsziel entwickelt: Die Lochbleche der Brüstungen und Sichtschutzbereiche sind so gestaltet, dass einerseits Durchblicke von innen möglich sind, diese andererseits aber Einblicke reduzieren.

Gemeinschaftliche Angebote – mehr als „nice to have"

Gemeinschaftliche Angebote befinden sich im zentralen eingeschossigen Bereich des Hauses, der alternativ über die beiden Zugänge erschlossen werden kann. Ein Gemeinschaftsraum mit angeschlossener Küche öffnet sich nach Süden, über einen Flur getrennt orientiert sich der Waschraum Richtung Litz. Für alle Hausbewohner:innen gehört das Waschen der Privatwäsche zum Alltag. Der dadurch stark frequentierte Waschraum ist Ort der Begegnung und gut belichtet wie belüftet im Zentrum des Gebäudes im Erdgeschoss angeordnet. Senkrechte Verglasungen beidseits des Flures ermöglichen Sichtkontakte, Durch- und Einblicke zwischen Gemeinschafts- und Waschraum. Die im Süden vorgelagerte, gut besonnte Terrasse mit schöner Aussicht – Lieblingsplatz aller Mitarbeiter:innen – wird im Alltag, aber auch für Geburtstagsfeiern oder das Weihnachtsfest bestens genutzt. Gleichzeitig sind

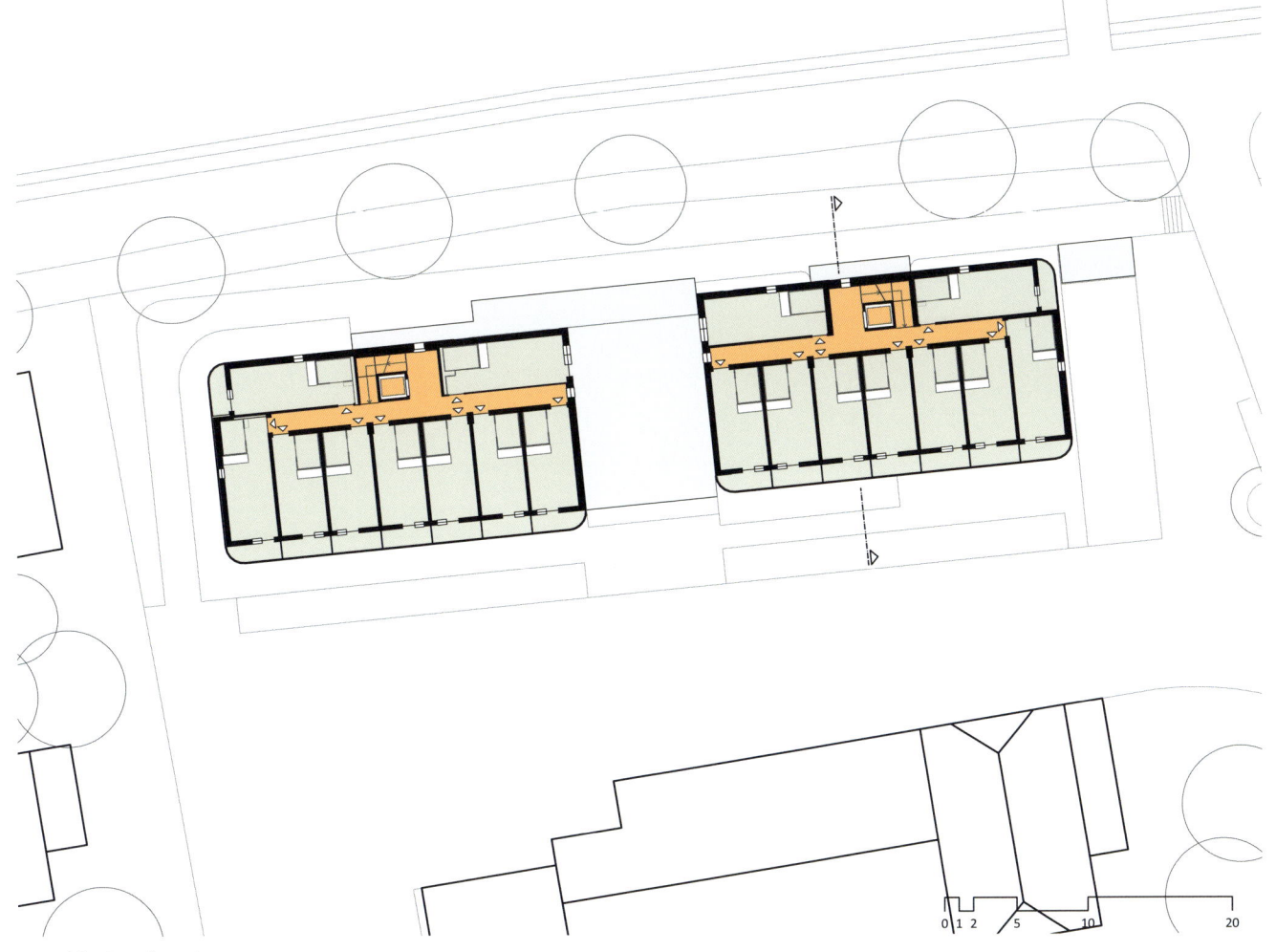

Grundriss Regelgeschoss

Nutzungskonflikte durch Lärmbelastungen für die angrenzenden Privaträume und für die Nachbarschaft vorhersehbar, Konfliktmanagement wird zur Alltagsaufgabe der Personalleitung. Ein Fitnessraum im Untergeschoss hat ebenfalls zentrale Bedeutung für das soziale Leben der Bewohner:innen: Dieser ist auch nach Süden orientiert, die vorgelagerte Abböschung erlaubt eine großzügige natürliche Belichtung.

Kompaktheit, Bezahlbarkeit, Energieeffizienz, bewusster Umgang mit Materialität und die Beachtung der Privatsphäre sind wesentliche Faktoren im Bereich des multilokalen Wohnens im saisonalen Rhythmus von circa fünf Monaten – wesentlich ist aber auch der Fokus auf gemeinschaftlich nutzbare Innen- und Außenräume, die Sozialkontakte ermöglichen.

Adresse	Am Litzdamm 19, 6780 Schruns, A
Projektdauer	2018–2019
Planung	*Architektur* / bauWERK architektur ZT GmbH, Schruns, A (Harald Bitschnau)
Trägerschaft	Hotel Löwen Schruns GmbH, Schruns, A (privat)
Wohnungstypen	52 Personalzimmer (= Raummodule) für bis zu 68 Mitarbeiter:innen
	36 Einzelzimmer / 22 qm 16 Doppelzimmer / ca. 27 qm 6 der Doppelzimmer koppelbar als 2-Zimmer-Wohnungen / 55 qm
Weitere Raumangebote	Gemeinschaftsraum mit Küche / 47 qm Wasch- und Trockenraum / 12 qm und 12 qm Fitnessraum, gemeinschaftlich genutzte Terrasse

Interview

- Harald Bitschnau, Ingrid Muxel und Gunter „Rick" Voigt, Schruns im Löwen Hotel Montafon, 31.07.2020

1   Ingrid Muxel im Interview
2   Harald Bitschnau im Interview

Begegnung vor dem Haus

Einzelzimmer als Modul

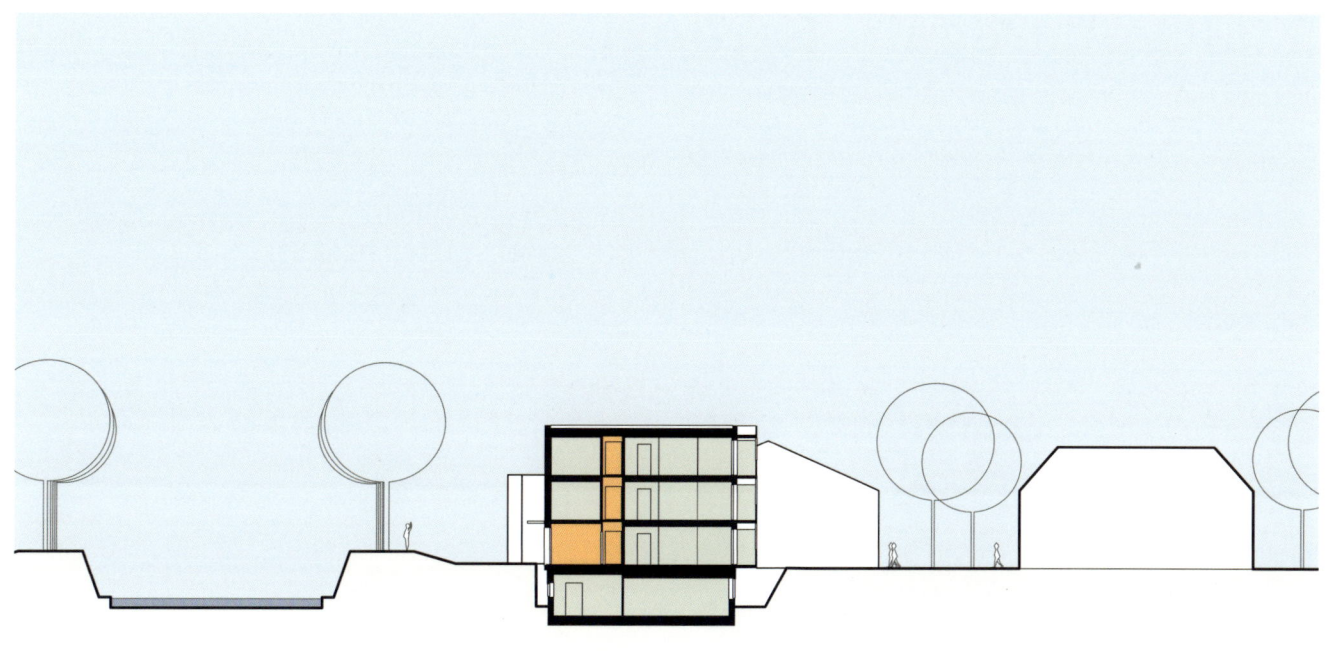

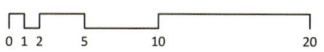

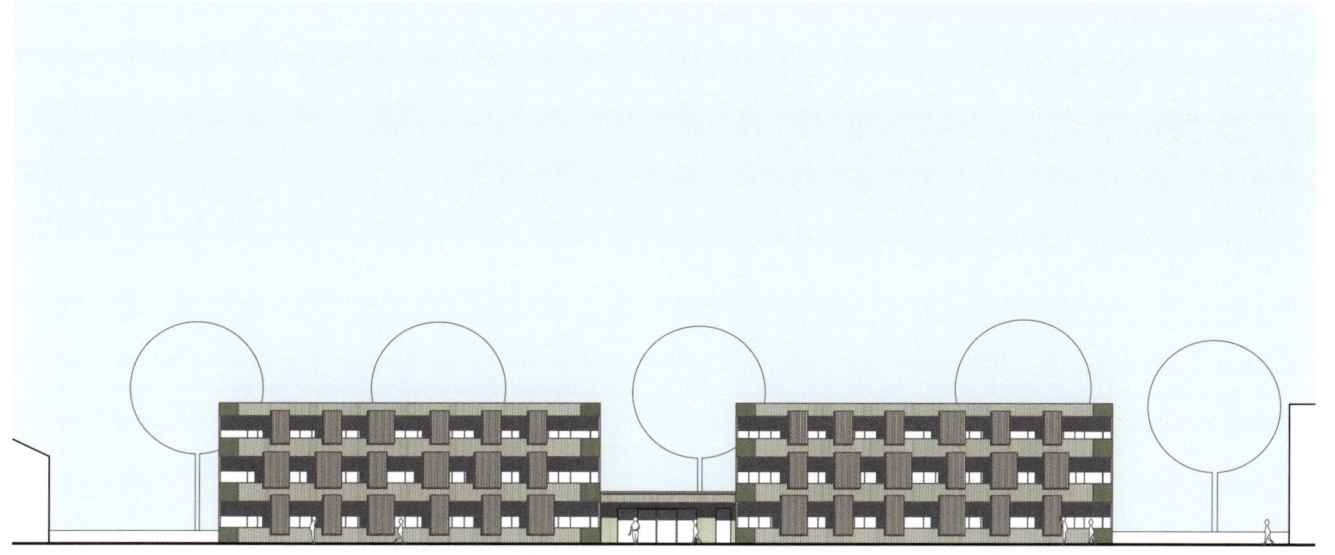

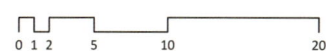

Ansicht / oben: Schnitt

5.03 Wohnregal – Berlin, D

Serielles Bauen – Wirtschaftlichkeit und Individualität

„Wie kann [so ein Gebäude] wandelfähig sein, um […] Anforderungen, die wir jetzt noch gar nicht definieren können, standzuhalten? Ich glaube, dass diese Struktur genau das ermöglicht, weil sie in Hierarchien denkt, eine langlebige regalartige Gesamtstruktur, aber auch eine anpassungsfähige Innenwelt bereitstellt."*

Marc Frohn

	Wohnung	Haus	Quartier
Gemeinschaft			
Produktion			
Adaption			

Berlin Schwarzplan / links: Wohnregal als Teil des Blockrandes

Interview mit Marc Frohn: Positionen #3, [Marc Frohn im Interview mit Alexander Gutzmer]. Abzurufen unter: https://www.euroboden.de/videos/far-frohn-rojas, (besucht am 07.03.2021)

Der Druck auf den Berliner Wohnungsmarkt wächst kontinuierlich. Der erste in Deutschland realisierte Entwurf des in Los Angeles, Santiago de Chile und in Berlin ansässigen Büros FAR frohn&rojas ist eine unkonventionelle Antwort auf die Nachfrage nach individuellen und bezahlbaren Raumansprüchen: „Standardisiert, vorfabriziert und höchst modular."[1]

Ausweitung der Leistungsbereiche – Referenz und Experiment

Mangelnde Innovationen im Wohnungswesen sind häufig mit dem Ausschluss experimentierfreudiger junger Büros verbunden, da die Vergabe von Aufträgen auf Grundlage von gebauten Referenzen erfolgt. Auf der Suche nach der Möglichkeit, für das eigene, zu diesem Zeitpunkt noch junge Architekturbüro den Bereich des Wohnungsbaus als Auftragsfeld zu erschließen und gleichzeitig in diesem Feld experimentell arbeiten zu können, entscheidet sich der Architekt Mark Frohn, Projektentwicklung, Finanzierung und Planung zu bündeln.[2] Indem er als eigener Bauherr die Verantwortung für die Entscheidungen trägt, kann er die architektonische Qualität des Gebauten kontrollieren. Nach dreijähriger Grundstückssuche mit hoher Eigeninitiative fand er ein geeignetes Eckgrundstück einer Blockrandstruktur in Berlin-Moabit: Eine effiziente Ausnutzung der durch Kriegszerstörung noch unbebauten Parzelle ist durch die städtebaulichen Rahmenbedingungen gegeben: Die Parzelle erlaubt eine sechsgeschossige Bebauung mit direktem Anschluss an die südlich angrenzende Brandwand. Die aufgelockerte Blockrandstruktur bleibt auch hier durch die gewählte Kubatur eines Riegels offen. Die Längsseiten des neuen Baukörpers orientieren sich nach Osten und Westen, der Blockinnenbereich ist weiterhin zugänglich. Auf eine kostenintensive Unterkellerung wird verzichtet.

Fertigteilbauweise im Wohnungsbau

Der Rohbau wurde als serielle Betonfertigteilbauweise erstellt, die Reduktion der Details auf das Notwendige bestimmt die Konstruktion, die üblicherweise bei Industriehallen verwendet wird.[3] FAR übersetzt und optimiert diese für den

Prägende Tragstruktur und Einbauelemente

Adresse	Waldenserstraße 25, 10551 Berlin, D
Projektdauer	2018–2019
Planung	*Architektur* / FAR frohn&rojas, Berlin, D
Trägerschaft	Marc Frohn (privat)
Wohnungstypen	10 Wohnungen für rund 25 Menschen
	3 1-Zimmer-Wohnungen / 39 qm und 50,5 qm
	2 2-Zimmer-Wohnungen / 73,5 qm und 82,5 qm
	3 3-Zimmer-Wohnungen / 73,5 qm, 82,5 qm und 117 qm
	2 4-Zimmer-Wohnungen / 107 qm
Weitere Raumangebote	Architekturbüro / 135 qm

Fügung als Thema im Raum

Wohnungsbau und entwickelt so eine kostengünstige Alternative, die zusätzlich die Bauzeit reduziert: Der Rohbau benötigt eine vertieftere und damit längere Vorplanung, konnte aber durch die Vorfertigung und das Baukastensystem innerhalb von sechs Wochen fertiggestellt werden. „Durch die Verwendung vorgespannter TT-Träger als Zwischendecken, die normalerweise bei hohen Verkehrslasten, wie zum Beispiel Parkhäusern zum Einsatz kommen, können die Geschosse in ihrer gesamten Tiefe von 11,35 Metern stützenfrei überspannt werden."[4] Die daraus resultierende stützenfreie Geschossfläche erlaubt flexible Grundrisslösungen – entgegen der üblichen Vorstellung, dass eine vorfabrizierte Bauweise auch zu standardisierten Raumangeboten führt. Es entsteht eine Verbindung von Systembau mit einem hohen Freiheitsgrad an vielfältigen Grundrissen.

Große Spannweiten und vielfältige Raumoptionen

Dem Erdgeschoss als Schnittstelle zur Öffentlichkeit wird eine gesonderte Funktion zugewiesen. Die Architektengemeinschaft FAR frohn&rojas hat hier ihre Räumlichkeiten und nutzt die Stützenfreiheit des Raumes von Fassade zu Fassade, die bodentiefe Verglasung erlaubt Transparenz zur Öffentlichkeit und Außenwirkung. In den folgenden fünf Geschossen befinden sich je Etage zwei Wohneinheiten. Mit einer überdurchschnittlichen Raumhöhe lassen sich sowohl kleine Wohnateliers von 35 Quadratmetern als auch offene Wohnkonzepte bis 110 Quadratmetern realisieren. Innenwände in Trockenbauweise übernehmen die freie und individuelle Einteilung. Lediglich zwei Haustechnikschächte sind fest verortet. Im ersten und zweiten Obergeschoss orientieren sich Wohnungen mit einer mittigen Teilung jeweils nach Osten oder nach

Westen – in beiden Geschossen variiert die Zahl der Zimmer. Zwei größere, teilweise durchbindende Wohnungen sind in den beiden oberen Geschossen mit kleineren zur Straße gerichteten Wohneinheiten gekoppelt. Hier werden Raumzonierungen durch Vorhänge unterstützt. Alle Wohnungen verfügen über eine kleine private Loggia, die sich seitlich des offenen Treppenhauses befindet. Die im Norden zur Waldenserstraße orientierte zweiläufige Betonfertigteiltreppe erlaubt über ein absturzsicheres und grobmaschiges Metallnetz Einblicke in die vertikale Bewegung im Haus. Die außen liegende Vertikalerschließung reduziert das umbaute Volumen, damit auch die Baukosten und vereinfacht gleichzeitig den Brandschutz.

Fügung und Rückbau

Die offene Untersicht der Deckentragstruktur und die Materialität der Betonfertigteile bestimmen das Erscheinungsbild der Innenräume. Der raue Charakter wird durch die weitere, reduzierte Materialwahl – Estrich, weiß gestrichene Trockenbauwände sowie weiße Einbaumöbel – unterstrichen. Durch die gestalterische Fokussierung auf die Fügung der Bauteile wird der Rückbau als Thema der Nachhaltigkeit offensichtlich. Der Rohbau, aber auch die Fassaden- und Wandaufbauten folgen der Zielsetzung einer sortenreinen Trennung, um Materialien zukünftig wieder neu verwenden zu können. Eine standardisierte vorgehängte Aluminiumfassade umhüllt die Tragstruktur: Großflächige Hebe-Schiebe-Verglasungen von 2,20 auf 3,00 Meter sorgen für eine gute Tagesbelichtung der Wohnungen, gleichzeitig erlauben sie, die Innenräume zum Außenraum zu machen. Auch die Detaillierung der mechanisch gefügten Fassadenfertigteile berücksichtigt einen sortenreinen Rückbau.

Grundriss Erdgeschoss / oben: Grundriss Regelgeschoss

Zugang zu abgeschlossenem Raum

Experiment in der Skalierung

Dieses gebaute Referenzprojekt vorweisen zu können, bot eine veränderte Grundlage für weitere Akquisitionen. Ein Folgeauftrag stellt nun sicher, dass sich die Vorinvestitionen, die das Büro durch eine vertiefte Planung im Zusammenhang mit der Wohnregal geleistet hat, refinanzieren können. Die Fortsetzung erlaubt aber vor allem, die Koppelung serieller Konstruktionsprinzipien mit einer breiten Varianz an Wohnungsangeboten weiter zu erproben.

Im Berliner Bezirk Marzahn-Hellersdorf plant das Büro FAR frohn&rojas für den privaten Bauträger Euroboden GmbH[5] ein Projekt mit circa 130 Wohneinheiten – das mit dem Wohnregal entwickelte System wird damit in einen anderen Größenmaßstab übertragen. In direkter Nachbarschaft zu einer Plattenbausiedlung der späten DDR wird das Thema der Fertigteilbauweise aufgegriffen und fortgeführt. Zwei Zeilen stehen auf einem gemeinsamen Sockel und wenden sich mit Laubengängen als Erschließungs- und Aufenthaltsbereiche einem großen Gartenplateau in Fortführung einer öffentlichen Grünzäsur zu. Sie werden wie die Treppenläufe an den Gebäudestirnseiten offen geführt, das aus dem Wohnregal bekannte absturzsichere Metallnetz dient hier im Bereich der Laubengänge auch

Erdgeschoss in der Stadt

als Rankgitter. Ebenso erlauben serielle Betonfertigteile mit großen Spannweiten aus dem Industriebereich flexibel gestaltbare Wohnungsgrundrisse, die Größe des Projekts erlaubt eine breitere Varianz an Wohnungsgrößen und damit eine verbesserte Grundlage einer Durchmischung. 20 verschiedene Typen zwischen 47 und 113 Quadratmetern Wohnfläche bilden den Rahmen für eine große Bandbreite an Lebensmodellen. Raumhohe Schiebefenster zu beiden Seiten erlauben auch hier, die Wohnungen großformatig zu öffnen und sie selbst zu Freibereichen zu verwandeln.

Innovationen, die im Rahmen der selbst initiierten Projektentwicklung des Wohnregals entworfen und getestet wurden, sollen nun mit Orientierung auf verschiedene Wohnungsbaugesellschaften[6] als zukünftige Auftraggeber in eine größere Sphäre der Verbreitung übertragen werden, serielle Produktion und individuelle Wohnformen werden zusammengeführt.

1   Tietz, Jürgen: Die Gunst der Fuge. ,Wohnregal' in Berlin-Moabit. In: db deutsche bauzeitung 4/2020, S. 43

2   Ngo, Anh-Linh: Die politische Ökonomie des Bauens in Berlin. Verena von Beckerath, Tim Heide, Peter Tschada, Anna Weber und Marc Frohn im Gespräch mit Anh-Linh Ngo. In: ARCH+ 242/2021, S. 135

3   Liese, Julia: Wohnregal in Berlin. FAR frohn&rojas. In: Detail – Magazin für Architektur + Baudetail 6/2020, S. 29

4   Wohnregal. In: ARCH+ 233/2018, S. 161

5   Euroboden: Lion Feuchtwanger 61. Abzurufen unter: https://www.euroboden.de/projekte/lion-feucht-wanger-61 (besucht am 05.03.2021)

6   Ngo, Anh-Linh: Die politische Ökonomie des Bauens in Berlin. Verena von Beckerath, Tim Heide, Peter Tschada, Anna Weber und Marc Frohn im Gespräch mit Anh-Linh Ngo. In: ARCH+ 242/2021, S. 136

Stirnseite mit offenem Treppenhaus

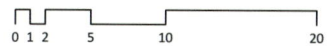

0 1 2   5   10   20

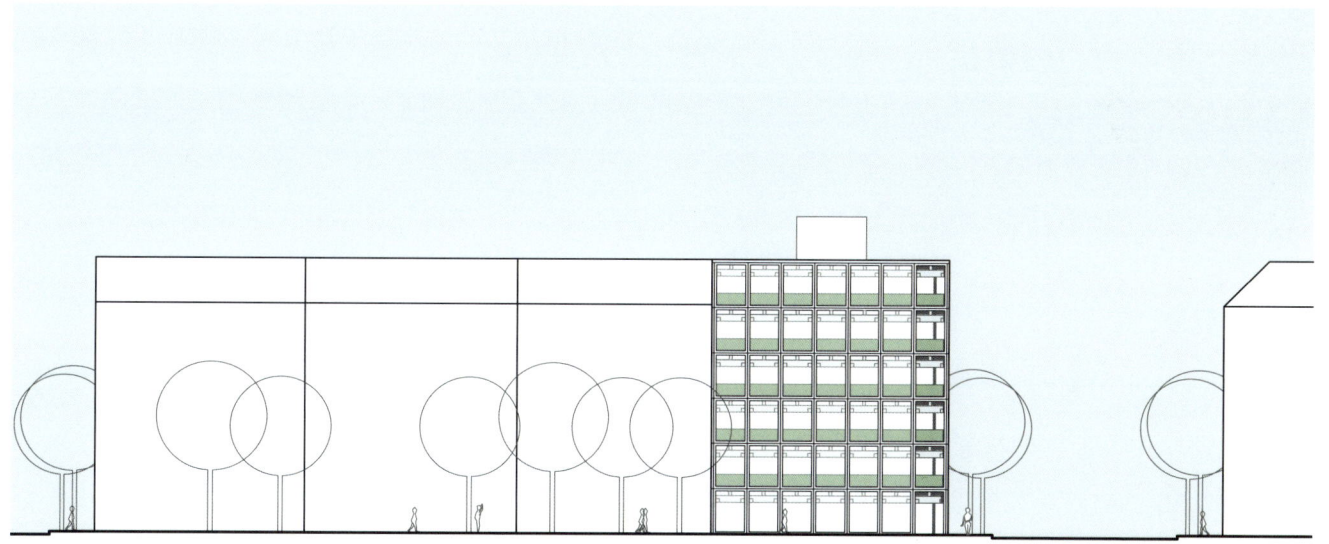

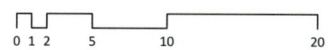

0 1 2   5   10   20

Ansicht / oben: Schnitt

5.04 Wolle+ – Tübingen, D

Integration, Adaption und Quartiersvernetzung

„Hier wurde ein Ort geschaffen, an dem sich Menschen aus der Nachbarschaft begegnen können." *
Matthias Hamberger

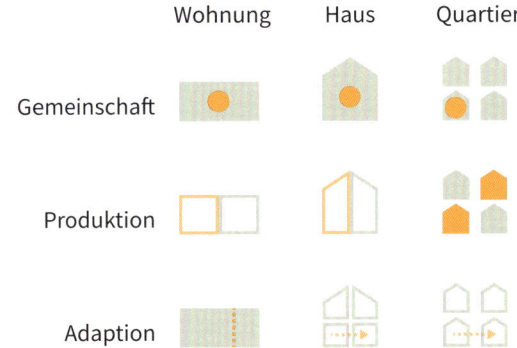

Wohnung
Haus
Quartier
Gemeinschaft
Produktion
Adaption

0
50
100
200

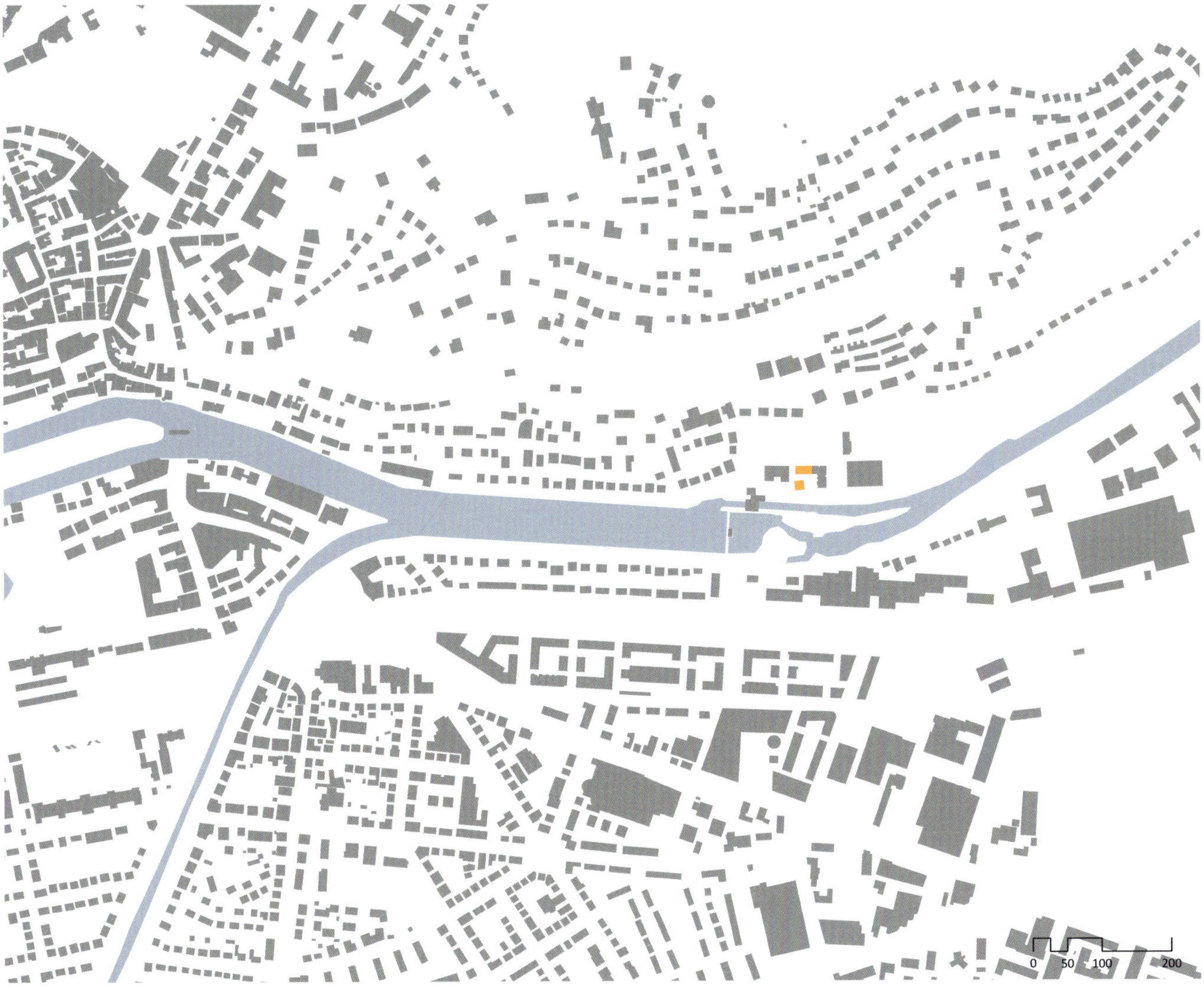

Tübingen Schwarzplan / links: Neue Bebauung am Neckar an der Werkstraße: Wolle+-Projekt mit Kubus, Innenhof und Haus am Park

* *Matthias Hamberger im Interview am 25.05.2021, Tübingen*

Anschlusswohnungen für Geflüchtete

Nachdem der Zuzug geflüchteter Menschen stark anstieg, wies die Stadt Tübingen Anfang 2016 verschiedene Baufelder aus, auf die sich Baugemeinschaften und Bauträger, gemäß dem Tübinger Konzeptverfahren, bewerben konnten, um Anschlusswohnungen für Geflüchtete zu erstellen. Mit den Baumaßnahmen sollte ein Beitrag zur sozialen Integration von Geflüchteten geleistet werden. Der Standort, auf den sich die Baugemeinschaft Wolle+ bewarb, bestand aus zwei Parzellen und lag direkt am Neckar. Im Sommer 2016 erhielten zwei Bewerberinnen – die Baugemeinschaft Wolle+ und die Postbaugenossenschaft Baden-Württemberg eG (Postbau eG) – jeweils die Option auf einen Teil des Grundstücks zugesprochen. Ausschlaggebend für die Optionserteilung an die Postbau eG war ihre Zusage, dauerhaft unterhalb des Mietspiegelniveaus Wohnraum zu vermieten; für die Baugemeinschaft Wolle+ sprach das fundierte Sozial- und Wohnkonzept. Beide Akteurinnen einigten sich nach der Optionserteilung darauf, den Innenhof gemeinsam zu planen, zu bebauen und zu nutzen. Zudem unterstützten beide die kit jugendhilfe (ehemals Martin-Bonhoeffer-Häuser) beim Bau des Brückenhauses im Kubus.

Wohnen am Fluss

Das Baugebiet war ein ehemals umzäuntes Werksgelände der Stadtwerke am nördlichen Neckarufer. Mit der Neubebauung konnte dieser ehemals abgeschirmte Ort für die Nachbarschaft geöffnet werden. Die Baustruktur ist durch ein größeres Winkelgebäude geprägt, das im nördlichen Teil an der Straße einen offenen Grünbereich mit Spielplatz fasst. Am östlichen Teil der Bebauung, der durch die Postbau eG erfolgte, liegen die Stellplätze. Im Südwesten befinden sich die beiden Häuser der Baugemeinschaft Wolle+ – der westliche Teil des Winkelgebäudes (Haus am Park) und der leicht aus dem rechten Winkel verschobene Kubus.

Zwischen den Gebäuden der Stadtwerke (Kulturwerk) und der Neubebauung wurde von der Stadt Tübingen ein kleiner Quartiersplatz geschaffen, der sich zum Neckar öffnet. Die Gebäude sind zum Neckar hin abgestaffelt.

Das Baugebiet liegt unweit des Stauwehrs mit der Fußgängerbrücke über den Neckar. Die attraktive Lage am Neckar war als soziale Verpflichtung aufgefasst. Es sollte bezahlbarer Wohnraum gebaut werden und ein Mehrwert für alle Bewohner:innen des Quartiers – also die Bewohner:innen des Wohnprojekts, aber auch für die Nachbar:innen der beiden Quartiere – entstehen.

Adaptives Wohnen

Der Name der Baugemeinschaft Wolle+ steht für Wohnraum für alle; das „+" dafür, dass es um mehr als nur Wohnen geht. Von Beginn an wurde das Ziel verfolgt, Wohnraum zu erstellen für Menschen aus unterschiedlichen sozialen Schichten, mit unterschiedlicher Herkunft, mit und ohne Fluchthintergrund, mit wenig oder mit mehr materiellen Ressourcen. Bereits in der Planungsphase war klar, dass eine Anpassungsfähigkeit der Wohnungen an verschiedene Wohnnutzungen erforderlich ist. Es wurden zudem mit der Stadt Tübingen unterschiedlich lange Belegungsbindungen vereinbart, um nach einer mindestens zehnjährigen Nutzungsphase schrittweise

Beide Gebäude der Baugemeinschaft Wolle+: links im Bild das Haus am Park, rechts im Bild der Kubus mit dem Brückenhaus

Wohnraum für eine geflüchtete Familie

eine Transformation der „Geflüchtetenwohnungen" in „normale Wohnungen" zu erreichen. In der Baugemeinschaft haben sich 13 Bauende zusammengeschlossen, u. a. auch die kit jugendhilfe als Bauherrin des Brückenhauses (Begegnungszentrum im Kubus) und der Mikroapartments. Es entstanden im Haus am Park sieben adaptive Wohnungen für Geflüchtete mit unterschiedlichen Wohnungsgrößen (42–103 qm), um Raum für unterschiedlich große Familien zu geben. Nach einer zehnjährigen Nutzungsphase als Flüchtlingswohnungen werden diese Wohnungen von den Bauenden selbst bewohnt oder als Mietwohnungen zur Verfügung stehen. Es wurden also bereits zu Planungsbeginn verschiedene Nutzungsoptionen eingeplant.

Ein weiterer Baustein, der die Wohnkarrieren von ehemals unbegleiteten geflüchteten Kindern und Jugendlichen begleiten sollte, sind die drei Mikroapartments für minderjährige Jugendliche im Erdgeschoss. Es wurde dort bewusst auf eine gemeinschaftliche Küche verzichtet, damit die Jugendlichen Selbstverantwortung einüben auf ihrem Weg in den nicht institutionellen, normalen Wohnalltag. Mit diesen Mikroapartments erhielt die gemeinnützige kit jugendhilfe einen weiteren Wohnungstyp in ihrem Portfolio. Damit reicht die Spanne der Wohnangebote für ehemals unbegleitete minderjährige Geflüchtete in Tübingen von der „Ankunft" in betreuten Wohngemeinschaften (u. a. in der Baugemeinschaft 33-33-33 im Güterbahnhof) über betreute Wohngruppen (in der Baugemeinschaft 33-33-33) bis zu hin Mikroapartments (Wolle+). Im Erdgeschoss des Haupthauses (Haus am Park) befindet sich zudem ein Mikroapartment für eine Studierenden- und eine Geflüchtetenwohnung.

Im Obergeschoss des benachbarten Kubus wurde zudem eine Clusterwohnung für Alleinerziehende mit Wohnberechtigungsschein gebaut. Das Konzept sieht jeweils mehrere abgeschlossene Mikrowohnungen für jeweils eine Mutter mit Kind vor. Bei Bedarf können einzelne Einheiten auch zusammengeschaltet werden.

Alle Wohnungen im Haus sind in ihrer Ausstattung wertig (Parkettböden, bodentiefe Holzfenster u. a.) und haben die gleiche Ausstattung. Jeder Wohnung ist ein großzügiger Freibereich zugeordnet.

Im dritten Obergeschoss des Hauses am Park befinden sich zudem drei attraktive Geschosswohnungen, die von den Bauherren:innen selbst bzw. von Mieter:innen bei ortsüblicher Miethöhe bewohnt werden. Um die Attraktivität der Wohnungen zu erhöhen, werden die sehr großzügigen Dachterrassen von den Bewohner:innen der Obergeschosswohnungen individuell benutzt. So ist die Dachterrasse einer Wohnung durch eine „Himmelstreppe" direkt erreichbar. Die Grundrisse der Wohnungen spiegeln sehr individuelle Wohnvorstellungen wider. Als Gegenleistung zur individuellen Nutzung der Dachterrassen leisteten die Eigentümerinnen und Eigentümer dieser Wohnungen einen nennenswerten Solidaritätsbeitrag, der die soziale Ausrichtung des Wohnprojekts förderte.

Das Brückenhaus. Hybrider Raum für das Gemeinwesen

Das Herz des Projekts ist das Brückenhaus im Erdgeschoss des Kubus. Es wurde von der kit jugendhilfe, als Mitglied der Baugemeinschaft, gebaut. Die Finanzierung gelang mit vielfältigen Unterstützungen, u. a. durch die Baugemeinschaft Wolle+ (Sozialtransfer insbesondere durch Eigentümer:innen der Obergeschosswohnungen) und die benachbarte Postbau eG sowie

Das Brückenhaus als Quartierstreff

Multifunktionaler Raum im Brückenhaus (Kubus)

dank ergänzender Zuwendungen (Deutsche Fernsehlotterie/ Aktion Mensch).

Im Zentrum des Brückenhauses befindet sich ein multifunktionaler Raum mit Küche, der je nach Nutzung erweitert oder abgeteilt werden kann. Er ist der Ort für Begegnungen, Vorträge, Spiele oder gemeinsames Kochen. Auf der Fläche von circa 160 Quadratmetern sind weitere Nutzungen möglich: Es gibt ein Büro der kit jugendhilfe, ein Beratungsbüro des Verbands alleinerziehender Mütter und Väter (VAMV) und eine kleine Raumeinheit, die als Spielecke oder Lernort genutzt wird oder als Rückzugsraum für vertrauliche Gespräche.

Das Brückenhaus soll ein multioptionaler und transitorischer Ort der Stadtgesellschaft sein: Er ist gleichzeitig der Gemeinschaftsraum der beiden Wohnprojekte Wolle+ und Postbau eG, er ist ein Nachbarschafts- und Begegnungszentrum für das Quartier und er ist ein attraktiver Versammlungsraum für die Stadtgesellschaft. Als gebauter Ort der Demokratie passt er sich den sozialen Anforderungen an und ist transparent Richtung Kulturwerk und Neckar. Er will sich nicht abschirmen, sondern öffnen. Große Fenster schaffen Ein- und Ausblicke vom öffentlichen Raum. Zum gemeinschaftlichen Innenhof hin sind die Ein- und Ausblicke dezenter.

Freie Räume

In den Freiraumplanungen wurde auf die verschiedenen Intensitäten von Privatheit und Öffentlichkeit geachtet. Der Innenhof ist introvertiert und wird von Bewohner:innen beider Baugruppen (BG Wolle+ und Postbau eG) gemeinsam genutzt. Unterschiedliche Materialien weisen dezent auf die verschiedenen Bereiche hin, ohne dass eine abgrenzende Umzäunung

Grundriss Erdgeschoss

erfolgt. Zwei Hochbeete sollen als interkulturelle Gärten zum gemeinsamen Pflanzen und Ernten einladen. Nur unmittelbar an den Erdgeschosswohnungen befinden sich Terrassen, die privat genutzt werden.

Die südliche Neckarseite und Westseite des Brückenhauses öffnen sich zum neu gestalteten öffentlichen Platz. Erstmals haben die Nachbar:innen der umgebenden Bebauung wieder einen direkten Zugang vom Park zum Neckar. Die gegenüberliegende Werkhalle der Stadtwerke wird zurzeit als Kulturraum zwischengenutzt und demnächst als dauerhaft nutzbarer Veranstaltungsraum ausgebaut. Der neue entstandene Freiraum soll die ansässigen und neu hinzukommenden Menschen verbinden. Für Fußgänger erfolgt jetzt eine Vernetzung der Neckarwege.

Soziale Orchestrierung

Schon in der Planungsphase wurden die unterschiedlichsten Akteur:innen einbezogen. Die Nachbar:innen wurden in einem frühen Entwurfsstadium bereits informiert. Es wurde der Weg der Kooperation und nicht der Weg der Konfrontation gesucht. Eine zentrale Rolle spielt dabei das von vielen getragene Brückenhaus. Es ist Resultat eines sehr lebendigen Zusammenspiels von sozialen Träger:innen, Planer:innen und Projektentwickler:innen, privaten Investor:innen und Bauherr:innen, Kommune und Planungsabteilung, Stadtgesellschaft, Initiativen, bürgerschaftlich Engagierten und sozialen Mittelgeber:innen. Nur so konnte der integrative Ort der Teilhabe entstehen.

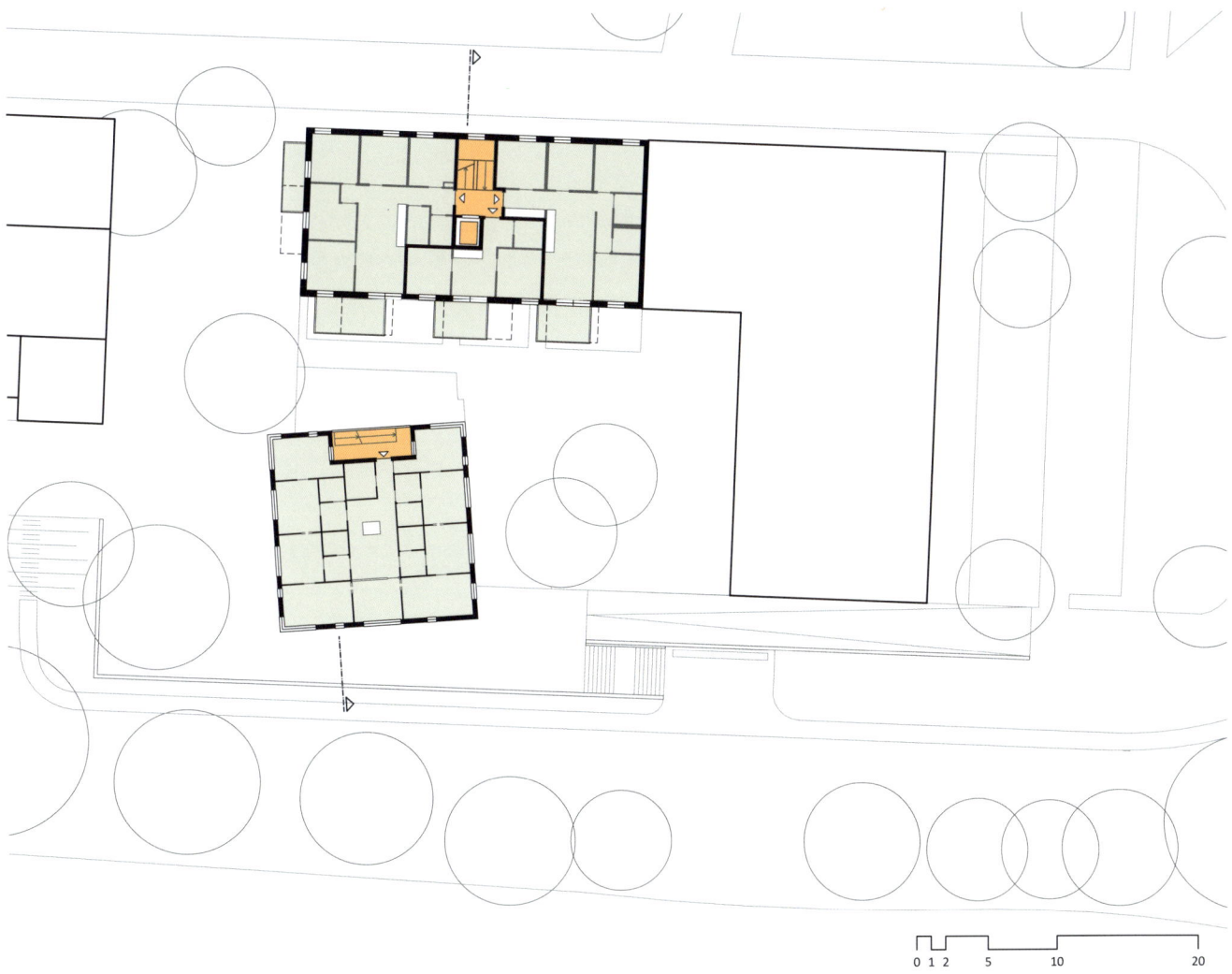

0 1 2   5   10   20

Grundriss Regelgeschoss

Adresse	Werkstraße 8, 72074 Tübingen, D
Projektdauer	2016–2020
Planung	*Architektur* / somaa, Stuttgart, D; Yonder, Stuttgart, D (Haus am Park); architekten maier + wezel, Tübingen, D (Kubus)
	Landschaftsplanung / frei raum concept sinz-beer-techer + böpple landschaftsarchitekten PartGmbB, Stuttgart, D
Trägerschaft	Baugemeinschaft Wolle+, Tübingen, D
Wohnungstypen	15 Wohnungen für rund 50 Menschen
	1 Studierendenapartment / 25 qm
	3 Mikroapartments für unbegleitete geflüchtete Jugendliche (Wohngruppe) / 23 qm
	2 2-Zimmer-Wohnungen für Geflüchtete / ca. 44 qm
	3 4-Zimmer-Wohnungen für Geflüchtete / ca. 90 qm
	2 5-Zimmer-Wohnungen für Geflüchtete / ca. 102 qm
	1 1-Zimmer-Apartment mit Dachterrasse / 57 qm
	1 2-Zimmer-Apartment mit Dachterrasse / 122 qm
	1 2-Zimmer-Apartment mit Dachterrasse / 123 qm
	1 Clusterwohnung für Alleinerziehende mit Dachterrasse / 156 qm
Weitere Raumangebote	Multifunktionsraum mit Küche / 65 qm
	Büro / 50 qm
	Spielecke, Lernort / 22 qm

Zentrales Ziel aller beteiligten Akteur:innen war, einen lebendigen Ort des Austauschs zu entwickeln, an dem Werte der Toleranz und Offenheit gelebt werden. Das Brückenhaus ist mehr (+) als nur ein Gemeinschaftsraum einer Baugruppe; es ist Ort der Transition und Vernetzung, der Verbindungen schafft zwischen zwei Quartieren, die bisher räumlich getrennt durch den Neckar und sozial unterschiedlich geprägt sind: hier das von Akademiker:innen bewohnte Viertel, dort das Gebiet mit der höchsten Quote Tübingens für Transferleistungsbezieher:innen.

Erste Erfahrungen

Seit dem Frühjahr 2020 wurden die Wohnungen für die Geflüchteten schrittweise bezogen. Es muss jetzt ein normaler Wohnalltag einkehren und auch unter den ehemals Geflüchteten, die durch verschiedene Kulturen und Lebensstile geprägt sind, eine Kultur der Toleranz und Begegnung entstehen. Die professionelle Organisation des Brückenhauses und die zivilgesellschaftliche Einbindung sind für ein gutes Miteinander sehr förderlich.

Gerade die Auswirkungen der Coronapandemie zeigten, dass das Brückenhaus wandlungsfähig ist und die Räume neuen Anforderungen genügen. So wurden direkt auf dem Platz die Lebensmittel der Tübinger Tafel an Bedürftige übergeben und im kleinen Besprechungsraum wurde ein Computerlernort für die Kinder aus dem benachbarten Quartier eingerichtet. Besonders kommunikationsfördernd erweist sich der „Brücken-Garten". Dieser Garten in unmittelbarer Nachbarschaft kann temporär von den ehemals Geflüchteten und den Nachbarn gemeinsam genutzt werden.

Hochbeete im Innenhof

Bewohner von Wolle+

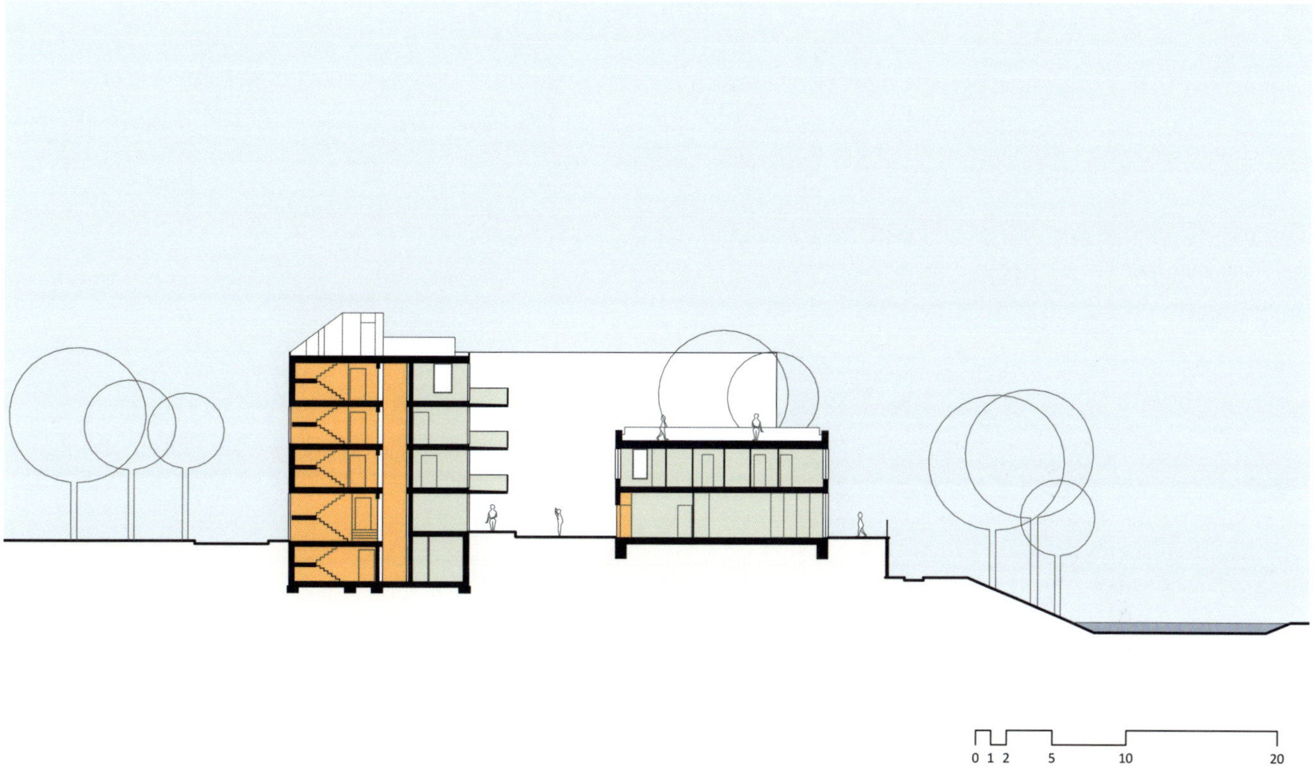

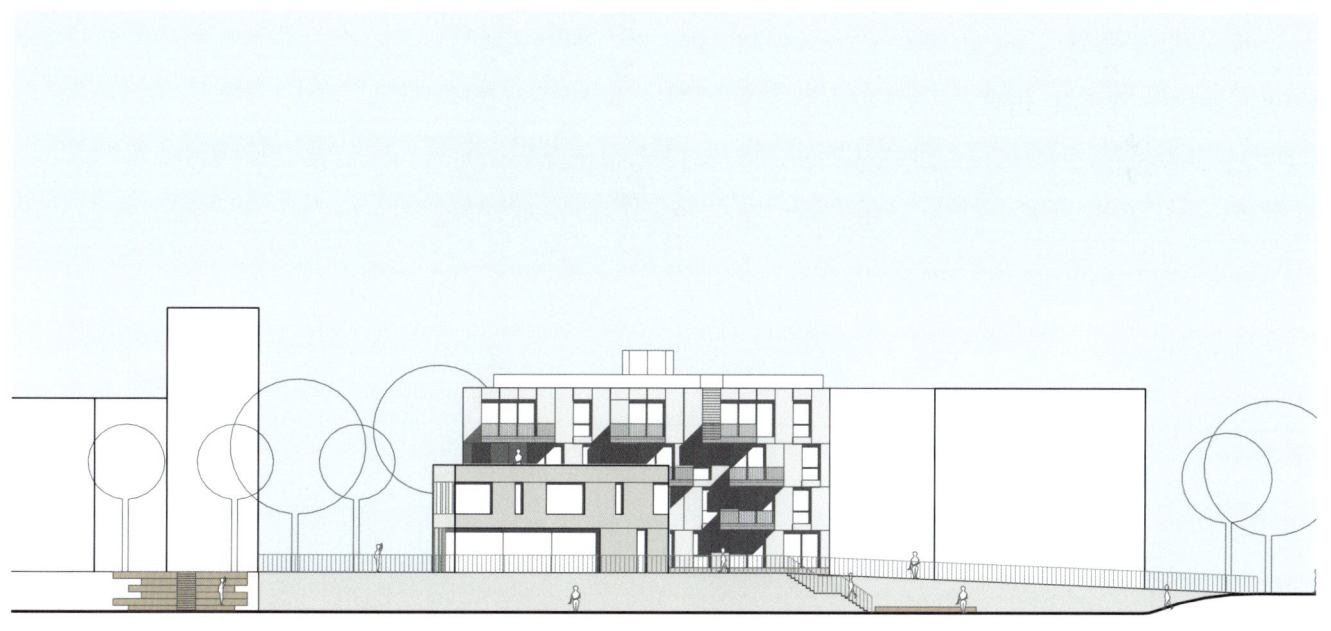

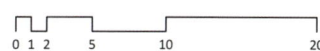

Ansicht / oben: Schnitt

5.05 SAN RIEMO – München, D

Forschendes Wohnen – Konventionen umdeuten

„Schalträume sind nicht besonders leistungsfähig, sie werden erst interessant in einer auf Wachsen und Schrumpfen angelegten und programmierten Wohnform – wie etwa dem Nukleuswohnen." *

Christian Hadaller

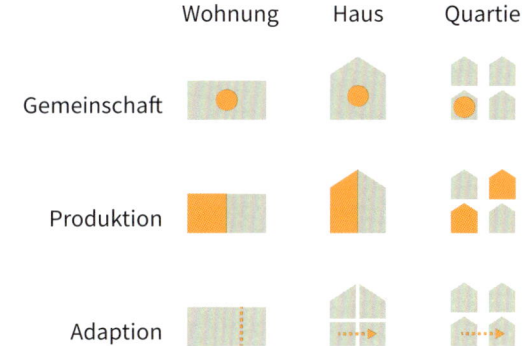

Wohnung
Haus
Quartier
Gemeinschaft
Produktion
Adaption

0
50
100
200

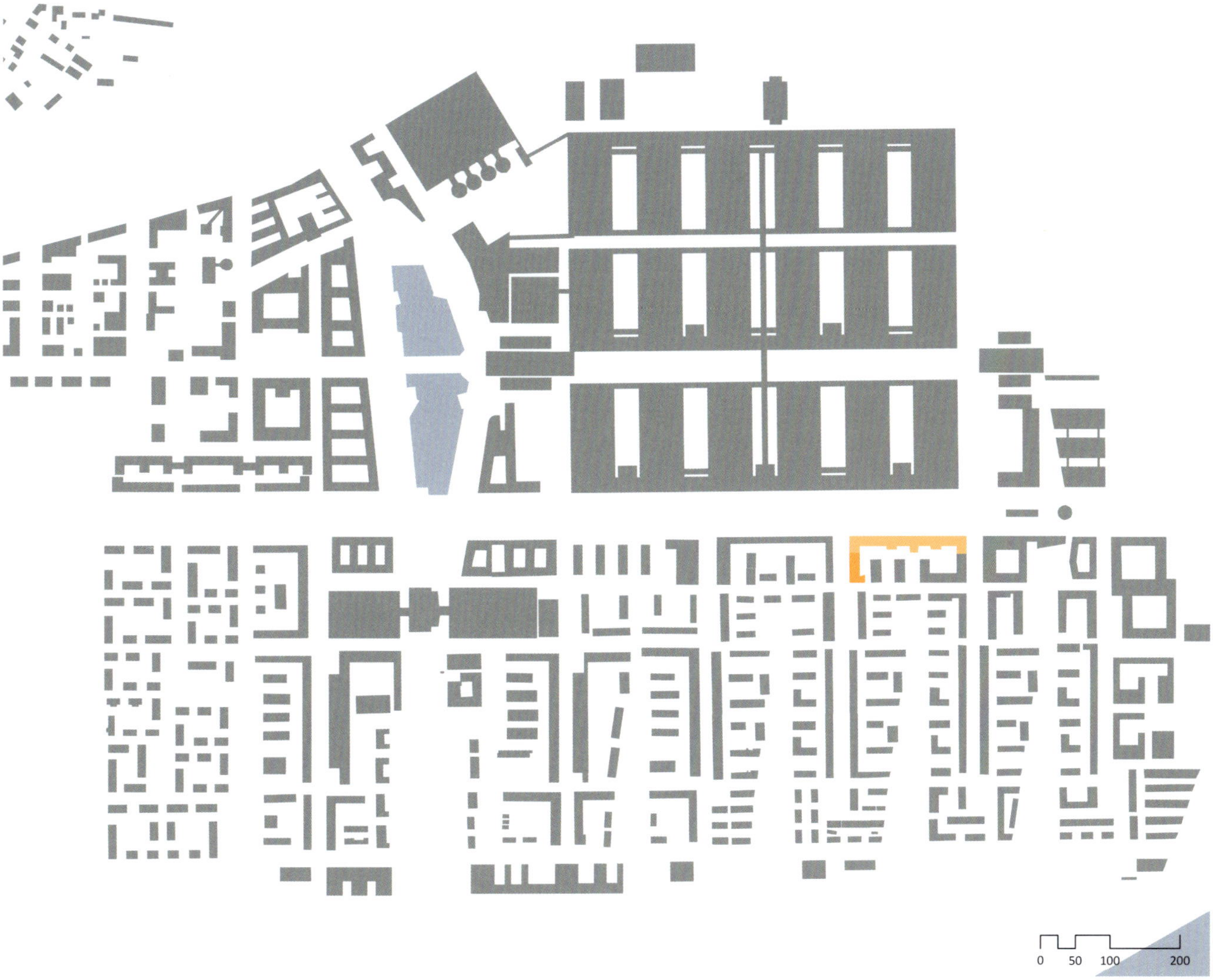

München Schwarzplan / links: Schaufassade mit einem zentralen Eingang

* *Christian Hadaller im Interview*

Promenade zum Innenhof geöffnet

Die KOOPERATIVE GROSSSTADT eG ist eine 2015 in München gegründete Genossenschaft – sie formuliert in ihrer Mission das Ziel, „zukünftig mit anspruchsvoller Architektur die Stadt für ALLE weiterzubauen"[1]. Viele Gründungsmitglieder sind Architekt:innen. SAN RIEMO ist das erste seit Oktober 2020 bezogene Projekt der neuen Genossenschaft.

Konsortiale Entwicklung

Die KOOPERATIVE GROSSSTADT eG hat sich für dieses erste Projekt auf Anfrage gemeinsam mit der WOGENO München eG und der wagnis eG auf zwei benachbarte Grundstücke in München-Riem beworben. Die Konzeptausschreibung für diese städtischen Grundstücke war explizit nur an Genossenschaften gerichtet. Alle drei Beteiligten entwickeln gemeinschaftliche Einrichtungen und Infrastruktur in Absprache und Kooperation. Damit steht in dem bisher wenig nutzungsgemischten Stadtteil im Rahmen der vorgegebenen Blockrandbebauung eine „besonders vielseitige Infrastruktur zur Verfügung mit gemeinschaftlichen und gewerblichen Angeboten wie Dachgarten, Repaircafé, Veranstaltungs- und Gemeinschaftsräumen, Musikraum, Mobilitätszentrale und Ballettschule".[2] So werden auch „nachhaltige Konzepte zur Energieversorgung und Mobilitätsangebote (car-sharing, gemeinsam genutzte e-bikes, Lastenräder etc.)"[3] angeboten.

Baukultur und Architekturwettbewerb

Ein offener Architekturwettbewerb war für die KOOPERATIVE GROSSSTADT zur Sicherung ihrer Qualitätsansprüche elementar. Gemeinsam mit der Bewohnerschaft wurden Ziele formuliert, konkretisiert und mit der Wettbewerbsauslobung an die teilnehmenden Büros weitergegeben. Von 62 eingereichten Wettbewerbsbeiträgen kamen 15 in die engere Auswahl. Die Jurierung fand als Vorbereitung auf den folgenden Dialog und als Teil einer baukulturellen Debatte und Bildung öffentlich statt. Die künftige Bewohnerschaft und die interessierte Öffentlichkeit konnte daran teilnehmen.

Schnittstelle zum Quartier

Die U-Bahn-Haltestelle „Messestadt Ost" verbindet den Stadtteil Riem mit der Münchner Innenstadt. Die Stadtstruktur ist von einem orthogonalen Netz mit überwiegend breiten Straßenzügen geprägt. Eine meist geringe bauliche Dichte lässt den Stadtteil weitläufig erscheinen, die Bewohnerstruktur ist bunt und vielfältig. Die Gebäudekubatur des Projekts SAN RIEMO ist durch den Bebauungsplan als sechsgeschossiger Riegel mit viergeschossigem Annex definiert. Fassaden, die für einen Wohnungsbau ungewöhnlich sind, umhüllen das Haus und reagieren zweiseitig zur Stadt: eine Wintergartenzone zur Heinrich-Böll-Straße, gleichzeitig Schallschutz zur Messe

Besichtigungs-Aperol im Foyer

fasst einzelne Geschosse und Wohnungen über einen viel-seitig nutzbaren Pufferraum zusammen. Große Erdgeschoss-fenster erlauben den Austausch mit dem Straßenraum, eine öffentliche Nutzung reagiert hier auf Defizite im Stadtteil. Die Stirnfassade zum Platz im Süden wendet sich dem öffentli-chen Raum zu – die sechsgeschossige hohe Schaufassade ist überwiegend ohne Fenster, die Betonung liegt durch ein gro-ßes Vordach auf dem Eingang.

Promenade – zwischen Gemeinschaft und Wohnalltag

Das Haus hat nur diesen einen Zugang, mit Vordach und Brief-kästen wird er zur Adresse. Er führt zur Promenade, einer inter-nen Halle, die mit Gehwegplatten belegt die Schnittstelle zur Öffentlichkeit unterstreicht. Der vier Meter hohe Raum leistet einen Beitrag zur ungezwungenen Kommunikation (*communi-cation au trottoir*). In dieser Erschließungszone trifft man sich im Vorübergehen, der Raum bietet aber auch Anlässe zum Aufent-halt. Von hier werden die beiden Treppenhäuser erschlossen, aber auch eine Küche und ein Raum, der zukünftig verschiedene Möglichkeiten zum Beispiel als Werk- oder Bastelraum bietet. Die Promenade bietet Zugang zum Hof, über die gesamte Länge

Zentrale Küche als Erschließung

Wintergarten und Lärmschutzpuffer

lassen sich Fenster öffnen zu einem überdachten Freibereich. Begleitende Räume für Sozialarbeit sind extern vermietet, wer-den eigentlich von der Straße erschlossen, haben aber auch über eine Doppelflügeltür Schnittstellen mit dem hausinternen Geschehen. Sie wurden von diesem Mieter – ebenfalls Genos-senschaftsmitglied – in eigener Regie ausgebaut. Am Kopf der Halle befindet sich ein Gästezimmer, das alle Hausbewohner:in-nen anmieten können. Die weitere Ausstattung der Promenade wird in Reaktion auf alternative Vorschläge der Architekt:innen vorgenommen. Vorgesehen ist eine Regalwand mit Schließfä-chern für alle Hausbewohner und Waschmaschinen in Nischen. Vorhänge werden zur flexiblen Raumbildung und -zonierung beitragen, sie trennen ab oder schützen und verbergen. Der gewählte Stoff ist ein robuster „Vorhangstoff", der mit transpa-renten Sichtfenstern eine Werkstattatmosphäre unterstreicht. Angedacht sind eine Vorhangwand vor der Regalwand und mögliche kabinenartige Untergliederungen des Raumes – ver-schiedene Vorschläge zur Führung werden diskutiert, ansons-ten ist beabsichtigt, den Raum frei zu möblieren.

Das atmende Haus

Der Grundriss ist durch zwei zentral angeordnete Unterzüge in drei „Längsschiffe" gegliedert. Die beiden an den Längs-fassaden liegenden Zonen beinhalten eine Aufreihung von in ihrer Größe identischen Individual- und Aufenthaltsräumen. Die Raumzellen sind so bemessen, dass sie vielfältige Nutzun-gen wie Kinder-, Schlaf-, Wohn- oder Arbeitszimmer erlauben. In der Mittelzone sind Erschließung mit Haustechnik, Nass-bereiche und die Küchen platziert. Die kurzen Querunterzüge gliedern den Grundriss weiterhin in eine zellenartige Struktur.

Offenes Erdgeschoss zur Straße

Gesucht wurden mit der Wettbewerbsauslobung „Lösungen, die eine robuste Struktur mit dem Anspruch auf Aneignungsmöglichkeit durch die Bewohner verbinden"[4]. Dazu definierte die Genossenschaft drei Wohnformen: das Basis-, das Nukleus- und das Filialwohnen. In die Struktur des Projekts der Architektengemeinschaft SUMMACUMFEMMER BÜRO JULIANE GREB lassen sich diese drei Wohnformen gleichermaßen integrieren. „Das Haus bleibt über alle Geschosse mit der sehr einfachen Tragwerksstruktur veränderbar."[5] Die Tragstruktur und die beiden Kerne sind tragend ausgebildet, alles andere ist flexibel. Zentraler Raum jeder Wohnung ist die Küche als Erschließungsraum für die angrenzenden Räume, Kontaktflächen zu diesen Räumen erlauben die Schaltfähigkeit. Ohne ein weiteres Einfügen oder Abbauen von Trennwänden kann individuell entschieden werden, wie viele Räume einer Küche

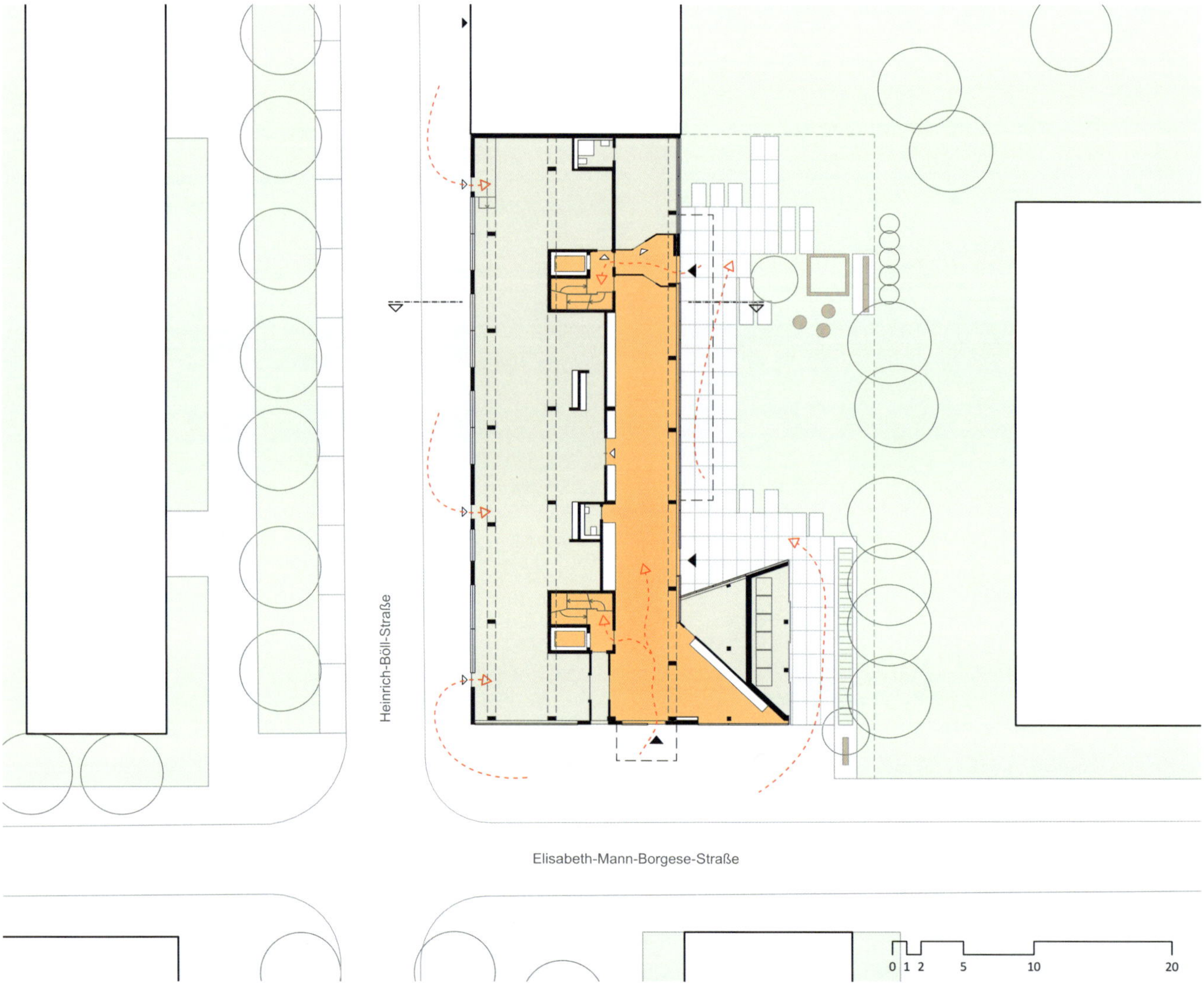

Heinrich-Böll-Straße

Elisabeth-Mann-Borgese-Straße

0 1 2   5   10   20

Grundriss Erdgeschoss

zugeschaltet werden. Die Schwelle für das Wachsen oder Schrumpfen einer Wohneinheit wird dadurch möglichst niedrig gehalten.

Auch die vertikale Erschließung ist Teil des wandelbaren Systems. Sie wird durch lediglich zwei Treppenhäuser effizient gehalten. Ein sogenanntes Treppenzimmer ist Erschließungsraum für die angrenzenden Wohnungen und gleichzeitig brandschutztechnisch so hergestellt, dass er auch als Wohnraum nutzbar ist und möbliert werden kann. Die Bewohner der angrenzenden Wohnungen entscheiden, wie sie die jeweils rund 40 Quadratmeter großen Räume nutzen und gestalten möchten. Die auf die Hälfte reduzierten Mietkosten dieser Erschließungsflächen werden von den angrenzenden Wohnungen anteilig getragen.

Adresse	Elisabeth-Mann-Borgese-Straße 24, 81829 München, D
Projektdauer	2017–2020
Planung	*Architektur* / ARGE SUMMACUMFEMMER BÜRO JULIANE GREB, Leipzig/ Gent, D/ BE *Landschaftsarchitektur* / BL9 Landschaftsarchitekten, München, D *Vergabe*, Objektüberwachung / SRW Plan. ArchitektenGmbH, München, D
Trägerschaft	KOOPERATIVE GROSSSTADT eG, München, D
Wohnungstypen	27 Wohnungen für rund 100 Menschen Wohngemeinschaft für 10 Frauen / Frauentherapiezentrum
Weitere Raumangebote	Gewerbeeinheit / 320 qm Gemeinschaftliche Halle / 180 qm Treppenzimmer / 4 zwischen 42 qm und 55 qm Gästezimmer / 36,5 qm Flexiraum / 25 qm Gemeinschaftlich genutzte Dachterrasse

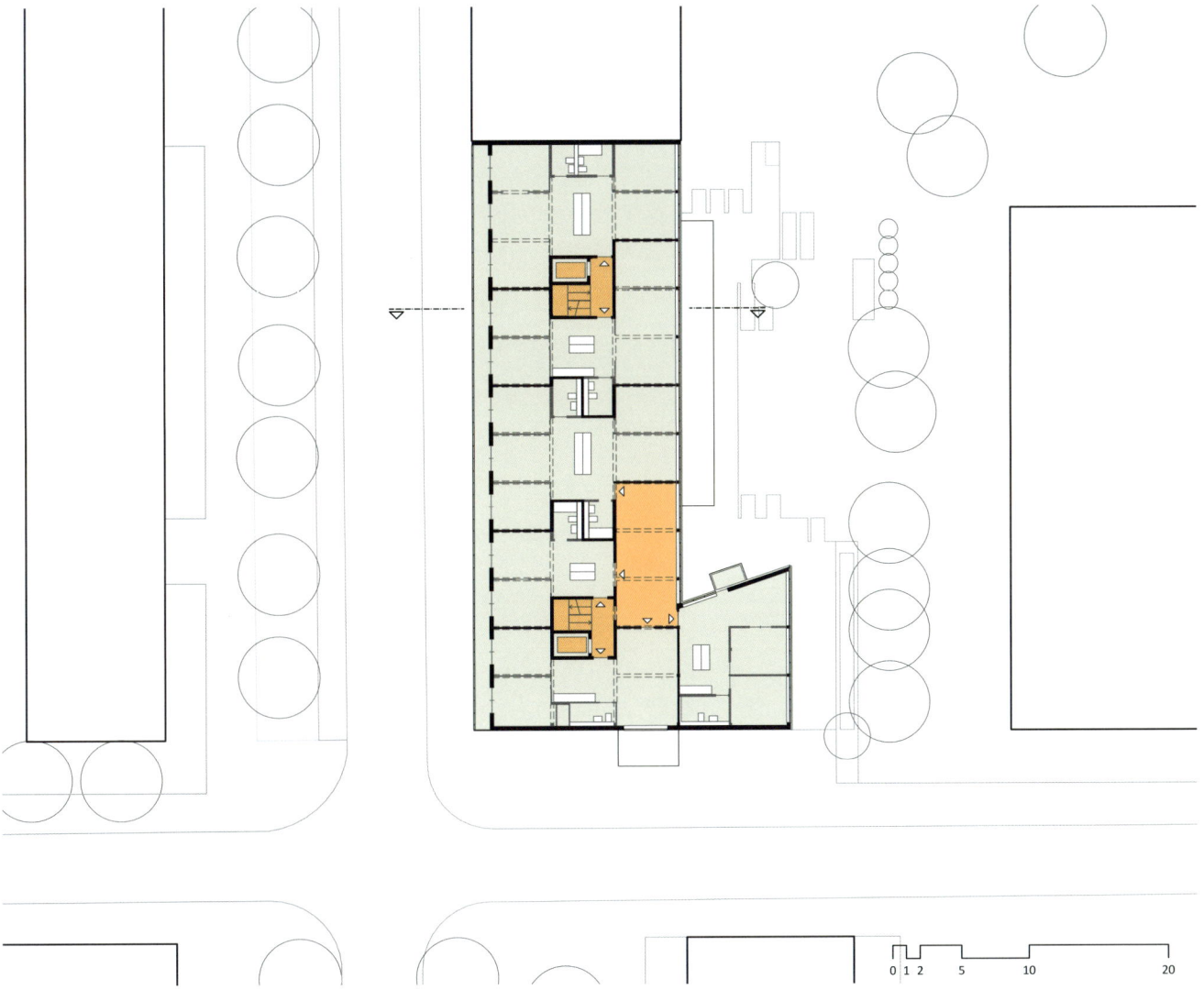

Grundriss Regelgeschoss

0 1 2   5   10   20

Fassade zur Heinrich-Böll-Straße

Promenade, zwischen Gemeinschaft und Wohnalltag

Architektur und Partizipation

Der Partizipationsprozess ist für die noch junge Genossenschaft ein fortwährendes Erproben, Lernen, Nachjustieren
und Steuern: „Was liegt im Bereich der Gruppe? Wo gibt es
Bedarf mitzugestalten?"[6] Indem die Genossen- und Bewohnerschaft Bedürfnisse formulierte, wurde ein Rahmen festgelegt, für die Umsetzung ist die Architektengemeinschaft verantwortlich. Die Erschließung, die Struktur der Unterzüge und
die Mittelzone waren somit Vorgabe der Architekt:innen, die
eigentliche Wohnungszonierung und die Zahl der Räume, die
an eine Küche anschließen, legte die Bewohnerschaft gemeinsam fest. Das Hin- und Herschieben der Wohneinheiten entwickelte sich zu einer Art gemeinsamen Tetris-Spiel, das nachhaltig die innere Gruppendynamik förderte.[7]
Als weiterer Partizipationsschritt erhielt jede Wohneinheit
einen Grundrissausdruck im Maßstab 1:50 und einen Aus-
schneidebogen mit Möblierung, Ausstattung oder Trennwänden für die innere Wohnungszonierung. Die Bewohner konnten damit ihre Wohnung selbst aufteilen und gestalten.

Interview

- Christian Hadaller, Vorstandsmitglied der KOOPERATIVE
  GROSSSTADT eG, Architekt, München, 09.07.2019

1 KOOPERATIVE GROSSSTADT eG: Die Stadt gehört wieder euch! Abzurufen unter: https://kooperative-grossstadt.de/mission-statement/
   (besucht am 04.06.2021)

2 Wagnis eG: wagnisRIO I RIOriem. Abzurufen unter: https://www.
   wagnis.org/projekte/neubauprojekte/wagnisrio.html
   (besucht am 04.06.2021)

3 KOOPERATIVE GROSSSTADT eG: Genossenschaftliches Konsortium.
   Abzurufen unter: http://cargocollective.com/kooperative-grossstadt/
   San-Riemo (besucht am 04.06.2021)

4 KOOPERATIVE GROSSSTADT eG: Offener Realisierungswettbewerb.
   Abzurufen unter: https://kooperative-grossstadt.de/san-riemo-
   wettbewerb/ (besucht am 07.07.2021)

5 Christian Hadaller im Interview

6 Summa, Florian/Greb, Juliane/Sowa, Markus: San Riemo in München
   (Wie wir leben wollen – Eine Veranstaltungsreihe zum genossenschaftlichen Wohnen, Teil 3). Abzurufen unter: https://www.youtube.
   com/watch?v=YH42rxqIXPQ (besucht am 04.09.2021)

7 Ebenda

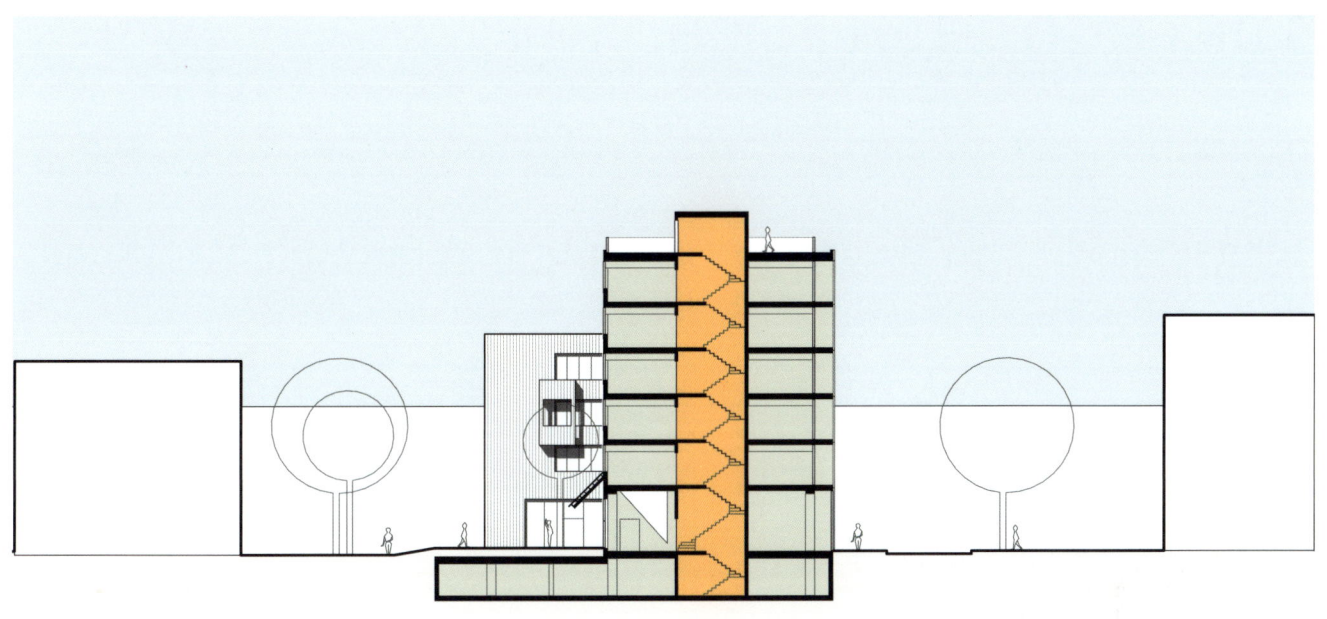

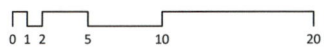

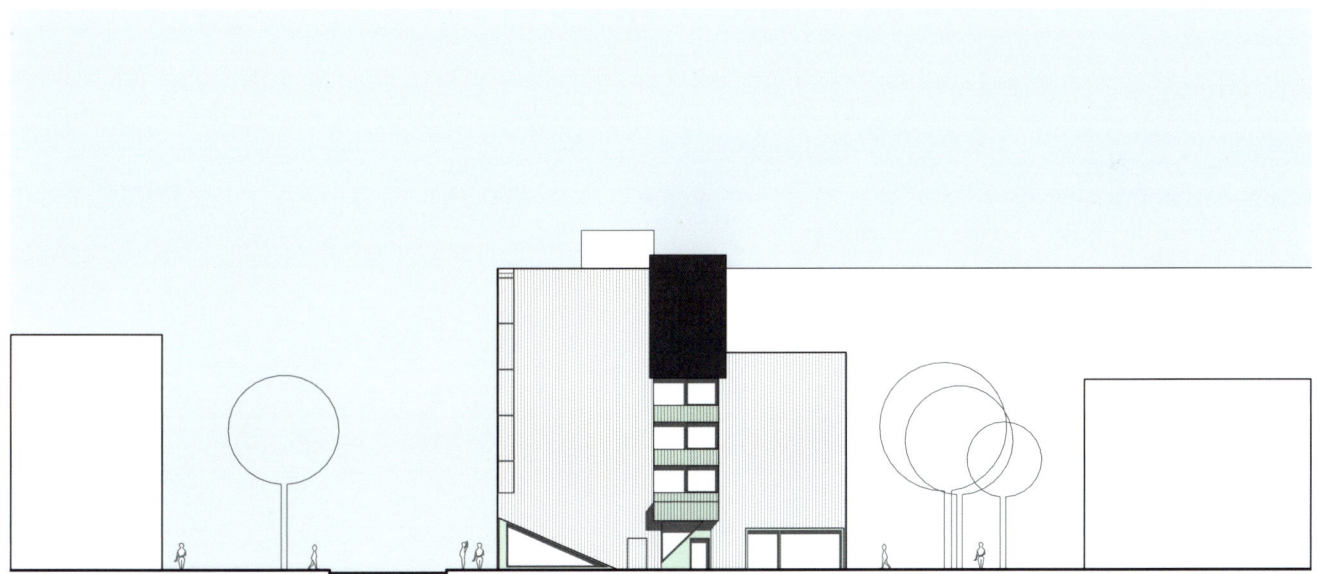

Ansicht / oben: Schnitt

5.06 FOGO – Zürich, CH

Junges modulares Wohnen im temporär genutzten Stadtareal

„Temporäres Wohnen passt deshalb so gut, weil die Wohnsituation beider Gruppen kurzlebig ist." *

Julika Kotai

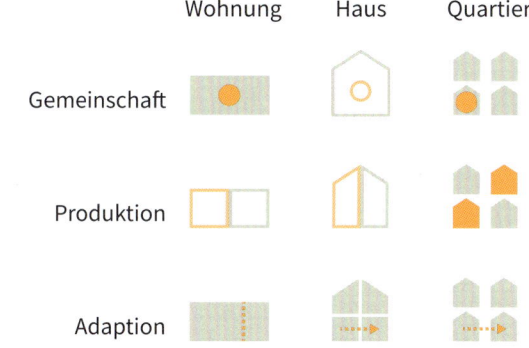

Wohnung
Haus
Quartier
Gemeinschaft
Produktion
Adaption

0
50
100
200

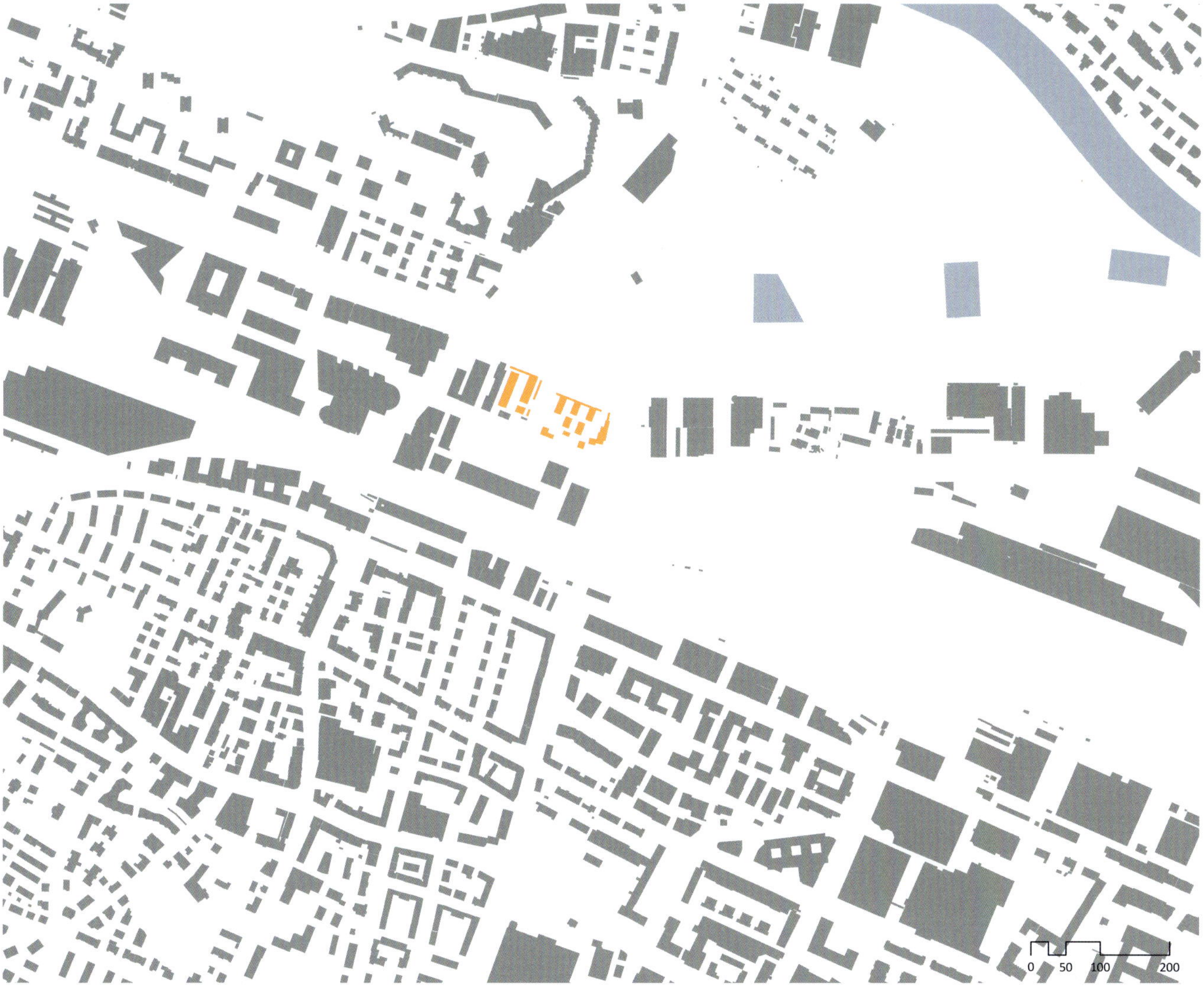

Zürich Schwarzplan / links: Grenze zur Aargauerstrasse, Durchblicke und Adresse

* *Stiftung Einfach Wohnen (Hg.): FOGO. Leben am Vulkanplatz. Abzurufen unter: https://einfach-wohnen.ch/wp-content/uploads/2019/09/Broschuere-ueber-die-temporaere-Siedlung-Fogo_PDF_16-Seiten_13-MB.pdf, S. 4 (besucht am 17.02.2021)*

Für ein ungewöhnliches temporäres Projekt am Vulkanplatz in Zürich-Altstetten fanden sich drei sozialorientierte Akteur:innen zusammen: die öffentlich-rechtliche Stiftung für bezahlbare und ökologische Wohnungen – Stiftung Einfach Wohnen (SEW) –, die das Angebot an preisgünstigem und ökologisch vorbildlichem Wohnraum in Zürich verbessern soll, die Asylorganisation Zürich (AOZ) und das Jugendwohnnetz (Juwo). Zwei wichtige Ziele – Wohnraum für den temporären Wohnbedarf von Auszubildenden und Geflüchteten bereitzustellen sowie neue Wege der Kooperation im Sinne der Inklusion zu beschreiten – sollten im Quartier FOGO zusammengeführt werden. Obwohl das temporäre Wohnprojekt für Menschen mit niedrigem Einkommen realisiert wurde, erfüllt es dennoch alle Vorgaben der 2000-Watt-Gesellschaft.

Zwischennutzungen an einem „Un-Ort"

Das Projekt FOGO ist auf einer städtischen Baulandreserve entstanden, die für einen Zeitraum von 20 Jahren von der AOZ gemietet wurde – danach könnte die Siedlung wieder rückgebaut werden. Es befindet sich, wie viele Zwischennutzungsprojekte bzw. temporäre Wohnprojekte für Geflüchtete, an einem städtebaulich und sozialräumlich schwierigen Ort. Im Süden

dokumentiert der Bahnhof Altstetten Nord mit dem Vulkanplatz – heute Wendeschleife der Straßenbahnlinie 4 – und mit hohen Neubauten den zukünftigen Wandel, die hohe Nachverdichtung des ehemaligen Industrie- und Gewerbestandorts Altstetten. Stark befahrene Straßen – die Autobahn, die Europabrücke und die Aargauerstrasse – umgeben das Areal, das zuvor überwiegend als Parkplatz und von Gebrauchtwagenhändler:innen genutzt wurde und ebenfalls temporärer Standplatz der nomadischen Jenischen ist.

Ein Kommen und Gehen mit unterschiedlichen Zeithorizonten

Die „Siedlung" FOGO – der Name einer atlantischen Vulkaninsel nimmt wiederum Bezug auf den benachbarten Vulkanplatz – besteht heute und für ihre temporäre Lebensdauer aus drei unterschiedlichen Teilbereichen mit verschiedenen Charakteren und ständigem Wandel der Bewohnerschaft in unterschiedlichen Zeithorizonten. Sie wird durch den Geerenweg in einen westlichen und einen größeren östlichen Bereich geteilt. Das Areal für Jenische befindet sich nun nahe der Autobahn im Osten; 15 Wagen finden hier einen Stellplatz für eine begrenzte Aufenthaltsdauer. Ein „Mantel" aus Holzmodulen,

„Containermantel" für gewerbliche Nutzungen als Abschottung zur Autobahn

Lebendige Räume durch abgestufte Staffelung der leuchtenden Wohncontainer

Bernerstrasse Süd

Max-Högger-Strasse

Geerenweg

Geerenweg

Europabrücke

Aargauerstrasse

Vulkanplatz

0   10   20   50

Quartierslageplan

die als Ateliers, Werkstätten oder Gastronomie genutzt werden, schützt innen liegende Wohneinheiten für Geflüchtete in FOGO-Ost vor Verkehrslärm. Offene Durchblicke und Durchwegungen schaffen Verknüpfung und Möglichkeiten zum Austausch, auch zum benachbarten Bahnhofsquartier. In FOGO-West ist dagegen eine nur über einen Zugang erreichbare Wohnwelt für junge Erwachsene in Ausbildung und für Geflüchtete entstanden. Während der westliche Teil durch die Materialsichtigkeit des Holzes schlicht, zurücknehmend und intim wirkt, ist der östliche Teil in seiner Farbigkeit deutlich lebendiger und schriller.

Modulbau – Wohntypologie um einen Hof

Westlich des Geerenwegs sind zwei dreigeschossige Holzmodulzeilen über einen Laubengang barrierefrei miteinander verbunden. 22 Wohnungen für Studierende und 11 für Geflüchtete – meist Wohngemeinschaften – orientieren sich mit diesem Miteinander von Erschließung- und Aufenthaltsbereich zu einem introvertierten Hof als gemeinsamen Außenraum. Ein gebäudehoher schmaler Zugang und eine lärmabschirmende Wand zur Autobahn verstärken diese Fokussierung nach innen. Die Stiftung Einfach Wohnen ist hier die Bauherrin und vermietet diesen Abschnitt an das Jugendwohnnetz und die Asylorganisation Zürich. Für die jungen Auszubildenden stellt die Juwo – gemessen am Mietniveau der Stadt Zürich – günstige Unterkünfte zur Verfügung. Daher sollten die Kosten bei einem 20-jährigen Lebenszyklus niedrig gehalten werden. Eine kurze Bauzeit von sechs Monaten konnte dadurch erreicht

werden, dass die 93 hochwertigen Holzmodule in Reuthe/Vorarlberg vorfabriziert wurden. Sie wurden einschließlich Küchen und Nasszellen vorgefertigt geliefert, in einer Woche aufgestellt und sind wiederverwendbar. Beim Innenausbau der Holzmodule wurden robuste Materialien verwendet, wie etwa Chromstahl in den Küchen.

Modulbau – Gebauter Lärmschutz und Recycling

Im östlichen Abschnitt tritt die AOZ als Bauherrschaft auf. Hier bilden 72 versetzt gestapelte Holzmodule hufeisenförmig einen schützenden Rahmen für das Quartiersleben. Ein Turm mit einem von Studierenden entworfenen Logo macht FOGO weithin sichtbar. Es entstehen geschützte öffentliche Räume und Platzsituationen mit Aufenthaltsqualitäten für die Nutzer:innen der vielfältigen schallrobusten Funktionen des Mantelbaus und für die circa 150 Asylsuchenden, die in der Regel zwei bis drei Jahre dort leben.[1] Holzkübel laden zum gemeinsamen Bepflanzen und Gärtnern ein.

Fünf ost-westorientierte zu Kuben zusammengesetzte Stahlcontainerbauten sind im Inneren platziert – die Wohncontainer einer aufgelösten Asylsiedlung in Zürich-Leutschenbach wurden hierfür recycelt. Separate Dächer mussten aufgesetzt werden und Sonnenschutz angebracht werden, die Grundrissstruktur wurde überarbeitet. Eine ehemalige Laubengangerschließung wurde zu gemeinschaftlich nutzbaren Koch- und Wohnbereichen vor den Zimmern für jeweils zwei Personen. Die dreigeschossigen Containerbauten werden nun durch stirnseitig platzierte offene Treppenhäuser erschlossen. Das

Lage	8048 Zürich, CH / mit Geerenweg und Aargauerstrasse
Projektdauer	2018–2019, temporär für 20 Jahre
Planung	*Architektur / Westteil:* KHS, Appenzell, CH (Arbeitsgemeinschaft HDPF, Zürich, CH / Johannes Kaufmann Architekten, Dornbirn, A / Simuba, Appenzell, CH) *Ostteil:* hoffmannfontana architekturen, Zürich, CH
	Landschaftsarchitektur / Westteil: Laubrausch, Zürich, CH *Ostteil:* GGZ, Zürich, CH, und Alder Eisenhut, Ebnat-Kappel, CH
Trägerschaft	*Westteil:* SEW, Stiftung Einfach Wohnen, Zürich, CH
	Ostteil: AOZ, Asylorganisation Zürich, CH
Arealgröße	13.250 qm
Nutzungen	rund 130 Wohnplätze, Gemeinschaftsraum, Gewerbe, Ateliers, Gastronomie

Vorgefertigte Holzmodule am Innenhof von FOGO-West

von Beatrice Fontana entwickelte bunte, lebhafte Farb- und Materialkonzept der Holzmodule und Metallcontainer spiegelt die Vielfalt der Bewohner:innen und Nutzer:innen wider.

Integratives Leben in einem bunten Projekt

Seit Anfang 2019 wohnen und arbeiten neben den Geflüchteten und Auszubildenden auch Kulturschaffende aus sehr unterschiedlichen Sparten und Gewerbetreibende in der Siedlung. Auf dem Areal entstanden überwiegend im nördlichen und östlichen Bereich Gewerberäume und 20 Ateliers in verschiedenen Größen, die vermietet werden. Der öffentliche Ort lädt zum Verweilen, Spielen oder Konsumieren ein. Weiterhin gibt es verschiedene Initiativen einer innovativen Gastronomie. Da Kochen die Grenzen in Sprachen und Kultur sprengt und Menschen jeden Alters verbindet, ist das FOGO-Areal ein idealer Standort für die Genossenschaft dieCuisine. Diese Genossenschaft will Menschen zusammenbringen, um „einen kollektiven Impact auf zukunftsfähige Ernährungssysteme zu generieren"[2]. Sie versteht sich als Werkstatt für Innovation, Lernen und Zusammenarbeit rund um nachhaltiges Essen und zukünftige Foodsysteme. Insgesamt steht eine Fläche von 600 Quadratmetern zur Verfügung. Es gibt eine Werkstatt mit Kochinsel und „mit inspirierender Einrichtung", zwei Sitzungs- bzw. Seminarräume und u. a. einen Eventraum bei fünf Meter Deckenhöhe für Vorträge, Konferenzen, Seminare und Veranstaltungen im größeren Rahmen.[3] Im Dezember 2020 wurde in den Räumen temporär eine vegane Markthalle eingerichtet. Das kulinarische Angebot wird zudem durch ein vollwertiges vegetarisches Mittagstischangebot (die Buvette) und durch den Startruck ergänzt, in dem „talentierte Köch*innen aus aller Welt regelmäßig, begleitet vom dieCuisine-Team" Gerichte aus ihrer Heimat kochen.[4] Weiterhin gibt es im FOGO-Areal unterschiedliche Beratungsangebote oder Praxen. Ungewöhnlich ist auch das „DuBischDra". Dies ist ein Ort für Spielbegeisterte mit „1000+ Spiele zur Auswahl".

Ein Vorbild für FOGO war das PopUp dorms in der Seestadt Aspern in Wien, das 44 Plätze für „fesche Nomaden" (Studierende) für fünf Jahre bereitstellte. FOGO geht aber über dieses Vorbild hinaus, da nicht nur ein preiswertes, temporäres Wohnen bei hohem ökologischem Standard (Passivhausqualität bzw. Niedrigstenergiestandard) ermöglicht wird, sondern auch ein Stück Stadt entsteht, in dem urbane Nutzungen integriert werden. Das FOGO-Areal ist keine isolierte Insel, sondern besonders im östlichen Bereich ein ungewöhnlicher temporärer Ort in der Stadt. Es gehen wichtige Impulse für eine lebendige Quartiersentwicklung und ein breites Angebot zur Integration von dort aus, auch wenn im Zusammenhang mit Covid-19 noch nicht alle geplanten Aktivitäten umgesetzt werden konnten.

1   Archithese: Mischen ist possible, [Interview mit Sebastian Hoffmann]. Abzurufen unter: https://archithese.ch/ansicht/mischen-ist-possible.html?page_g45299=5?config=2 (besucht am 03.07.2021)

2   dieCuisine (Hg.): Mitwirken. Abzurufen unter: https://www.diecuisine.ch/wp-content/uploads/2020/09/Geno-Akquise_Brosch%C3%BCre_web.pdf (besucht am 17.02.2021)

3   dieCuisine (Hg.): Die Innovations-Werkstatt für Ihre Anlässe. Abzurufen unter: https://www.FOGO.ch/site/assets/files/1130/20191211_diecuisine_raummiete.pdf (besucht am 17.02.2021)

4   dieCuisine: Essen bewegt! Abzurufen unter: https://www.diecuisine.ch/essen/ (besucht am 28.01.2021)

Durchgänge – kurze Wege und Durchblicke

Dreidimensionale Räume der Arbeit und des Spielens

5.07 Sonnwendviertel Ost – Wien, A

Kooperative Quartiersentwicklung

„Kein Stadtentwicklungsprojekt kann jemals perfekt sein, dazu sind die Rahmenbedingungen zu komplex, die Akteurskonstellationen zu divers und die Entwicklungen zu lange andauernd. Aber in jedem kann versucht werden, zum Wissen und zum Werkzeugkasten der Planungsprofession Neues hinzuzufügen." *

Robert Temel

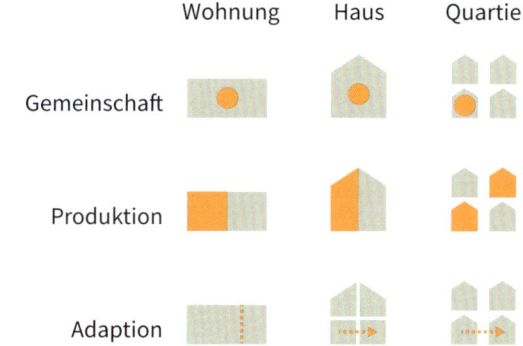

Wohnung
Haus
Quartier
Gemeinschaft
Produktion
Adaption

0
50
100
200

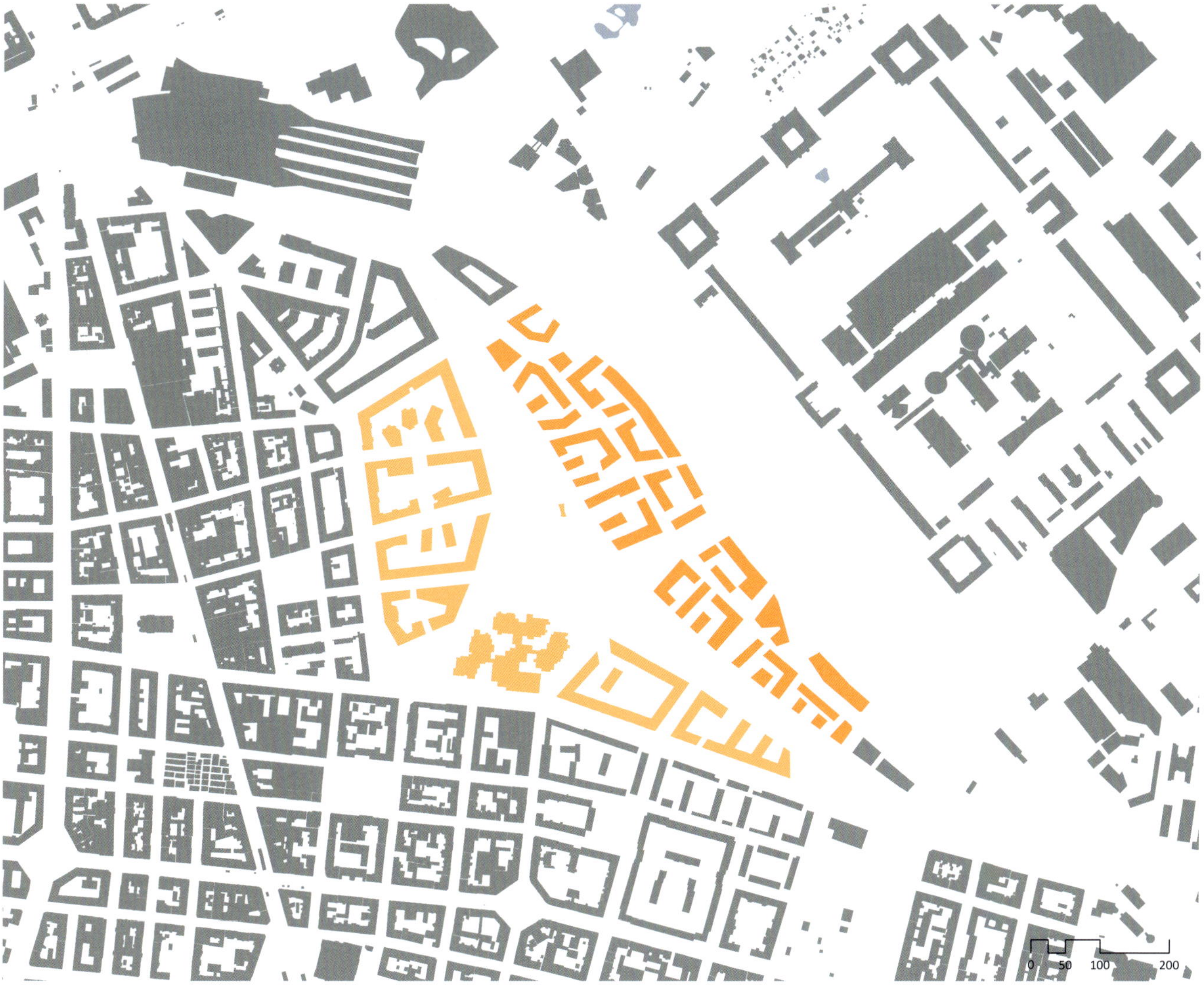

Wien Schwarzplan / links: Blick auf die Bloch-Bauer-Promenade mit Platz

* *Temel, Robert: Ein Stück Stadt bauen. Leben am Helmut-Zilk-Park. Wien 2019, S. 7*

Im Sonnwendviertel Ost wird mit einem kooperativen und interdisziplinären Planungsverfahren auf ein bereits überholtes Städtebaukonzept reagiert. Damit entsteht ein vielfältiger, fußgängerorientierter und erlebnisreicher Stadtraum, bei dem die Erdgeschosszone Impuls für das urbane Quartier ist.

Transformation Bahnareal

Mit der Umwandlung des Wiener Kopfbahnhofs in einen Durchgangsbahnhof wurden im 10. Wiener Gemeindebezirk Favoriten enorme Flächen in bester innerstädtischer Lage frei. Im Jahr 2004 wurde für das Areal ein städtebauliches Expertenverfahren mit zehn geladenen Büros organisiert. Die Arbeitsgemeinschaft Theo Hotz / Ernst Hofmann sowie Albert Wimmer gewannen dieses und erstellten den städtebaulichen Masterplan „Bahnhof Wien – Europa Mitte".[1] Das Areal Sonnwendviertel mit einer Größe von 34 Hektar grenzt damit südlich an den Hauptbahnhof und an das dienstleistungsorientierte Quartier Belvedere. Der lang gezogene, 2016 fertiggestellte Helmut-Zilk-Park bildet als Ergebnis eines internationalen Landschaftsarchitekturwettbewerbes das lebendige und stark frequentierte Zentrum. Er wird im Westen und Süden räumlich gefasst von den großmaßstäblichen Blockrandstrukturen des inzwischen fertiggestellten Sonnwendviertel West mit seinem Bildungscampus und dem noch bis 2022 im Bau befindlichen östlichen Sonnwendviertel.

Anpassung von Planung – neue Prozesskultur

Im Sonnwendviertel Ost sah der Masterplan auch in Reaktion auf die im Nordosten verlaufende breite Bahntrasse und die daraus resultierende Lärmbelastung und Abschottung eine stark gewerblich orientierte Stadtentwicklung vor: Eine zentrale Straße diente der linearen und verkehrsgerechten Erschließung des circa 800 Meter langen und nur circa 150 Meter schmalen Bandes, kammartige Strukturen öffneten sich als Gewerbebauten zur Bahn und als Wohnungsbauten zum Park. Vor dem Hintergrund veränderter Rahmenbedingungen wurde mit Fertigstellung der Bauten im Sonnwendviertel West die Planung für den östlichen Teil des Sonnwendviertels, genannt „Leben am Helmut-Zilk-Park", neu aufgegriffen: Monofunktionale, verkehrsorientierte, großformatige Stadtstrukturen ohne freiräumliche Qualitäten standen in der öffentlichen Kritik, der Bedarf an Gewerbeimmobilien war gesunken, der Druck auf den Wohnungsbau dagegen weiterhin gewachsen. Eine Reduzierung der geplanten großflächigen Gewerbeflächen lag nahe, aber auch die Diskussion um die Frage „Was ist für uns Stadt?"[2] Eine neue Prozesskultur sollte helfen, Antworten zu finden: Die Österreichischen Bundesbahnen (ÖBB) als alleinige Grundstückseigentümerin und die Stadt Wien entschieden, für das Sonnwendviertel Ost eine „offenere, kooperativere und interdisziplinär orientierte Form der städtebaulichen Planung umzusetzen".[3]

Im Rahmen eines kooperativen Planungsverfahrens wurden gemeinsam Ergebnisse erarbeitet, eine Schlüsselskizze fasst die wesentlichen Erkenntnisse über Festlegung bestimmter Parameter wie offener Vorgaben zusammen. Die monotone Serie der langen Kammstrukturen weicht auf 33 Baufeldern einer „aufgelöste(n), poröse(n) Blockrandbebauung"[4] mit minimaler und maximaler Kubatur.[5] Die lineare Verkehrsstraße wird durch Hoch- und Tiefpunkte, durch Platzabfolgen und Querungen zur mäandrierenden Promenade. Es entsteht ein kleinteiliges, nutzungsgemischtes Quartier mit einem vielfältigen Netz an Durchwegungen und Blickbeziehungen.

Helmut-Zilk-Park mit großmaßstäblicher Bebauung im Westen

Parkrand zum Sonnwendviertel Ost

1 | Open up!
Wohnen + Gewerbe + Arbeiten
2 | Stadt, Werk und
Wohnen
Wohnen + Arbeiten + Gewerbe
3 | Bikes and Rails
Wohnen + Gewerbe
4 | Stadthaus Hauptbahnhof
Wohnen + Arbeiten + Gewerbe
5 | WoGen Quartiershaus
Wohnen + Arbeiten + Gewerbe
6 | Loft Living
Wohnen + Gewerbe + Arbeiten
7 | Music-Box am
Arsenalsteg
Wohnen + Gewerbe + Arbeiten
8 | MIO - (D)ein lässiger Typ
Wohnen + Arbeiten + Gewerbe
9 | Haus am Park
Wohnen + Arbeiten + Gewerbe
10 | Gleis 21
Wohnen + Gewerbe
11 | Stadtelefant
Gewerbe + Wohnen + Arbeiten
12 | Grüner Markt
Gewerbe + Wohnen
13 | Grätzelmixer
Wohnen + Gewerbe
14 | Gesundheitsquartier
Wohnen + Gewerbe
G | Hochgarage

Quartiershaus
Baugemeinschaft

Quartierslageplan

Mobilität und Lebensqualität

Die Quartierserschließung wird überplant, der öffentliche Raum als erweiterter Aufenthalts- und Begegnungsraum betrachtet. Die zuvor zentral verlaufende Erschließungsstraße für den motorisierten Individualverkehr rückt an den nordöstlichen Rand entlang der Bahntrassen. Die Bloch-Bauer-Promenade wird als Fußgänger- und Fahrradpromenade zur mittigen Längserschließung. Für die weitere Konzeption des Mobilitätskonzepts beauftragt die Stadt Wien das Planungsbüro raum & kommunikation. Um den motorisierten Individualverkehr zu verringern, wird eine Reduzierung der Stellplatzflächen auf etwa einen Stellplatz pro zwei Wohneinheiten festgelegt.[6] Die Maria-Lassnig-Straße entlang der Bahngleise erschließt die Gewerbebauten und die Sammel-Hochgaragen. Alle Grundstücke, die ausschließlich über die Promenade erschlossen werden, nutzen diese Garagen, für die weiteren Baufelder dürfen separate Tiefgaragenstellplätze erstellt werden.

Um die Herstellung der Pflichtstellplätze sicherzustellen, ist der Verkauf der Garagengrundstücke von übergeordneter Bedeutung. Für das eigens ausgeschriebene Verfahren gab es allerdings nur eine Bewerbung.[7] „Die Verkäufer und die Stadt Wien waren etwas großzügiger als dem Ganzen gutgetan hat. Eigentlich gab es die Auflage, beim Verkauf des Grundstücks einen Architekturwettbewerb für die Fassaden und für die Erdgeschossnutzungen auszurufen, um dort Gewerbeflächen herzustellen. Den Fassadenwettbewerb gab es für beide Grundstücke und die siegreichen Projekte wurden auch hinsichtlich der Fassade umgesetzt. In der nördlichen Garage wurde allerdings keine gewerbliche Erdgeschoßnutzung umgesetzt."[8] Von den ursprünglich drei vorgesehenen Garagengrundstücken legte der Betreiber der Garage die zwei nördlichen zusammen: „Die Dimensionierung ist nun schwierig, da jetzt nur noch ein kleiner Durchgang übrig geblieben ist."[9]

Qualität durch Vernetzung – Baugruppen- und Quartiershäuser

„Für Stadtleben genügt es offensichtlich, wenn etwa auf 40 Prozent der Fläche anders und vielfältig gedacht und organisiert sind."[10] Diese Zielsetzung, ein anregendes, kleinteiliges und funktional vielfältiges Stadtgefüge als Raum für Stadtleben zu schaffen, wird durch eine Kombination verschiedener Grundstücksvergabeverfahren unterstützt: Eine Hälfte wird konventionell vergeben und damit zum Höchstpreis verkauft. Die zweite Hälfte – vier Baugemeinschaftsgrundstücke und insgesamt elf Grundstücke für die sogenannten Quartiershäuser – wird über zwei eigens entwickelte qualitätssichernde Verfahren zum Festpreis vergeben. Dazu können noch zwei Grundstücke gezählt werden, die über den in Wien üblichen Bauträgerwettbewerb verkauft wurden, d.h. für geförderten Wohnbau. Vertretbare Grundstückskosten ermöglichen, anspruchsvolle Konzepte für die jeweiligen prägnanten Orte umsetzen zu können. Diese Gebäude haben den Auftrag, Urbanität zu generieren und Impulsträger für soziale Quartiere zu werden. Innovative Nutzungskonzepte zur Bereicherung des Stadtteils und bauplatzbezogene, räumliche und architektonische Qualität sind entscheidende Bewertungskriterien für diese konzeptorientierte Vergabe.

Die im Verfahrensprozess ausgewählten Gebäude sind verstreut und gleichzeitig vernetzt im Quartier platziert. „Die Idee war, die qualitätsorientierten Grundstücke auf dem Areal zu

Lage	1100 Wien, A / südöstlich des Wiener Hauptbahnhofs mit Maria-Lassnig-Straße und Bloch-Bauer-Promenade
Projektdauer	*Sonnwendviertel gesamt* / 2004–2022 *Sonnwendviertel Ost* / 2013–2022
Planung	*Städtebauliches Gesamtkonzept* / Theo Hotz Partner AG, Zürich, CH; Architekt Ernst Hoffmann, Wien, A; Albert Wimmer, Wien, A *Städtebauliches Konzept Sonnwendviertel Ost* / Kooperatives Planungsverfahren aus sechs Architekturbüros: Franz Denk, Wien, A; ARTEC Architekten, Wien, A; Rüdiger Lainer + Partner, Wien, A; StudioVlay, Wien, A; Max Rieder, Wien, A; Gasparin & Meier Architekten, Villach, A *Mobilitätskonzept* / raum & kommunikation GmbH, Wien, A *Landschaftsarchitektur* / YEWO Landscapes, Wien, A
Trägerschaft	Das Modell war sehr vielschichtig: Die Quartiershäusergrundstücke mussten alle frei finanziert bebaut werden (Grundstückskosten), manche der Käufer sind gemeinnützige Bauträger, die frei finanziert gebaut haben. Die Baugemeinschaften konnten sich aussuchen, ob sie gefördert oder frei finanziert bauen, je nachdem war der Grundstückspreis unterschiedlich. Die beiden Grundstücke aus dem Bauträgerwettbewerb wurden gefördert gebaut. Alle konventionell verkauften Grundstücke wurden frei finanziert bebaut und größtenteils von gewerblichen, teils von gemeinnützigen Bauträgern gekauft.
Arealgröße	*Sonnwendviertel* / 110.000 qm *Sonnwendviertel Ost* / 12.000 qm
Nutzungen	rund 1.700 Wohnungen, Gewerberäume, Tageszentrum für marginalisierte Gruppen, Schule, Gastrobetriebe, Tanzschule, Ateliers, Werkstätten, Mikropiloten, öffentlich nutzbarer Gemeinschaftsraum, Quartiersgemeinschaftsraum, Veranstaltungsraum, Stadtbalkon

Fußgängerorientierte Promenade

verteilen und dadurch das Ganze ein bisschen zu heben – im Angebot, im Mix und in der Qualität."[11] Michael Kerbler, Baugemeinschaftsmitglied des Wohnprojekts Gleis 21, ergänzt das folgendermaßen: „Ich habe das Gefühl, wenn ein bisschen räumliche Distanz zwischen den einzelnen Wohnprojekten oder Quartiershäusern besteht, dann können die ihre katalytische Funktion besser ausspielen."[12] Diese verschiedenen Vorgehensweisen binden innovative Akteur:innen und gleichzeitig eine Vielfalt an Akteur:innen als Käufer:innen ein und sichern damit eine Bandbreite an preiswertem und teurem Wohnungsbau.

Stadtsockel mit Nutzungsvielfalt

Urbanität lebt von Begegnung und Frequentierung: Die im ursprünglichen Masterplan vorgesehenen monofunktionalen Nutzungszonen werden aufgelöst, ein nutzungsgemischtes Quartier mit Fokus auf eine öffentliche Erdgeschossnutzung soll entstehen. Die Promenade wird von einem Stadtsockel mit Gewerbenutzungen begleitet. Eine Raumhöhe von vier Metern ist ebenso bindend wie eine geringe monatliche Miete von vier Euro pro Quadratmeter in bestimmten Bereichen. Die alternativ zuzahlende Vertragsstrafe wird als Quartiersentwicklungsbeitrag eingesetzt. Das Erdgeschoss ist damit nicht Renditeträger, sondern mit einer Vielfalt an Nutzungen – auch aus dem kulturellen und sozialen Bereich – Impuls für eine lebendige Stadt. Angebote von Mikropiloten über Künstlerateliers hin zu Co-Working-Spaces bieten unterschiedlichen Gewerbetreibenden Raum zum Arbeiten und Wohnen. Im Rahmen des Prozesses wird allerdings deutlich, dass die Belegung der Erdgeschossnutzungen eigenen Zeitabläufen unterliegt,

Nutzer gehen während der Entwicklungszeit verloren. Diese Erkenntnis erfordert zukünftig eine programmatischere Form der Bewerbung und Beurteilung der Nutzungsmischung im Erdgeschoss von Baugemeinschaften und Quartiershäusern.

Identitätsstiftende Freiraumgestaltung

Ein von der ÖBB beauftragtes Freiraumkonzept für den öffentlichen Raum sichert auch mit Vorgaben für die Gestaltung auf den Privatgrundstücken eine einheitliche hohe Qualität. Ein für beide Bereiche gültiger Elementkatalog und die Erstellung des öffentlichen Raumes aus einer Hand, für die die Käufer Infrastrukturbeiträge zahlen mussten, verhindern unterschiedliche Qualitäten. Die Käufer zahlen dazu an die ÖBB als Grundbesitzer einen Kostenbeitrag. Das Freiraumkonzept unterstützt die Stadtsockelzone, die Qualität der Aneignungsräume und vielfältige Schnittstellen.

Auf Basis einer innovativen und kooperativen Prozesskultur entstand ein Quartier mit hoher stadträumlicher und sozialer Qualität. Das Sonnwendviertel Ost gilt damit aktuell als Labor der Stadtentwicklung mit Vorbildfunktion für weitere Stadtentwicklungen in Wien und darüber hinaus.

Interviews

- Robert Temel, Architektur- und Stadtforscher, Wien, 01.02.2020
- Doris Kerbler, Projektentwicklerin, Bewohnerin Gleis 21 und Michael Kerbler (MK), Journalist, Bewohner Gleis 21, Wien, 30.01.2020

1   Temel, Robert: Ein Stück Stadt bauen. Leben am Helmut-Zilk-Park. Wien 2019, S. 11

2   maxRIEDER: Soziales Kunstwerk Stadt. In: architektur aktuell 10/2020, S. 58

3   Temel, Robert: Ein Stück Stadt bauen. Leben am Helmut-Zilk-Park. Wien 2019, S. 11

4   Ebenda, S. 34

5   maxRIEDER: Soziales Kunstwerk Stadt. In: architektur aktuell 10/2020, S. 58

6   raum & kommunikation GmbH: Mobilitätskonzept. Hauptbahnhof Wien – Planungsgebiet „Leben am Helmut-Zilk-Park". Hg. v. ÖBB Immobilienmanagement GmbH (ÖBB) und Stadt Wien. Wien 2014, S. 12

7   Robert Temel im Interview

8   Ebenda

9   Ebenda

10 maxRIEDER: Soziales Kunstwerk Stadt. In: architektur aktuell 10/2020, S. 60

11 Robert Temel im Interview

12 Doris Kerbler im Interview

5.08 Gleis 21, Sonnwendviertel Ost – Wien, A

Solidarische Baugruppe mit Kulturinitiative

„Kultur entsteht durch Kooperation, nur dadurch gewinnen kleine Initiativen wie die unsere jene Wirkkraft, die das Zusammenleben stärken und bereichern." *

Michael Kerbler

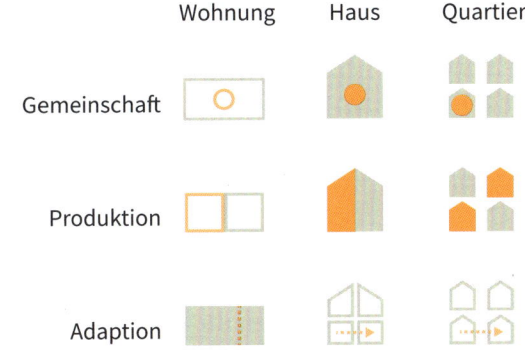

Wohnung
Haus
Quartier
Gemeinschaft
Produktion
Adaption

Bloch-Bauer-Promenade
0 1 2 5 10 20

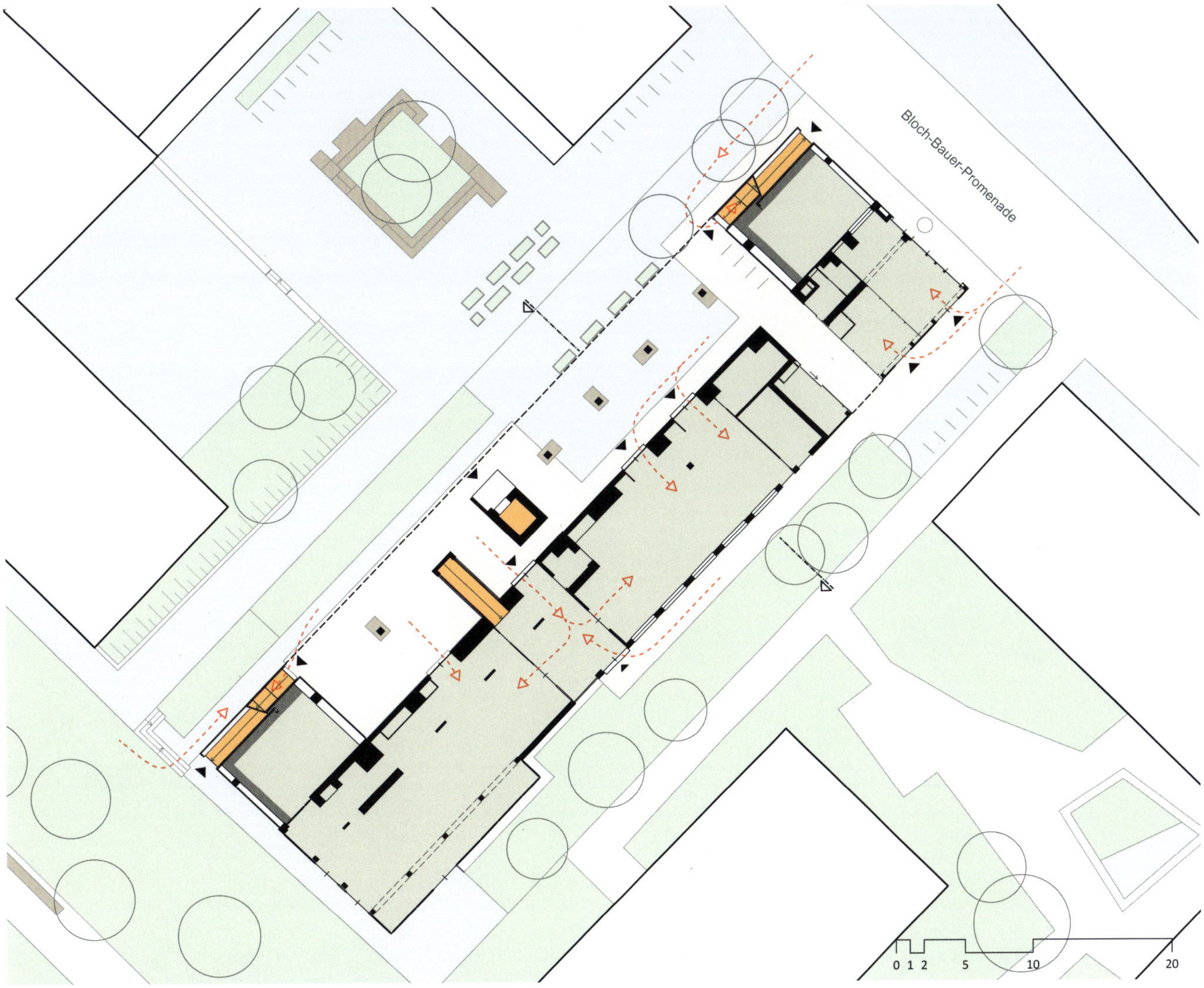

Grundriss Erdgeschoss / links: Gleis 21, sichtbar am Helmut-Zilk-Park

* *Kunst und Kultur. Gleis 21. Abzurufen unter: https://www.ots.at/presseaussendung/OTS_20191025_OTS0014/kunst-und-kultur-gleis-21 (besucht am 14.12.2020)*

Als eines der vier Baugruppenprojekte des Quartiers Sonnwendviertel Ost leistet das gemeinschaftsorientierte Wohnprojekt Gleis 21 als öffentlicher Veranstaltungsort einen wichtigen Beitrag für das Quartier. Mit viel Engagement und Partizipation entsteht mit den Zielen „solidarisch Wohnen, g'scheit Genießen und medial Gestalten"[1] ein soziales und kulturelles Miteinander.

Gemeinschaftliche Urbanität

Die Baugemeinschaft Gleis 21 hat für ihr Ziel eines „anderen", mitgestaltenden und nachhaltigen Lebens ein sichtbares, von Öffentlichkeit umgebenes Grundstück gewählt: Die hier als Riegel vorgegebene Gebäudekubatur spannt sich auf zwischen dem Helmut-Zilk-Park und der Bloch-Bauer-Promenade. Sie bildet gemeinsam mit zwei benachbarten Quartiershäusern eine offene und durchlässige Blockstruktur zwischen Park und verkehrsfreier Promenade. Fußgänger und Fahrradfahrer bestimmen hier die Geschwindigkeiten, die Außenräume sind damit Treffpunkt und Begegnungsfläche für Jung und Alt.

Einladung an die Öffentlichkeit

Auf Fußgängerebene spricht das Gebäude zum Park und zum Blockinneren eine Einladung aus. Das sonnengelbe Sockelgeschoss bildet den Übergang zum öffentlichen Raum. Vor den Eingängen zu den öffentlichen Veranstaltungsräumen stellt eine lang gezogene überdachte Vorzone einen vielfältig nutzbaren Ort der Begegnung dar. Selbst die Stützen sind mit Sitzpodesten ummantelt und werden Teil dieser Einladung. Zwei

ebenfalls gelb gefasste Tiefhöfe erlauben interessante räumliche Verschränkungen und Blicke in den Alltag des Gebäudes; eine Musikschule und ein Atelier wissen diese schattigen Freiräume zu nutzen. An der Stirnseite zur Bloch-Bauer-Promenade wandelt das Gebäude sein Gesicht zur Informationswand: Eine fast dörflich anmutende Intimität entsteht durch die Holzverkleidung, die den notwendigen Müllraum umkleidet; Sitzbank, Anschlagtafel und Tauschregal – geschützt durch auskragende Balkone in den Obergeschossen – regen zum Austausch an.

Für den hochwertig ausgestatteten Veranstaltungsraum kuratiert und organisiert die Kulturinitiative Kunst und Kultur Gleis 21 ein anspruchsvolles Kulturprogramm. Der Raumzuschnitt kann durch eine mobile Wand an die Bedürfnisse vielfältiger Veranstaltungen wie Kino, Konzerte oder Theater angepasst werden. Ein weiterer Raum mit Freiflächen zum Park ist für Gastronomie geeignet, hat aber bisher – auch aufgrund der Pandemie – noch keine Mieter gefunden.

Laubengang – Erschließung für gemeinschaftsorientiertes Wohnen

Über dem von öffentlichen Nutzungen durchdrungenen Erdgeschoss liegen vier Wohngeschosse. Die Kommunikation wird hier sichtbar fortgeführt über großzügige Laubengänge als halb öffentliche Haus-Erschließung. Die vorgestellte Sichtbetonkonstruktion weitet sich zu Spiel- und Aufenthaltsbereichen und funktioniert als erweiterter, gemeinschaftlich genutzter, überdachter Freiraum. „Den Kindern gehört der Laubengang. Im Sommer ist das ein Eldorado."[2] „Es sind alle Türen offen. Und die Leute wissen nicht, wo ihre Kinder sind am Abend. Da muss man im internen Slack[3] suchen."[4]

Begegnungs- und Aufenthaltsbereiche vor dem Haus

Laubengang als Ort der Kommunikation

Promenade mit privaten Balkonen, mit Informationen, Tausch und Rast

Der Laubengang wird jeweils kopfseitig über außen liegende Treppen erschlossen. Die Treppenzugänge und der mittig platzierte Aufzug definieren die Schnittstelle zwischen Öffentlichkeit und Hausgemeinschaft eindeutig – sie sind nur für die Hausbewohner:innen zugänglich.

Flexibilität – Vermeidung baulicher Einschränkungen

Die Wohnungen sind vom Laubengang bis zu großzügigen, privaten Balkonen an der südöstlichen Längsfassade durchbindend organisiert. Die Grundrissstruktur gibt die Anordnung der Küchen und Bäder in der Mittelzone vor. Darüber hinaus sind bauliche Einschränkungen reduziert: Die Holzfassade und drei Betonkerne sind tragend ausgeführt. „Und sonst ist alles eine Halle. Das heißt, man kann eigentlich die Wände aufstellen, wo man will."[5]; „deswegen waren auch die Grundrisse frei wählbar".[6] Alle 34 Wohnungen sind individuellen Bedürfnissen angepasst und unterschiedlich. Drei Flex-Wohnungen, die ursprünglich räumliche Veränderungen ermöglichen sollten, wurden bei Bezug direkt den Nachbarwohnungen zugeschaltet. Der Bedarf hatte sich während der Planungs- und Bauphase durch ein weiteres Kind oder den Zuzug des Partners verändert. Für eine Gästewohnung erhält jede Bewohnerin und jeder Bewohner sieben Gutscheine pro Jahr.[7]

Bewohnerschaft

Aufgrund der hohen Baukosten ist die Bewohnerschaft homogener als ursprünglich gewünscht: Hauptsächlich Familien mit Kindern ähnlichen Alters bewohnen das Haus. „Wir hätten es lieber gehabt, die Belegung noch ein bisschen mehr zu differenzieren […], damit der Übergang ein leichterer wird. In 15 oder 20 Jahren könnte es zu einem Problem werden, wenn die Paare in großen Wohnungen sitzen werden. Ich weiß nicht, wie leicht man dann herumschieben kann."[8] Die Wohnungsverteilung wurde gemeinsam entschieden. „Die Kerngruppe hat nicht die Filetstücke unter sich verteilt."[9] Zu diesem Zeitpunkt konnten auch die Wohnungsgrößen „in einer Bandbreite von plus minus zehn Quadratmeter definiert werden".[10] Auch junge Geflüchtete finden hier Wohnraum.

Genussgemeinschaft Dachwelt

Die Vielzahl gemeinschaftlich nutzbarer Flächen erlaubt, die Wohnflächen kompakt zu halten. Auf dem Dach beherbergen drei Pavillonbauten verschiedene Gemeinschaftsnutzungen. Alle Räume sind mit hoher Sorgfalt gestaltet. Die

Küche als Zentrum des gemeinschaftlichen Miteinanders

Gemeinschaftsküche mit einem danebenliegenden Kinderspielraum bilden das Herzstück. Eine sorgfältig sortierte Bibliothek für Erwachsene und Kinder erlaubt den Blick auf den Park, im nordöstlichen Pavillon befinden sich eine Sauna und ein Yogaraum. Holzstege und gepflasterte Bereiche verbinden die Dachaufbauten, dazwischen ist Platz für Bepflanzungen und Hochbeete.

Grundlage Selbstorganisation

Um die gewünschte partizipative Entscheidungskultur zu unterstützen, engagierte die Baugruppe schon zu Projektbeginn die Prozessbegleitung realitylab in Wien. Sie begleitete die Gruppe über einen Zeitraum von eineinhalb Jahren, moderierte Großgruppenveranstaltungen, schloss Verträge ab und führte die Baugemeinschaft in die Methode der Soziokratie ein. Erst auf dieser Grundlage konnten gemeinsam Antworten für eine solidarische und gemeinschaftsorientierte Wohnkultur erarbeitet und umgesetzt werden.

Interview

• Doris Kerbler, Projektentwicklerin, Bewohnerin Gleis 21 und Michael Kerbler, Journalist, Bewohner Gleis 21, Wien, 30.01.2020

Grundriss Regelgeschoss

Adresse	Bloch-Bauer-Promenade 22, 1100 Wien, Sonnwendviertel Ost, A
Projektdauer	2015–2019
Planung	*Architektur* / einszueins architektur, Wien, A *Landschaftsarchitektur* / Quartier Sonnwendviertel Ost: YEWO Landscapes, Wien, A
Trägerschaft	SCHWARZATAL – Gemeinnützige Wohnungs- & Siedlungsanlagen GmbH, Wien, A; Verein Wohnprojekt Gleis 21 (Baugruppe), Wien, A
Wohnungstypen	34 Wohnungen für rund 50 Erwachsene und 30 Kinder
Weitere Raumangebote	Veranstaltungsraum / 170 qm Gastronomie / 200 qm Musikschule, Atelier, Gästewohnung, Laubengang, gemein-schaftlich genutzte Dachterrasse mit Gemeinschaftsküche, Kinderspielraum, Sauna mit Yogaraum

1 Gleis 21: Unsere Vision. Abzurufen unter: https://gleis21.wien/wir/unsere-vision/ (besucht am 16.12.2020)

2 Michael Kerbler im Interview

3 Gemeint ist hier Slack, der webbasierte Instant-Messaging-Dienst des US-amerikanischen Unternehmens Slack Technologies

4 Doris Kerbler im Interview

5 Michael Kerbler im Interview

6 Ebenda

7 Doris Kerbler im Interview

8 Ebenda

9 Michael Kerbler im Interview

10 Ebenda

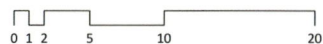

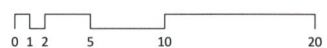

Ansicht / oben: Schnitt

5.09 Erlenmatt Ost – Basel, CH

Experimentierfeld und Lernort – Areal Erlenmatt

„Jedes Projekt der Stiftung Habitat ist individuell. Jedes Projekt hat seine eigene Geschichte, seine eigenen Überlegungen. Derzeit gibt es keine übergeordnete Strategie, sondern vor allem eine Haltung und Werte." *

Urs Buomberger

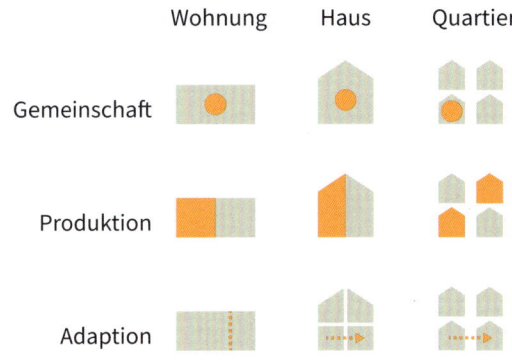

Wohnung
Haus
Quartier
Gemeinschaft
Produktion
Adaption

0
50
100
200

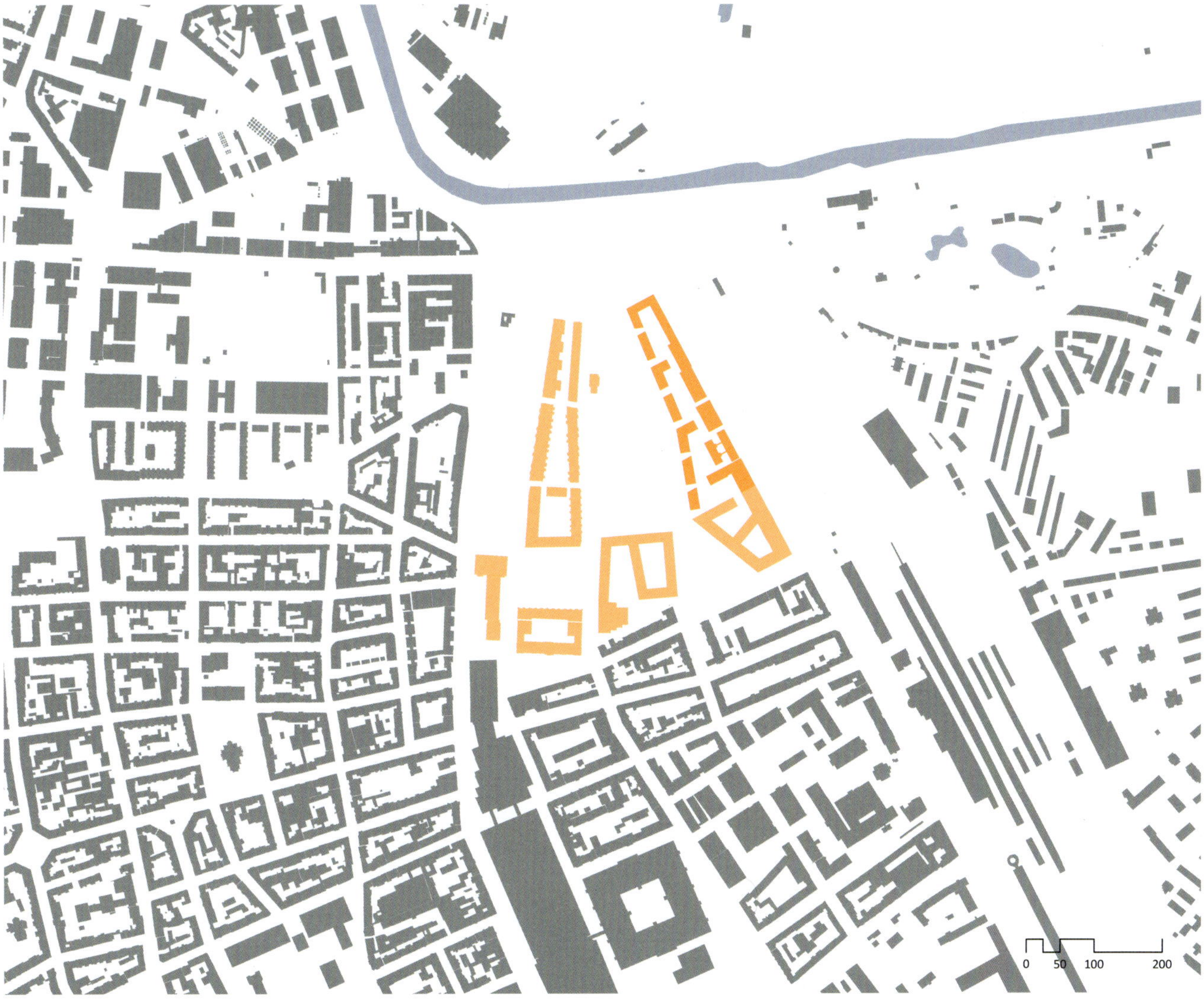

Basel Schwarzplan / links: Parkansicht mit Blick zum Roche-Hochhaus im Zentrum von Basel

* *Urs Buomberger im Interview*

Auf dem Areal Erlenmatt Ost entsteht ein nachhaltiger Stadtteil. Begegnung, Gemeinschaft und Partizipation stehen dabei im Fokus. Die Ziele der 2000-Watt-Gesellschaft sind gesetzt, „Wohnfläche, Energieverbrauch und Mobilität"[1] orientieren sich an dieser Maßgabe. Die Stiftung Habitat als Grundstückseigentümerin ermöglicht bezahlbare Mieten, indem sie Boden im Baurecht abgibt und damit dauerhaft vor Spekulationen schützt. Dank vielfältiger Raumoptionen und experimenteller Wohnformen finden hier unterschiedlichste Menschen einen Ort zum Wohnen und Arbeiten. Gemeinschaftsorientierte Außenräume und arealübergreifende Gemeinschaftsräume fördern die Begegnung zwischen Bewohner- und auch Nachbarschaft.

Erkenntnisse aus geschaffenen Realitäten

Das nördlich des Badischen Bahnhofs gelegene Güterbahnhofsgelände wurde durch Umstrukturierungen nach 1998 frei für neue Nutzungen. Der Kanton Basel-Stadt lobte gemeinsam mit der Vivico Real Estate GmbH für das 19 Hektar große Areal Erlenmatt einen internationalen städtebaulichen Wettbewerb aus.[2] Fünf bebaute Schollen fassen die Ränder zur Stadt mit Wohnen, Gewerbe und Dienstleistung, im Zentrum knüpft der Erlenmattpark an den Erholungsraum Lange Erlen im Norden an. Zwischennutzungen machten in der Übergangszeit auf das Grundstück als städtischen Raum aufmerksam.[3] Die städtebaulichen Vorgaben wurden auf Basis des Wettbewerbsergebnisses in einem Bebauungsplan fixiert. Der Grosse Rat von Basel-Stadt verabschiedete im Jahr 2004 einen Bebauungsplan. Hiergegen ergriff die Bevölkerung das Referendum. Ein erarbeitetes Positionspapier bildete die Grundlage für einen zweiten städtebaulichen Wettbewerb, bei dem u. a. die Grünflächen signifikant vergrößert wurden. Geblieben war eine großmaßstäbliche Parzellierung, die ideale Voraussetzungen für Geldanlagen institutioneller Investor:innen bot.

Eine zweite Welt – Korrekturen mit hohem Einsatz

Die Stiftung Habitat hat sich dieser Aufgabe angenommen und drei großformatige Schollen im Osten des Areals gekauft. Die städtebaulichen Vorgaben wurden im Rahmen einer Mehrfachbeauftragung an die Vorstellungen der Stiftung angepasst. Das Architekturbüro Atelier 5 als Wettbewerbsgewinner gliederte die drei Schollen in 13 Parzellen mit kleinerem Zuschnitt. Die großmaßstäblichen, privaten Blockrandstrukturen am Park wurden zu einer gemeinschaftsorientierten und nach innen gewandten Hofstruktur entwickelt, die weiterhin mit dem Park vernetzt ist. 200 Wohnungen wurden in den beiden ersten Bebauungsetappen realisiert. Die Umsetzung der dritten Phase mit weiteren 60 Wohnungen ist ab 2023 vorgesehen. Von den 13 Grundstücksparzellen wurden bisher sechs an Wohnbaugenossenschaften, deren Neugründung begleitet wurde, und andere gemeinnützige Bauträger im Baurecht abgegeben. Es entstand bezahlbarer Wohnraum auch für Studierende, Menschen mit Behinderung oder sozial Benachteiligte. Die Stiftung entwickelt selbst drei der schwierigen Grundstücke mit hoher Lärmbelastung zur Signalstrasse im Osten. Ein bestehendes Silogebäude wurde umgebaut. Sie vergab die Baurechte (Erbpacht) über 50 Jahre, zwei weitere Nachverträge von 20 und 30 Jahren erlauben eine maximale Baurechtsdauer bis zu 100 Jahre.

Geschlossener Quartiersrand zur lauten Stadteinfahrt

Nachtleben im Hof

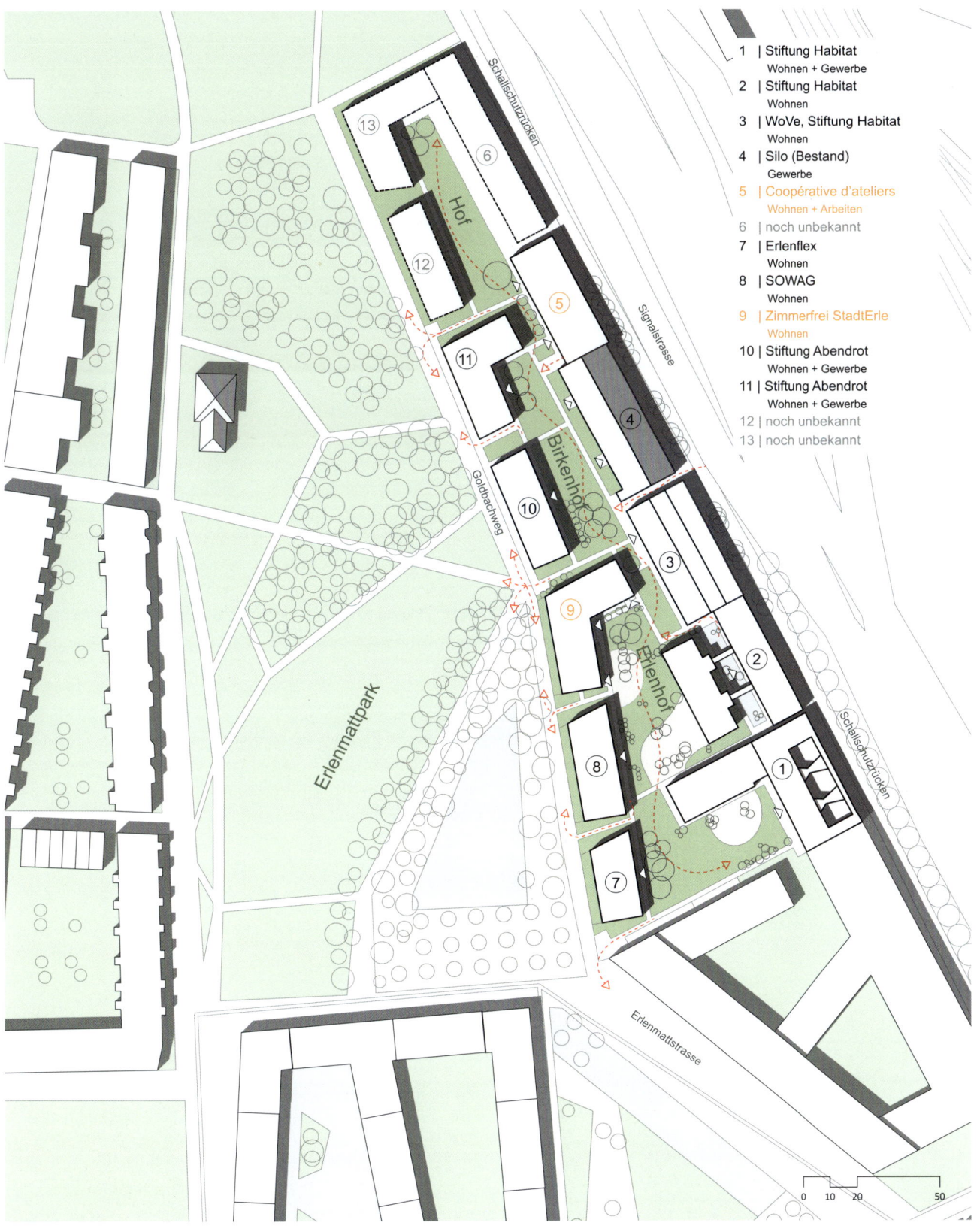

1 | Stiftung Habitat
   Wohnen + Gewerbe
2 | Stiftung Habitat
   Wohnen
3 | WoVe, Stiftung Habitat
   Wohnen
4 | Silo (Bestand)
   Gewerbe
5 | Coopérative d'ateliers
   Wohnen + Arbeiten
6 | noch unbekannt
7 | Erlenflex
   Wohnen
8 | SOWAG
   Wohnen
9 | Zimmerfrei StadtErle
   Wohnen
10 | Stiftung Abendrot
   Wohnen + Gewerbe
11 | Stiftung Abendrot
   Wohnen + Gewerbe
12 | noch unbekannt
13 | noch unbekannt

Basel Lageplan

Kuratierter gemeinschaftsorientierter Außenraum

Eine Baurechtsparzelle entspricht beinahe dem Fußabdruck der Gebäude. Die Durchgänge und Höfe bilden die Stammparzelle, die bei der Stiftung verbleibt. Die Gestaltung und Nutzung dieser autofreien und vernetzten Außenräume – inzwischen benannt als Erlenhof und Birkenhof – wurde in Workshops kollektiv mit den Bewohner:innen und parallel zur baulichen Entwicklung erarbeitet. Hier wurde über das Bedürfnis nach Ruhe oder über Schattenplätze für spielende Kinder diskutiert. Konkrete Vorhaben wie eine Permakultur oder Urban Gardening wurden beschlossen und auf Grundlage von professionellen Pflanzplänen und in Abstimmung mit der Stadtgärtnerei gemeinsam umgesetzt. Die Küken für den Hühnerstall wurden zuvor im Kindergarten großgezogen. Die Höfe werden zur Bühne des Alltagslebens inklusive des jährlichen Hoffestes oder des Quartierflohmarktes. Für den Unterhalt der Freiräume werden zusätzlich 10 Prozent des Baurechtszinses von allen Baurechtsnehmenden erhoben und eingesetzt.

Regelwerk für ein lebenswertes Quartier

Das privatrechtliche Regelwerk Erlenmatt Ost (REO), das von Atelier 5 in Zusammenarbeit mit der Stiftung verfasst wurde, beschreibt die Zielsetzungen und dient gleichzeitig als Planungshilfe. Es ist sowohl für die Baurechtnehmenden als auch für die Stiftung selbst bindend. Die Leitsätze sind nachfolgend auf Grundlage des Regelwerks 2013 zusammengefasst:[4]

Lage	4058 Basel, CH / nördlich des Badischen Bahnhofs mit Signalstrasse und Goldbachweg
Projektdauer	1. Etappe / 2010–2019 2. Etappe / ab 2023
Planung	*Städtebauliches Konzept* / Atelier 5 Architekten und Planer AG, Bern, CH *Nachhaltigkeitskonzept* / Nova Energie Basel AG, Basel, CH, in Zusammenarbeit mit Zimraum Raum + Gesellschaft, Zürich, CH *Landschaftsarchitektur* / w+s Landschaftsarchitekten AG, Solothurn
Trägerschaft	Gemeinnützig / vier Projekte Stiftung Habitat und Baurecht an Dritte
Arealgröße	22.000 qm
Nutzungen	rund 200 Wohnungen, Gewerberäume, Wohnheim und Werkstätten für Menschen mit Beeinträchtigungen, Kinderkrippe, Kindergarten, Gastrobetriebe, Hostel, Ateliers, Studierendenwohnen

Die gesellschaftliche Zielsetzung liegt in der Entwicklung eines lebenswerten Quartiers zum Wohnen und Arbeiten für alle Bevölkerungsschichten und in der Integration von öffentlichen, sozialen und gewerblichen Nutzungen. Die Bewohner:innen werden frühzeitig in die Planung auch der gemeinschaftlich genutzten Freiräume einbezogen. Es entsteht günstiger Wohn- und Arbeitsraum gemeinsam mit Baurechtsnehmenden, die ähnliche Werte verfolgen. Eine ressourcenschonende und langfristig angelegte Planung und Bauweise ermöglichen einen nachhaltigen Betrieb der Gebäude und Anlagen. Die Energiegewinnung erfolgt – wenn möglich – vor Ort. Durch die Unterstützung lokalen Handels werden kurze Wege und damit das Fahrrad- und Fußgängerwegenetz gestärkt, der motorisierte Individualverkehr hingegen stark eingeschränkt.

Durch ein übergeordnetes Gesamtkonzept entsteht ein Ganzes, in dessen Rahmen sich aber auch eigene „Charaktere" bilden können. Zwei unterschiedliche Gebäudepositionierungen prägen das Quartier: Eine Aneinanderreihung von Gebäuden im Osten bildet den schallschützenden „Rücken" zur Stadtautobahn, die Kombination von Zeilen- und Winkelbauten zum Park gliedert den Binnenraum in drei Höfe. Das umgebaute Getreidesilo wird zum prominenten Treffpunkt innerhalb des Quartierkonzepts. Die Gewerbeeinheiten an der Signalstrasse werden auch von dort erschlossen, die Zugänge aller Wohneinheiten sind dagegen zum Hof orientiert. Zwischen Parkzeile und Schallschutzrücken entsteht eine abwechslungsreiche Abfolge von Höfen und Gassen. Der städtebauliche Maßstab des Quartiers erfährt eine neue Dimension durch Einschnitte und volumetrische Bewegungen. Die Anordnung der Baukörper ermöglicht vielfältige Blickbeziehungen. Auch die schallschützende Bebauung nach Osten kann dank der Position der quartiersbildenden Baukörper am Park teilhaben. Die Hofzugänge zu diesen Bauten liegen bewusst nicht in einer Achse mit den konischen Einschnitten Richtung Park, der Hof wird damit zum Bewegungsvermittler.

Nachhaltigkeitskonzept als Bestandteil des Baurechtsvertrags

Ein von der Stiftung in Kooperation mit externen Spezialist:innen entwickeltes, quartiersübergreifendes Nachhaltigkeitskonzept mit 59 Kriterien konkretisiert die Leitsätze des Regelwerks Erlenmatt Ost (REO) und wird zum integrierten Bestandteil des Baurechtsvertrags, die Erfüllung von mindestens 22 Kriterien ist Pflicht. In einem mehrstufigen Verfahren mit der Stiftung werden die Einzelprojekte in Bezug auf das Nachhaltigkeitskonzept justiert und damit an die Qualitätsmaßstäbe der Stiftung angepasst. Die Einhaltung der Vorgaben wird durch das Fachgremium Nachhaltigkeit überprüft. Das Erdgeschoss soll zum Beispiel durch gemeinschaftsorientierte Nutzungen wie Waschräume oder Gemeinschaftsräume belegt werden. Eine Vielfalt an Wohnungstypologien ist ebenso bindend wie die Information über freie Wohnungen. Eine Wohnungsvergrößerung oder -verkleinerung bei sich wandelnden Lebensentwürfen ist damit innerhalb des gewohnten Umfelds möglich.[5] Die Frage: „Was bringt ihr unserem Hof?"[6] wird zur Leitfrage an die Baurechtsnehmenden als Partner:innen der Stiftung.

Gestalterische Abstimmung

Die Basler Stadtbildkommission hat Einfluss genommen und die Vielfalt der Parzellierung und damit der 13 Einzelbauten in einer Reihe von Workshops mit Hinweisen zur gestalterischen Abstimmung begleitet. Mit dem Ziel, die verschiedenen Gebäude in gewissem Rahmen gestalterisch zu koppeln, wurde beispielsweise entlang des Goldbachwegs eine horizontale Bänderung der Fassaden festgesetzt, um eine größere Durchlässigkeit zwischen Öffentlichkeit und Privatheit zu steuern oder die Mauerhöhe zwischen StadtErle und Park wurde reduziert.

Aus Erfahrung lernen

Eine Evaluierung der Arealentwicklung erfolgt durch das Pilot- und Demonstrationsprojekt (P+D-Projekt) in Zusammenarbeit mit dem Kanton Basel-Stadt. Positiv bewertet werden zum Beispiel Waschräume an exponierter Lage im Erdgeschoss, die spontane und unverbindliche Begegnungen fördern und die Nachbarschaft beleben. Gleiches gilt für den arealübergreifenden Mehrzweckraum, der als Schnittstelle innerhalb des Areals als auch zur erweiterten Nachbarschaft angenommen wird.[7] Die Erfahrungen von Erlenmatt Ost helfen bei einer Folgeprojektentwicklung der Stiftung Habitat im Stadtteil Lysbüchel Süd, bei der wiederum kleinteilige Strukturen zum Tragen kommen.

Interviews

- Urs Buomberger, Leiter Projektbüro Erlenmatt Ost bei der Stiftung Habitat, Basel, 01.04.2019
- Heinrich Degelo, Architekt Coopérative d'ateliers und Mitbegründer der Genossenschaft, Basel, 20.05.2019

1 Stiftung Habitat: Projekt Quartierentwicklung Erlenmatt Ost. Abzurufen unter: https://www.stiftung-habitat.ch/sh/liegenschaften/haeuser-und-projekte/erlenmatt-ost.html (besucht am 16.07.2020)

2 Planungsamt Base: Erlenmatt. Abzurufen unter: https://www.planungsamt.bs.ch/arealentwicklung/erlenmatt.html (besucht am 22.07.2020)

3 Densipedia.ch: Zwischennutzung «nt/Areal» in Basel – aktiv (2000–2011/12). Abzurufen unter: https://www.densipedia.ch/zwischennutzung-ntareal-basel-2000-201112 (besucht am 27.07.2020)

4 Stiftung Habitat (Hg.): Regelwerk Erlenmatt Ost. Version 1, Stand 08.2013. Abzurufen unter: https://wohnbau-mobilitaet.ch/fileadmin/user_upload/Downloads_PAWO/Atelier_5_Stiftung_Habitat_V_Web.pdf (besucht am 15.07.2020)

5 Stiftung Habitat (Hg.): Richtlinien Nachhaltigkeit für Bauherrschaften auf Erlenmatt Ost. Basel 2016 (Version 3.1), S. 6

6 Urs Buomberger im Interview

7 Nova Energie Basel AG; Sacher, Priska: P+D Projekt „Erlenmatt Ost – Nachhaltig". Bericht Auswertung Energiedaten 2019/2020. Abzurufen unter: https://www.erlenmatt-ost.ch/wp-content/uploads/2021/03/210218_EO_Bericht_Energiedaten.pdf (besucht am 27.08.2021)

Öffentliche Nutzung im Erdgeschoss zum Park und im Birkenhof

Gemeinschaftsraum für alle im Erlenhof

5.10 StadtErle, Erlenmatt Ost – Basel, CH

Vielfältige Hausgemeinschaft

„Es gibt ein starkes Interesse der Öffentlichkeit: Wir machen seit zwei Jahren zwei Führungen pro Woche." *

Salome Gutscher

	Wohnung	Haus	Quartier
Gemeinschaft			
Produktion			
Adaption			

Grundriss Erdgeschoss / links: StadtErle am Park

* Salome Gutscher, Hausbewohnerin bei einer Hausführung am 18.09.2020

Die StadtErle, eines der 13 Gebäude auf dem Areal der Stiftung Habitat in Erlenmatt Ost, bildet entsprechend den Vorgaben des Bebauungsplans den räumlichen Rahmen zwischen dem öffentlichen Erlenmattpark im Westen und dem gemeinschaftsorientierten Kontinuum von Erlen- und Birkenhof. Der sechsgeschossige winkelförmige Baukörper in auffälliger grüner Bänderung begleitet im Nordwesten die Durchwegung in die Hoflandschaft und ist damit einerseits umgeben von städtischem Leben und Treiben, orientiert sich aber mit Zugang und Laubengang nach innen zum Hof, mit den privaten Räumen nach außen zum Park. Die neu gegründete Wohngenossenschaft Zimmerfrei, als einer der ersten Baurechtsnehmer der Stiftung auf dem Areal, „soll als Basis für das Entstehen urbaner Lebensentwürfe, das Nutzen gemeinschaftlicher Synergien und die Förderung einer neuen individuellen Genügsamkeit dienen."[1] Die StadtErle ist das erste Projekt dieser Genossenschaft neuen Typs.

Kollektive Planung

Drei Paare stellen nach erfolgloser Suche nach einem bezahlbaren, für gemeinschaftsorientiertes Wohnen geeigneten Haus eine Anfrage an die Stiftung. Auf Basis einer zweiseitigen Bewerbung erfolgt im offiziellen Vergabeverfahren 2013 der Zuschlag, die Leitbegriffe Gemeinschaftlichkeit, Nachhaltigkeit, Selbstverwaltung und Suffizienz[2] sowie die Organisationsform der Genossenschaft sind relevante Entscheidungskriterien. Die neu gegründete Genossenschaft öffnet sich im Herbst 2013 mit ihrem Leitbild, 40 Personen folgen der Einladung und beteiligen sich an drei Workshops in der Bahnkantine. In Arbeitsgruppen werden nun kollektiv die

Themenbereiche „Zusammenleben, Wohnen, Nachhaltigkeit, Kommunikation und Außenraum"[3] erörtert: Wer soll hier wohnen? Wie möchte man leben? Welche Standards gelten? Was kann welche Erschließung leisten? Die Vorstellungen und Bedürfnisse werden festgehalten, das Wettbewerbsprogramm erstellt und für die konkrete bauliche Umsetzung zugrunde gelegt. Auch während der Planungs- und Bauphase wird die aktive Mitarbeit der Nutzer:innen fortgeführt.

Durch diese Partizipation, die Arbeitsprozesse, das frühzeitige Mitwirken und Einbringen von Ideen waren 60 bis 70 Prozent der Bewohnerschaft schon zwei Jahre vor Einzug dabei.[4] Damit konnte eine Kultur entstehen, die inzwischen ermöglicht, auf Konflikte relativ einfach zu reagieren. Das Konzept der radikalen, rohen Architektur war durch Workshops mit Architekt:innen, Echoräume und durch Baustellenbegehungen bekannt und wurde mitgetragen. Seit drei Jahren gibt es kaum Fluktuation außer im Bereich der studentischen WG.

Laube als Begegnungsort

Für die architektonische Umsetzung des Projekts wurde 2014 ein Studienauftrag an sechs geladene Architekturbüros vergeben. Buchner Bründler Architekten erhielten den Auftrag zur Realisierung ihres Entwurfs. Der Arbeitstitel „Morgen, auf der Laube" weist darauf hin, dass die Erschließung den Charakter des Hauses wesentlich prägt. In der Würdigung des Preisgerichtes wurde die konsequente Umsetzung der Gemeinschaftlichkeit hervorgehoben: „Hofseitig vorgelagert ist der grosszügige Laubenraum, der gleichzeitig der Erschließung und als gemeinschaftlich genutzter Außenraum dient."[5] Jede Wohnung wird über die zum Erlenhof orientierte Laubenveranda

Durchwegung vom Park Richtung Hof

Laube zum Erlenhof

betreten. Die Wohnungen richten sich nach zwei Seiten aus: Rückzugsräume und private Freibereiche befinden sich an der Fassade zum Park, die Kommunikationsbereiche wie Küche und Essbereiche schließen an die halböffentliche Laubenveranda. Sie verbindet somit Erschließung mit Begegnung.

Wohnungsmix und soziale Durchmischung

Ein breiter Wohnungsmix von 1- bis 6-Zimmer-Wohneinheiten, einer 14,5-Zimmer-Wohngemeinschaft und einer 18,5-Zimmer-Clusterwohnung bietet Raum für unterschiedliche Lebensentwürfe und unterstützt das Ziel einer Durchmischung der Bewohnerschaft. Diese soll etwa der des Kantons Basel-Stadt entsprechen.[6] Von drei Gästezimmern sind zwei an Teenager:innen vermietet, die nicht in der Kernfamilie wohnen, das dritte wird von allen Bewohner:innen genutzt. Eine Gruppe steuert die Belegung – aktuell mit einer Auslastung von circa 35 Prozent[7] – über eine App im Intranet. Um – wie im Regelwerk Erlenmatt Ost vereinbart – 10 Prozent der Wohnfläche für soziale Zwecke einsetzen zu können, initiierte die Genossenschaft eine Zusammenarbeit mit der Basler Sozialhilfe, die vier Wohneinheiten und die dazugehörigen Anteilscheine übernimmt und Mieter:innen vorschlägt – aktuell sind dies vier Flüchtlingsfamilien. Inzwischen hat sich diese Kooperation auch in anderen Projekten etabliert. Bei Unterschreitung der Mindestbelegung erfolgt durch die Genossenschaft Zimmerfrei eine Aufforderung zum Wechsel, die Möglichkeiten zum Tausch sind bei 34 Wohneinheiten allerdings begrenzt.

Soziales Miteinander in gemeinschaftlich genutzten Räumen

Großzügige gemeinschaftlich genutzte Räume ergänzen die kompakten Wohnungen. Ein gedeckter Vorplatz zum Hof ist über eine breite Treppe und eine Rampe erreichbar, die anschließende Lobby im Zentrum mit Gemeinschaftsraum, Küche und Waschsalon erlaubt Durchblicke zwischen Hof und Park. Eine über die Laube direkt zugängliche Dachterrasse für alle, sorgsam ausgestattet mit Schattenbaum und Wasserversorgung, erlaubt den Unterhalt von Pflanzbeeten, Aufenthalt mit Blick in das Leben der Höfe. Im Keller ist eine vielgenutzte Werkstatt zentral angeordnet. Auch die Ausbildung von Details unterstützt spontanes Miteinander: Eine Bank ist unverrückbar Teil der Fassade im Bereich der Außenlobby, die Sichtbetonbrüstung als Abschluss der Vorzone zum Park lädt durch Höhe und Breite zum Sitzen ein.

Genügsamkeit

Die Vorgaben der Energiebezugsfläche von 45 Quadratmetern pro Person seitens der Stiftung Habitat erfordern kompakte Wohnungen mit einer effizienten Grundrissorganisation: Interne Erschließungsflächen werden vermieden, die Wohnräume sind multifunktional nutzbar. Auch die nach außen gekehrten Verkehrs- und Gemeinschaftsflächen tragen dazu bei, dass die Energiebezugsfläche pro Person mit circa 41 Quadratmetern unter den Vorgaben liegt. In Kombination mit einem moderaten Ausbaustandard erlaubt das die Reduzierung der monatlichen Mieten.

Interviews

- Urs Buomberger, Leiter Projektbüro Erlenmatt Ost bei der Stiftung Habitat, Basel, 01.04.2019
- Lars Uellendahl, Vorstand Zimmerfrei (Bau), Mitinitiant, Hausbewohner, und Salome Gutscher, Hausbewohnerin, Basel, 18.09.2020

Adresse	Goldbachweg 8, 4058 Basel, Erlenmatt Ost, CH
Projektdauer	2014–2017
Planung	*Architektur* / Buchner und Bründler Architekten, Basel, CH *Landschaftsarchitektur* / Quartier Erlenmatt Ost partizipativ, Konkretisierung durch Raymond Vogel Landschaften, Zürich, CH
Trägerschaft	Wohngenossenschaft Zimmerfrei, Basel, CH
Wohnungstypen	32 Wohnungen für rund 100 Menschen
	2 1-Zimmer-Wohnungen / 38,5 qm und 49 qm
	9 2,5-Zimmer-Wohnungen / 58,5 qm und 61 qm
	6 3,5-Zimmer-Wohnungen / 70 qm und 75 qm
	9 4,5-Zimmer-Wohnungen / 81,5 qm, 84 qm, 87,5 qm, 90 qm, 92 qm
	3 5,5-Zimmer-Wohnungen / 120 qm
	1 6,5-Zimmer-Wohnung / 133 qm
	1 12,5-Zimmer-Wohnung / 259,5 qm
	1 16,5-Zimmer-Wohnung / 347 qm
Weitere Raumangebote	Gemeinschaftsraum mit Küche und Waschsalon / 100 qm, 2 Spezialzimmer / 16 qm 1 Gästezimmer / 16 qm Werkstatt / 19 qm Laubengang, gemeinschaftlich genutzte Dachterrasse

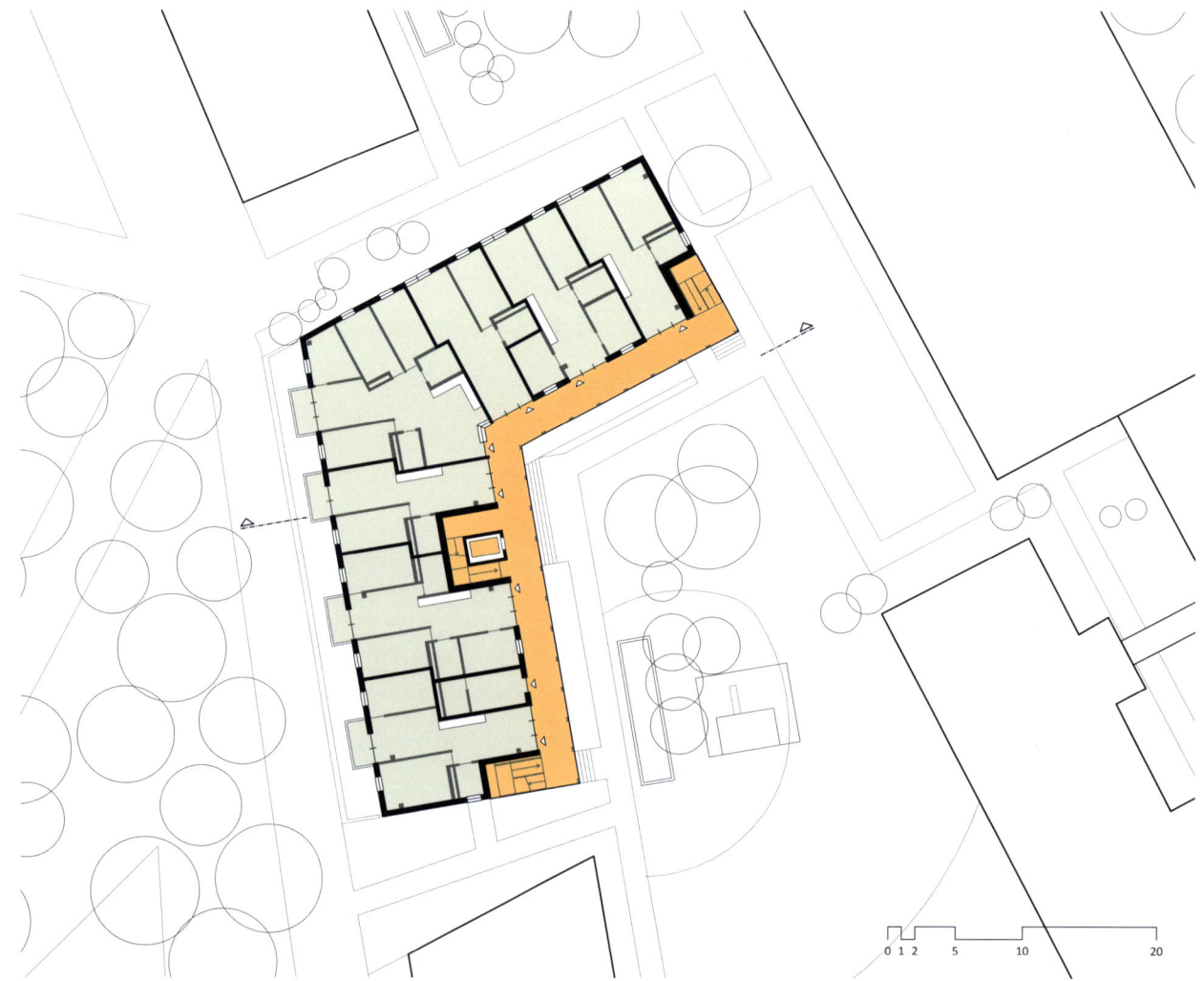

Grundriss Regelgeschoss

1   Homepage der Genossenschaft Zimmerfrei. Abzurufen unter: https://
    www.zimmerfreibasel.ch/ueber-uns/genossenschaft
    (besucht am 11.10.2020)

2   Weidmann, Ruedi: Haus StadtErle, Basel. Begleitdokumentation.
    Hg. v. Age-Stiftung. Zürich 2020

3   Zimmerfrei Wohngenossenschaft Basel (Hg.): Kollektive Projektent-
    wicklung. Abzurufen unter: https://www.zimmerfreibasel.ch/wp-
    content/uploads/2017/09/ZF_Projektdoku-Juli16.pdf
    (besucht am 18.08.2020)

4   Lars Uellendahl bei einer Hausführung am 18.09.2020

5   Raumplanung Holzemer GmbH (Hg.): Wettbewerb Mehrfamilienhaus
    Stadterle, Jurybericht. Oberwil 2014, S. 12

6   Weidmann, Ruedi: Haus StadtErle, Basel. Begleitdokumentation.
    Hg. v. Age-Stiftung. Zürich 2020

7   Lars Uellendahl im Interview

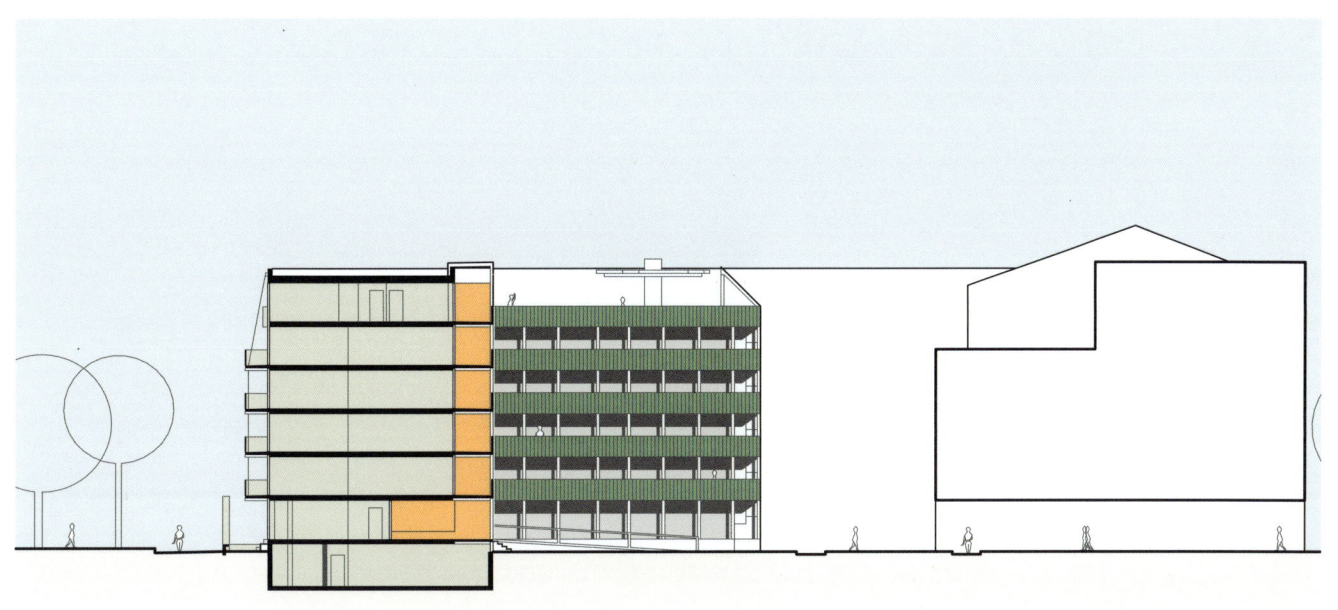

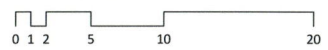

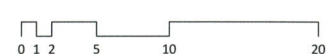

Ansicht / oben: Schnitt

5.11 Coopérative d'ateliers, Erlenmatt Ost – Basel, CH

Flexibel, ökologisch und ökonomisch wohnen und arbeiten

„Man muss mitbestimmen können, wer neu einzieht, wenn es eine Gemeinschaft sein soll. Deshalb haben wir zusammen überlegt, dass wir eine Genossenschaft machen könnten, dass wir dort Wohnen und Arbeiten zusammenbringen könnten." *

Heinrich Degelo

	Wohnung	Haus	Quartier
Gemeinschaft			
Produktion			
Adaption			

Signalstrasse

0 1 2   5   10   20

Grundriss Erdgeschoss / links: Cooperative d'ateliers: Teilnahme am Geschehen zum Hof

* *Heinrich Degelo im Interview*

Geschlossene Stadtfassade zur Verkehrsstraße

Wohn- und Arbeitsbalkone

Für die neu gegründete Genossenschaft Coopérative d'ateliers entwarf der Architekt Heinrich Degelo eines der auf dem Areal Erlenmatt Ost entstandenen Gebäude. Das Anliegen der vom Architekten mitgegründeten Genossenschaft besteht in der Verbindung von Wohnen und Arbeiten zu einer günstigen Miete. Viele der Bewohner:innen verdienen ihr Einkommen nicht nur durch ihre Kunst, sondern finanzieren sich mithilfe eines Zweitjobs. Ihr Wunsch ist allerdings, dieses „Dreieck aus Kunst, einem sogenannten Brotjob und Wohnen" aufzuheben und möglichst „in ihrer Kunst auf[zu]wachen".[1]

Nach einer ersten erfolglosen Fokussierung auf ein anderes Grundstück bot sich das Areal Erlenmatt Ost als geeigneter Standort für ein Projekt mit diesem Schwerpunkt an. Begünstigt durch die Stiftung Habitat als Baurechtgeberin war ein Grundstückskauf nicht notwendig; dies entlastete die begrenzten Finanzierungsmöglichkeiten der neu gegründeten Genossenschaft. Neben dem Wunsch nach kostengünstigem Wohn- und Arbeitsraum lag der Fokus auf der Entwicklung eines nachhaltigen Projekts mit hohem Anspruch an eine ökologische Bauweise sowie an die Anpassbarkeit an individuelle und sich wandelnde Lebensentwürfe. Drei Jahre nach Gründung der Genossenschaft und nach nur zehnmonatiger Bauzeit konnte das Gebäude bezogen werden.

Gebäudekonzeption zwischen Lärm und Innenhof

Im „Schallschutzrücken" des Quartiers positioniert und nach zwei Seiten orientiert, haben vor allem die unterschiedlichen städtebaulichen Rahmenbedingungen Auswirkungen auf das Wohn- und Atelierhaus. Durch die Lage an der stark frequentierten und lärmbelastenden Verkehrsstraße muss die

Nordostfassade mit dicken Mauern und reduziertem Fensterteil hohe Schallschutzanforderungen erfüllen. Die zum ruhigeren Innenhof orientierte Südwestfassade wird durch eine vorgestellte Holzbalkonkonstruktion horizontal gegliedert. Die in Reaktion auf die Vorgaben des Bebauungsplans entstandenen Balkone bieten überdachte Freiräume für die Wohnateliers. Die durchgängig offene Zone fördert spontane Begegnungen je Stockwerk, durch Vorhänge, Pflanzen und Möblierung entsteht ein lebendiger Dazwischenraum zum Hof. Die Balkonbrüstung – eine Balustrade aus unbehandeltem gespaltenem Eichenholz – entwarf der Künstler Andres Bally im Rahmen eines knappen Budgets. Heinrich Degelo sagt dazu: „Für uns war wichtig, dass es eine gewisse Filterwirkung hat und man sich ein wenig geschützt fühlt, ohne dass man eine Bastmatte davorhängt und dass man von außen nicht die Abfallsäcke, oder was da auch immer drauf steht, sieht."[2] Auch die Zugänge zum Haus orientieren sich gemäß dem Regelwerk Erlenmatt Ost zum Quartiershof, um dort Belebung und Austausch zu fördern. Ein öffentlicher Durchgang – einzige Öffnung in der geschlossenen Schallschutzbebauung – durchquert das Erdgeschoss und ist Teil des öffentlichen Wegenetzes in die schallgeschützte und gemeinschaftsorientierte Hoflandschaft.

Silo mit Restaurant und Hostel neben der Cooperative d'ateliers

Frei platzierbarer Sanitärblock

Entscheidungs- und Gestaltungsfreiheit

Insgesamt entstehen 17 Wohneinheiten mit einer Größe zwischen 60 und 150 Quadratmetern. Vier Wohnateliers werden pro Geschoss – durch unverputzte Kalksandsteinwände voneinander abgetrennt – über zwei innen liegende Kerne erschlossen. Die Reduktion der Tragstruktur auf Fassaden und Kerne und ein frei positionierbares Sanitär- und Küchenelement erlauben die individuelle Grundrissgestaltung der einzelnen Wohnateliers. Der für das Quartier Erlenmatt Ost geltende Bebauungsplan definierte die Gebäudehöhe des Projekts. Die vorgegebene maximale Fläche wurde auf nur vier Geschosse verteilt, dadurch entstanden lichte Raumhöhen von 3,45 Metern. Diese Raumhöhe erlaubt in Teilbereichen eine zweigeschossige Nutzung der Räume und erhöht ebenfalls die Flexibilität. Der bauliche Rahmen erlaubt damit auch bauliche Anpassungen an Veränderungen der Lebensumstände im Laufe der Zeit.

Sichtbarkeit im Quartier

Nach anfänglichen Überlegungen, einen Gemeinschaftsraum in das Gebäude zu integrieren, entschied sich die Ge-

nossenschaft dagegen: Der benachbarte Silo bildet als öffentlich zugängliches Gebäude das Herz des Quartiers und sollte auch als Ausstellungsort von den Genossenschaftler:innen genutzt werden können. In einem langwierigen Pachtvergabeprozess musste allerdings das Nutzungskonzept des Silos angepasst werden, ein öffentliches Restaurant in Verbindung mit einem Hostel nimmt nun die Position des ursprünglich geplanten, für alle offenen Mehrzweckraumes ein. Die Genossenschaftsversammlungen der Coopérative d'ateliers finden im quartiersübergreifenden Gemeinschaftsraum der Stiftung Habitat statt. „Deshalb ist es gar nicht nötig, dass jeder seinen Gemeinschaftsraum hat, sondern man kann es zusammen nutzen – das war ja auch die Idee davon."[3]

Weitere für das Projekt relevante Informationen zu den Themen Flexibilität, Ökonomie, Ökologie und Diversität sowie zur Genossenschaft Homebase als Anschlussmodell sind der Zusammenfassung des Interviews mit Heinrich Degelo zu entnehmen.

Interview

- Heinrich Degelo, Architekt und Genossenschaftsvorstand, Basel, 20.05.2019

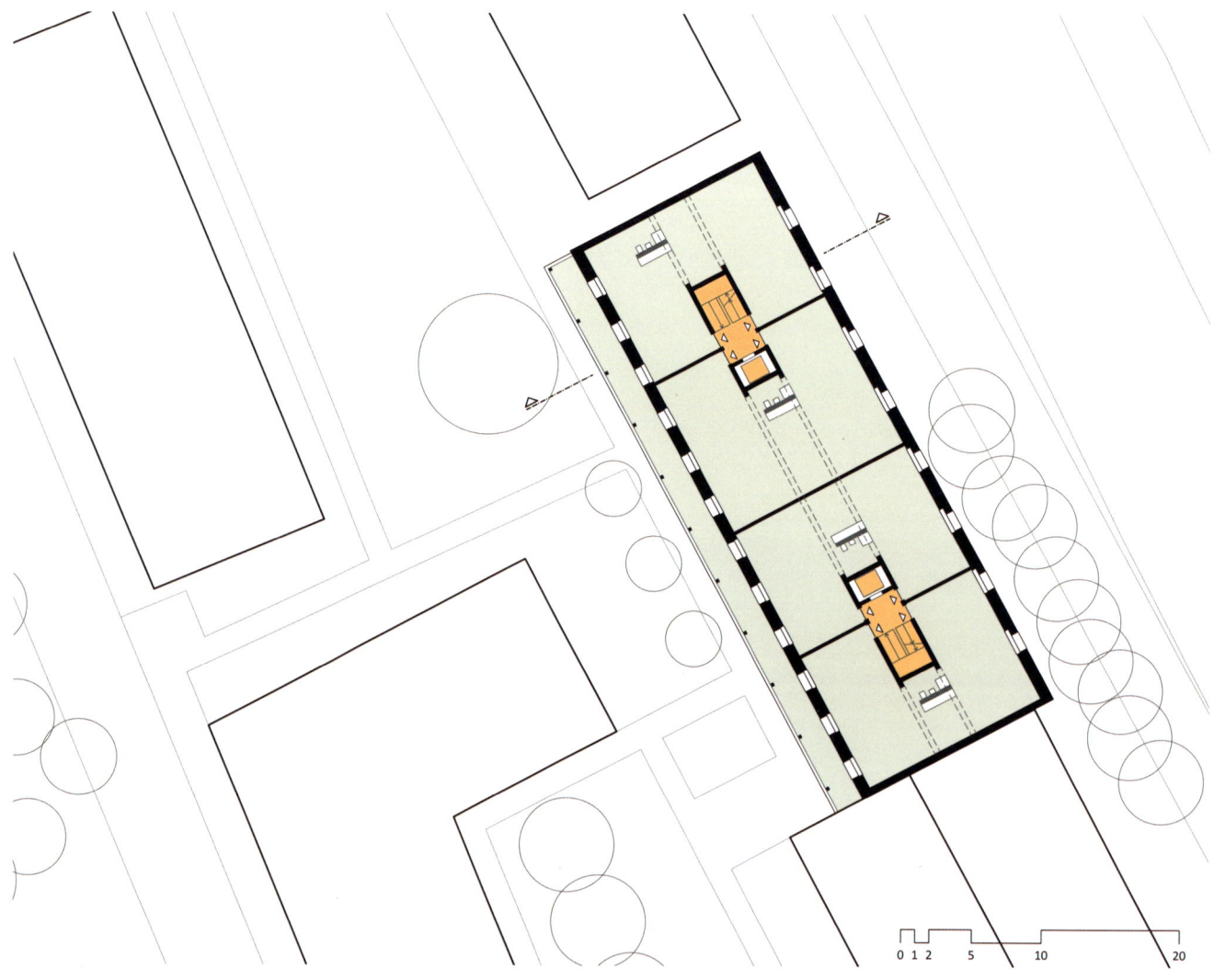

Grundriss Regelgeschoss

Adresse	Signalstrasse 43, 4058 Basel, Erlenmatt Ost, CH
Projektdauer	2015–2019
Planung	*Architektur* / Heinrich Degelo Architekten, Basel, CH
	Landschaftsarchitektur / Quartier Erlenmatt Ost partizipativ, Konkretisierung durch Raymond Vogel Landschaften, Zürich, CH
Trägerschaft	Coopérative d'ateliers, Basel, CH
Wohnungstypen	17 Wohnateliers für 36 Menschen
	1 Wohnatelier / 52,5 qm
	2 Wohnateliers / 59 qm
	1 Wohnatelier / 64 qm
	1 Wohnatelier / 115,5 qm
	3 Wohnateliers / 128,5 qm
	3 Wohnateliers / 131 qm
	6 Wohnateliers / 152 qm
Weitere Raumangebote	keine

1   Heinrich Degelo im Interview
2   Ebenda
3   Ebenda

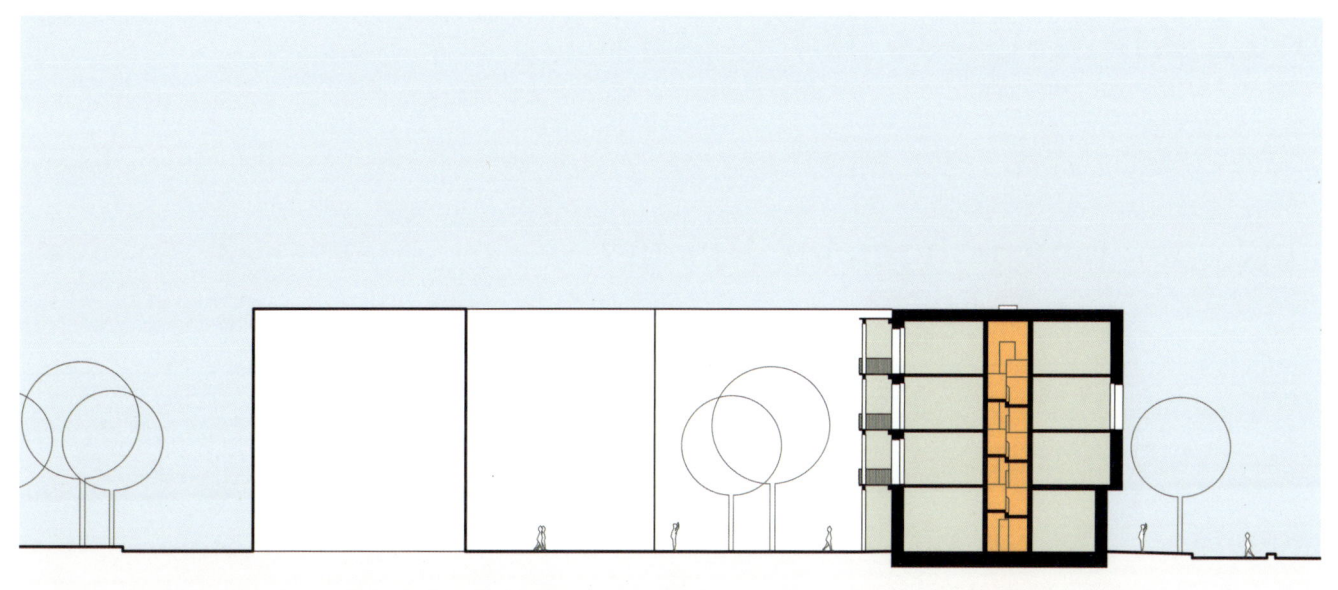

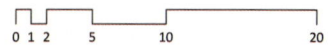

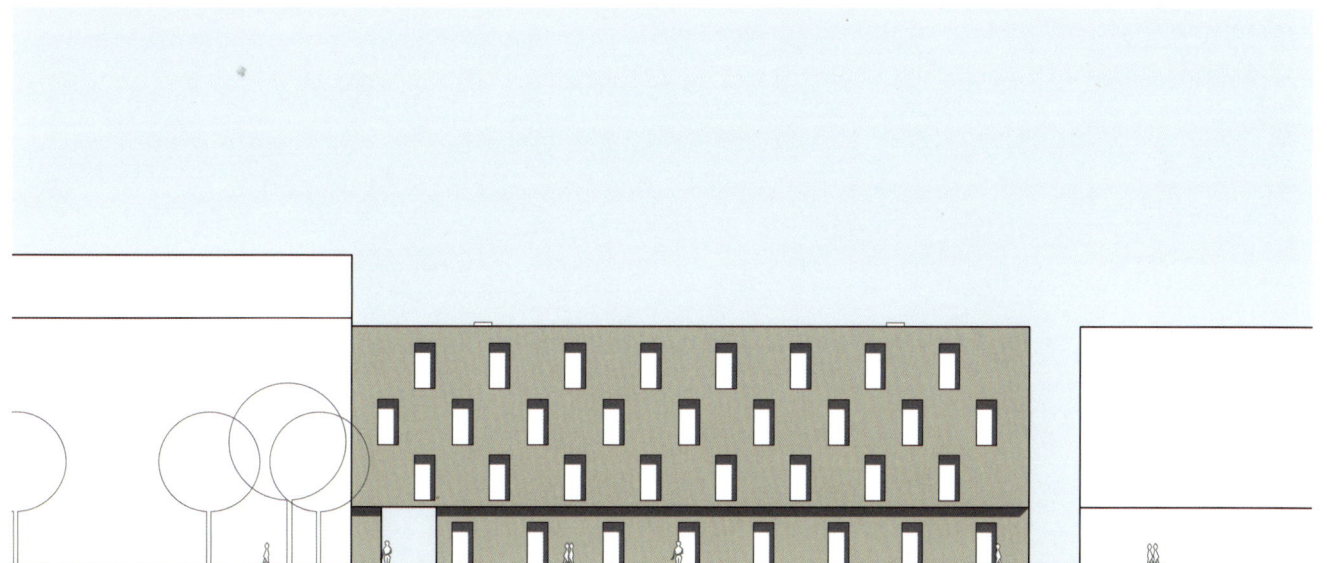

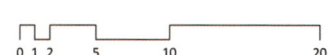

Ansicht / oben: Schnitt

5.12 Koch-Quartier – Zürich, CH

Ein Leben lang wohnen im Quartier

„Wir wollen es nicht alleine machen. Wir wollen mit drei Partien zusammenarbeiten, die unterschiedliche Charaktere haben, damit wir einen Stadtteil miterstellen und nicht nur eine Form von Leben. Damit wir nicht nur auf uns selbst fokussiert sind, sondern auf dem Areal ein Leben oder eine Form mitgestalten, auf dem Menschen ein Leben lang wohnen können." *

Dimphie Slooters, Kraftwerk1

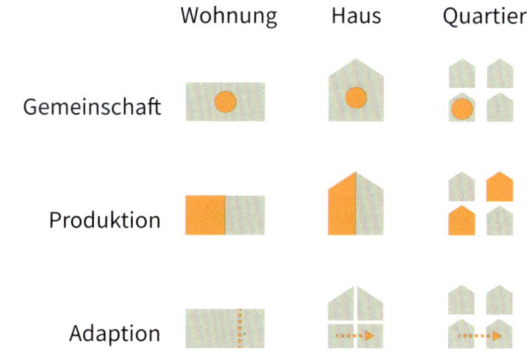

Wohnung
Haus
Quartier
Gemeinschaft
Produktion
Adaption

0
50
100
200

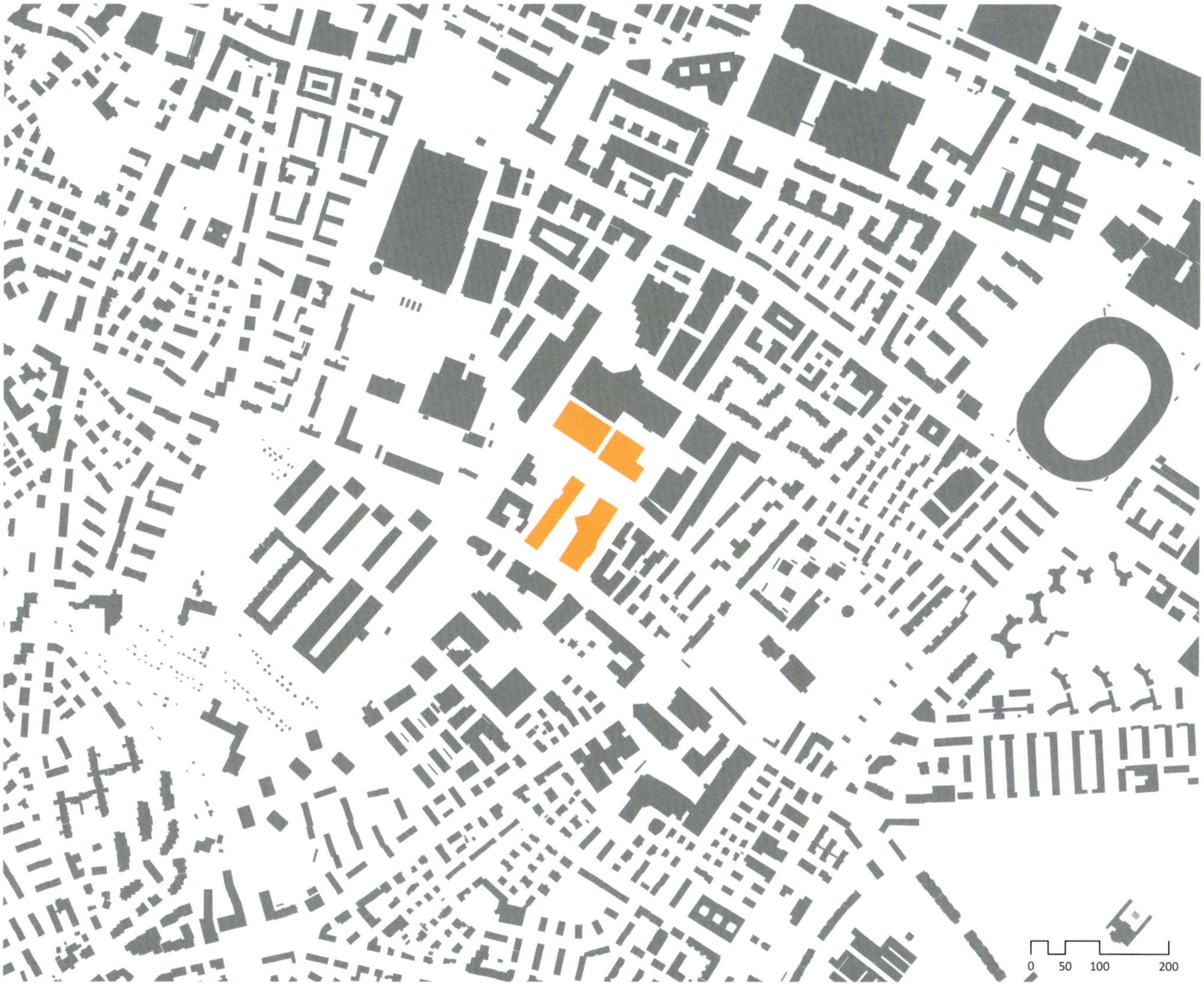

Zürich Schwarzplan / links: Die Zukunft des Koch-Quartiers

* *Hoffmann, Daniel/Slooters, Dimphie: Koch Areal in Zürich (Wie wir leben wollen – Eine Veranstaltungsreihe zum genossenschaftlichen Wohnen, Teil 4). Abzurufen unter: https://www.youtube.com/watch?v=6Mw1HqJU3cc; (besucht am 04.09.2021)*

Blick von der Rautistrasse auf das Areal und das Dach der Kohlenlagerhalle

Besetztes ehemaliges Bürogebäude der Koch Wärme AG

Drei Bauträger:innen und die Grün Stadt Zürich erstellen gemeinsam ein Konzept für ein barrierefreies Quartier, das solidarisches Miteinander, Kooperation und Austausch und die Einbeziehung der umgebenden Stadt verfolgt. Frühestens ab 2025 werden auf dem Areal circa 325 preisgünstige Wohnungen und vielfältige Gewerbeflächen bezogen. Die Ziele der 2000-Watt-Gesellschaft, die Minimierung des individuellen Verkehrs und die Fokussierung auf Stadtklima und -ökologie bilden die Grundlage für die Quartiersentwicklung. Eine ausgewogene Nutzungsmischung mit einer großen Bandbreite von Wohn- und Arbeitstypologien und Kultur- und Gewerbeangeboten decken vielfältige und heterogene Bedürfnisse als Grundlage für ein lebenslanges Wohnen im Quartier.[1]

Vom ungenutzten Grundstück zum belebten Quartier

Das Koch-Areal liegt im Entwicklungsgebiet Letzi, das sich von einer städtischen Randlage zum urbanen Mischgebiet wandelt.[2] Es grenzt im Süden an die stark befahrene Rautistrasse, im Norden an das Technik- und Dienstleistungszentrum Flur Süd der UBS AG. Auf dem Grundstück selbst befanden sich Büro- und Lagergebäude der Koch Wärme AG, die bereits seit 1998 nicht mehr an diesem Standort ist. Nachdem die neue Grundstücksbesitzerin UBS AG das Areal nicht nutzte, wurde es von der Besetzerszene übernommen – der Zirkus Chnopf richtete hier sein Winterlager ein. Schließlich kaufte es die Stadt Zürich im Jahr 2013.[3]

Konzeptwettbewerb zur Grundstücksvergabe

2017 schrieb die Stadt einen Investorenwettbewerb aus, um das Koch-Areal im Baurecht (Erbpacht) zu vergeben. Zentrales Ziel

war die Schaffung von kostengünstigem Wohnraum; daneben galt es, Flächen für das produzierende Gewerbe herzustellen.[4] Die traditionsreiche Allgemeine Baugenossenschaft Zürich (ABZ), die 1995 gegründete Bau- und Wohngenossenschaft Kraftwerk1 und ein privatwirtschaftlicher Investor, die Senn Resources AG, bildeten eine Bewerbergemeinschaft. Die unter Koordination der Projektbegleiterinnen Claudia Thiesen und Sabine Wolf[5] mit Fokus auf gemeinschaftliches Bauen und Wohnen erstellte Bewerbungsschrift – die Kochzeitung „Koch – Ein Zürcher Originalrezept"[6] – wird zum Manifest, das auch weiterhin die Zusammenarbeit inhaltlich leitet. In Konkurrenz zu den Konzepten von vier weiteren Bauträgern erhielt das Team den Zuschlag.

Vier parallele Projektwettbewerbe in einem gemeinsamen Verfahren

Das Areal war schon in der Grundstücksausschreibung in drei Baufelder und einen öffentlichen Quartierpark gegliedert. Gemeinsam entwickelten die Bauherr:innen dafür einen spezifischen Planungsprozess: Für alle vier Teilperimeter wurde jeweils ein Wettbewerb in einem gemeinsamen, parallel laufenden Verfahren ausgeschrieben, die Auswahl der Büros fand durch eine offene Präqualifikation statt. Die geforderte Darstellung zum Verständnis dieser Aufgabe ermöglichte auch jungen Büros den Zugang zu diesem Verfahren und erlaubte den Bauträger:innen, Büros auszuwählen, die ihren Vorstellungen nahestehen. Zehn Architekturbüros wurden für die Hochbauten, 15 Landschaftsarchitekturbüros für den Quartierpark selektiert. Eine breit zusammengesetzte Jury beurteilte zunächst pro Baufeld die anonym eingereichten Projekte. Ab dem zweiten Jurytag wurden die Projekte der engeren Wahl gemeinsam, mit Blick auf den Gesamtperimeter und die Frage nach möglichen Kombinationen

Quartierslageplan

diskutiert. Die Siegerprojekte wurden in Bezug auf die Charakterstärke für die jeweilige Bauherrschaft, aber auch mit Blick auf das Miteinander von Bauten und Park gewählt.

Vier individuelle Charaktere

Auf dem Baufeld B erstellt die ABZ ein Ensemble aus einem 85 Meter hohen genossenschaftlichen Wohnhochhaus und einem siebengeschossigen Zeilenbau. Eine Nahversorgung nutzt größtenteils das vollständig überbaute Erdgeschoss, dessen Dach dient als großzügige Terrasse für die Bewohnerschaft. Hier findet überwiegend Wohnen in allerlei Größen und Typen statt. Eine Besonderheit sind die für das Hochhaus entwickelten, dreigeschossigen Gemeinschaftscluster mit Wasch-, Arbeits- und nutzungsoffenen Räumen, die sich zusammen mit den Wohnungen und dem Gewerbe im Sockel zu einer „Vertikalen Gemeinschaft" fügen. Die ABZ, bekannt für ihre günstigen Mieten, stellt sich mit dem Projekt auch der Herausforderung, ihre hohen Anforderungen auch im Hochhausbau realisieren zu können.[7]

Die Bau- und Wohngenossenschaft Kraftwerk1 entschied sich im Baufeld C für den Entwurf eines 110 Meter langen „Schiffes", das auf Seite der Kohlenlagerhalle großzügig zurückgerückt ist und damit den Freiraum erweitert. Die unteren drei Geschosse sind öffentlich und halb öffentlich ausgebildet und adressieren das Stadtquartier.[8] Darüber sind sechs Wohngeschosse angeordnet, die in ihrer Länge durch drei begrünte Innenhöfe gegliedert sind. Sie öffnen sich nach oben zu einer großzügigen, begrünten Dachterrasse. Der Zirkus Chnopf und das Zirkusquartier sind hier mit einer Trainings- und Aufführungshalle räumlich verankert. Dimphie Slooters, Vorsitzende der

Baukommission und Vorständin der Genossenschaft, ergänzt hierzu: „Für uns spielen sie eine wichtige Rolle in der Quartiersentwicklung. Sie werden sicher eine Seele dieses Areals sein."[9] Zirkus Chnopf und das Zirkusquartier können als Impulsgeber für kleinere Dienstleistungen und Gewerbebetriebe wirken.

Eine flexible vertikale Fabrik, ein urbanes Produktionshaus entwickelt Senn Resources AG auf dem gewerblich deklarierten Baufeld A. Der 30 Meter hohe Baukörper mit doppelten Geschosshöhen und hohen Deckentraglasten reagiert auf den heterogenen städtischen Kontext: Begrünte Loggien bilden den Übergang zum Quartierpark, zur Flüelastrasse zeigt sich ein vertikal gegliederter turmartiger mächtiger Gewerbebau. Das Gebäude unterstützt durch vielfältige Raumgrößen verschiedene Arbeitstypen. Die lärmintensive Produktion orientiert sich zur Straße, ruhigere Bereiche – die digitale Produktion wie Entwicklungs- und Co-Working-Spaces – orientieren sich zum Baufeld B der ABZ.[10]

Der Quartierpark bleibt im Besitz der Stadt Zürich. Er bildet die grüne Mitte, ist Bindeglied und wertet den Stadtteil über das Quartier hinaus auf. Für Besucher:innen soll ein durchfließender, attraktiver Raum entstehen, der als Einheit wahrgenommen wird. Grün Stadt Zürich plant und realisiert den Park, die denkmalgeschützte Kohlenlagerhalle ist als „integraler Bestandteil des Parks zu betrachten und als historische Zeugin zu erhalten"[11] – sie wird zum überdachten Freiraum. Mit einer reichhaltigen Biodiversität ist der Quartierpark nachhaltig und in der Zeit flexibel anpassbar.[12]

Transparente Vermittlung

Im Vorfeld der Projektwettbewerbe veranstalten die Bauträger:innen im Frühjahr 2018 einen gemeinsamen partizipativen

Zirkus Chnopf auf dem Areal

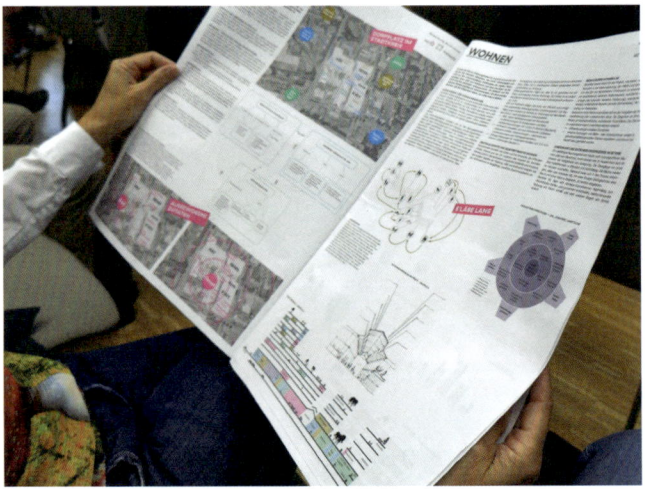

Kochzeitung als Teil der Bewerbung

Prozessfrühling für alle Interessierten. Gewerbe & Dienstleistungen, Wohnen & Gemeinschaft und Mikro- & Stadtklima waren Diskussionsthemen dreier Abende, in zwei weiteren Veranstaltungen wurden dazu vertiefte Betrachtungen verschiedener Arbeitsgruppen vorgestellt. 3.000 im Quartier verteilte Flyer luden zu diesen Veranstaltungen ein, „um die Leute zu erreichen, die dort leben und deren Umfeld das ist und wird und nicht global mit irgendwelchen Medien".[13] Die Siegerprojekte wurden in einer Open-Air-Ausstellung vor Ort gezeigt, mithilfe einer Bauküche ein offener Austausch angeregt. „Wir [Bauträger:innen] suchen bewusst den Kontakt, weil wir etwas für und mit dem Quartier entwickeln und nicht ein Projekt aus der Schublade ziehen wollen, das überall passend wäre. Das ist ein Prozess, der von Anfang an gestartet hat und sich jetzt ausdehnen wird."[14]

Vielfältiger Wohnungsmix, heterogene Bewohnerschaft

Die Bandbreite des geplanten Wohnungsangebots reicht von Kleinst- über Familienwohnungen, Mehrgenerationen- und Clusterwohnen zu Großhaushalten. Der Baurechtsvertrag regelt die Belegungsvorschriften (Anzahl Zimmer minus eins = Mindestanzahl Bewohner:innen). Weiterhin fordert die Stadt subventionierte Wohnflächen in Höhe von 33 Prozent.[15] Menschen, die geringere Chancen auf dem freien Wohnungsmarkt haben, erhalten hier Vorrang. Dimphie Slooters von Kraftwerk1 fügt hinzu: „Barrierefreiheit hat bei uns einen hohen Stellenwert. Das ist von der Bewohnerschaft im Rahmen der partizipativen Begleitung gefordert worden."[16]

Interviews

- Johannes Eisenhut, Geschäftsführer der Senn Development AG, Zürich, 02.11.2018
- Sabine Wolf, Stadtplanerin bei Thießen & Wolf GmbH, Zürich, 15.05.2018

Lage	8047 Zürich, CH / Mit Flur-, Flüela- und Rautistrasse
Projektdauer	2017–2025
Planung	*Baufeld A, SENN* / ARGE Käferstein & Meister Architekten AG, Zürich, CH, mit Ekinci Architekten GmbH, Zürich, CH; KOLB Landschaftsarchitektur GmbH, Zürich, CH
	Baufeld B, ABZ / Enzmann Fischer Partner AG, Zürich, CH; Skala Landschaft Stadt Raum GmbH, Zürich, CH
	Baufeld C, Kraftwerk1 / studio trachsler hoffmann, Zürich, CH; Atelier Loidl Landschaftsarchitekten Berlin GmbH, Berlin, D
	Baufeld Quartierpark / Krebs und Herde Landschaftsarchitekten GmbH, Winterthur, CH; PARK, Dipl. Arch. ETH SIA BSA, Zürich, CH
Trägerschaft	Im Baurecht an Senn Resources AG, St. Gallen, CH (Baufeld A); Allgemeine Baugenossenschaft Zürich, CH (Baufeld B); Bau- und Wohngenossenschaft Kraftwerk1, Zürich, CH (Baufeld C); im Eigentum Stadt Zürich (Quartierpark)
Arealgröße	29.500 qm *Davon Quartierpark* / 13.200 qm
Nutzungen	rund 325 gemeinnützige Wohnungen, Probe- und Aufführungsflächen des Zirkus Chnopf, Produzierende Gewerbefläche, Dienstleistungsflächen, Gemeinschaftsbüros, Ateliers, Werkstätten, Nahversorger, Gastronomie, Quartierpark mit Kohlenlagerhalle als Quartiertreff

1 Hoffmann, Daniel/Slooters, Dimphie: Koch Areal in Zürich (Wie wir leben wollen – Eine Veranstaltungsreihe zum genossenschaftlichen Wohnen, Teil 4). Abzurufen unter: https://www.youtube.com/watch?v=6Mw1HqJU3cc; (besucht am 04.09.2021)

2 Stadt Zürich (Hg.): Neubauten und Quartierpark Koch-Areal, Zürich-Albisrieden/Altstetten. Vier Wettbewerbe im selektiven Verfahren, Bericht des Preisgerichts. Zürich 2019, S. 3

3 Stadt Zürich Hochbaudepartement: Wettbewerb Koch-Areal. Abzurufen unter: https://www.stadt-zuerich.ch/hbd/de/index/hochbau/wettbewerbe/abgeschlossene-wettbewerbe/archiv-wettbewerbe/wettbewerbe_2019/koch-areal.html (besucht am 31.03.2021)

4 Stadt Zürich (Hg.): Baurechtsvergabe Koch-Areal, Zürich-Albisrieden/Altstetten. Bericht des Beurteilungsgremiums. Zürich 2017, S. 8

5 Homepage der Thiesen & Wolf GmbH. https://thiesenwolf.ch/ (besucht am 31.03.2021)

6 Konzeptbewerbung um das Baurecht von ABZ, Kraftwerk1, Senn. 2017. Abzurufen unter: https://kochquartier.cdn.prismic.io/kochquartier%2F83b6da63-9e8f-41aa-8c90-ad4bacd32fd8_20170916_koch_konzeptbewerbung-zeitung.pdf (besucht am 29.03.2021)

7 Stadt Zürich (Hg.): Neubauten und Quartierpark Koch-Areal, Zürich-Albisrieden/Altstetten. Vier Wettbewerbe im selektiven Verfahren, Bericht des Preisgerichts. Zürich 2019, S. 34

8 Hoffmann, Daniel/Slooters, Dimphie: Koch Areal in Zürich (Wie wir leben wollen – Eine Veranstaltungsreihe zum genossenschaftlichen Wohnen, Teil 4). Abzurufen unter: https://www.youtube.com/watch?v=6Mw1HqJU3cc; (besucht am 04.09.2021)

9 Ebenda

10 Ebenda

11 Stadt Zürich (Hg.): Neubauten und Quartierpark Koch-Areal, Zürich-Albisrieden/Altstetten. Vier Wettbewerbe im selektiven Verfahren, Bericht des Preisgerichts. Zürich 2019, S. 15

12 Ebenda, S. 36

13 Sabine Wolf im Interview

14 Hoffmann, Daniel/Slooters, Dimphie: Koch Areal in Zürich (Wie wir leben wollen – Eine Veranstaltungsreihe zum genossenschaftlichen Wohnen, Teil 4). Abzurufen unter: https://www.youtube.com/watch?v=6Mw1HqJU3cc; (besucht am 04.09.2021)

15 Ebenda

16 Ebenda

6 DURCHDRINGUNG UND VERNETZUNG

6 Durchdringung und Vernetzung

Wohnoptionen sind nicht mehr eindimensional fassbar. Zwar werden in den Analysekapiteln die relevanten Themen – also das gemeinschaftsorientierte, das produktive und das adaptive Wohnen – fokussiert betrachtet, dennoch bleiben die Überlagerungen unterschiedlicher Themenbereiche für die untersuchten Wohnprojekte charakteristisch. Wichtig ist uns die generelle Feststellung, dass die große Wohn- und Optionsvielfalt kein Ausdruck von Beliebigkeit ist, sondern dass durch das Zusammenführen der verschiedenen Ebenen vielmehr neue Qualitäten entstehen. Neue Wohnoptionen ermöglichen, sowohl einen veränderten Blick auf die heutigen Wohnweisen und Wohnräume zu werfen als auch auf den sozialen Nahbereich. Die Wohnvielfalt, die den Wohnoptionen zugrunde liegt, entsteht vielfach aus partizipativen Prozessen und konzeptionellen Überlegungen. Verbindend ist das Neben- und Miteinander; dies ist sowohl hinsichtlich der sozialen Adressat:innen festzustellen als auch hinsichtlich ihrer funktionalen und wohntypologischen Ausrichtung. Statt klarer Grenzen und Zuordnungen dominieren thematische und räumliche Überblendungen und Durchdringungen.

In der Wohnung bleibt der „intime Bezirk" weiterhin der privateste Bereich, während andere Bereiche der Wohnung hingegen zur Hausgemeinschaft hin durchlässiger werden. Die Rechtsauffassung, dass eine Wohnung eine baulich getrennte, in sich abgeschlossene Wohneinheit darstellen muss, die über einen eigenen Zugang verfügt, erfasst die Dynamik heutigen Wohnens nur unzureichend. Der Bedeutungswandel des Wohnens ist vielmehr durch die Herausbildung unterschiedlicher Sphären geprägt. Es sollte deshalb für diese Wohnformen ein erweiterter Wohnbegriff angewandt werden, der den sozialen und baulichen Nahbereich gleichermaßen einbezieht.

Verlust sozialer und baulicher Standards

Unsere Gesellschaft hat sich sozial, ethnisch und kulturell stark ausdifferenziert. Dementsprechend sind heute die Haushaltstypen und Wohnpräferenzen vielfältig. Standardwohnungen entsprechen immer weniger diesen differenzierten Lebensentwürfen. Gewerbliche Bauträger oder Genossenschaften vermögen daher kaum noch eindeutige Aussagen zu treffen, welche Wohnungstypen bedarfsgerecht sind und für welche Nutzergruppe gebaut werden soll. Die Schwierigkeit, eine allgemeingültige Aussage zu treffen, wie das künftige Wohnen aussehen wird, stellt zwar die Anwendung tradierter Wohnstandards infrage, nicht aber die Notwendigkeit, weiterhin die unterschiedlichen Wohnbedürfnisse zu ermitteln. Es sind deshalb zwei Wege sinnvoll: einerseits die stärkere Einbeziehung der Wohnenden in partizipative Prozesse und andererseits eine Ausweitung der Adaptionsfähigkeit der Wohnungen.

Wohnen im inneren Bezirk und die neue Durchlässigkeit

Unabhängig vom Schwinden allgemeingültiger Wohnstandards bleiben die Ansprüche nach einer privaten Kernzelle des Wohnens in einem inneren Bezirk erhalten. Dies betrifft Wohnformen von Einzelpersonen ebenso wie das Familienwohnen oder das Leben in gemeinschaftlichen Wohnprojekten. Die intimen Bereiche der Wohnung bleiben für die Individuen weiterhin die Refugien des Privaten. Der innere Bereich der Wohnung schafft Raum für die grundlegenden Bedürfnisse der Menschen nach Geborgenheit und Intimität. Wichtige Angelegenheiten können, wie bereits Hannah Arendt anmerkte, „überhaupt nur im Privaten leben und gedeihen [...]. Liebe zum Beispiel kann, im Gegensatz zur Freundschaft, eine öffentliche Zur-Schaustellung schlechterdings nicht überleben."[1]

Die Wohnoptionen in den untersuchten Wohnprojekten sind mehrfach codiert: Während der innere Bezirk in der Wohnung intim und für die Öffentlichkeit abgeschlossen bleibt, werden andere Teile der Wohnung durchlässig. Durch bauliche oder gestalterische Maßnahmen entstehen Filter, wobei die Wohnenden – wie bei einer permeablen Membran – das Maß der Durchlässigkeit selbst bestimmen können. Diese Entwicklung unterscheidet sich deutlich vom Wohnen im Einfamilienhaus, das sozial homogen und territorial abgegrenzt bleibt. Wohnoptionen in den Mehrfamilienhäusern beziehen den sozialen Alltag im urbanen Quartier ein und sind weniger ausschließlich auf die Wohnung begrenzt. Jedoch konnten Pionierprojekte, die die Sphären des Privaten ganz aufzulösen wollten, nur begrenzt ausstrahlen. Karthago in Zürich mit seinem Großhaushalt und den gemeinschaftlichen Wohnformen ist zwar als Projekt stabil und kann auf eine über 20-jährige Nutzungsgeschichte zurückblicken, das Modellprojekt blieb aber singulär; es ist nicht verallgemeinerungsfähig.

Reintegration und Funktionsüberlagerungen

Die Praxis der Enthäuslichung wichtiger Lebensbereiche, wie die Auslagerung fast aller Formen der Arbeit, der Bildung, der kindlichen Erziehung oder Krankheit, und umgekehrt eine zunehmende Verhäuslichung sämtlicher leiblicher Vitalfunktionen[2], die sich in der industriellen Moderne bis in die 1970er-Jahre durchsetzt, ist wieder infrage gestellt. Es findet insbesondere wieder eine Reintegration der gewerblichen, ehemals außerhäuslichen Arbeit in der Wohnung statt; dagegen war die häusliche Arbeit, die zumeist Frauen erledigten, nie ausgelagert. Für diese Reintegration wichtiger Lebenspraktiken bedarf es der Umschreibung des Raumprogramms. Da die Bedarfe und Nutzungsphasen sich im räumlichen und zeitlichen Kontext ändern können, sind adaptive Strategien gefragt.

Gemeinschaft und Diversität

In den untersuchten Wohnprojekten hat sich inzwischen eine Kultur des Mit- und Nebeneinanders etabliert. Wichtig erscheint, dass sowohl dem Bedürfnis nach Eigensinn (Individualität) Raum gegeben wird, als auch dem Bedürfnis nach Gemeinschaft (Kollektivität). Beide Bedürfnisse werden nicht mehr als Gegensatz, sondern als zwei Seiten der gleichen Münze betrachtet.

Das Mit- und Nebeneinander sollte zukünftig nicht mehr mit dem Gedanken der Nivellierung und Einebnung von wohnkulturellen, ethnischen und sozialen Unterschieden verbunden

werden. Wohnoptionen sollten eine Balance von Integration und Diversität mit geteilter Gemeinsamkeit und individueller Vielfalt herstellen.[3] Es geht weder um die Durchsetzung von verallgemeinernden Standards noch um eine wohnkulturelle Assimilation der vielen, sondern Wohnoptionen schaffen vielfältige Möglichkeitsräume in einer diversen und sozial sowie kulturell heterogenen Gesellschaft.

Die Räume der Gemeinschaften sind – ebenso wie die Nutzer:innen – divers. Gerade in größeren Häusern – wie im Wohnhochhaus der ABZ in Zürich – bilden vertikale Räume der Gemeinschaft, Ligaturen gleich, überschaubare und lebbare Mikronachbarschaften. Da sich ein Quartier weniger aufgrund von Verwaltungsgrenzen, sondern vorrangig durch soziale Interaktionen definiert, gewinnt die Vernetzung der Räume im Quartier sichtlich an Bedeutung.

Räume im Wandel

Um den vielfältigen Nutzungsanforderungen gerecht zu werden, ist eine große Wohnvielfalt erforderlich sowie adaptive Strategien. Robuste repetitive Grundstrukturen generieren nutzungsneutrale Räume, die Grundlage sind für Flexibilität und Diversität. Es entstanden Wohnprojekte, die durch Tragwerke mit Unterzugstrukturen variable Raumnutzungen – von Arbeits- bis Wohnräumen – ermöglichen. „Atmende" Grundrisse passen sich Nutzungsveränderungen an. Eine begleitende und offene „Wintergartenschicht" kann, je nach Jahreszeit, Räume erweitern oder begrenzen. Eine inzwischen übliche adaptive Strategie ist die bedarfsorientierte Bereitstellung von Zusatzzimmern (Satellitenräume, Jokerzimmer etc.). Traditionelle und monofunktionale Räume, beispielsweise das „Gemeinschaftszimmer", weichen verstärkt hybriden Nutzungskonzepten. Durch Kooperation und durch die Kultur des Teilens kann im Quartier durch verschiedene Akteur:innen ein breites Raumangebot bereitgestellt werden.

Einige Wohnprojekte verfolgen das ambitionierte Ziel, lebenslang im Quartier wohnen zu können. Für diese Zielsetzung ist erforderlich, dass barrierearme Wohnungsgrundrisse und Erschließungen zum Standard gehören. Oftmals wird weniger eine Anpassungsstrategie in der Wohnung verfolgt, sondern es wird die Bereitstellung beispielsweise altengerechter Wohnungen im Quartier mit einer Umzugspflicht verknüpft. Adaptive Strategien, die auf die Wohnbedürfnisse residenziell multilokal Lebender reagieren, sind bisher wenig ausgeprägt.

Räume des Dazwischenwohnens als polyvalente Orte

Mit der Differenzierung der Wohnung in private und gemeinschaftsoffene Wohnsphären definiert sich auch das Verhältnis von Wohnraum zum Außenraum neu. Dabei können sozial konstruierte Dazwischenräume, die kommunikative Begegnungen innerhalb der Hausgemeinschaft erleichtern, vielfältig sein. Sie reichen von großzügigen Eingangsbereichen mit Verweilmöglichkeiten über kommunikative Erschließungsflächen zu Dachterrassen. Es finden in den neuen Wohnprojekten aber vermehrt kommunikative Erschließungssysteme Anwendung, die sich von den früheren funktionalen Laubengang-Erschließungen qualitativ unterscheiden. Eine effiziente Erschließung bei Gewährung feuerpolizeilicher Anforderungen ist nur ein Aspekt. Wichtig wird diese zumeist erweiterte Erschließungsfläche nun als informelle Begegnungszone. Diese Bedeutungsausweitung kann aber auch zur Konsequenz haben, dass Lauben- bzw. Außengänge nicht mehr zwangsläufig an der Lärmseite bzw. Nordseite angeordnet werden. Neue Prioritätensetzungen führen zu alternativen städtebaulichen Ausbildungen. Die früher wenig geschätzten Räume werden heute in Wert gesetzt; sie sind inzwischen die Bühnen des sozialen Zusammenlebens.

Schwellenräume, horizontale Schichtung zur vertikalen Durchdringung

Im urbanen, bürgerlichen Haus war der Schwellenbereich im Erdgeschoss mit seinem doppelten Charakter bis zur Durchsetzung des funktionalen Städtebaus bedeutsam; er schaffte als Übergangszone eine räumliche Distanz zum privaten Wohnen und lud gleichzeitig die Öffentlichkeit ins Haus ein. In den letzten Jahrzehnten erfolgte eine Neubelebung dieses Schwellenraums, da er uneindeutig ist und ein Wechselspiel von Nähe und Distanz zulässt. Schwellenelemente „sind Angebote an den öffentlichen Raum, können dem Verweilen dienen oder lediglich Einblicke gewähren und die Passanten am Leben der angrenzenden Wohnbebauungen teilhaben lassen. Diese Schwellenelemente ermöglichen Wechselwirkungen sowohl aktiver Art, wenn sie tatsächlich nutzbar sind, als auch passiver Art, wenn sie visuelle Verknüpfungen herstellen oder Einblicke ermöglichen."[4]

Neue Wohnoptionen vermögen Schwellenräume zwischen dem Haus und dem Quartier zu bilden, aber auch räumliche Ligaturen innerhalb der Hausgemeinschaft herzustellen. Vertikale Durchdringungen durch räumliche Ligaturen verstärken sinnstiftende Hausgemeinschaften besonders in größeren Wohnprojekten. Ein Hauch zukünftigen Wohnens weht dann, wenn in den neuen Wohn- und Quartiersprojekten das Spiel von Nähe und Distanz, von Privatheit und Öffentlichkeit durch eine vertikale Durchdringung der räumlichen Sphären erfolgt.

Konzeptvergaben

Als für die Vielfalt und Robustheit von Quartieren förderlich erwiesen sich die Konzeptverfahren, bei denen die Grundstücksvergabe nicht nach dem Höchstpreisprinzip erfolgt, sondern nach Qualitätskriterien. Wesentliches Kriterium bei der Konzeptvergabe ist die Frage, welchen Mehrwert das jeweilige Projekt für das Quartier und für das Gemeinwohl erzeugt. Konzeptverfahren eröffnen Steuerungsmöglichkeiten für die Kommunen. Kooperationen werden zunehmend von Stadtverwaltungen angeregt und moderiert, wie im Sonnwendviertel in Wien, im Koch-Areal in Zürich oder in der Bebauung an der Gartenstraße (Wolle+ und Postbau eG) in Tübingen, oder sie beruhen auf Absprachen zwischen verschiedenen Bauträgern, wie durch die KOOPERATIVE GROSSSTADT eG, WOGENO eG und wagnis eG in München-Riem. In der Regel werden Zielvorgaben definiert, die zu einer Stärkung des Gemeinwohls im Quartier beitragen.

Ein möglicher Ansatz, der zur Belebung der Wohnquartiere führen soll, ist die kuratierte Erdgeschossvergabe. Durch die Städte werden verschiedene Wege beschritten. Dies zeigen lokale Umsetzungen in Wien, Basel, München oder Tübingen, aber stets sollen sie zur Stärkung des Zusammenlebens im Quartier beitragen.

Partizipation und Retinität

Allen von uns untersuchten Wohnprojekten liegen Partizipationsprozesse zugrunde. Je höher die partizipative Dichte, desto größer erweist sich der Mehrwert für das Quartier. Statt formalisierter Verfahren werden offene Beteiligungsformen angewandt, die bereits in der Ideenfindung ansetzen und einem projektspezifischen prozesshaften Verlauf folgen. Erweisen sich Annahmen nicht als nicht tragfähig, so finden pragmatische Neujustierungen statt.

Da die Leistungsfähigkeit kleiner Hausprojekte begrenzt ist, liegt die Stärke der kooperativen Entwicklungen in der Bündelung der Kräfte durch Quartiersvernetzung. Kooperative Quartiersentwicklungen beruhen auf dem Grundsatz der Zusammenarbeit und des Teilens. Kooperationsvereinbarungen können zwischen den Kommunen und Bauenden (Genossenschaften, Bauträger:innen etc.) getroffen werden oder es können konsortiale Abstimmungen zwischen den verschiedenen Akteur:innen erfolgen. Diese Vernetzung und ihr Zusammenspiel führen zu unterschiedlichen Befähigungen, sodass vielfältige Stadtbausteine entstehen. Ziel der partizipativen Prozesse, der konsortialen Vernetzungen oder der kuratierten Programmierungen ist stets die Lebendigkeit der Quartiere und der Wunsch, die funktionale Vielfalt zu fördern sowie die Identifikation der Bewohner:innen mit dem Wohnort zu stärken. Durch Zusammenarbeit entstehen zukunftsweisende wohnkulturelle Experimentierfelder.

Die Formen der Vernetzungen in den Häusern und im Quartier sind inzwischen vielfältig. Neben der programmatischen und räumlichen Vernetzung wird die digitale Vernetzung immer wichtiger. Inzwischen sind digitale Vernetzungen in fast alle Wohn- und Quartiersprojekte implantiert. Sie ermöglichen eine schnelle Kommunikation, aber auch die effiziente Nutzung der Ressourcen, wie beispielsweise die Organisation einer effizienten Raumbelegung. Durch digitale Vernetzungen werden auch räumliche Grenzen überwunden und es entstehen neue Sozialforen.

Experimentierfelder und urbane Quartiere

Das Ergebnis dieser Quartierskooperationen ist die Entwicklung bunter, lebendiger und zukunftsfähiger Quartiere. Es wird mehr beabsichtigt als nur gut zu wohnen. Sie sind ebenso Orte der urbanen Produktion, der pluralen Kultur, des lebendigen Austauschs sowie der sozialen wie baulichen Experimente. In den Quartieren werden ehemals ausgelagerte Funktionen wieder zusammengeführt, sodass wieder ein Stück lebendige Stadt entsteht.

Prädestinierte Akteur:innen im Quartier sind oftmals die Bewohner:innen der gemeinschaftlichen Wohnprojekte oder Quartiershäuser, da sie als Raumpioniere den Prozess der sozial konstruierten Vergesellschaftung aktiv fördern. Ihre Methode ist die urbane Kollaboration, ihr Ziel die Stärkung sozialer Kohäsionskräfte. Sie schaffen im überschaubaren Nahbereich Verankerungen für die von traditionellen Bindungen freigesetzten Individuen. Die Vielheit der Einzelnen sucht Kooperation, Austausch und praktiziert die Kultur des Teilens (Gemeinschaftsräume, Co-Working-Spaces etc.). Bestimmend bleibt das Prinzip der Freiwilligkeit und die Verortung im Quartier. Quartiere werden so, als sozial und subjektiv abgegrenzte Sozialräume, zu Orten, an denen die neuen Bewohner:innen wieder befähigt sind, sich „emotional zu verankern und intensive Formen der Bindung aufzubauen"[5].

Dritte Orte

So notwendig wie die Räume der Produktion und Kommunikation in und zwischen den Häusern, so erforderlich sind auch Räume der alltäglichen Begegnung und ihrer Aneignung im Quartier. Wichtig bleibt dabei immer das Wechselspiel zwischen Nähe und Distanz, zwischen Öffentlichkeit und Privatheit sowie zwischen Anonymität und Intimität. Besonders wenn nach Orten gefragt wird, in denen der soziale Zusammenhalt unseres Gemeinwesens erprobt und praktiziert werden kann, steht das Quartier als Wahrnehmungs- und Identifikationsraum im Fokus. In den letzten Jahren wurde zu Recht auf die wachsende Bedeutung der „Third Places"[6] verwiesen, die in Zeiten des erweiterten Wohnens als Orte der Begegnung und des sozialen Austauschs für das Gemeinwesen – neben dem Wohn- und Arbeitsort selbst – bedeutsam werden. Cafés, kleine Geschäfte und Büros werden zu Bühnen des Alltags.

1 Arendt, Hannah: Vita activa oder Vom tätigen Leben. München, Zürich 2002, S. 51

2 Gleichmann, Peter R.: Wandel der Wohnverhältnisse, Verhäuslichung der Vitalfunktionen, Verstädterung und siedlungsräumliche Gestaltungsmacht. In: Zeitschrift für Soziologie 4/1976, S. 319–329

3 Harlander, Tilman/Kuhn, Gerd: Deutschland. „Mischung" in kommunaler Praxis und Wohnungswirtschaft. In: Tilman Harlander, Gerd Kuhn und Wüstenrot Stiftung (Hg.): Soziale Mischung in der Stadt. Case Studies – Wohnungspolitik in Europa – Historische Analyse. Ludwigsburg, Stuttgart, Zürich 2012, S. 386–407, hier: S. 390

4 Zoller, Doris: Schlussfolgerung. In: Wüstenrot Stiftung (Hg.): Herausforderung Erdgeschoss. Berlin 2014, S. 328–341, hier: S. 334

5 Menzl, Marcus: Nachbarschaft und Quartier in der Stadtentwicklung. In: Ingrid Breckner, Albrecht Göschel und Ulf Matthiesen (Hg.): Stadtsoziologie und Stadtentwicklung. Handbuch für Wissenschaft und Praxis. Baden-Baden 2020, S. 245–256, hier: S. 252

6 Oldenburg, Ray: The great good place. Cafés, coffee shops, bookstores, bars, hair salons, and other hangouts at the heart of a community. New York 1999

7 ANHANG

7.01 Quellenverzeichnis

Abraham, Nanni: Wohnraum für kinderreiche Familien. Familienhaus mit Bibliothek. In: Bundesinstitut für Bau-, Stadt- und Raumforschung (BBSR) im Bundesamt für Bauwesen und Raumordnung (BBR) (Hg.): Familien in gemeinschaftlichen Wohnformen. Bonn 2021 (BBSR-Online-Publikation, 05/2021), S. 78–85

Akademie für Raumforschung und Landesplanung (ARL) (Hg.): Multilokale Lebensführung und räumliche Entwicklungen. Hannover 2016 (Positionspapier aus der ARL, 104). Abzurufen unter: http://nbn-resolving. de/urn:nbn:de:0156-01043 (besucht am 08.06.2020)

Albers, Martin/Henz, Alexander/Jakob, Ursina: Wohnungen für unterschiedliche Haushaltsformen. Bern 1988

Allgemeine Baugenossenschaft Zürich (ABZ)/SENN/Kraftwerk1: Koch – Ein Züricher Originalrezept. Bewerbung Koch-Areal. o. O. o. J. Abzurufen unter: https://kochquartier.cdn.prismic.io/kochquartier%2F83b6da63-9e8f-41aa-8c90-ad4bacd32fd8_20170916_koch_konzeptbewerbung-zeitung.pdf (besucht am 10.09.2021)

Archithese: Mischen ist possible, [Interview mit Sebastian Hoffmann]. Abzurufen unter: https://archithese.ch/ansicht/mischen-ist-possible. html?page_g45299=5?config=2 (besucht am 03.07.2021)

Arendt, Hannah: Vita activa oder Vom tätigen Leben. München, Zürich 2002

ARGE Käferstein Meister & Ekinci: Vertikale Fabrik | Vertical Factory MACH. Koch Areal Baufeld A, Zürich, Schweiz | 2019–2024. Abzurufen unter: https://www.kaefersteinmeister.ch/9625658/arge-kaferstein-meister-amp-ekinci (besucht am 12.09.2021)

Atelier 5: Regelwerk Erlenmatt Ost, Version 1. Hg. v. Stiftung Habitat. Basel 2013. Abzurufen unter: https://wohnbau-mobilitaet.ch/fileadmin/user_upload/Downloads_PAWO/Atelier_5_Stiftung_Habitat_V_Web.pdf (besucht am 09.11.2021)

Atelierhaus C21: Urbane Wildnis im Sonnwendviertel. Abzurufen unter: https://www.c-21.at/landschaft.html (besucht am 15.09.2021)

BA_Wien (Hg.): Wie wohnen wir morgen? Katalog zur Ausstellung. Wien 2020, S. 21

Bahrdt, Hans Paul: Die moderne Großstadt. Soziologische Überlegungen zum Städtebau. Reinbek 1961

Bates, Stephen: Der Zwischenraum. In: Wüstenrot Stiftung (Hg.): Herausforderung Erdgeschoss. Berlin 2014, S. 178–183

Bauer, Wilhelm (Hg.): Coworking – Innovationstreiber für Unternehmen. Unter Mitarbeit von Klaus-Peter Stiefel und Stefan Rief. Fraunhofer-Institut für Arbeitswirtschaft und Organisation (Fraunhofer IAO). Stuttgart 2017

Baumeister, Reinhard: Moderne Stadterweiterungen. Vortrag. In: Deutsche Zeit und Streit-Fragen 7/1887, S. 207–238

Baumeister, Reinhard: Stadt-Erweiterungen in technischer, baupolizeilicher und wirtschaftlicher Beziehung. Berlin 1876

Beck, Ulrich: Was ist Globalisierung? Irrtümer des Globalismus, Antworten auf Globalisierung. 3. Aufl. Frankfurt am Main 1997

Beck, Ulrich/Beck-Gernsheim, Elisabeth: Nicht Autonomie, sondern Bastelbiographie. Anmerkungen zur Individualisierungsdiskussion am Beispiel des Aufsatzes von Günter Burkart. In: Zeitschrift für Soziologie 3/1993, S. 178–187

Beck, Ulrich/Bonß, Wolfgang (Hg.): Die Modernisierung der Moderne. Frankfurt am Main 2001

Becker, Annette/Kienbaum, Laura/Ring, Kristien/Cachola Schmal, Peter (Hg.): Bauen und wohnen in Gemeinschaft. Ideen, Prozesse, Architektur. Unter Mitarbeit von Tobias Behrens. Basel 2015

Berliner Senatsverwaltung für Stadtentwicklung und Wohnen Berlin: Zweckentfremdungsverbot von Wohnraum. Fragen und Antworten. Abzurufen unter: https://www.stadtentwicklung.berlin.de/wohnen/zweckentfremdung_wohnraum/de/faq.shtml (besucht am 04.11.2021)

Bernhardt, Christoph: Bauplatz Groß-Berlin. Wohnungsmärkte, Terraingewerbe und Kommunalpolitik im Städtewachstum der Hochindustrialisierung (1871–1918). Berlin, Boston 1998

BFH 2. Senat, Aktenzeichen II R 43/00

Bohning, Ingo: „Autonome Architektur" und „partizipatorisches Bauen". Zwei Architekturkonzepte. Basel 1981

Böniger, Michael: Wie viel Wohnraum braucht der Mensch? Stadt Zürich. Abzurufen unter: https://www.stadt-zuerich.ch/prd/de/index/statistik/publikationen-angebote/publikationen/webartikel/2013-03-28_Wie-viel-Wohnraum-braucht-der-Mensch.html (besucht am 21.12.2020)

Bonß, Wolfgang/Kesselring, Sven: Mobilität am Übergang von der Ersten zur Zweiten Moderne. In: Ulrich Beck und Wolfgang Bonß (Hg.): Die Modernisierung der Moderne. Frankfurt am Main 2001, S. 177–190

Breckner, Ingrid/Göschel, Albrecht/Matthiesen, Ulf (Hg.): Stadtsoziologie und Stadtentwicklung. Handbuch für Wissenschaft und Praxis. Baden-Baden 2020

Büchner Brundler Architekten (Hg.): Morgen, auf der Laube. Projektwettbewerb Mehrfamilienhaus StadtErle 2014. Abzurufen unter: https://www.zimmerfreibasel.ch/wp-content/uploads/2017/10/Plaene-WBW.pdf (besucht am 02.11.2021)

Bundesinstitut für Bau-, Stadt- und Raumforschung (BBSR) im Bundesamt für Bauwesen und Raumordnung (BBR) (Hg.): Neue Leipzig-Charta. Die transformative Kraft der Städte für das Gemeinwohl. Bonn 2021. Abzurufen unter: https://www.bbsr.bund.de/BBSR/DE/veroeffentlichungen/sonderveroeffentlichungen/2021/neue-leipzig-charta-pocket-dl.pdf?__blob=publicationFile&v=3 (besucht am 09.11.2021)

Bundesinstitut für Bau-, Stadt- und Raumforschung (BBSR) im Bundesamt für Bauwesen und Raumordnung (BBR) (Hg.): Neues Wohnen – Gemeinschaftliche Wohnformen bei Genossenschaften. Bonn 2014. Abzurufen unter: https://www.bbsr.bund.de/BBSR/DE/veroeffentlichungen/sonderveroeffentlichungen/2014/NeuesWohnen.html (besucht am 09.11.2021)

Bundesinstitut für Bau-, Stadt- und Raumforschung (BBSR) im Bundesamt für Bauwesen und Raumordnung (BBR) (Hg.): Umwandlung von Nichtwohngebäuden in Wohnimmobilien. Bonn 2015 (BBSR-Online-Publikation, 09/2015). Abzurufen unter: https://www.bbsr.bund.de/BBSR/DE/veroeffentlichungen/bbsr-online/2015/DL_ON092015.pdf?__blob=publicationFile&v=2 (besucht am 02.11.2021)

Bundesministerium der Justiz und für Verbraucherschutz, 26.06.1962: Verordnung über die bauliche Nutzung der Grundstücke. Baunutzungsverordnung – BauNVO, vom 21.11.2017. In: BGBl, S. 3786. Abzurufen unter: https://www.gesetze-im-internet.de/baunvo/BJNR004290962.html (besucht am 01.12.2021)

Bundeszentrale für politische Bildung (bpb) (Hg.): Kulturwirtschaft. APuZ 34–35/2006

C.21: Mehr zum Thema. Abzurufen unter: https://www.c-21.at/zumthema.html (besucht am 12.08.2020)

Caelum Development GmbH (Hg.): Raum Annähern. Robert Hahn und Michael Neuwirth im Gespräch mit Michael Kerbler. Wien 2018.

Cairncross, Frances: The death of distance. How the communications revolution will change our lives. Boston 1997

COWORK GROUP GmbH: RÜNDERSAAL. Abzurufen unter: https://www.coworkgroup.de/work/gruendersaal-tuebingen/ (besucht am 05.06.2020)

Craviolini, Julie: Wer braucht wieviel Wohnfläche? Hg. v. Statistisches Amt. Kanton Zürich2017 (statistik.info, 2017/04). Abzurufen unter: https://www.wbg-zh.ch/wp-content/uploads/2017/03/170317_statZch_Analyse_wohnflaechen.pdf (besucht am 21.12.2020)

Daimler AG: Mobiles Arbeiten bei Daimler. Abzurufen unter: https://www.daimler.com/karriere/ueber-uns/kultur-benefits/mobiles-arbeiten/ (besucht am 02.11.2021)

Denk, Andreas: Bausteine der Stadtgesellschaft. Soziale, ökologische und politische Aspekte des Quartiers (der architekt 1/2020). Abzurufen unter: http://derarchitektbda.de/bausteine-der-stadtgesellschaft/ (besucht am 25.11.2021)

Densipedia.ch: Zwischennutzung «nt/Areal» in Basel – aktiv (2000–2011/12). Abzurufen unter: https://www.densipedia.ch/zwischennutzung-ntareal-basel-2000-201112 (besucht am 27.07.2020)

Deutscher Bundestag, 23.09.2019: Entwurf eines Gesetzes zur Änderung des Grunderwerbsteuergesetzes. Fundstelle: Drucksache 19/13437

Deutscher Bundestag: Antrag der Abgeordneten Beate Müller-Gemmeke, Anja Hajduk, Kerstin Andreae, Dr. Wolfgang Strengmann-Kuhn, Corinna Rüffer, Markus Kurth, Sven Lehmann, Dieter Janecek, Dr. Danyal Bayaz, Katharina Dröge, Sven-Christian Kindler, Stefan Schmidt, Dr. Anna Christmann, Britta Haßelmann, Katja Keul, Maria Klein-Schmeink und der Fraktion BÜNDNIS 90/DIE GRÜNEN. Recht auf Homeoffice einführen – Mobiles Arbeiten erleichtern. Berlin 2019 (BT-DR, 19/13077). Abzurufen unter: https://dserver.bundestag.de/btd/19/130/1913077.pdf (besucht am 30.11.2021)

Deutsches Institut für Urbanistik (difu): Vorbild Paris – auf dem Weg zur 15-Minuten-Stadt. Abzurufen unter: https://difu.de/veranstaltungen/2021-04-13/vorbild-paris-auf-dem-weg-zur-15-minuten-stadt (besucht am 02.11.2021)

dieCuisine (Hg.): Die Innovations-Werkstatt für Ihre Anlässe. Abzurufen unter: https://www.fogo.ch/site/assets/files/1130/20191211_diecuisine_raummiete.pdf, zuletzt aktualisiert am Dezember 2019 (besucht am 17.02.2021)

dieCuisine (Hg.): Mitwirken. Abzurufen unter: https://www.diecuisine.ch/wp-content/uploads/2020/09/Geno-Akquise_Brosch%C3%BCre_web.pdf (besucht am 17.02.2021)

dieCuisine: Essen bewegt! Abzurufen unter: https://www.diecuisine.ch/essen/ (besucht am 28.01.2021)

Dürr, Susanne/Kuhn, Gerd: Wohnvielfalt. Gemeinschaftlich wohnen – im Quartier vernetzt und sozial orientiert. Hg. v. Wüstenrot Stiftung. Ludwigsburg 2017

Dürr, Susanne/Kuhn, Gerd/Abraham, Nanni/Heitkötter, Martina/Lien, Shih-cheng: Familien in gemeinschaftlichen Wohnformen. Hg. v. Bundesinstitut für Bau-, Stadt- und Raumforschung (BBSR) im Bundesamt für Bauwesen und Raumordnung (BBR). Bonn 2021 (BBSR-Online-Publikation, 05/2021). Abzurufen unter: https://www.h-ka.de/fileadmin/Hochschule_Karlsruhe_HKA/Bilder_WE-IAF/Projekte/Abgeschlossene_Projekte_IAF/HKA_WE-IAF_Projekt-Fagewo_0016_Abschlussbericht.pdf (besucht am 02.11.2021)

Eberle, Dietmar/Glaser, Marie Antoinette (Hg.): Wohnen – im Wechselspiel zwischen öffentlich und privat. Sulgen 2009

Eisenhut, Johannes: Vier Projekte in Altstetten. Erhalten – Verdichten – Weiterbauen. Abzurufen unter: https://gigon-guyer.arch.ethz.ch/vortraege/ (besucht am 07.04.2021)

Elias, Norbert: Über den Prozess der Zivilisation. Soziogenetische und psychogenetische Untersuchungen. 7. Aufl. 2 Bände. Frankfurt am Main 1980 (Wandlungen des Verhaltens in den weltlichen Oberschichten des Abendlandes, Erster Band)

Englisch, Gundula: Jobnomaden. Wie wir arbeiten, leben und lieben werden. Frankfurt am Main, New York 2001

Ermers, Max: Das Stuttgarter Bauerlebnis. In: Die Bau- und Werkkunst 4/1928

Euroboden: Lion Feuchtwanger 61. Euroboden. Abzurufen unter: https://www.euroboden.de/projekte/lion-feucht-wanger-61 (besucht am 05.03.2021)

Falkner, Christine/Kuhn, Gerd/Loch, Sigrid (Hg.): Plus. Entwurfs-, Seminarbeiträge und Gastvorträge zum Thema Wohnen + Arbeiten, SS 2003. Universität Stuttgart. Stuttgart 2003

Florida, Richard L.: The Rise of the Creative Class. And How It's Transforming Work, Leisure, Community and Everyday Life. New York 2002

Friebe, Holm/Lobo, Sascha: Wir nennen es Arbeit. Die digitale Bohème oder: Intelligentes Leben jenseits der Festanstellung. München 2006

Geist, Johann Friedrich/Kürvers, Klaus: Das Berliner Mietshaus 1862–1945. München 1984

Gemmente Amsterdam/Dienst Ruimtelijke Ordening (Hg.): Productiemilieus van de creatieve industrie in Amsterdam. Amsterdam 2006

Genossenschaft Kalkbreite (Hg.): Stubenfliege Max. Ein Tag im Zollhaus Z-2014. Abzurufen unter: https://www.kalkbreite.net/wp_website/wp-content/uploads/2018/07/20141008_kalkbreite_stubenfliegeMax_web.pdf ((besucht am 05.11.2021)

Genossenschaft Kalkbreite: Bestimmungen zum Selbstausbau Hallenwohnen. Zürich o. J. Abzurufen unter: https://www.kalkbreite.net/wp_website/wp-content/uploads/2019/01/Entwurf-Bestimmungen-Selbstausbau-Hallenwohnen.pdf (besucht am 15.09.2021)

Genossenschaft Kalkbreite: Hallenwohnen. Abzurufen unter: https://www.kalkbreite.net/zollhaus/wohnen-zollhaus/hallenwohnen%20/ (besucht am 15.09.2021)

Genossenschaft Karthago (Hg.): Karthago kocht noch immer. Rezepte für 20 Personen von Köchinnen und Köchen des Grosshaushaltes. Konzept und Idee Kathia Rota und Gudrun Hoppe. Zürich 2017. Das Kochbuch kann noch bei der Genossenschaft bestellt werden.

Genossenschaft Karthago: Geschichte. Abzurufen unter: https://www.karthago.ch/geschichte/ (besucht am 28.12.2020)

Genossenschaft Karthago: Organisationsreglement der Genossenschaft Karthago. Abzurufen unter: https://www.karthago.ch/wp-content/uploads/2019/05/Organisationsreglement-2018-1.pdf, S. 5 (besucht am 30.11.2020)

Genossenschaft Karthago: Subventionsreglement. Abzurufen unter: https://www.karthago.ch/wp-content/uploads/2015/11/Subventionsreglement-2016.pdf (besucht am 28.12.2020)

Genossenschaft Karthago: Wohnen. Abzurufen unter: https://www.karthago.ch/wohnen/ (besucht am 21.12.2020)

GeQo eG: Was wir tun. Abzurufen unter: https://www.prinzeugenpark.de/quartierszentrale/was-wir-tun.html (besucht am 02.11.2021)

Giedion, Sigfried: Befreites Wohnen. Zürich, Leipzig 1929

Glaser, Marie: Mehr als Wohnraum. Wohnbedürfnisse im gesellschaftlichen Wandel. In: Collage 4/2016, S. 23–25

Gleichmann, Peter R.: Die Verhäuslichung körperlicher Verrichtungen. In: Peter R. Gleichmann, Johan Goudsblom und Hermann Korte (Hg.): Materialien zu Norbert Elias' Zivilisationstheorie. Frankfurt am Main 1979, S. 254–278

Gleichmann, Peter R.: Einige soziale Wandlungen des Schlafens. In: Zeitschrift für Soziologie 5/1980, S. 236–250

Gleichmann, Peter R.: Wandel der Wohnverhältnisse, Verhäuslichung der Vitalfunktionen, Verstädterung und siedlungsräumliche Gestaltungsmacht. In: Zeitschrift für Soziologie 4/1976, S. 319–329

Gleichmann, Peter R./Goudsblom, Johan/Korte, Hermann (Hg.): Materialien zu Norbert Elias' Zivilisationstheorie. Frankfurt am Main 1979

Gleis 21: Kunst und Kultur. Gleis 21. Kultur entsteht durch Kooperation. Abzurufen unter: https://www.ots.at/presseaussendung/OTS_20191025_OTS0014/kunst-und-kultur-gleis-21, zuletzt aktualisiert am 25.10.2019 (besucht am 25.08.2021)

Gleis 21: Unsere Vision. Abzurufen unter: https://gleis21.wien/wir/unsere-vision/ (besucht am 16.12.2020)

Göschel, Albrecht: Gemeinschaftliches Wohnen: (K)ein neuer Wohnungsmarkt? In: Forum Wohnen und Stadtentwicklung (FWS) 5/2010, S. 247–251

Gottlob, Richard/Klement, Horst: Habiflex. Wohnprojekt für Neue Stadt Wulfen. In: Bauwelt 63/1972, S. 691–694

Graeff, Robert: Die anpassbare Wohnung. Ein System von Industrieprodukten. Ulm 1964

Gropius, Walter: Architektur. Wege zu einer optischen Kultur. Frankfurt am Main, Hamburg 1956

Grundmann, Matthias/Dierschke, Thomas/Drucks, Stephan/Kunze, Iris (Hg.): Soziale Gemeinschaften. Experimentierfelder für kollektive Lebensformen. Berlin 2006

Gwildis, Frank/Werrer, Stefan: Die produktive Stadt. Hg. v. Landeshauptstadt Stuttgart. Stuttgart 2015

Gysi, Susanne: Zwischen Lifestyle und Wohnbedarf. In: Dietmar Eberle und Marie Antoinette Glaser (Hg.): Wohnen – im Wechselspiel zwischen öffentlich und privat. Sulgen 2009, S. 10–23

Harlander, Tilman (Hg.): Stadtwohnen. Geschichte, Städtebau, Perspektiven. Wüstenrot Stiftung. Ludwigsburg, München 2007

Harlander, Tilman/Kuhn, Gerd: Deutschland. „Mischung" in kommunaler Praxis und Wohnungswirtschaft. In: Tilman Harlander, Gerd Kuhn und Wüstenrot Stiftung (Hg.): Soziale Mischung in der Stadt. Case Studies – Wohnungspolitik in Europa – Historische Analyse. Ludwigsburg, Stuttgart, Zürich 2012, S. 386–407

Harlander, Tilman/Kuhn, Gerd/Wüstenrot Stiftung (Hg.): Soziale Mischung in der Stadt. Case Studies – Wohnungspolitik in Europa – Historische Analyse. Wüstenrot Stiftung. Ludwigsburg, Stuttgart, Zürich 2012

Hartmann, Monika/Koblin, Wolfram/Näbauer, Roswitha: Selber & gemeinsam planen, bauen und wohnen. München 1978

Hartwich, Claudia: Work Trend Index. Was wir aus dem letzten Jahr für die Arbeitswelt der Zukunft lernen können (Microsoft News Center). Abzurufen unter: https://news.microsoft.com/de-de/work-trend-index-fuer-die-arbeitswelt-der-zukunft-lernen/ (besucht am 02.11.2021)

Hatzfeld, Ulrich/Jakubowski, Peter: Nationale Stadtentwicklungspolitik in Deutschland. Zwischen Versuch und Vision. In: Raumforschung und Raumordnung2008

Häußermann, Hartmut: „Amerikanisierung" der deutschen Städte. In: Walter Prigge (Hg.): Peripherie ist überall. Frankfurt am Main, New York 1998, S. 76–83

Häußermann, Hartmut/Siebel, Walter: Soziologie des Wohnens. Eine Einführung in Wandel und Ausdifferenzierung des Wohnens. Weinheim, München 1996

Herdt, Tanja/Krayer, Isabella: Mikro-Wohnen / Cluster-Wohnen. Evaluation gemeinschaftlicher Wohnformen für Kleinsthaushalte. Hg. v. Bundesamt für Wohnungswesen (BWO). Grenchen 2019

Hilti, Nicola: Lebenswelten multilokal Wohnender. Eine Betrachtung des Spannungsfeldes von Bewegung und Verankerung. Wiesbaden 2012

Hitzler, Ronald/Honer, Anne/Pfadenhauer, Michaela (Hg.): Posttraditionale Gemeinschaften. Theoretische und ethnografische Erkundungen. Wiesbaden 2008

Hofer, Andreas: Bäume auf den Boden und der städtische Raum den Menschen! Diskussionsbeitrag. Internationale Bauausstellung 2027. Abzurufen unter: https://www.iba27.de/baeume-auf-den-boden-und-der-staedtische-raum-den-menschen (besucht am 06.08.2020)

Hofer, Andreas: Behutsamer Stadtumbau in Zürich. In: Hochparterre 6–7/1998, S. 18–20. Abzurufen unter: http://www.arc-architekten.ch/static/4_0_Presse/pdf/Hochparterre_Dreieck.pdf (besucht am 28.12.2020)

Hoffmann, Daniel/Slooters, Dimphie: Koch Areal in Zürich (Wie wir leben wollen – Eine Veranstaltungsreihe zum genossenschaftlichen Wohnen, Teil 4). Abzurufen unter: https://www.youtube.com/watch?v=6Mw1HqJU3cc; (besucht am 04.09.2021)

Hoppe, Gudrun: Mehr Raum durch gemeinsame Nutzung, eine Herausforderung. In: Martin Lassner und Gudrun Hoppe (Hg.): 20 Jahre Karthago. 1997–2017. Jubiläumsbericht. Zürich 2017

Hosoya, Hiromi/Schaefer, Markus (Hg.): Industrie.Stadt. Urbane Industrie im digitalen Zeitalter. Zürich 2021

Hubeli, Ernst: Die neue Krise der Städte. Zur Wohnungsfrage im 21. Jahrhundert. Zürich 2020

Huber, Margarete/Gruber, Ernst/Gutmann, Raimund: „Geplant – gebaut – genutzt". Neue Wiener Wohntypologien. Hg. v. wohnbund:consult eG. Wien 2019 (Beiträge zur IBA_Wien 2022, Band 15). Abzurufen unter: https://www.iba-wien.at/fileadmin/user_upload/documents/001_Downloads_Allgemein/IBA-Beitraege/15_GeplantGebautGenutzt_web.pdf (besucht am 29.10.2021)

IBA_Wien (Hg.): Wie wohnen wir morgen? Katalog zur Ausstellung. Wien 2020

Internationale Bauausstellung 2027: Rückblick. IBA'27-Plenum #7: Die produktive Stadtregion. Abzurufen unter: https://www.iba27.de/iba27-plenum-7-die-produktive-stadtregion/ (besucht am 02.11.2021)

Interview mit Marc Frohn: Positionen #3, [Marc Frohn im Interview mit Alexander Gutzmer]. Abzurufen unter: https://www.euroboden.de/videos/far-frohn-rojas, (besucht am 07.03.2021)

Juraforum: Wohnung / Wohnungsrecht. Definition und Rechtsgrundlagen einfach erklärt. Abzurufen unter: https://www.juraforum.de/lexikon/wohnung, zuletzt aktualisiert am 27.03.2021 (besucht am 01.11.2021)

Jurczyk, Karin/Schier, Michaela/Szymenderski, Peggy/Lange, Andreas/Voß, G. Günter: Entgrenzte Arbeit – entgrenzte Familie. Grenzmanagement im Alltag als neue Herausforderung. Berlin 2009

Kaltenbach, Markus: Die räumliche Dimension residenzieller Multilokalität. Eine Untersuchung beruflich induzierter städtischer Nebenwohnsitze und ihrer städtebaulichen Relevanz, Dissertation, Karlsruhe 2020

Kaltenbach, Markus: Die räumliche Relevanz berufsbedingter Multilokalität. Empfehlungen für die Transformation des ehemaligen Postreals in Karlsruhe, Forschungsbericht am Karlsruher Institut für Technologie. Karlsruhe 2021

Kleefisch-Jobst, Ursula/Köddermann, Peter/Jung, Karen (Hg.): Alle wollen wohnen. Gerecht, sozial, bezahlbar. Berlin 2017

Koch-Quartier (Hg.): Gemeinsamer Partizipativer Prozess Frühling 2018. Veranstaltungsprogramm. Abzurufen unter: https://kochquartier.cdn.prismic.io/kochquartier%2Ff282d430-0fc6-4fa8-a119-4d038e2989e0_20180216_kochquartier_veranstaltungen_2018-1.pdf (besucht am 05.11.2021)

Koch-Quartier (Hg.): Gemeinsamer Partizipativer Prozessfrühling 2018, [Programmleporello]. Abzurufen unter: https://kochquartier.cdn.prismic.io/kochquartier%2Ff282d430-0fc6-4fa8-a119-4d038e2989e0_20180216_kochquartier_veranstaltungen_2018-1.pdf (besucht am 30.11.2021)

Koch-Quartier: Bewerbung Koch-Areal. Koch – Ein Zürcher Originalrezept. Abzurufen unter: https://kochquartier.cdn.prismic.io/kochquartier%2F83b6da63-9e8f-41aa-8c90-ad4bacd32fd8_20170916_koch_konzeptbewerbung-zeitung.pdf (besucht am 10.09.2021)

Kocka, Jürgen: Wie die Corona-Krise bereits vorhandene Prozesse beschleunigt. In: Der Tagesspiegel, 17.05.2020. Abzurufen unter: https://www.tagesspiegel.de/gesellschaft/digitalisierung-arbeit-staat-wie-die-corona-krise-bereits-vorhandene-prozesse-beschleunigt/25834050.html (besucht am 02.11.2021)

Koelbl, Herlinde: Schlafzimmer. Ein Fotoessay aus sechs Metropolen. München 2002

Konsortium Prinz-Eugen-Park (Hg.): Charta Quartiervernetzung. München 2016. Abzurufen unter: https://www.prinzeugenpark.de/files/pep/quartier/Charta%20der%20Quartiervernetzung.pdf (besucht am 02.11.2021)

Kooperative Genossenschaft eG: Die Stadt gehört wieder euch. Abzurufen unter: https://kooperative-grossstadt.de/mission-statement/ (besucht am 04.06.2021)

Kooperative Genossenschaft eG: Genossenschaftliches Konsortium. Abzurufen unter: http://cargocollective.com/kooperative-grossstadt/San-Riemo (besucht am 04.06.2021)

KOOPERATIVE GROSSSTADT eG (Hg.): SAN RIEMO. Offener einphasiger Realisierungswettbewerb 2017. Abzurufen unter: https://www.competitionline.com/upload/downloads/283xx/28344_170310_Vorankuendigung_San_Riemo_xs.pdf (besucht am 04.09.2021)

KOOPERATIVE GROSSSTADT eG: Die Stadt gehört wieder euch! Abzurufen unter: https://kooperative-grossstadt.de/mission-statement/ (besucht am 04.06.2021)

KOOPERATIVE GROSSSTADT eG: Offener Realisierungswettbewerb SAN RIEMO. Abzurufen unter: https://kooperative-grossstadt.de/san-riemo-wettbewerb/ (besucht am 07.07.2021)

KOOPERATIVE GROSSSTADT eG: San Riemo. Abzurufen unter: https://kooperative-grossstadt.de/san-riemo/ (besucht am 02.11.2021)

KOOPERATIVE GROSSSTADT eG: Wir starten unser erstes Projekt! Abzurufen unter: http://cargocollective.com/kooperative-grossstadt/San-Riemo (besucht am 04.06.2021)

Koselleck, Reinhart: Kritik und Krise. Frankfurt am Main 1973

Krabbe, Wolfgang R.: Die deutsche Stadt im 19. und 20. Jahrhundert. Eine Einführung. Göttingen 1989

Kraftwerk1: Gewerbe in der Siedlung Zwicky Süd. Abzurufen unter: https://www.kraftwerk1.ch/zwicky-sued/gewerbe.html (besucht am 02.11.2021)

Kraftwerk1: Koch-Quartier. Wohnen im Rohbau bei Kraftwerk1. Abzurufen unter: https://www.kraftwerk1.ch/koch/mitteilungen/wohnen-im-rohbau.html (besucht am 05.11.2021)

Kramer, Bernd: Umfrage zu Home-Office. Jenseits des Büros. In: Süddeutsche Zeitung (SZ), 28.05.2020. Abzurufen unter: https://www.sueddeutsche.de/karriere/job-arbeitsplatz-home-office-1.4918376 (besucht am 02.11.2021)

Kremer, Elisabeth: Was sind Dienstleistungen? Zum Wandel von Dienstleistungen und Stadtstruktur. Dessau 2003. Abzurufen unter: https://www.bauhaus-dessau.de/kolleg/servecity/pdf/paper/kremer-was-sind.pdf (besucht am 30.11.2021)

Kremer, Elisabeth: Was sind Dienstleistungen? Zum Wandel von Dienstleistungen und Stadtstruktur. o. O. o. J. Abzurufen unter: https://www.bauhaus-dessau.de/kolleg/servecity/pdf/paper/kremer-was-sind.pdf (besucht am 01.12.2021)

Kuhn, Gerd: Standard- oder Individualwohnung? Zur Wohndiät und Choreografie des Wohnalltags in den zwanziger Jahren. In: ARCH+ 158/2001, S. 66–71

Kuhn, Gerd: Um 1800. Stadtwohnen im Aufbruch. In: Tilman Harlander (Hg.): Stadtwohnen. Geschichte, Städtebau, Perspektiven. Ludwigsburg, München 2007, S. 70–91

Kuhn, Gerd: Wohnkultur und kommunale Wohnungspolitik in Frankfurt am Main 1880 bis 1930. Auf dem Wege zu einer pluralen Gesellschaft der Individuen. Bonn 1998

KYOCERA Document Solutions Deutschland GmbH: Faszination Coworking. Hype oder langfristige Bewegung der Arbeitswelt (Kyocera Blog). Abzurufen unter: https://kyocera.blog/die-faszination-des-coworking/ (besucht am 22.05.2020)

Landeshauptstadt Stuttgart, Amt für Stadtplanung und Stadt (Hg.): Die produktive Stadt. Symposiumsdokumentation. Stuttgart 2015. Abzurufen unter: https://www.immobilienverlag-stuttgart.de/wp-content/uploads/2015/11/DIE_PRODUKTIVE_STADT_2015.pdf (besucht am 30.11.2021)

Läpple, Dieter: Auflösung oder Renaissance der Stadt? In: Polis: Zeitschrift für Stadt und Baukultur 3/2003, S. 18–20

Läpple, Dieter: Metamorphosen der Arbeitsgesellschaft. Produktion zurück in die Stadt? In: Landeshauptstadt Stuttgart, Amt für Stadtplanung und Stadt (Hg.): Die produktive Stadt. Symposiumsdokumentation. Stuttgart 2015, S. 21–27

Läpple, Dieter: Produktion zurück in die Stadt. Ein Plädoyer. In: Bauwelt 35/2016, S. 22–29

Lassner, Martin/Hoppe, Gudrun (Hg.): 20 Jahre Karthago. 1997–2017, Jubiläumsbericht. Genossenschaft Karthago. Zürich 2017

Liese, Julia: Wohnregal in Berlin. FAR frohn&rojas. In: Detail – Magazin für Architektur + Baudetail 6/2020, S. 26–33

Loch, Sigrid: Das adaptive Habitat. Typologie und Bedeutungswandel flexibler Wohnmodelle, Dissertation. Universität Stuttgart 2009. Abzurufen unter: https://www.iwe-stuttgart.de/sites/default/files/161016_das_adaptive_habitat_zusammenfassung_summary.pdf (besucht am 04.11.2021)

Luthiger, Benno: Karthago häutet sich. In: Martin Lassner und Gudrun Hoppe (Hg.): 20 Jahre Karthago. 1997–2017. Jubiläumsbericht. Zürich 2017, S. 50–56

Made in Zürich Initiative: Made in Zürich. Abzurufen unter: https://madeinzuerich.ch/ (besucht am 02.11.2021)

Marboe, Isabella (Hg.): Bauen für die Gemeinschaft in Wien. Neue gemeinschaftliche Formen des Zusammenlebens. München 2021

Matzerath, Horst: Urbanisierung in Preußen 1815–1914. Stuttgart 1985

maxRIEDER: Soziales Kunstwerk Stadt. maxRIEDER im Gespräch mit Isabella Marboe über das Kooperative Planungsverfahren im Sonnwendviertel Ost. In: architektur aktuell 10/2020, S. 58

Menzl, Marcus: Nachbarschaft und Quartier in der Stadtentwicklung. In: Ingrid Breckner, Albrecht Göschel und Ulf Matthiesen (Hg.): Stadtsoziologie und Stadtentwicklung. Handbuch für Wissenschaft und Praxis. Baden-Baden 2020, S. 245–256

Menzl, Marcus/González, Toralf/Breckner, Ingrid/Vogelsang, Sybille: Wohnen in der HafenCity. Zuzug, Alltag, Nachbarschaft. Hamburg 2011

Meyer Primavesi, Andreas/Zimmerli, Joëlle/Sacher, Priska/Brodbeck, Jochen/Dunkel, Jo/Schmidt, Katharina: Areal Erlenmatt Ost. Nachhaltigkeitskonzept, Version 3.1. Hg. v. Stiftung Habitat. Basel 2016. Abzurufen unter: https://www.stiftung-habitat.ch/dam/jcr:a4d27848-124e-4b88-9499-bd52d85b9fa0/2016-01-01_Nachhaltigkeitskonzept_ErlenmattOst_V3.1_.1_.pdf (besucht am 05.11.2021)

Mietrecht Lexikon: Die mietrechtliche Definition der Begriffe Wohneinheit und Wohnung. Abzurufen unter: https://www.mietrechtslexikon.de/a1lexikon2/w1/wohneinheit.htm (besucht am 21.05.2020)

Ministerium für Wirtschaft, Arbeit und Tourismus Baden-Württemberg: Durchführungshinweise des Wirtschaftsministeriums zum Landeswohnraumförderungsgesetz (DH-LWoFG)2010. Abzurufen unter: https://wm.baden-wuerttemberg.de/fileadmin/redaktion/m-wm/intern/Dateien_Downloads/Bauen/Wohnungsbau/Durchfuehrungshinweise_zum_Landeswohnraumfoerderungsgesetz__Stand_31.07.2010_.pdf (besucht am 23.09.2021)

Morus, Thomas: Utopia (1515). Stuttgart 1964

nestbau AG: Das Nestbau Modellhaus. Abzurufen unter: https://www.nestbau-ag.de/das-nestbau-modellhaus (besucht am 04.11.2021)

Ngo, Anh-Linh: Die politische Ökonomie des Bauens in Berlin. Verena von Beckerath, Tim Heide, Peter Tschada, Anna Weber und Marc Frohn im Gespräch mit Anh-Linh Ngo. In: ARCH+ 242/2021, S. 130–137

Nova Energie Basel AG/Sacher, Priska: P+D Projekt „Erlenmatt Ost – Nachhaltig". Bericht Auswertung Energiedaten 2019/2020. Nova Energie Basel AG. Basel 2021. Abzurufen unter: https://www.erlenmatt-ost.ch/wp-content/uploads/2021/03/210218_EO_Bericht_Energiedaten.pdf (besucht am 27.08.2021)

O. A.: „Privatsphäre aufs Minimum reduziert". Hier entsteht eine Wohnhalle für bis zu 30 Bewohner. In: Aargauer Zeitung, 10.02.2021. Abzurufen unter: https://www.aargauerzeitung.ch/leben/privatsphaere-aufs-minimum-reduziert-hier-entsteht-eine-wohnhalle-fuer-an-die-30-bewohner-ld.2100648 (besucht am 15.11.2021)

O. A.: Corona-Krise und Homeoffice. Mehr Büros stehen leer. In: Süddeutsche Zeitung (SZ), 15.12.2020. Abzurufen unter: https://www.sueddeutsche.de/wirtschaft/immobilien-frankfurt-am-main-corona-krise-und-homeoffice-mehr-bueros-stehen-leer-dpa.urn-newsml-dpa-com-20090101-201215-99-699366 (besucht am 02.11.2021)

Oehler, Patrick/Drilling, Matthias: Quartier. In: Christian Reutlinger, Caroline Fritsche und Eva Lingg (Hg.): Raumwissenschaftliche Basics. Wiesbaden 2011, S. 201–209

Oldenburg, Ray: The great good place. Cafés, coffee shops, bookstores, bars, hair salons, and other hangouts at the heart of a community. New York 1999

Planungsamt Basel (Hg.): Erlenmatt. Abzurufen unter: https://www.planungsamt.bs.ch/arealentwicklung/erlenmatt.html (besucht am 22.07.2020)

Prigge, Walter (Hg.): Peripherie ist überall. Frankfurt am Main, New York 1998

Prytula, Michael/Lutz, Manuel/Rexroth, Susanne/May, Friedrich: Cluster-Wohnungen. Eine neue Wohnungstypologie für eine anpassungsfähige Stadtentwicklung. Hg. v. Bundesinstitut für Bau-, Stadt- und Raumforschung (BBSR) im Bundesamt für Bauwesen und Raumordnung (BBR). Bonn 2020

raum & kommunikation GmbH: Mobilitätskonzept. Hauptbahnhof Wien – Planungsgebiet „Leben am Helmut-Zilk-Park". Hg. v. ÖBB Immobilienmanagement GmbH (ÖBB) und Stadt Wien. Wien 2014

Raumplanung Holzemer GmbH (Hg.): Wettbewerb Mehrfamilienhaus Stadterle, Jurybericht. Oberwil 2014

Reckwitz, Andreas: Die Gesellschaft der Singularitäten. Zum Strukturwandel der Moderne. Berlin 2019

Reichsforschungsgesellschaft für Wirtschaftlichkeit im Bau- und Wohnungswesen: Kleinstwohnungs-Grundrisse. Sonderheft 1. Berlin 1928

Reulecke, Jürgen (Hg.): Die deutsche Stadt im Industriezeitalter. Beiträge zur modernen deutschen Stadtgeschichte. 2. Aufl. Wuppertal 1978

Reuschke, Darja: Raum-zeitliche Muster und Bedingungen beruflich motivierter multilokaler Haushaltsstrukturen. In: Informationen zur Raumentwicklung (IzR) 1–2/2009, S. 31–42. Abzurufen unter: https://www.bbsr.bund.de/BBSR/DE/veroeffentlichungen/izr/2009/1_2/Inhalt/DL_Reuschke.pdf?__blob=publicationFile&v=1 (besucht am 04.11.2021)

Reuschke, Darja/Houston, Donald: The importance of housing and neighbourhood resources for urban microbusinesses. In: European Planning Studies 24:6/2016, S. 1216–1235.

Reutlinger, Christian/Fritsche, Caroline/Lingg, Eva (Hg.): Raumwissenschaftliche Basics. Wiesbaden 2011

Rohr-Zänker, Ruth/Müller, Wolfgang: Die Rolle von Nachbarschaften für die zukünftige Entwicklung von Stadtquartieren. Expertise im Auftrag der Bundesforschungsanstalt für Landeskunde und Raumordnung. Oldenburg 1998

Rumpfhuber, Andreas: Wohnen in Gemeinschaft. Potenzialbestimmung von Gemeinschafts- und Cluster-Wohntypologien für den geförderten Wohnungsbau in Wien. Hg. v. IBA_Wien. Wien 2019. Abzurufen unter: https://www.iba-wien.at/fileadmin/user_upload/documents/001_Downloads_Allgemein/IBA-Beitraege/20_WohnenInGemeinschaft_web.pdf (besucht am 26.11.2021)

Sarkis, Hashim: How will we live together? Theme of the Biennale Architettura 2021. Hg. v. La Biennale di Venezia. Abzurufen unter: https://universes.art/fileadmin/user_upload/Biennials/Venice/2021/2021-04-12-Hashim-Sarkis-Statement.pdf (besucht am 01.11.2021)

Schier, Michaela: Räumliche Entgrenzungen – Multilokales Familienleben. Spezifische Anforderungen einer mehrörtigen Alltagsgestaltung und die Rolle von Medien. In: Ulrike Wagner (Hg.): Familienleben: Entgrenzt und vernetzt? München 2013, S. 35–51

Schlumpf, Esther: Quartiere zwischen Objektivität und Subjektivität, Dissertation, Basel 2016

Schmid, Susanne/Eberle, Dietmar/Hugentobler, Margrit (Hg.): Eine Geschichte des gemeinschaftlichen Wohnens. Modelle des Zusammenlebens. Basel 2019

Schmid, Susanne/Eberle, Dietmar/Hugentobler, Margrit: Als Ausblick vier Handlungsebenen. In: Susanne Schmid, Dietmar Eberle und Margrit Hugentobler (Hg.): Eine Geschichte des gemeinschaftlichen Wohnens. Modelle des Zusammenlebens. Basel 2019, S. 302–306

Schneidewind, Uwe/Baedecker, Carolin/Bierwirth, Anja/Caplan, Anne/Haake, Hans: „Näher" – „Öffentlicher" – „Agiler". Eckpfeiler einer resilienten „Post-Corona-Stadt". Hg. v. Wuppertal Institut für Klima, Umwelt, Energie gGmbH. Wuppertal 2020. Abzurufen unter: https://epub.wupperinst.org/frontdoor/deliver/index/docId/7661/file/ZI14_Post-Corona-Stadt.pdf (besucht am 02.11.2021)

Schnur, Olaf (Hg.): Quartiersforschung. Wiesbaden 2014

Schnur, Olaf: Quartiersforschung im Überblick: Konzepte, Definitionen und aktuelle Perspektiven. In: Olaf Schnur (Hg.): Quartiersforschung. Wiesbaden 2014, S. 21–56

Schnur, Olaf/Drilling, Matthias/Niermann, Oliver (Hg.): Quartier und Demokratie. Theorie und Praxis lokaler Partizipation zwischen Fremdbestimmung und Grasroots. Wiesbaden 2019

Schnur, Olaf/Krüger, Kirsten/Drilling, Matthias/Niermann, Oliver: Quartier und Demokratie – eine Einführung. In: Olaf Schnur, Matthias Drilling und Oliver Niermann (Hg.): Quartier und Demokratie. Theorie und Praxis lokaler Partizipation zwischen Fremdbestimmung und Grasroots. Wiesbaden 2019, S. 1–25

Schwab, Alexander: Das Buch vom Bauen. Wohnungsnot, neue Technik, neue Baukunst, Städtebau aus sozialistischer Sicht, [erschienen unter dem Pseudonym Albert Sigrist]. Nachdruck. Braunschweig 1973

Schwabe, Hermann (Hg.): Berliner städtisches Jahrbuch für Volkswirtschaft und Statistik. Königlich Preußisches Statistisches Bureau. Berlin 1874

Schwabe, Hermann: Das Nomadenthum in der Berliner Bevölkerung. In: Hermann Schwabe (Hg.): Berliner städtisches Jahrbuch für Volkswirtschaft und Statistik. Berlin 1874, S. 29–37

Schweitzer, Eva (Hg.): Die neue Leipzig-Charta: Entstehungsprozess und Ergebnis. Gemeinsam für gemeinwohlorientierte und handlungsfähige Kommunen in Europa; Dokumentation des nationalen und europäischen Dialogprozesses. Bundesinstitut für Bau-, Stadt- und Raumforschung (BBSR). Stand: Juli 2021. Bonn 2021

SENN: KOCH-Quartier. Gestaltungsplan eingereicht. Abzurufen unter: https://senn.com/projekt/koch-areal-konzept-wettbewerb-gewonnen/ (besucht am 02.11.2021)

Sennett, Richard: Der flexible Mensch. Die Kultur des neuen Kapitalismus. 7. Aufl. Berlin 1998

Siebel, Walter: Wandel von Wohnen und Arbeiten. In: Christine Falkner, Gerd Kuhn und Sigrid Loch (Hg.): Plus. Entwurfs-, Seminarbeiträge und Gastvorträge zum Thema Wohnen + Arbeiten, SS 2003. Universität Stuttgart. Stuttgart 2006, S. 18–28

Siemens AG: Siemens etabliert mobiles Arbeiten als Kernelement der „neuen Normalität". München 2020. Abzurufen unter: https://assets.new.siemens.com/siemens/assets/api/uuid:598d795b-6144-4400-b226-c5e40fafb5ef/HQCOPR202007155943DE.pdf (besucht am 21.08.2020)

Simon-Philipp, Christina/Korbel, Josefine: Einfamilienhäuser 50/60/70. Stadtentwicklung und Revitalisierung. Ludwigsburg 2016

Simon, Axel: Die Mischmaschine. In: Hochparterre 3/2021, S. 28–37

Simon, Axel: Gezähmte Wohnträume. In: Hochparterre 6–7/2019, S. 34–39

Slooters, Dimphie: Partizipativer Prozessfrühling 2018. Wohnen & Gemeinschaft, [Workshop/Veranstaltung]. Zürich, 27.03.2018. Abzurufen unter: https://www.kochquartier.ch/blog/abschluss-partizipationsprozess-fruhling-2018 (besucht am 30.11.2021)

Soja, Edward W.: Thirdspace. Journeys to Los Angeles and other real-and-imagined places. Cambridge (MA) 1996

Stadt Karlsruhe: Räumliches Leitbild 2015. Fünf-Minuten-Stadt und Hybrid-Häuser (Amtsblatt der Stadt Karlsruhe). Abzurufen unter: https://presse.karlsruhe.de/db/stadtzeitung/jahr2014/woche17/raumliches_leitbild_2015_funf_minuten.html, zuletzt aktualisiert am 25.04.2014 (besucht am 02.11.2021)

Stadt Zürich (Hg.): Baurechtsvergabe Koch-Areal, Zürich-Albisrieden/Altstetten. Bericht des Beurteilungsgremiums. Zürich 2017

Stadt Zürich (Hg.): Neubauten und Quartierpark Koch-Areal, Zürich-Albisrieden/Altstetten. Vier Wettbewerbe im selektiven Verfahren, Bericht des Preisgerichts. Zürich 2019

Stadt Zürich (Hg.): Wettbewerb Koch-Areal. Abzurufen unter: https://www.stadt-zuerich.ch/hbd/de/index/hochbau/wettbewerbe/abgeschlossene-wettbewerbe/archiv-wettbewerbe/wettbewerbe_2019/koch-areal.html (besucht am 31.03.2021)

Statistische Abteilung des Frankfurter Vereins für Geographie und Statistik (Hg.): Beiträge zur Statistik der Stadt Frankfurt am Main. Frankfurt am Main 1877. Abzurufen unter: https://sammlungen.ub.uni-frankfurt.de/periodika/periodical/titleinfo/8336138 (besucht am 24.11.2021)

Statistisches Bundesamt (Destatis): Baugenehmigungen für Wohnungen im Juni 2021: saison- und kalenderbereinigt −7,5 % zum Vormonat. Pressemitteilung Nr. 386 vom 16. August 2021. Abzurufen unter: https://www.destatis.de/DE/Presse/Pressemitteilungen/2021/08/PD21_386_31111.html (besucht am 22.11.2021)

STATTBAU Stadtentwicklungsgesellschaft mbH/Netzwerkagentur GenerationenWohnen (Hg.): Gemeinschaftliches Wohnen im Cluster. Ein praktischer Leitfaden zum Planen, Bauen und Wohnen 2019

Steinmann, Martin (Hg.): CIAM. Dokumente 1928–1939. Basel, Stuttgart 1979

Stiftung Einfach Wohnen (Hg.): FOGO. Leben am Vulkanplatz. Abzurufen unter: https://einfach-wohnen.ch/wp-content/uploads/2019/09/Broschuere-ueber-die-temporaere-Siedlung-Fogo_PDF_16-Seiten_13-MB.pdf (besucht am 17.02.2021)

Stiftung Habitat (Hg.): Regelwerk Erlenmatt Ost. Version 1, Stand 08.2013. Abzurufen unter: https://wohnbau-mobilitaet.ch/fileadmin/user_upload/Downloads_PAWO/Atelier_5_Stiftung_Habitat_V_Web.pdf (besucht am 15.07.2020)

Stiftung Habitat: Arealleitfaden Erlenmatt Ost. Abzurufen unter: https://www.stiftung-habitat.ch/sh/liegenschaften/haeuser-und-projekte/erlenmatt-ost.html (besucht am 02.11.2021)

Stiftung Habitat: Projekt Quartierentwicklung Erlenmatt Ost. Stiftung Habitat. Abzurufen unter: https://www.stiftung-habitat.ch/sh/liegenschaften/haeuser-und-projekte/erlenmatt-ost.html (besucht am 16.07.2020)

Stiftung Habitat: Richtlinien Nachhaltigkeit für Bauherrschaften auf Erlenmatt Ost. Version 3.1 vom 1. Januar 2016. Abzurufen unter: https://www.stiftung-habitat.ch/dam/jcr:d3f54a88-3e83-4b46-b690-b3da4b34218f/2016-01-01_Richtlinien_Nachhaltigkeit_ErlenmattOst-V3.1.1.pdf

StudioVlayStreeruwitz: Ein lässiger Typ für eine lässige Gegend. Abzurufen unter: https://www.vlst.at/prj/laessiger-typ/#6 (besucht am 14.04.2020)

Summa, Florian/Greb, Juliane/Sowa, Markus: San Riemo in München (Wie wir leben wollen – Eine Veranstaltungsreihe zum genossenschaftlichen Wohnen, Teil 3). Abzurufen unter: https://www.youtube.com/watch?v=YH42rxqIXPQ (besucht am 04.09.2021)

Szypulski, Anja: Gemeinsam bauen – gemeinsam wohnen. Wohneigentumsbildung durch Selbsthilfe. Wiesbaden 2008

Talent GmbH: Verein TALENT. Förderung von jungen Talenten der Gastronomie und Hotellerie. Abzurufen unter: https://www.silobasel.com/de/verein-talent/ (besucht am 12.09.2021)

Taut, Bruno: Gegen den Strom. In: Wohnungswirtschaft 17/1930, S. 315–324

Temel, Robert: Ein Stück Stadt bauen. Leben am Helmut-Zilk-Park. Wien 2019

Tietz, Jürgen: Die Gunst der Fuge. ‚Wohnregal' in Berlin-Moabit. In: db deutsche bauzeitung 4/2020, S. 42–47

Trüby, Stephan: Geschichte des Korridors. Paderborn 2018

uploads/2017/09/ZF_Projektdoku-Juli16.pdf (besucht am 18.08.2020)

Vester, Michael/Oertzen, Peter von/Geiling, Heiko/Hermann, Thomas/Müller, Dagmar: Soziale Milieus im gesellschaftlichen Strukturwandel. Zwischen Integration und Ausgrenzung. Frankfurt am Main 2001

Wagner, Martin: Das wachsende Haus. Ein Beitrag zur Lösung der städtischen Wohnungsfrage. Berlin, Leipzig 1932

Wagner, Ulrike (Hg.): Familienleben: Entgrenzt und vernetzt? München 2013

wagnis eG: wagnisRIO | RIOriem. Abzurufen unter: https://www.wagnis.org/projekte/neubauprojekte/wagnisrio.html (besucht am 04.06.2021)

wagnis eG: wagnisRIO | RIOriem. Abzurufen unter: https://www.wagnis.org/projekte/neubauprojekte/wagnisrio.html (besucht am 04.06.2021)

Weber, Max: Wirtschaft und Gesellschaft. 5., rev. Aufl. Tübingen 1976

Weichhart, Peter/Rumpolt, Peter Alexander: Residenzielle Multilokalität. Problemlagen und Desiderata der Forschung. In: Peter Weichhart, Peter Alexander Rumpolt und Andrea Dittrich-Wesbuer (Hg.): Mobil und doppelt sesshaft. Studien zur residenziellen Multilokalität. Wien 2015, S. 11–60. Abzurufen unter: https://homepage.univie.ac.at/peter.weichhart/Problemlagen_Weichart-Rumpolt_crv.pdf (besucht am 15.02.2021)

Weichhart, Peter/Rumpolt, Peter Alexander/Dittrich-Wesbuer, Andrea (Hg.): Mobil und doppelt sesshaft. Studien zur residenziellen Multilokalität. Universität Wien. Wien 2015

Weidmann, Ruedi: Haus StadtErle, Basel. Begleitdokumentation. Hg. v. Age-Stiftung. Zürich 2020

Wilhelm, Dorothee: Warum Karthago? In: Martin Lassner und Gudrun Hoppe (Hg.): 20 Jahre Karthago. 1997–2017. Jubiläumsbericht. Zürich 2017, 42–50

wohnbund:consult eG: Urban Upgrade. Abzurufen unter: https://urbanupgrade.at/ (besucht am 04.09.2021)

wohnbund:consult eG: Urban Upgrade. Abzurufen unter: https://wohnbund.at/urban-upgrade-call/ (besucht am 12.09.2021)

wohnbund:consult eG: Willkommen bei Urban Upgrade! Abzurufen unter: https://urbanupgrade.at/ (besucht am 12.09.2021)

Wohngenossenschaft Zimmerfrei: Wettbewerb Mehrfamilienhaus StadtErle. Jurybericht. September 20142014. Abzurufen unter: https://www.zimmerfreibasel.ch/wp-content/uploads/2017/10/Jurybericht_140906-1.pdf (besucht am 26.11.2021)

Wohnregal. In: ARCH+ 233/2018, S. 160–163

Wolf, Gustav: Die Grundriss-Staffel. Eine Sammlung von Kleinwohnungs-Grundrissen der Nachkriegszeit mit einem Vorschlag folgerichtiger Ordnung und Kurz-Bezeichng, Beitrag zu einer Grundrisswissenschaft. München 1931

Wüstenrot Stiftung (Hg.): Herausforderung Erdgeschoss. Berlin 2014

Wüstenrot Stiftung/Alfaro d'Alençon, Paola/Bauerfeind, Bettina/Konrad, Daniela (Hg.): Ephemere Stadtentwicklung. Neue Handlungsräume in der Planungskultur. Wüstenrot Stiftung. Berlin 2016

Zimmerfrei Wohngenossenschaft Basel (Hg.): Kollektive Projektentwicklung. Abzurufen unter: https://www.zimmerfreibasel.ch/wp-content/

Zoller, Doris: Schlussfolgerung. In: Wüstenrot Stiftung (Hg.): Herausforderung Erdgeschoss. Berlin 2014, S. 328–341

Zukin, Sharon: Loft Living. Culture and Capital in Urban Change. New York 1982

7.02 Abbildungsverzeichnis

Die nicht im Abbildungsverzeichnis aufgeführten Zeichnungen stammen aus eigener Darstellung

7.03 Beteiligte Personen

Autor:innen

Susanne Dürr

ist Architektin und Professorin für Städtebau und Gebäudelehre an der Hochschule Karlsruhe. Sie ist Teil des interdisziplinären Forschungsnetzwerkes urbi-et mit Standort in Karlsruhe.

Ihre Forschungsschwerpunkte sind die nachhaltige Quartiersentwicklung mit Fokus auf Wohnungsbau, neue Wohnformen und den öffentlichen Raum, Publikationen dazu sind Baugemeinschaften im Südwesten, Plätze zum Leben, Wohnvielfalt und Familien in gemeinschaftlichen Wohnformen. Freiberuflich ist sie tätig im Bereich der Qualitätssteuerung in verschiedenen Verfahrensarten und Maßstäben und in der städtebaulichen Begleitung von Stadtentwicklungsprozessen – aktuell als Mitglied des Gestaltungsbeirats der Stadt Tübingen. Seit 2018 ist sie Vizepräsidentin der Architektenkammer Baden-Württemberg.

Gerd Kuhn

ist Wohnsoziologe und Stadtforscher im interdisziplinären Forschungsnetzwerk urbi-et mit Standort in Tübingen.

Aspekte des Wohnens und der Stadtentwicklung stehen in den Forschungen und in der Praxis im Zentrum seiner Tätigkeit. Forschungsergebnisse mündeten u. a. in folgende Publikationen: Wohnkultur und kommunale Wohnungspolitik (Promotion / Dr. phil.), Stadtwohnen, Soziale Mischung in der Stadt, Baugemeinschaften im Südwesten, Plätze zum Leben oder Wohnvielfalt. Aktuelle Forschungen u. a. zum Familienwohnen (BBSR). Fachpreisrichter und Mitglied im Gestaltungsbeirat Speyer. Aufsichtsratsvorsitzender der Baugenossenschaft Bau- und Heimstättenverein Stuttgart eG.

Interviewpartner:innen

Grundlage dieser Forschung sind zu Positionen verdichtete Interviews und Handlungsorte, Quartiere und Gebäude, die Impulse und Innovationen in Bezug auf das Wohnen auslösen. Dazu gehören Menschen, Begegnungen und Austausch. Bei allen Gesprächen und Besichtigungen sind wir Personen begegnet, die hoch motiviert und begeisternd berichtet haben und bereitwillig Einblicke in ihr Tun, in ihre Gedanken und Erkenntnisse, in Hergänge oder in komplexe Sachzusammenhänge gegeben haben. Diese Begegnungen waren uns über die fachliche und persönliche Bereicherung hinaus ein großes Vergnügen. Dafür und für die geschenkte Zeit wollen wir uns sehr herzlich bedanken.

Bei den Interviews und vor Ort standen uns Expert:innen, Bewohner:innen, Architekt:innen, Akteur:innen der Wohnprojekte oder Repräsentantinn:en der Kommunen und Fachverwaltungen zur Verfügung. Wir danken Martin Lassner und Gudrun Hoppe (Karthago, Zürich), Doris und Michael Kerbler (Gleis 21, Wien), Robert Temel (Sonnwendviertel Ost, Wien), Gunnar Laufer-Stark (nestbau AG, Tübingen), Johannes Eisenhut (Senn Development AG, Zürich), Steffen Braun (Fraunhofer IAO, Stuttgart), Martin Hofer (Gockhausen), Christian Hadaller (KOOPERATIVE GROSSSTADT, München), Heinrich Degelo (Coopérative d'ateliers, Basel), Ingrid Muxel, Gunter „Rick" Voigt und Harald Bitschnau (Teamhaus, Schruns), Urs Buomberger (Stiftung Habitat, Basel), Sabine Wolf (Koch-Quartier, Zürich) und Christian Inderbitzin (Stampfenbachstrasse, Zürich).

Mitarbeiterinnen

Es ist uns ein großes Anliegen, den Masterarchitekturstuden-tinnen, die das Forschungsprojekt als wissenschaftliche Hilfs-kräfte begleitet haben, sehr herzlich zu danken: Lisa Reuter, Gina Uthoff und Anne-Marika Weidner haben die Transkription der Interviews, aber vor allem die grafische Bearbeitung der Zeichnungen mit großer Sorgfalt, Ausdauer und grafischem Talent und gerade zu Coronazeiten mit hoher Bereitschaft zur gegenseitigen Abstimmung übernommen.

Besonders danken möchten wir der Architektin und wis-senschaftlichen Assistentin Carmen Lehr für ihr großes Enga-gement. Sie unterstützte das Projekt während der gesamten Laufzeit kontinuierlich. Sie wirkte u. a. bei den Recherchen mit oder half bei der Entwicklung und Umsetzung der Zeichnun-gen. Sie übernahm zudem auch die Organisation bzw. Koordi-nierung der wissenschaftlichen Hilfskräfte.

Wüstenrot Stiftung

Diese Forschung ist ein Projekt der Wüstenrot Stiftung. Wir möchten uns dafür bedanken, dass diese Forschungsarbeit durchgeführt werden konnte. Ein besonderer Dank gilt dabei Stefan Krämer, der uns kritisch beiseite stand und die For-schung inhaltlich mit Rat und großem Engagement begleitete. Bedanken möchten wir uns auch bei Anja Reichert-Schick, die nach dem Ausscheiden von Stefan Krämer aus der Stiftung die Publikation begleitete.

Impressum

Ein Forschungsprojekt im Auftrag der
Wüstenrot Stiftung

Bearbeitet von
Prof. Dr. Susanne Dürr und **Dr. Gerd Kuhn**

Herausgeber
Wüstenrot Stiftung
Hohenzollernstr. 45
71638 Ludwigsburg

info@wustenrot-stiftung.de
www.wuestenrot-stiftung.de

Gestaltung
Angela Aumann, Berlin
www.a-aumann.de

Korrektorat
Rotkel. Die Textwerkstatt, Berlin
www.rotkel.de

Druck und Bindung
Offizin Scheufele, Stuttgart

Die Abbildungen erscheinen mit freundlicher Genehmigung
der Rechteinhaber:innen. Wo diese nicht ermittelt werden
konnten, werden berechtigte Ansprüche im Rahmen des
Üblichen abgegolten.

© 2022 Wüstenrot Stiftung, Ludwigsburg

1. Auflage

Alle Rechte vorbehalten. All rights reserved.

Printed in Germany

ISBN 978-3-96075-021-5